AF281242

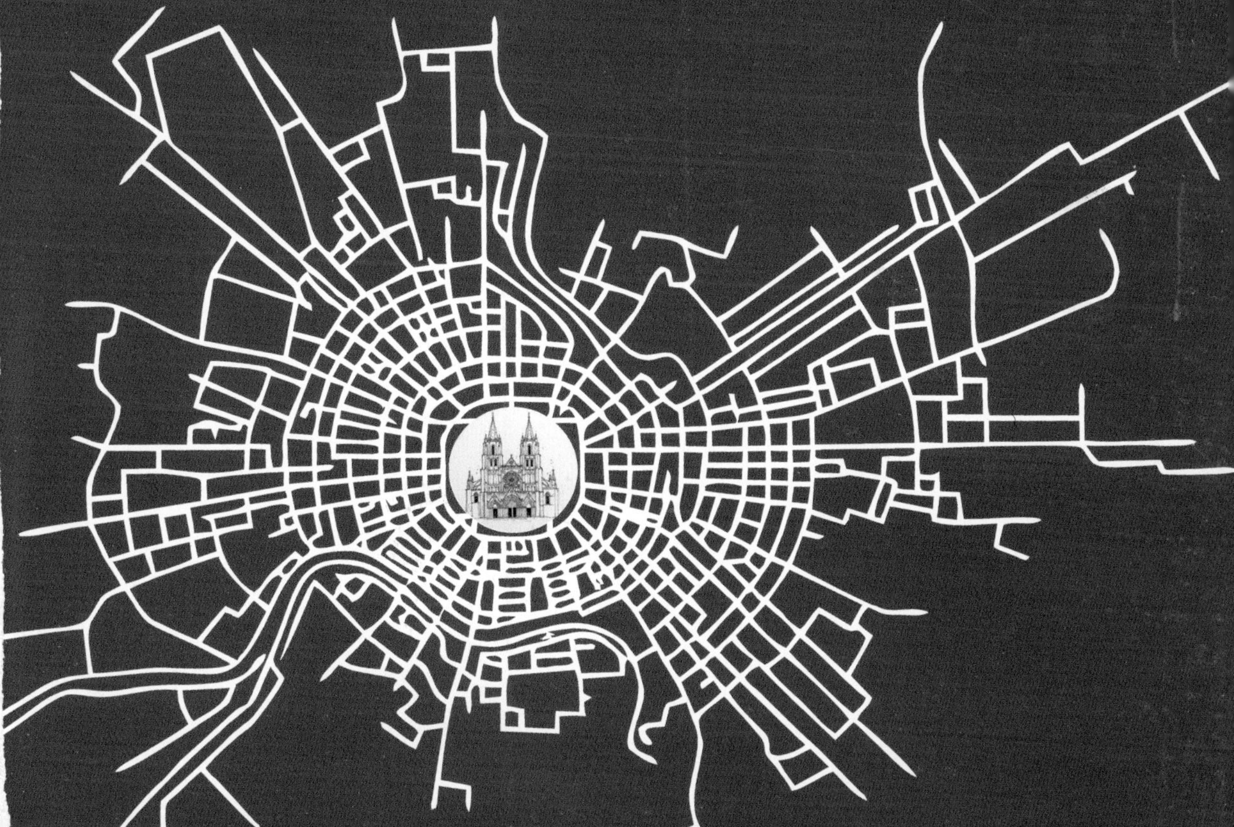

Vulnerabilidad urbana en la ciudad de León

Ordás del Corral, Javier

Vulnerabilidad urbana en la ciudad de León / Javier Ordás del Corral. -— [León] : Universidad de León. Servicio de Publicaciones, [2025].

336 p. : il., gráf., tablas, mapas, planos, fot. col. y n. ; 24 cm

ISBN 979-13-87583-34-7

1.   Urbanismo. 2. Marginalidad. I. Universidad de León. Servicio de Publicaciones. II. Título.

711.4

316.344.7

De acuerdo con el protocolo aprobado por el Consejo de Publicaciones de la Universidad de León, esta obra ha sido sometida al correspondiente informe por pares con resultado favorable.

© Universidad de León. Servicio de Publicaciones.
© Javier Ordás del Corral

ISBN.: 979-13-87583-34-7
Depósito Legal: DL LE-520-2025

Diseño, maquetación, y tratamiento digital de las imágenes: Juan Luis Hernansanz Rubio
Motivo de portada: diseño original de Juan Luis Hernansanz Rubio
Fotografía del autor (solapa): Txema Ramos

Imprime: LOZANO Impresores (Granada)
Impreso en España / *Printed in Spain*

Diciembre, 2025

Vulnerabilidad urbana en la ciudad de León

Javier Ordás del Corral

*A Pablo Ordás y Raquel del Corral,
mis padres*

Agradecimientos

En el proceso de creación de este trabajo he recibido la ayuda de numerosas personas. En especial, quiero dar las gracias a la Dra. Dª Paz Benito del Pozo, Catedrática de Geografía Humana de la Universidad de León, y al Dr. D. Alejandro López González, a los que agradezco su inestimable ayuda, apoyo y confianza en mí durante la realización de mi tesis doctoral. También quiero dar las gracias a los profesionales de los Servicios Sociales de la Diputación de León y de los Ayuntamientos de León y San Andrés del Rabanedo, que fueron de gran ayuda para realizar el trabajo; así como a mis compañeros y amigos del Departamento de Geografía y Geología y al Servicio de Cartografía de la Universidad de León, por sus consejos y aportaciones. Por último, quiero expresar un especial agradecimiento a familiares y amigos que me han ayudado y apoyado durante este tiempo y sin los que no hubiese podido realizar el trabajo, en especial a Miguel Ordás y a Lourdes Mielgo.

Índice

Introducción

Introducción

El espacio urbano es un elemento fundamental en la configuración de la desigualdad. Las dinámicas sociales, económicas y espaciales implícitas en su construcción y configuración están basadas en lógicas de segregación y diferenciación social que influyen tanto en su morfología como en la distribución y calidad de las viviendas, infraestructuras, equipamientos, instalaciones y su mantenimiento. El impacto de los desequilibrios resultantes recae sobre aspectos esenciales de la vida, como el precio de la vivienda, la seguridad o el bienestar. Se trata de una concentración de vulnerabilidad en zonas específicas de las ciudades que tiene a su vez repercusiones cruciales en las oportunidades de desarrollo de sus residentes, favoreciendo la producción y reproducción de situaciones de exclusión, marginación, pobreza y malestar social.

En el ámbito de las ciencias sociales, esta cuestión se ha consolidado como una línea de investigación muy relevante en el estudio de las desigualdades socioespaciales y la planificación urbana y, desde hace algunas décadas, el término vulnerabilidad urbana ha alcanzado una buena aceptación para su estudio, incluso reconociendo sus limitaciones conceptuales y metodológicas (González García, 2021; Hernández Aja et al., 2020b). Desde este enfoque se asume que ciertas áreas urbanas -barrios completos o algunas partes de estos-, se encuentran en situación de desventaja respecto al resto de la ciudad a la que pertenecen como consecuencia de la interacción de múltiples aspectos relacionados con las características del entorno urbano, de los usos del suelo y las viviendas que los componen, así como de los rasgos demográficos, sociales y económicos de sus residentes (Hernández Aja, 1997, 2012; Hernández Aja et al., 2018).

Además, al tratarse de un término operativo (Alguacil Gómez et al., 2013) es susceptible de ser cuantificado, cartografiado y aplicado en la práctica de la planificación urbana, por lo que ha sido adoptado por distintos organismos e instituciones para el análisis de problemas diversos (Egea Jiménez et al., 2012, Kápstein López, 2010) dejando su huella en el ámbito normativo y en la formulación de políticas urbanas. Como resultado, se ha llegado a la conclusión de que se trata de una herramienta útil para identificar ámbitos en los que planificar intervenciones y medidas encaminadas a promover el desarrollo social y urbano desde una perspectiva integrada y sostenible (Hernández Aja, et al., 2020a).

Sin embargo, en los últimos años ha surgido un debate nutrido por expertos de distintas disciplinas que ha enfatizado la existencia de aspectos poco explorados acerca de la vulnerabilidad urbana (De Cos Guerra, 2017; De Cos Guerra y Usobiaga Ferrer, 2019; Egea Jiménez et al., 2009). Entre ellos se han subrayado, por ejemplo, la escasez de estudios sobre dicho problema en ciudades medias y pequeñas, que también se enfrentan a desafíos destacables en términos de vulnerabilidad social, pero que en los debates sobre desigualdad a menudo son relegadas por las ciudades más importantes y que aglutinan mayores volúmenes de población (Cutillas Orgilés, et al., 2017). Se ha expresado también la necesidad de explorar las capacidades del enfoque para dilucidar situaciones relacionadas con la vulnerabilidad en espacios periféricos, en los que resulta difícil discernir entre lo urbano y lo rural (Obeso Muñiz, 2019) y que precisan la adopción de nuevos enfoques y escalas (Subirats, 2005). También se han propuesto enfoques complementarios a las metodologías consolidadas para ampliar el análisis con otras perspectivas que contemplan aspectos como el riesgo social (León Casero, 2018), la concentración de delitos en áreas urbanas específicas (De Cos Guerra, 2017) o la percepción de la población sobre el problema (Ruiz, 2018; García Araque y García Cuesta, 2020).

En esta línea, algunas investigaciones recientes han indicado el potencial de la información que ofrecen los sistemas de recogida de datos de las entidades encargadas de la gestión y concesión de prestaciones y ayudas sociales dada su estrecha relación con las situaciones de vulnerabilidad urbana (Bárcena Martín, et al., 2020). Entre estas fuentes destacan los registros administrativos de las Consejerías de servicios sociales responsables de tramitar las solicitudes de prestaciones sociales económicas y de servicios (Arriba, 2009; Fustier García, 2018); así como los de otras entidades no lucrativas como Cáritas Española o Cruz Roja, cuyo papel en la intervención con personas en circunstancias severas de exclusión social, como el sinhogarismo o la prostitución es crucial (Aguilar Hendrickson et al., 2012). Aunque este tipo de fuentes ha sido tradicionalmente poco consideradas en la literatura académica especializada (Navarro Rodríguez y Larrubia Vargas, 2006), su utilidad para la investigación de la vulnerabilidad urbana es relevante, ya que aportan información acerca de la distribución de familias y personas vulnerables, revelando patrones de agrupamiento espacial (Tornos Mas y Galán, 2005; Gallego Valadés et al., 2021), en zonas de la ciudad que muestran mayor vulnerabilidad *«formando enclaves étnicos o espacios de alta concentración de población extranjera»* (Galeano et al., 2017, p. 20).

En este contexto, esta investigación centra el interés en el fenómeno de la vulnerabilidad urbana poniendo el acento en los procesos que lo desencadenan, como la exclusión social, la segregación y la degradación del espacio urbano. Para ello se revisan los principales enfoques teóricos del fenómeno y se aplica un análisis empírico a la ciudad de León, que introduce como novedad la valoración de la incidencia de la concesión o entrega de prestaciones sociales durante el periodo 2017-2020 a personas en barrios de la ciudad como punto de partida para la identificación de situaciones de vulnerabilidad.

La metodología empleada es de tipo mixto y combina la inducción y la deducción, tomando en consideración datos teóricos (teorías, enfoques y tendencias apreciadas en la literatura y la documentación consultada) y empíricos (documentales unos, y generados a través del trabajo de campo otros). El método se basa en la observación de la realidad urbana de la ciudad de León en términos de vulnerabilidad para la obtención y clasificación de información relevante que permita alcanzar unas conclusiones claras sobre el objeto de investigación (inducción); y en el análisis de los resultados aportados por otras investigaciones precedentes en torno a dicha cuestión, así como de la normativa específica, lo que habrá de permitir establecer relaciones e hipótesis lógicas (deducción). A este fin se realiza trabajo teórico y empírico basado en el análisis de fuentes de información directa e indirecta de diverso tipo y la ejecución de técnicas cuantitativas y cualitativas con el fin de alcanzar los objetivos planteados. Se trata de detectar si la teoría asentada se confirma o no en el estudio de caso de León, además de identificar posibles especificidades, anomalías o casos singulares propios que permitan extrapolar y ampliar el conocimiento general sobre la vulnerabilidad urbana en España y alcanzar una interpretación satisfactoria del fenómeno. Los resultados obtenidos ayudan a profundizar en el fenómeno de la vulnerabilidad urbana y de la desigualdad social de esta ciudad, además de arrojar luz sobre aspectos como la distribución de personas en situaciones específicas de vulnerabilidad, a partir de los cuales se puedan comprender mejor sus características específicas y sus problemas actuales, además de plantear escenarios concretos para orientar las acciones de los agentes públicos y privados.

¿Qué es la vulnerabilidad urbana?

¿Qué es la vulnerabilidad urbana?[1]

La vulnerabilidad urbana es un fenómeno que ha sido analizado fundamentalmente desde dos ámbitos diferentes. Por una parte, desde disciplinas como la Geografía, la Arquitectura, las Ciencias Ambientales, la Sociología o la Antropología. Por otro, desde el ámbito institucional dado que, como se ha mencionado anteriormente, está vinculado con un punto de vista operativo y es respaldado en el ámbito jurídico por normativa y leyes de planificación urbana y de gestión de servicios sociales. El resultado del análisis de ambos contextos, científico y normativo, evidencia la existencia de un número muy amplio de documentos cuyo contenido confluye en aspectos generales y difiere en particularidades propias del área científica (o geográfica) de la que proviene o de los objetivos de los análisis.

Las definiciones que se extraen de ambos contextos demuestran el uso de varios términos asimilados a las situaciones de vulnerabilidad como segregación urbana, exclusión e inclusión social, exclusión residencial e infravivienda, degradación, obsolescencia urbana o resiliencia, que son empleados para ahondar en el término a través de la caracterización de los barrios afectados con el uso de conceptos como barrios vulnerables, desfavorecidos, degradados o resilientes. En conjunto, en el caso español se ha llegado al acuerdo de emplear la expresión vulnerabilidad urbana y barrio vulnerable para abordar la cuestión de la desigualdad en las ciudades desde una perspectiva multidimensional (González García, 2021; Temes Córdovez y García Araque, 2024).

1   Parte del contenido de este capítulo aparece en el artículo: Ordás del Corral, J. (2025). Indicadores alternativos para detectar la vulnerabilidad urbana: propuesta aplicada a León. Documents d'Anàlisi Geogràfica, 71(2), 323–352. https://doi.org/10.5565/rev/dag.1246

La Organización de Naciones Unidas (ONU) define la vulnerabilidad como la tendencia de ciertas partes de las ciudades y de sus residentes a sufrir los impactos negativos de riesgos de diverso tipo, resultado de una capacidad reducida para afrontarlos, adaptarse o recuperarse del daño generado (ONU, 2020). Además, señala que el origen de dichos riesgos puede ser natural o humano y que afecta de forma desigual a la población dependiendo de sus rasgos sociodemográficos, económicos, estado físico y mental, su estilo de vida, y la etapa vital en la que se manifieste, pudiendo cambiar en positivo o en negativo en su tipología, intensidad o grado de manifestación (ONU, 2003b).

El Informe sobre la situación social en el mundo elaborado por la ONU en 2003 y dedicado a la vulnerabilidad social, amplió esta definición especificando que se trata de una característica inherente a todas las personas y grupos humanos que, por tanto, se presenta a distintas escalas manifestándose en tres ámbitos diferenciados: (1) económico, si se presenta inseguridad debido a la exclusión laboral o al desempleo, entre otros; (2) social, cuando hay carencias formativas, educativas o de salud; y (3) sociocultural, en relación con prejuicios y estereotipos que agravan distintos problemas relacionados con la discriminación hacia distintos colectivos, como las mujeres, los ancianos, los discapacitados o las minorías étnicas (ONU, 2003a).

En suma, la vulnerabilidad urbana puede definirse como el estado de desventaja en el que se encuentran algunos barrios y sectores de las ciudades respecto al contexto urbano al que pertenecen. Es un problema urbano de tipo multidimensional que se desarrolla tanto en el ámbito espacial como en el social y a su vez, a nivel individual y colectivo.

El término ha ido generando interés desde la década de 1970, nutriéndose conceptual y metodológicamente de aportaciones procedentes de diversas disciplinas. Con el fin de esclarecer este asunto, esta investigación parte de una vertiente doble para empezar a conceptualizar y desarrollar el término. Estas vertientes difieren entre sí en focalizar la naturaleza del riesgo según su origen (biofísico-ambiental o social) y en la aproximación al análisis de la vulnerabilidad urbano-social (basándose en el espacio en el que se manifiesta o en las personas que lo habitan).

2.1. El enfoque biofísico o ambiental de la vulnerabilidad urbana

La vertiente biofísica o ambiental de la vulnerabilidad urbana (Adger, 2006; Birkenholtz, 2012; Krellenberg et al., 2017), que ha sido especialmente estudiada desde la Geografía (Queiroz de Almeida, 2011; Temes Córdovez, 2014), se define como la amenaza de que un fenómeno físico o natural destructivo se manifieste sobre un territorio concreto y al impacto que afectaría a un determinado sistema o sociedad en términos humanos, físicos, económicos, naturales o sociales (Gencer, 2013; McEntire, 2012). Algunos ejemplos de estos riesgos son las inundaciones, los terremotos (Capel, 2010) y los efectos del cambio climático (Krellenberg et al., 2017).

El geógrafo español F. Calvo García-Tornel (1997) apunta que la vulnerabilidad frente a los riesgos naturales puede ser abordada de tres formas. Por una parte, como la evaluación de la posibilidad de que un evento catastrófico se produzca, es decir, como una forma para identificar, analizar y cuantificar los riesgos a los que se expone un asentamiento urbano para determinar el grado de probabilidad de que un evento de estas características se produzca. Por otra, como una expresión de los daños potenciales que puede incluir, expresado en pérdidas de bienes o vidas humanas para poder medir su impacto en los ámbitos económico, ambiental y en la salud de las personas. Finalmente, para conocer el grado de eficacia de un grupo social determinado para adecuar su organización frente a aquellos cambios en el medio natural que incorporan riesgo y poder evaluar la capacidad de un grupo social para adaptarse a los cambios producidos por un riesgo de tipo natural, superarlo y recuperarse de los cambios y transformaciones que ha dejado a su paso. En resumen, se entiende como un enfoque complejo que permite identificar y evaluar de forma apropiada los riesgos y, por tanto, puede ser útil para desarrollar estrategias y medidas preventivas.

Por su parte, M. Cardoso (2018) señala que surgió en el ámbito anglosajón a mediados del siglo XX y destaca tres fases en su desarrollo. En la primera señala los trabajos sobre peligros naturales del norteamericano G. F. White de la Universidad de Chicago durante la década de 1950; la segunda fase se produjo una década después (años 1960) con la percepción social de los riesgos naturales en el centro del debate. Fue especialmente desarrollada en Norteamérica por el geógrafo R. W. Kates y ampliada durante la década de 1980 por S. L. Cutter y sus colaboradores; y la tercera constituye la perspectiva social de la vulnerabilidad ambiental, que se inicia a finales de la década de 1970 por parte de geógrafos británicos de la corriente marxista de la Geografía radical, como B. Wisner y P. O'Keefe, interesados en los efectos de los desastres naturales sobre la población de los países en desarrollo.

En la actualidad, el geógrafo y economista británico W. N. Adger (2006) define la vulnerabilidad urbana biofísica o ambiental como el estado de susceptibilidad o la capacidad de recibir daños causados por la exposición a los riesgos que entraña el cambio climático y a la falta de capacidad para adaptarse al entorno modificado por los cambios medioambientales y sociales resultantes. A este respecto, otros investigadores como C. Folke (2006) también han explorado los vínculos entre vulnerabilidad y resiliencia para profundizar en el conocimiento de sistemas ecológicos.

2.2. El enfoque de vulnerabilidad urbana social

La segunda vertiente de la vulnerabilidad urbana está vinculada con disciplinas como la Geografía, la Arquitectura, la Sociología o la Antropología y centra su interés en factores de tipo social, demográfico, económico y sociocultural. Autores como D. Sánchez González, C. Egea Jiménez y J. I. Soledad Suescún (2012) se apoyan en términos como la segregación urbana y la exclusión social producto de los desajustes provocados por el sistema económico capitalista, las crisis económicas y los efectos sociales de la globalización. Su definición de vulnerabilidad urbana social es la siguiente:

> *Proceso al cual puede concurrir cualquier persona, grupo o comunidad que en un momento determinado se encuentre en una situación desfavorecida o de desventaja con respecto a otras personas, grupos o comunidades; y que las causas, consecuencias y efectos de dicha desventaja se investigan teniendo en cuenta dos elementos: los riesgos que se enfrentan; y los activos con los que se cuenta para mitigar el impacto de los mismos, cuyas características y puesta en funcionamiento marcarán diferentes niveles de vulnerabilidad ante los riesgos. (Sánchez González et al., 2012, p. 57)*

A este respecto, añaden que el riesgo social es «*la probabilidad de ocurrencia de un peligro social (desempleo, ruptura familiar, ausencia de formación profesional, maternidades a edades tempranas, determinadas situaciones de envejecimiento, marginación, maltrato) originado a un individuo grupo o colectividad*» (Sánchez González et al., 2012, p. 61).

De forma similar, J. Rodríguez Vignoli (2000) definió los riesgos sociales como las desventajas que afectan a personas y grupos humanos debido a su capacidad para gestionar los recursos y las oportunidades de los que disponen. Desde este punto de vista, se trataría de problemas como el desempleo, las carencias educativas o formativas o circunstancias sociodemográficas concretas, como el envejecimiento, las cargas familiares o el acceso inadecuado a servicios sociales tal y como apuntan más tarde otros autores (Moreno, 2010).

Es decir, al contrario de centrarse en el daño en términos de pérdidas, el esfuerzo para su identificación radica en conocer las causas que explican que ciertas áreas urbanas presenten rasgos sociales y urbanos vinculados con la exclusión que las posicionan como zonas en desventaja respecto al resto (Cardoso, 2018). Este enfoque se ha aplicado en investigaciones que ponen el acento en determinados problemas de regiones urbanas de lugares dispares entre sí. En las regiones desarrolladas se emplea para analizar los desajustes provocados por el modelo de desarrollo neoliberal que revierten en el incremento de grupos desfavorecidos (Sánchez González et al., 2012).

Algunos autores (González García, 2021; Milbourne, 2010) señalan que los enfoques dominantes se pueden categorizar en dos grupos: el primero centra su interés en las personas y los colectivos más desfavorecidos; el segundo grupo pone el foco en la identificación de espacios desfavorecidos a través del análisis de la proporción de individuos que residen en un lugar concreto y cuyas condiciones de vida se sitúan por debajo de un estándar considerado óptimo. Para estos autores, ambos enfoques son útiles para resaltar las concentraciones de desigualdad, pobreza y vulnerabilidad urbana, aunque paralelamente desestiman la presencia del mismo fenómeno cuando afecta a un número menos significativo de personas.

La socióloga I. Vasilachis de Gialdino (2016) señala además la tendencia de muchas investigaciones en promover un reflejo de los valores dominantes de las sociedades capitalistas obviando, al mismo tiempo, componentes fundamentales de la identidad de estas personas, sin preocuparse de los factores y procesos subyacentes que explican esos patrones de distribución.

Estas perspectivas comparten bases teóricas y metodológicas que, como aparece reflejado en la Tabla 1, están cimentadas en tres aportaciones fundamentales. Por una parte, en la noción de riesgo social desarrollada a partir de la teoría de la sociedad del riesgo en la obra homónima del sociólogo alemán U. Beck. Por otra, en las aportaciones del sociólogo francés R. Castel sobre la vulnerabilidad, la desafiliación y la exclusión social y los vínculos existentes entre estas condiciones (Alguacil Gómez, et al., 2013). Finalmente, en el enfoque de activos propuesto por la antropóloga británica C. Moser, que pone el foco en las dificultades que experimentan ciertos grupos de población vulnerable para acceder a recursos y activos específicos que les permitan desenvolverse y prosperar socialmente. Esta autora reconoce haber estado influenciada, a su vez, por dos importantes aportaciones: el enfoque de capacidades enunciado por el economista indio A. Sen, que aborda la capacidad de las personas para afrontar riesgos de tipo social; y la teoría de desarrollo a escala humana del geógrafo chileno M. Max-Neef, relacionada con el término desarrollo (Sánchez González et al., 2012; Moreno Crossley, 2008).

Tabla 1. Principales bases teóricas de la vulnerabilidad urbana social.

AUTORES	ENFOQUE	OBRAS	VÍNCULO CON LA VULNERABILIDAD
Ulrich Beck	Teoría del riesgo	*La sociedad del riesgo* (1986)	El riesgo y la incertidumbre son parte inherente de las sociedades modernas
Robert Castel	Enfoque de desafiliación social	*La metamorfosis de la cuestión social* (1995)	La desafiliación social es una posición intermedia entre la inclusión y la exclusión social
Caroline Moser	Enfoque de activos	*The asset vulnerability framework: Reassessing urban poverty reduction strategies* (1998)	La vulnerabilidad está relacionada con las dificultades de personas, hogares y colectivos para obtener activos y recursos
Amartya Sen	Enfoque de capacidades	*Collective choice and social wellfare* (1970); *Poverty and famines* (1983); *Development as freedom* (1999)	Las posibilidades de hacer frente a riesgos sociales están determinadas por las capacidades de las personas
Manfred Max-Neef	Teoría del desarrollo a escala humana	*Desarrollo a escala humana: Conceptos, aplicaciones y reflexiones* (1986)	El desarrollo debe centrarse en las necesidades de las personas y no únicamente en el crecimiento económico

Fuente: elaboración propia.

2.3. El concepto de vulnerabilidad urbana en España

En España el término vulnerabilidad urbana ha sido desarrollado especialmente desde el Observatorio de la Vulnerabilidad Urbana del actual Ministerio de Transportes, Movilidad y Agenda Urbana desde el año 2009. Según los expertos que forman parte de esta iniciativa, la vulnerabilidad urbana es un fenómeno determinado por la combinación de múltiples situaciones negativas que conlleva una percepción de inseguridad y miedo a la posibilidad de un empeoramiento de sus actuales condiciones de vida (Hernández Aja, 2017).

Una definición alternativa de la vulnerabilidad urbana es la «*potencialidad de que la población de un determinado espacio urbano concreto sea afectada por alguna(s) circunstancia(s) adversa(s)*» (Alguacil Gómez et al., 2013, p. 77). Para ahondar en sus causas, también se ha definido como el resultado de la combinación de procesos derivados de la exclusión social y residencial en espacios urbanos (Hernández Aja et al., 2018).

Recientemente se han sumado nuevas perspectivas al debate que lo han enriquecido con diferentes aportaciones. Autores como C. Echaves García, M. Barañano Cid y A. Echaves García (2025) han apuntado que la vulnerabilidad es más un estado que un proceso, sosteniendo que el problema no cambia fácilmente con el tiempo, sino que depende y describe una condición estructural, persistente dentro de la jerarquía socioeconómica.

En todo caso, actualmente se considera que la vulnerabilidad urbana se desarrolla en las siguientes dimensiones (Hernández Aja, et al. 2020a):

- Sociodemográfica: en relación con la dinámica de la población, la inmigración, el envejecimiento, las características de los hogares, el género, la infancia y la juventud, la salud, la seguridad y las redes sociales.
- Socioeconómica: que incluye las categorías de renta, empleo, educación, juventud, servicios sociales-asistenciales, brecha digital y red de recursos públicos.
- Residencial: vinculada con aspectos de la vivienda tales como la superficie, características, antigüedad y estado, tenencia y valor inmobiliario.
- Subjetiva: que se desarrolla a partir de la percepción de los residentes a factores externos como los ruidos, la contaminación, la movilidad y comunicación, la calidad y estado del espacio público y las zonas verdes y la seguridad.
- Marco urbano: que valora aspectos como el planeamiento, el tejido urbano, la movilidad, las dotaciones y equipamientos, las actividades económicas, el espacio público, la seguridad o el patrimonio.
- Ambiental: referido a la movilidad sostenible, la calidad ambiental, el cambio climático, los residuos, la energía y las infraestructuras verdes y azules.

También se ha señalado que la resiliencia constituye una dimensión complementaria de la vulnerabilidad urbana (González García, 2021). Este concepto se define como el conjunto de actitudes y expresiones de individuos y sociedades para adaptarse a cambios y transformaciones severas sin que afecten negativamente a la cohesión social, la funcionalidad del espacio y la calidad ambiental (Hernández Aja, et al., 2020b). Surgió desde la física para definir la capacidad de un material para volver a su forma original tras haber sido deformado por fuerzas externas, extendiéndose posteriormente a otras ciencias (González García et al., 2021). En el caso de los procesos urbanos se utiliza para explicar la capacidad de un sistema urbano para mantener o recuperar sus funciones principales ante perturbaciones, así como para adaptarse al cambio, transformando de forma ágil los factores que restringen su capacidad de adaptación (Benito del Pozo y López González, 2020).

En este sentido, A. Hernández Aja señala que la resiliencia constituye incluso *«un paradigma superador de los de sostenibilidad y vulnerabilidad urbana»* (Hernández Aja, et al., 2020b, p. 26). Desde este punto de vista, se valora su capacidad para identificar las oportunidades que tienen los barrios afectados y evaluar las medidas y acciones desarrolladas en ellos, aspectos relevantes que han sido plasmados en diversas declaraciones y estrategias internacionales como la Agenda 2030 para el Desarrollo Sostenible; la Nueva Agenda Urbana; la Agenda Urbana Europea; o nacionales, como la Agenda Urbana Española.

En resumen, se entiende que la vulnerabilidad urbana es la situación negativa que caracteriza a ciertos barrios y sectores de las ciudades, que puede generar malestar e insatisfacción en sus residentes al ver condicionadas negativamente sus vidas, y que se produce cuando la segregación espacial se combina con la exclusión social y la degradación urbana, condicionando el acceso a oportunidades, recursos y activos necesarios para hacer frente a los riesgos que caracterizan a las sociedades modernas. Así se asume en este trabajo y así se aplica a la interpretación del fenómeno en estudio del caso de León, como aparece reflejado en la Figura 1.

Figura 1. Factores de la vulnerabilidad urbana.

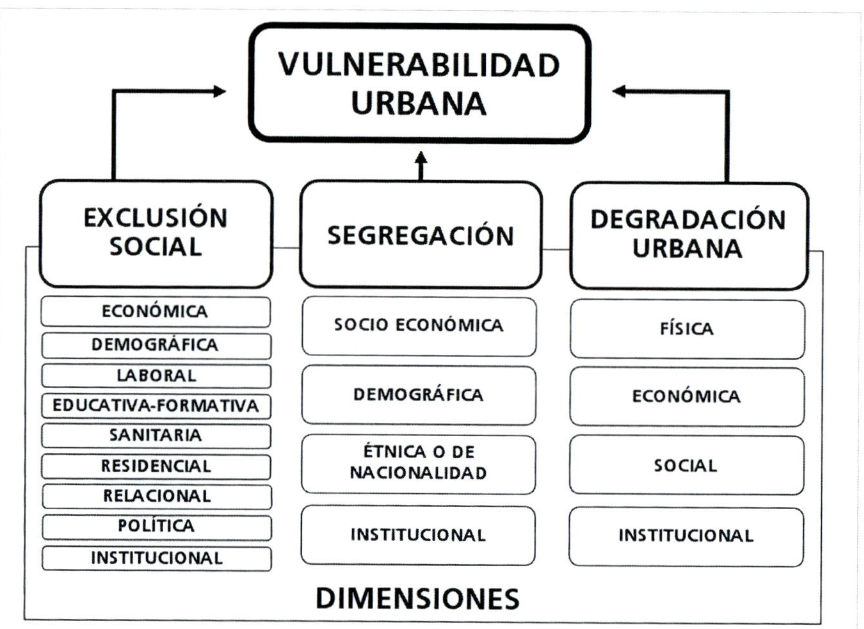

Fuente: elaboración propia a partir de Bayona i Carrasco (2007), Botana (2020), Jehoel Gijsbery y Vrooman (2007), Subirats (2005), Breger (1967), Mulero Mendigorri (1998) y Temes Córdovez (2007).

2.4. La vulnerabilidad urbana en la normativa social

Se plantea en lo que sigue el análisis del marco legislativo autonómico español fundamental en materia social con un doble fin. Por un lado, para identificar las definiciones de vulnerabilidad urbana que emplean estos entes administrativos en España y Castilla y León, conocer los rasgos e indicadores que describen sus dimensiones y detallar la forma en la que se identifica la vulnerabilidad urbana sobre el territorio en dicha esfera. Por otro, para ahondar en el conocimiento de los servicios sociales y de la división territorial que comprenden las Zonas de Acción Social (ZAS) en el territorio español y castellanoleonés.

De acuerdo con la normativa de Castilla y León (Ley 16/2010 de 20 de diciembre), los servicios sociales son el conjunto de prestaciones técnicas, recursos económicos y otras actuaciones públicas gratuitas dirigidas a prevenir y atender las necesidades sociales e individuales de la ciudadanía con el fin de aumentar la cohesión social. Forman parte de los servicios de interés general, es decir, son de utilidad para el conjunto de la población y por tanto están sometidos a obligaciones de servicio público (EAPN-ES, 2021). Estos se dividen en tres categorías: (1) económicos, que son prestados a través de un pago; (2) no económicos, es decir, prestaciones de carácter técnico o de servicio; y (3) sociales, que responden a las necesidades de los ciudadanos vulnerables y se basan en los principios de solidaridad e igualdad de acceso.

En España, C. Alemán Bracho (2010) indica que estos servicios se desarrollaron en tres grandes etapas. La primera se extiende hasta el siglo XVI y se caracteriza fundamentalmente por su carácter caritativo. En ella, la pobreza se concebía como una situación específica de personas enfermas y dependientes (Antonio García, 2011), que paradójicamente adquiría una connotación positiva y útil para la sociedad puesto que facilitaba la práctica de la caridad y con ella la salvación mutua del pobre y de la persona solidaria (Susín Betrán, 2000). La segunda etapa se extiende hasta el siglo XVIII y se conforma a partir de la superación de la noción cristiana de caridad y su sustitución por la de beneficencia pública. A partir de entonces, se inicia la tercera etapa basada en la asistencia social a partir de la configuración, de forma lenta y progresiva, de un sistema público dirigido a solventar y prevenir situaciones de necesidad que culmina con la promulgación de la Constitución Española de 1978 (CGTS, 2021).

De acuerdo con J. Tornos Mas y A. Galán Galán (2005), en la actualidad estos servicios se articulan en dos ámbitos. El primero es el personal y se centra en las características y necesidades de las personas, trabajando en temas como la inserción social, la educación o el empleo. El segundo es el territorial, que se enfoca en el entorno físico y social en el que residen, abordando cuestiones como la adecuación del lugar de residencia, mejoras en su vivienda o la optimización de la oferta de equipamientos y servicios públicos.

Según estas fuentes se desprende que las personas receptoras de prestaciones sociales tienden a presentarse de forma agrupada en el territorio, en áreas consideradas vulnerables. Sin embargo, la mayoría de las normativas autonómicas no contemplan el tratamiento específico de dichos enclaves entre sus contenidos. En este sentido, V. M. Giménez Bertomeu (2019) señala que la Comunidad Valenciana es la única con una normativa social que aborda explícitamente la situación de dichos sectores. Estos se definen como áreas urbanas en las que concurren la degradación urbana y residencial; la carencia de equipamientos comunitarios y socioculturales; la existencia de infravivienda; las deficiencias en las vías de comunicación; la dificultad para la movilidad urbana; la ausencia o mal funcionamiento de la red de saneamiento y de alumbrado público; el deterioro del espacio y la falta de planeamiento; la obsolescencia urbana; la baja actividad económica; el bajo nivel educativo y formativo; el déficit de recursos para niños y población joven vulnerable; y/o la carencia de condiciones higiénicas.

El resto de CC AA no aborda esta cuestión de la misma forma. Se limitan a ofrecer unos mapas de servicios sociales con las divisiones territoriales que sirven de base para la entrega de prestaciones y recursos en cada una de ellas. De forma resumida, estos mapas suelen estar organizados en dos niveles: el primero se denomina mayoritariamente Área de Servicios Sociales (son los casos de Andalucía, Aragón, Principado de Asturias, Cantabria, Castilla La Mancha, Cataluña, Extremadura y Galicia); el segundo, en el que se opera a escala de barrio o agrupación de barrios, suele recibir la denominación de Zona de Servicios Sociales.

En el caso concreto de Castilla y León, el mapa territorial de servicios sociales (Figura 2) se configura a partir de tres niveles. El primero está integrado por las Áreas de Acción Social, que constituyen el punto de partida para la planificación de estos servicios. El segundo está compuesto por las ZAS, que son las unidades espaciales de referencia para la identificación y gestión de las prestaciones y que son establecidas a partir de criterios sociodemográficos, con umbrales de referencia de un máximo de 20.000 habitantes en las zonas urbanas y 10.000 en las rurales. El tercer y último nivel lo constituyen los Centros de Acción Social (CEAS), que son los lugares donde se otorgan dichas prestaciones.

De todo ello, interesa subrayar que las prestaciones sociales vinculadas con las situaciones de vulnerabilidad y exclusión social se entregan de forma personal, pero conciernen al espacio en el que se presentan puesto que dependen en gran parte del mismo. La exclusión social es un fenómeno complejo que abarca distintas dimensiones y el territorio también es considerado una de ellas, no solo por representar el entorno en el que se origina, sino por la posibilidad de incidir en el grado de intensidad en el que se presenta debido a sus características. Además, también es considerado un factor importante en la configuración de la desigualdad y la vulnerabilidad urbana, por lo que resulta contradictorio que la normativa autonómica social consultada no profundice de forma específica en dicho aspecto.

Figura 2. Mapa de Zonas de Acción Social de Castilla y León.

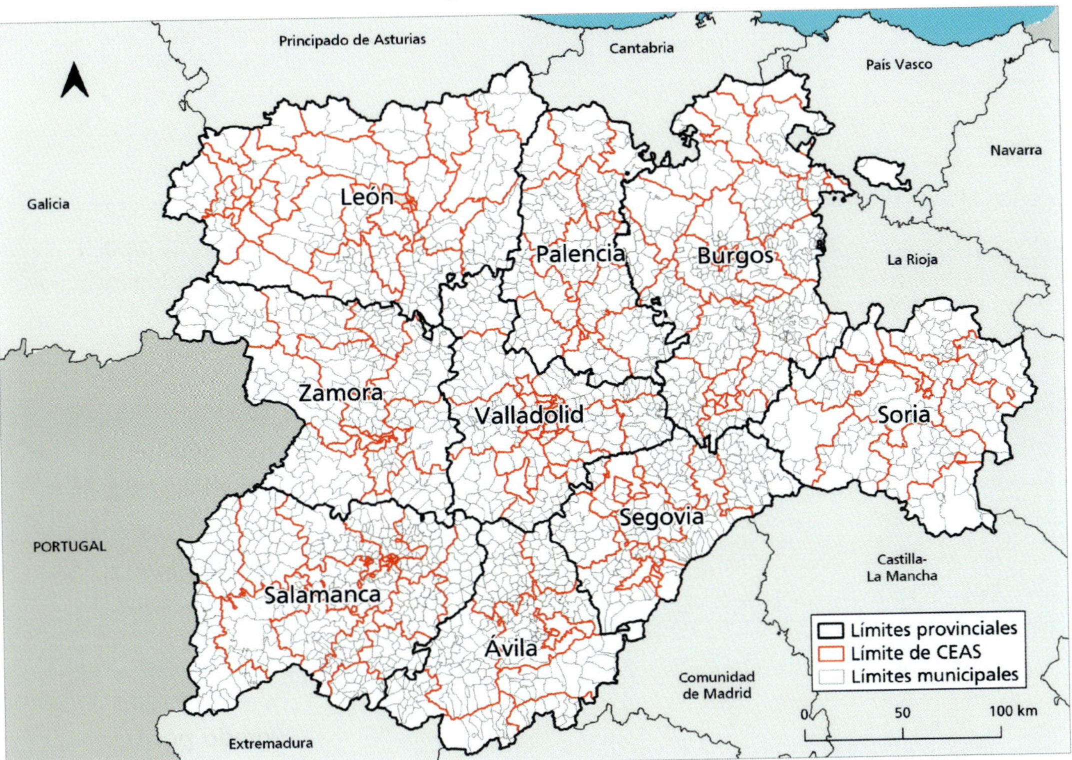

Fuente: elaboración propia a partir de IDECYL, ©Junta de Castilla y León.

El debate científico acerca de los barrios vulnerables: antecedentes y diferentes tradiciones

El debate científico acerca de los barrios vulnerables: antecedentes y diferentes tradiciones[1]

Antes del auge de la industrialización en los siglos XVIII y XIX, las ciudades eran pequeños asentamientos socialmente muy desiguales (Knox y Pinch, 2016). De acuerdo con la Figura 3, que muestra el modelo propuesto por G. Sjoberg en 1960, las ciudades preindustriales eran generalmente compactas y con una estructura social fundamentada en el sistema social feudal dividido en estamentos, donde el poder y la riqueza se concentraban en manos de las élites, mientras que el resto de la población vivía en malas condiciones y cuyas posibilidades de ascenso social eran nulas. Sjoberg expuso en su modelo una ciudad dividida en tres círculos concéntricos. El núcleo central se caracterizaba por albergar las funciones religiosas, ceremoniales, administrativas y residenciales para las élites. El resto presentaba diferencias basadas en los rasgos étnicos, ocupacionales y familiares de sus pobladores. El anillo más próximo al centro estaba ocupado por asentamientos segregados, mientras que el más externo, correspondiente con las afueras de las ciudades, estaba ocupado por la población con el estatus más bajo.

---

1   Parte del contenido de este capítulo aparece en el artículo: Ordás del Corral, J. (2025). Aprendiendo a cartografiar la vulnerabilidad urbana en las primeras ciudades industriales. *XVII Seminario Internacional de Investigación en Urbanismo SIIU 2025*. Valencia, 19 y 20 de junio de 2025. https://doi.org/10.4995/SIIU2025.2025.19526

Figura 3. Modelo de ciudad preindustrial de Sjoberg.

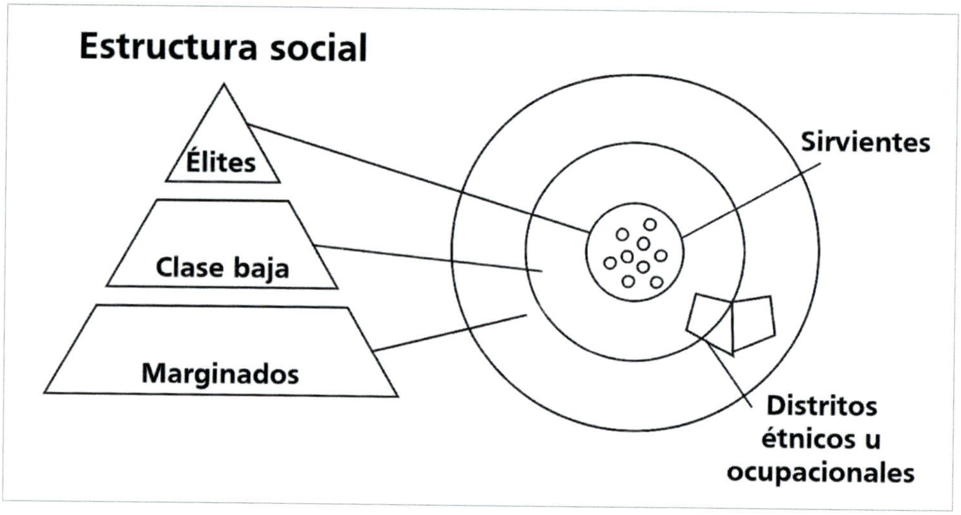

Fuente: adaptado y traducido de Knox, 2010, p. 17.

Desde mediados del siglo XVIII y durante el siglo XIX, la Revolución Industrial introdujo profundos cambios económicos y sociales que incidieron en las ciudades y en las condiciones de vida de amplias capas de la población (Alemán Bracho, 2010; Secchi, 2015). El incremento del número de trabajadores produjo un aumento proporcional de la demanda residencial y como resultado, surgieron viviendas de bajo coste, concentradas territorialmente en espacios marginales de la ciudad y caracterizadas por ser incapaces de ofrecer las condiciones mínimas de salubridad y habitabilidad (Lentini, 2008).

El geógrafo E. Soja (2008) argumenta que este proceso histórico transformó radicalmente las ciudades europeas, ya que confirió a los sectores residenciales e industriales de un marcado carácter económico, produciendo paralelamente el empobrecimiento de amplias capas de población no trabajadora y la aparición de barriadas cuyas condiciones de vida eran muy bajas.

En España, este proceso se produjo con retraso con respecto a los países europeos más avanzados. Hasta mediados del siglo XIX las ciudades estaban generalmente poco pobladas y seguían manteniendo una fuerte dependencia del sector primario. Sin embargo, los efectos de la industrialización en ellas fueron decisivos tanto en crecimiento poblacional como de extensión de terreno urbano (Fernández Cuesta, 2011).

¿Estaban los geógrafos clásicos del siglo XIX interesados en estudiar todas estas transformaciones urbanas? En realidad, las aportaciones elaboradas por los geógrafos de ese momento apenas muestran interés por las ciudades, pues estas eran asumidas fundamentalmente como partes integrantes de los Estados y de las colonias (De Almeida Vasconcelos, 2012). Por ello, las referencias a sectores o barrios específicos dentro de las mismas son escasas (García Araque y García Cuesta, 2020). La razón que explica este hecho es que el principal objetivo de los primeros geógrafos modernos era la descripción de los continentes del mundo de tal forma que «*las ciudades y los espacios inducidos por la industrialización se*

Tabla 2. Primeros estudios de pobreza urbana en ciudades industriales.

Autores	Obras principales y año de publicación	Síntesis de las aportaciones principales
Charles Booth	*Life and labour of the people in London*, 1886	Inicia el análisis estadístico de la pobreza. Introdujo el término "línea de pobreza".
Jacob A. Riis	*How the other part lives*, 1890	Describe las condiciones de vida de las familias pobres residentes en los barrios de Nueva York a finales del siglo XIX.
Carroll Wright	*The slums of Baltimore, Chicago, New York and Philadelphia*, 1894	Analiza las características sociodemográficas de los habitantes de las zonas degradadas de Chicago, Nueva York y Filadelfia a través del análisis estadístico, resaltando los problemas de las viviendas, las condiciones higiénicas del entorno urbano y su repercusión en la salud.
Jane Addams y Ellen G. Starr	*Hull-House Maps and Papers*, 1895	Ofrece una mirada detallada a las condiciones de vida de los barrios de inmigrantes a partir del análisis de sus condiciones de vivienda, salarios, empleo, salud o educación. Incluye además cartografía temática acerca de la desigualdad a escala de manzana y bloque.
William Du Bois	*The Philadelphia Negro*, 1899	Aborda la descripción de los guetos de población afroamericana en Estados Unidos analizando las características sociodemográficas de sus residentes y los problemas sociales que les afectaban.
Benjamin Seebohm Rowntree	*Poverty a study of Town Life*, 1901	Se centra en el análisis de la pobreza en la ciudad de York a través del estudio de viviendas y familias, estableciendo una clasificación en dos grupos: familias con problemas para hacer frente a necesidades básicas; familias cuyos ingresos son insuficientes para suplir dichas necesidades. Desarrolló una teoría acerca del término "ciclo de pobreza".
Charles Booth	*Life and Labour of the people in London*, 1904	Ampliación de la investigación publicada en 1886, mencionada en esta misma Tabla.
R. Hunter	*Poverty*, 1904	Analiza el problema de la pobreza en las principales ciudades norteamericanas.
A.L. Browley	*Livelihood and Poverty*, 1915 *Has Poverty Diminished*, 1925	Realiza un análisis comparativo de la pobreza en seis ciudades británicas.

Fuente: elaboración propia a partir de De León Herrera, 2007.

prestaban mal a los enfoques ambientales, así como a los de índole paisajística y a los asentados en el concepto de género de vida» (Ortega Valcárcel, 2000, p. 402).

Los primeros enfoques geográficos que muestran un interés por cuestiones sociales y problemas urbanos no surgen hasta la década de 1940, impulsados por la creciente especialización de la disciplina una década antes, que sirvió de empuje a los geógrafos regionales para que se fijasen en los factores sociales que influían en la organización del territorio (Capel, 1984).

Los primeros investigadores en mostrar un interés notable en esta cuestión están adscritos a otras disciplinas. Como aparece reflejado en la Tabla 2, algunos de los más reconocidos son C. Booth, J. A. Riis, L. J. Addams, F. Kelley o B. S. Rowntree (De León Herrera, 2007; Davila Legerén, 2019).

C. Booth (1840-1916) es el autor de *Life and labour of the People in London,* un estudio realizado entre 1886 y 1903 (London School of Economics & Political Science, 2016) con el fin de conocer la distribución de la población en la ciudad de Londres a partir de sus características laborales y profundizar en la organización de actividades económicas y de ocio en el espacio urbano londinense. Para su elaboración contó con la ayuda de un numeroso equipo de colaboradores que realizaron un intensivo trabajo de campo y numerosas encuestas a trabajadores, policías, propietarios de empresas y representantes sindicales. Con esta información, elaboraron mapas temáticos que describen la distribución de la población en la capital británica teniendo en cuenta el ingreso y la clase social de sus residentes que constituyen ejemplos adelantados a su tiempo de cartografía social y del análisis de la segregación espacial (Dávila Legerén, 2019; Laino, 2021). La Figura 4 muestra un fragmento del mismo y en ella se puede apreciar una clasificación de la población en siete tipos en función de la renta y las condiciones de vida. El trabajo de Booth ha sido alabado por su carácter pionero, la avidez de la representación cartográfica, así como por su agudeza a la hora de plantear el término "línea de pobreza" que sigue siendo empleado hoy en día (Gillie, 1996). No obstante, también ha sido criticado por la falta de rigor en sus conclusiones y la decisión de establecer unos intervalos concretos para clasificar a la población (Spicker, 2007).

La obra principal del periodista e investigador social de origen danés J. A. Riis se titula *Cómo vive la otra mitad* (1890) y en ella se ocupa de describir las condiciones de vida de la población inmigrante de Nueva York a través de la descripción de los barrios y del modo de vida que les caracterizaba. Su investigación subrayó los problemas sociales que se manifestaban en los bloques de viviendas de Nueva York a finales del siglo XIX, construcciones originalmente edificadas para alojar a la aristocracia de Manhattan que, con el crecimiento de la ciudad, fueron perdiendo importancia y valor en la trama urbana. Sus propietarios encontraron la forma de

Figura 4. Fragmento del Mapa descriptivo de la pobreza de Londres de Charles Booth (East Central District).

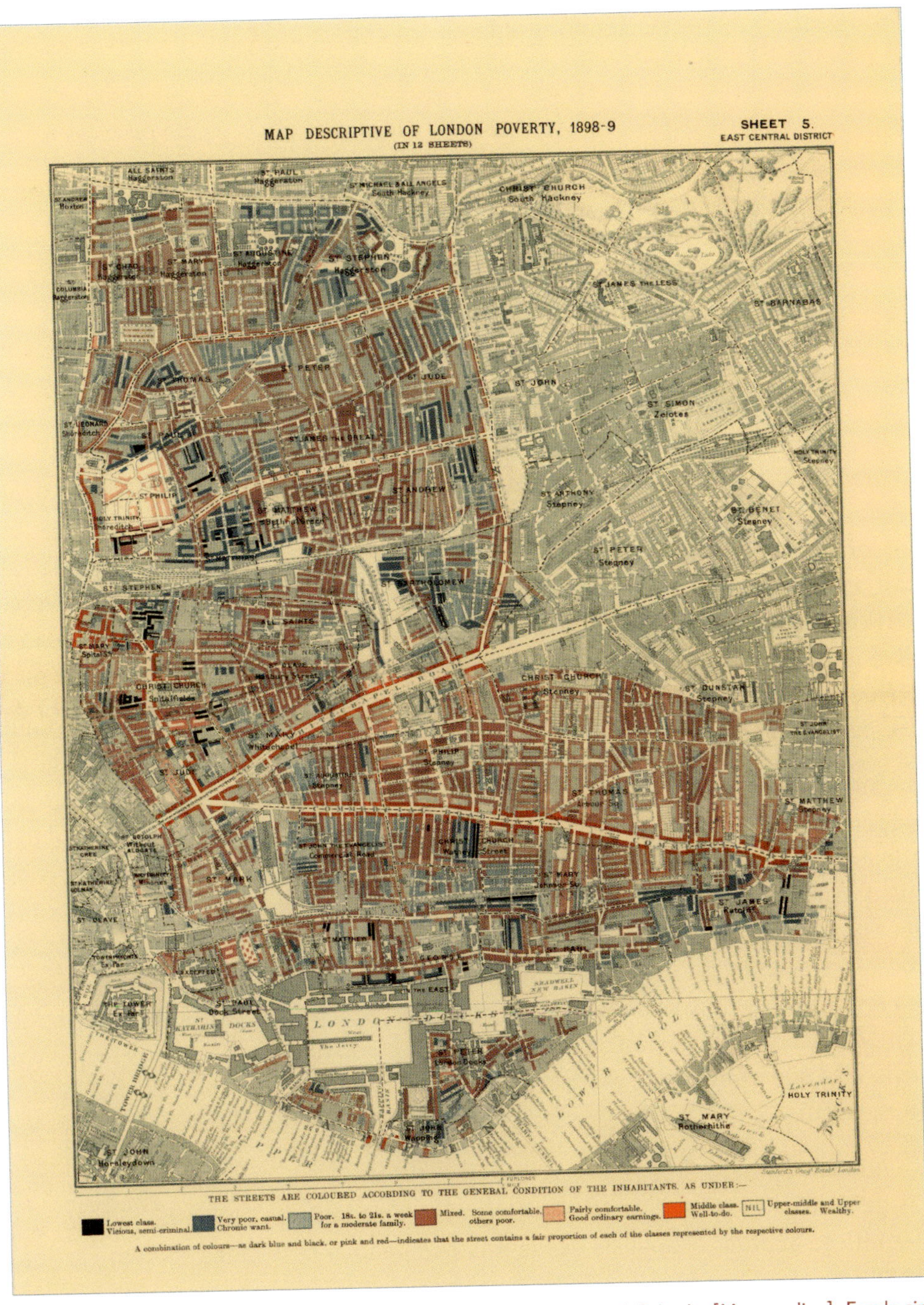

Fuente: adaptado de Booth, C. (1898). Map of London and Suburbs [Mapa online]. Escala sin determinar. Londres. Recuperado de: https://booth.lse.ac.uk/map/14/-0.1174/51.5064/100/0

sacar rendimiento económico a través de diferentes estrategias incluyendo reformas dirigidas a dividir las estancias con el objetivo de cubrir la creciente demanda residencial, aunque sin tener en cuenta las condiciones mínimas de higiene y salubridad. El autor hace referencia a este aspecto de la siguiente forma:

> *A medida que crecían los negocios, y la ciudad crecía a gran paso, las necesidades de los pobres se convirtieron en la oportunidad de sus vecinos más prósperos, y las antiguas casas, que se volvieron valiosas de repente, adquirieron su sello, el que ha luchado por borrar en vano las mejores intenciones y esfuerzos de una era posterior. Sus amplias habitaciones se subdividieron en varias más pequeñas, sin tener en consideración la luz o la ventilación, y la renta disminuyó en proporción al espacio o la altura desde la calle; pronto se llenaron desde el sótano a la guardilla con una clase de inquilinos que vivían al día, de moral disipada, de hábitos imprevisores, degradados, y tan sucios como la mendicidad misma. Así fue como vino al mundo la habitación oscura, prolífica en depravaciones indecibles. (Riis, 2001, p. 55).*

Para su realización recorrió y estudió los barrios de población inmigrante y los describió basándose en su ubicación, las características de las viviendas que los integraban en cuanto a espacio disponible y condiciones higiénicas, así como los rasgos culturales de sus residentes, enfatizando las manifestaciones más severas de la pobreza urbana como la indigencia, la infancia en situación de marginalidad o el modo de vida de las mujeres. Para ello tomó notas de sus observaciones, realizó encuestas a sus residentes y sacó fotografías del entorno urbano y del interior de las viviendas, como puede verse en la Figura 5.

Su estudio concluyó con una clasificación de barrios definidos en función del origen geográfico y étnico de sus residentes, señalando las características del barrio italiano; chino (*Chinatown*); la judería (*Jewtown*); el bohemio (*Bohemians*); o las áreas residenciales de población negra. Aunque su relato no está exento de estereotipos y juicios de valor, Riis apuntó al papel y responsabilidad de las autoridades locales para aminorar y, en última instancia, revertir las situaciones identificadas a través de la revisión y ampliación de la normativa urbana existente, las acciones de remodelación y adecuación de los edificios, así como de la construcción de nuevas viviendas que sirviesen de modelo para resolver situaciones similares en el futuro (Riis, 2001).

Además de su carácter pionero, otro de los méritos de Riis radica en proveer a las generaciones posteriores de investigadores sociales de un marco teórico que permitiese abordar el análisis desde una perspectiva renovada (Romero Escribá, 2013).

Motivado por su interés por el movimiento settlement, Riis entró en contacto con activistas e investigadores sociales norteamericanos cuya influencia transformó su forma de ver y analizar la realidad urbana. En concreto, se trata de L. J. Addams y E. G. Starr que, motivadas por su estancia en una casa de acogida en Londres, fundaron en Chicago una vivienda social denominada Hull House. El propósito principal de su proyecto era contrarrestar los efectos de la industrialización en las condiciones de vida de la población trabajadora menos favorecida, proporcionando viviendas a familias de inmigrantes y facilitando su acceso a actividades educativas y culturales. Sin embargo, de forma paralela a esta actividad, el lugar

Figura 5. Inquilinos en una vivienda de la calle Bayard (Nueva York).

Fuente: Riis, J. (1897). Lodgers in a Crowded Bayard Street Tenement - "Five Cents a Spot" [Fotografía]. Recuperado de: https://www.icp.org/browse/archive/objects/lodgers-in-a-crowded-bayard-street-tenement-five-cents-a-spot.

también se convirtió en un punto de reunión para investigadores sociales, interesados en estudiar las desigualdades urbanas (García González y Guerrero, 2019).

A este respecto, la llegada de la reformadora feminista F. Kelley a la Hull House en 1891 supuso un impulso significativo para la transformación del proyecto inicial a un centro de investigación sociológica, abandonando su enfoque caritativo anterior (Binetti, 2016). Florence Kelley dirigió la publicación colectiva *The Hull House Maps and Papers* que, además de diversos ensayos acerca del modo de vida en los barrios marginales de Chicago, incluye mapas temáticos, como el que aparece en la Figura 6, realizados a partir de la información recogida a través de un exhaustivo trabajo de campo realizado en colaboración con el personal de la Oficina de Trabajo y la coordinación de Carroll D. Wright (Bienen, 2012). La cartografía resultante muestra diversos aspectos de la vida de la población inmigrante (empleo, salario o procedencia), y constituye un ejemplo representativo de los estudios pioneros

Figura 6. Mapas de nacionalidades y de salarios en Chicago de la Hull House. Calle S. Jefferson (Chicago),1895.

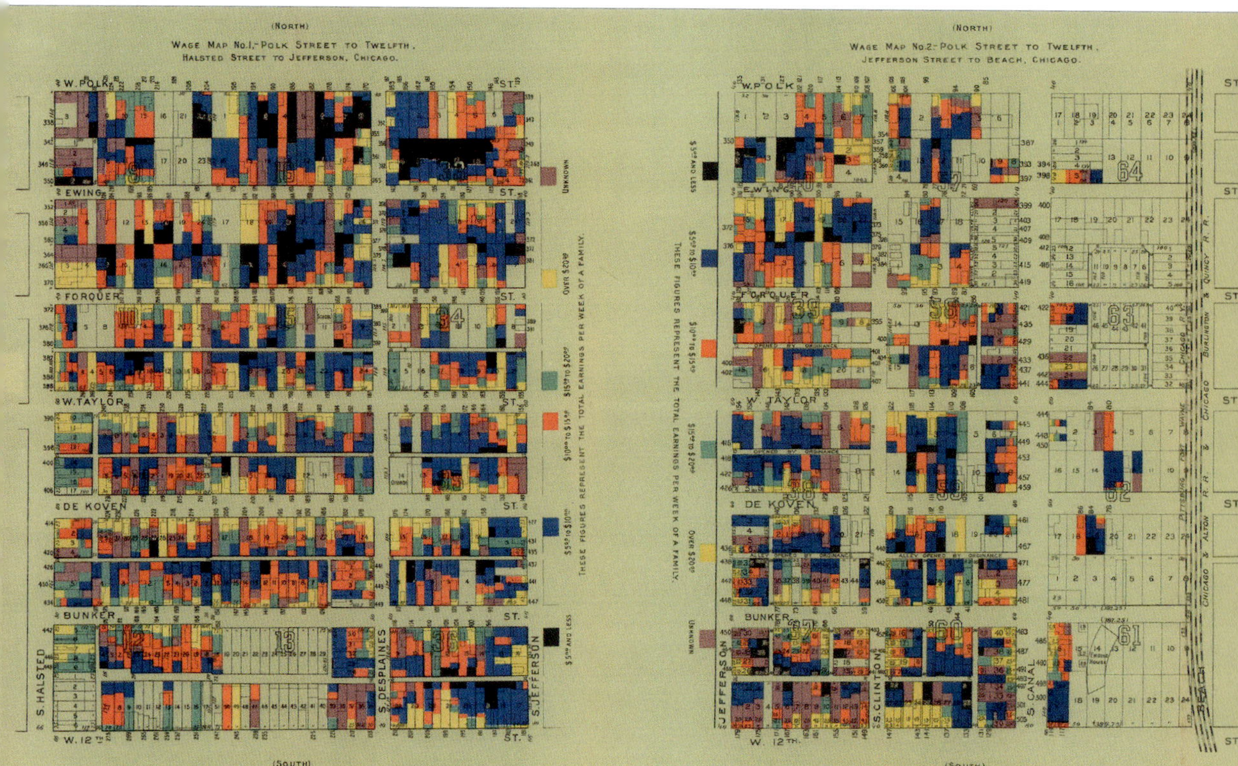

Fuente: adaptado de Adams, J. (1895). *Map of nationalities y Wage-map Chicago* [mapa]. Escala sin determinar. Chicago. Recuperado de: https://florencekelley.northwestern.edu/historical/hullhouse.

acerca de la desigualdad urbana (Binetti, 2016), además de por contribuir en la toma de conciencia sobre las condiciones de vida de la población menos favorecida (Font-Casaseca, 2016).

Posteriormente a estas investigaciones, el empresario británico B. S. Rowntree (1871-1954) realizó en 1901 un estudio inspirado en los trabajos de C. Booth titulado *Poverty a Study of Town Life.* Constituye un profundo análisis espacial de la pobreza y la marginación en York a partir del estudio histórico de la ciudad y las características sociales de su población. El trabajo se apoya en datos obtenidos a través de encuestas realizadas durante el año 1899, que incluyen información acerca de la

Figura 7. Diagrama del ciclo de la pobreza de Rowntree.

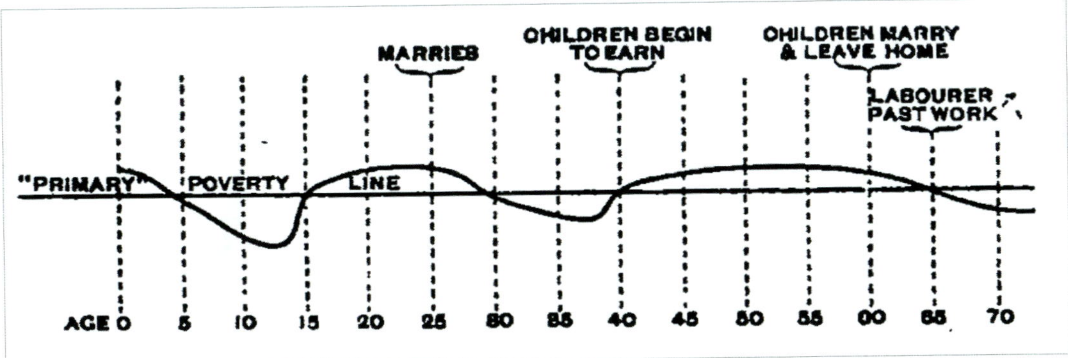

Fuente: tomado de Rowntree, 1901, p. 137.

composición de las familias, los salarios, las características de las viviendas (acceso a agua potable, por ejemplo), así como sobre hábitos de alimentación (Rowntree, 1901). El estudio presenta, por primera vez, el concepto de ciclo de pobreza, ilustrado a partir del esquema que aparece en la Figura 7.

El modelo señala un nivel mínimo de ingresos que permitiría garantizar la alimentación y otros bienes esenciales. Además, señala que la pobreza se transmite de forma intergeneracional a través de la conjunción de distintos problemas interrelacionados: carencias educativas, falta de empleo, discriminación o viviendas inadecuadas. La primera etapa de pobreza se presenta en la infancia cuando los recursos familiares no alcanzan para cubrir las necesidades básicas. La siguiente generación obtiene más recursos si encuentra empleo, aunque al formar nuevas familias vuelven a producirse nuevas dificultades económicas. Solo cuando el primer hijo comienza a trabajar se experimenta una etapa de más abundancia, que se interrumpe de nuevo en la vejez (Mari-Klose y Mari-Klose, 2012). El planteamiento de Seebohm Rowntree sugiere que para fragmentar el ciclo de pobreza es necesario abordar las causas que subyacen en el problema, diseñando políticas y programas que sirvan de ayuda a las personas a superar las desventajas económicas y sociales mencionadas. Esta idea ayudó a desmantelar las ideas preconcebidas de que la pobreza era una característica inmanente de una parte concreta de la población y que la responsabilidad de la misma recaía única y directamente sobre ellos (Hay, 1978).

Entre el resto de representantes de estos estudios cabe destacar los trabajos de W. Du Bois sobre la ubicación y características urbanas y sociodemográficas de los guetos de población negra en varias ciudades norteamericanas. Se trata de uno de los primeros académicos en emplear métodos científicos para estudiar la desigualdad racial en Norteamérica, documentar las condiciones de vida de la población negra en Filadelfia y analizar la forma en la que la desigualdad económica y social afectaba a sus vidas. Su análisis destacó además la importancia de la educación y la formación como medio para amortiguar dichos desequilibrios, sentando las bases para el análisis interdisciplinar de la pobreza urbana y su impacto en las comunidades afroamericanas (Vaughan, 2018).

Estas aportaciones clásicas constituyen ejemplos pioneros del estudio de la segregación urbana y aportan ejemplos de cartografía social muy valorados hoy en día por el nivel de detalle en su ejecución y los resultados obtenidos. Además, han servido para construir las bases teóricas del estudio de la desigualdad, la segregación y la vulnerabilidad urbana, poniendo el foco en grupos de población concretos considerados vulnerables -como los inmigrantes, los menores, las minorías étnicas o las mujeres-, proporcionando una guía para investigaciones sociales posteriores y contribuyendo, al mismo tiempo, la toma de conciencia de las condiciones de vida de las capas de población menos favorecidas. De hecho, algunos de los conceptos y teorías propuestos siguen siendo relevantes en la actualidad. En conjunto, constituyen los antecedentes más claros del estudio científico acerca de la vulnerabilidad urbana y los precedentes de los estudios llevados a cabo por la Escuela de Chicago durante las primeras décadas del siglo XX.

3.1. La aportación de la Escuela de Chicago

Paralelamente a las actividades desarrolladas en Hull House, en el ámbito universitario se inició una corriente de pensamiento pionera en la comprensión de las ciudades que más tarde se conoció como Escuela de Chicago (Buzai, 2003; Davila Legerén, 2019). Durante las décadas de 1920 y 1930, esta Escuela desarrolló una forma nueva de estudiar esta cuestión partiendo de la concepción de la ciudad como un laboratorio social en el que desplegar técnicas de investigación para profundizar en problemas urbanos de distinta índole, como la segregación o la desigualdad (García Araque y García Cuesta, 2020; Krellenberg et al., 2016; Ruiz Tagle, 2016), a partir de procesos naturales y sociales asociados al «*darwinismo social*» (Soja, 2008, p. 137).

Los sociólogos J. Picó e I. Serra (2010) dividen la trayectoria de esta corriente en tres etapas que corresponden con tres generaciones de investigadores. La primera se inicia a finales del siglo XIX con el arranque de la Escuela y se extiende hasta el final de la Primera Guerra Mundial. Sus principales artífices son A. Small y W. I. Thomas, quienes centraron su interés especialmente en el comportamiento social de los campesinos emigrantes en Chicago (Davila Legerén, 2019). La segunda corresponde al periodo 1918-1935, momento en el que R. E. Park y E. W. Burgess se posicionan como líderes de la misma. Es considerado no solo el periodo más intenso de la Escuela en cuanto al número y calidad de los trabajos producidos, sino además por «*la continuidad institucional que supieron darle Park y Burgess, su vinculación a la ciudad y la consistencia metodológica de sus trabajos, muy vinculada al pragmatismo como estandarte filosófico de la universidad*» (Picó y Serra, 2010, p. 83). La tercera etapa pertenece a la época en la que la Escuela fue dirigida por algunos discípulos de Park y Burgess, como R. McKenzie, L. Wirth o N. Anderson, que continuaron y ampliaron las líneas de trabajo iniciadas.

A) Principales aportaciones de Park y de Burgess

En el estudio preliminar que prologa la traducción al castellano de las obras principales de R. E. Park, el sociólogo E. M. Martínez señala que, tras acabar Filosofía en la Universidad de Michigan y su tesis doctoral en Alemania, Park regresó a Estados Unidos y entró a formar parte de la Escuela de Chicago. En ella inició una reconocida trayectoria como sociólogo urbano, impulsando la idea de ciudad como laboratorio de investigación (Park, 1999). Sus textos sostienen que las personas tratan de adaptarse socialmente al entorno urbano en el que residen a través de procesos como la competición, la cooperación o la interdependencia, y que dichos procesos se manifiestan en la distribución espacial diferenciada de la población de acuerdo con las funciones que desempeñan dichos espacios (Ruiz Tagle, 2016). Según H. Capel las fuentes de inspiración de Park fueron la Ecología (vegetal y animal) y la Geografía humana, aunque en sus trabajos limitó el contenido de la Geografía «*con el fin de justificar la necesidad de un proyecto intelectual independiente como él proponía*» (Capel, 1984, p. 56).

Para Picó y Serra (2010), las principales obras de R. E. Park son fundamentalmente tres. La primera es la obra colectiva *The City*, publicada originalmente en 1925. Su objetivo era analizar el crecimiento de las ciudades atendiendo al origen de sus habitantes, la inmigración y la distribución de la población en sectores diferenciados basándose en las características de sus moradores y en las interacciones entre los distintos colectivos que conviven en el mismo espacio. Los avances conseguidos en este trabajo sirvieron para conformar las bases de su investigación, así como para inaugurar un nuevo campo de estudio que daría origen a la institucionalización de la Sociología urbana como una disciplina propia (Picó y Serra, 2010).

La segunda obra fundamental de R. E. Park es *Introduction to the Science of Sociology*, escrita en colaboración con E. Burgess y publicada en 1921, en la que se presenta la ciudad como una unidad ecológica que se organiza en dos niveles: biótico y natural. Su planteamiento apunta que en las ciudades acontecen procesos de interacción social que surgen como resultado del encuentro entre los residentes tradicionales de los barrios y los inmigrantes recién llegados, concretados en procesos como la rivalidad, la aparición de conflictos, la adaptación y la asimilación.

Su tercera obra de referencia es *The City as a Social Laboratory* (1926), en la que fortalece la idea de considerar los estudios sociales sobre el espacio como una disciplina científica propia y en la que se define la Ecología humana como la «*ciencia que describe la configuración y el ordenamiento de las personas que componen una determinada población en grupos humanos e instituciones en base a causas de tipo cultural y medioambiental*» (Picó y Serra, 2010, p. 96). Otra de las aportaciones de esta obra es la noción área natural, para hacer referencia a unidades de división del espacio urbano homogéneas desde el punto de vista de sus funciones, clasificadas de tal forma en cuatro tipos: área comercial, área residencial, suburbio o gueto.

Antes de finalizar esta revisión sobre los trabajos de Park, es interesante hacer referencia a la publicación *The Mind of the Rover* escrita en 1923. En ella se ocupa de la marginalidad urbana, definida como el estado en el que se encuentran personas que se desenvuelven entre su cultura de origen (más sencilla) y la del destino (más compleja y sofisticada). De este modo, el estado de marginación es una posición intermedia entre dos ámbitos diferenciados y en conflicto, que puede terminar con la asimilación a la cultura de llegada o el estancamiento en la marginación, desarrollando culturas híbridas con el paso del tiempo.

La aportación principal de E. W. Burgess al estudio de los problemas urbanos derivados de la distribución desigual de la población en las ciudades reside en el artículo *The growth of the city: an introduction to a research program* publicado en 1925, dentro del libro *The City* anteriormente mencionado. En él propuso un reconocido modelo estructural de las ciudades (ver Figura 8) que hace referencia a la segregación espacial determinada por la renta, el valor de la vivienda, la clase social o la raza inspirado en la ciudad de Chicago (Davis, 2001). Este conocido esquema se estructura en cinco círculos concéntricos que representan diferentes áreas cuya disposición es resultado de acciones ecológicas y sociales espontáneas y sin planificar (Soja, 2008) que, según A. Davila Legerén (2019), está inspirado en la organización arquetípica de la sociedad campesina europea.

El anillo central representa el corazón financiero, la zona en la que el suelo es más valioso y en la que se concentran las principales funciones administrativas, comerciales, de ocio, de comunicación o de poder. En segundo lugar, se presenta una zona de transición compuesta por barrios humildes de familias de inmigrantes que se desplazaron a la ciudad por razones laborales, en los que se intercalaban pensiones e industrias. En este anillo se sitúan los barrios más desfavorecidos, con zonas de auténtica pobreza y degradación urbana (Harris y Ullman, 1945). El tercero

Figura 8. Generalizaciones de la estructura interna y del crecimiento de las ciudades.

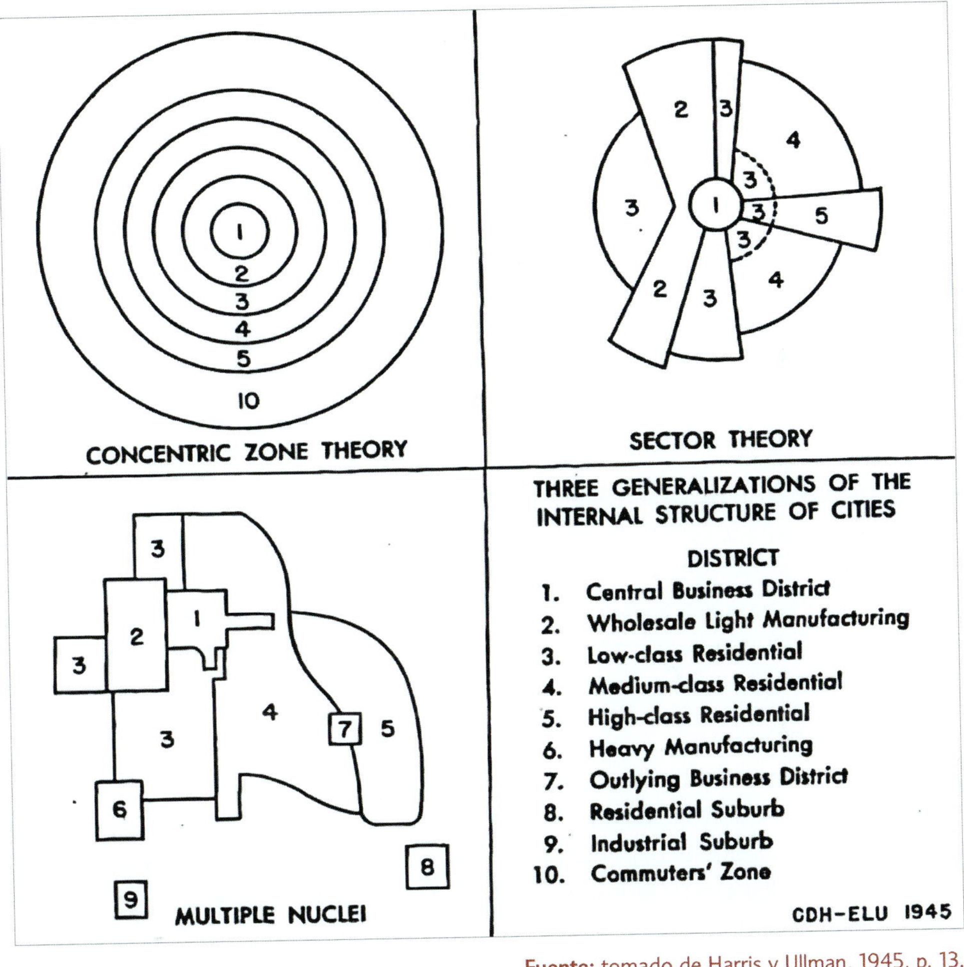

Fuente: tomado de Harris y Ullman, 1945, p. 13.

constituye la zona residencial de clase obrera, ocupada por la segunda generación de inmigrantes y caracterizada por una mayor estabilidad social. En cuarto lugar, se dispone una zona residencial compuesta por viviendas de mejor calidad dotadas apropiadamente de servicios e infraestructuras urbanas. Por último, en el anillo más externo se ubican los barrios dormitorio y constituye la zona residencial de trabajadores de extrarradio.

Autores como J. M. Lahosa indican que el principal acierto de Burgess fue identificar las tensiones que se producen entre las distintas zonas que forman una ciudad. De acuerdo con este autor, este hecho se hace palpable especialmente entre el anillo central y la zona industrial, caracterizada por la degradación y decadencia urbanas, lo que sirvió para centrar la atención en numerosos temas tales como «*la competencia del suelo, la guetización de las zonas centrales de las ciudades y los conflictos que se generan, las apropiaciones, degradación y usos de las zonas residenciales centrales y el posterior efecto de gentrificación*» (Lahosa, 2002, párr. 2).

B) La tercera generación de la Escuela de Chicago: McKenzie y Wirth

Los discípulos aventajados de Park y Burgess fueron R. D. McKenzie, N. Anderson y L. Wirth, que constituyen el núcleo de la tercera etapa de la Escuela de Chicago. McKenzie además de participar en la obra colectiva *The City*, aplicó los avances realizados por la Escuela al análisis de Columbus, capital del Estado de Ohio (De Almeida Vasconcelos, 2012).

El trabajo parte del análisis de la estructura de la ciudad para profundizar en la forma en la que la población se repartía en los barrios desarrollados en torno al centro, además de la actividad industrial, plasmado en mapas como el que muestra la Figura 9. Por un lado, el estudio indaga en los vínculos existentes entre dicha distribución y el poder adquisitivo de dichos grupos de población, tomando como estándar de clasificación el promedio de las declaraciones de impuestos de los electores.

Su objetivo era establecer una división de la ciudad en distintas áreas económicas a partir de información estadística acerca de los cambios de residencia de la población, la dependencia y la delincuencia juvenil y varias entidades benéficas. McKenzie describe el fenómeno de la segregación urbana de la siguiente manera:

> *La población de cualquier ciudad se distribuye de acuerdo con el status económico dentro de áreas residenciales de varios valores de alquiler o bienes raíces. El ingreso familiar tiende a segregar a la población de una ciudad en diferentes distritos económicos de la misma forma que el precio de las entradas en un teatro divide al público en varios estratos diferentes de distinción económica y social. (McKenzie, 1921, p. 152)*

Las aportaciones más reconocidas de L. Wirth son *The Ghetto* (1927), adaptación de su tesis doctoral (dirigida por Burgess en 1928) y *Urbanism as a way of life* (1938), considerado un texto fundamental para la comprensión y el análisis de la ciudad (Fariña Tojo, 1985). En el primero, Wirth ofrece una perspectiva detallada del fenómeno de los guetos en los países occidentales, definidos como asentamientos históricos de población judía que, a menudo, constituyen las áreas más pobres

Figura 9. Mapa de Columbus (Ohio) de R. McKenzie.

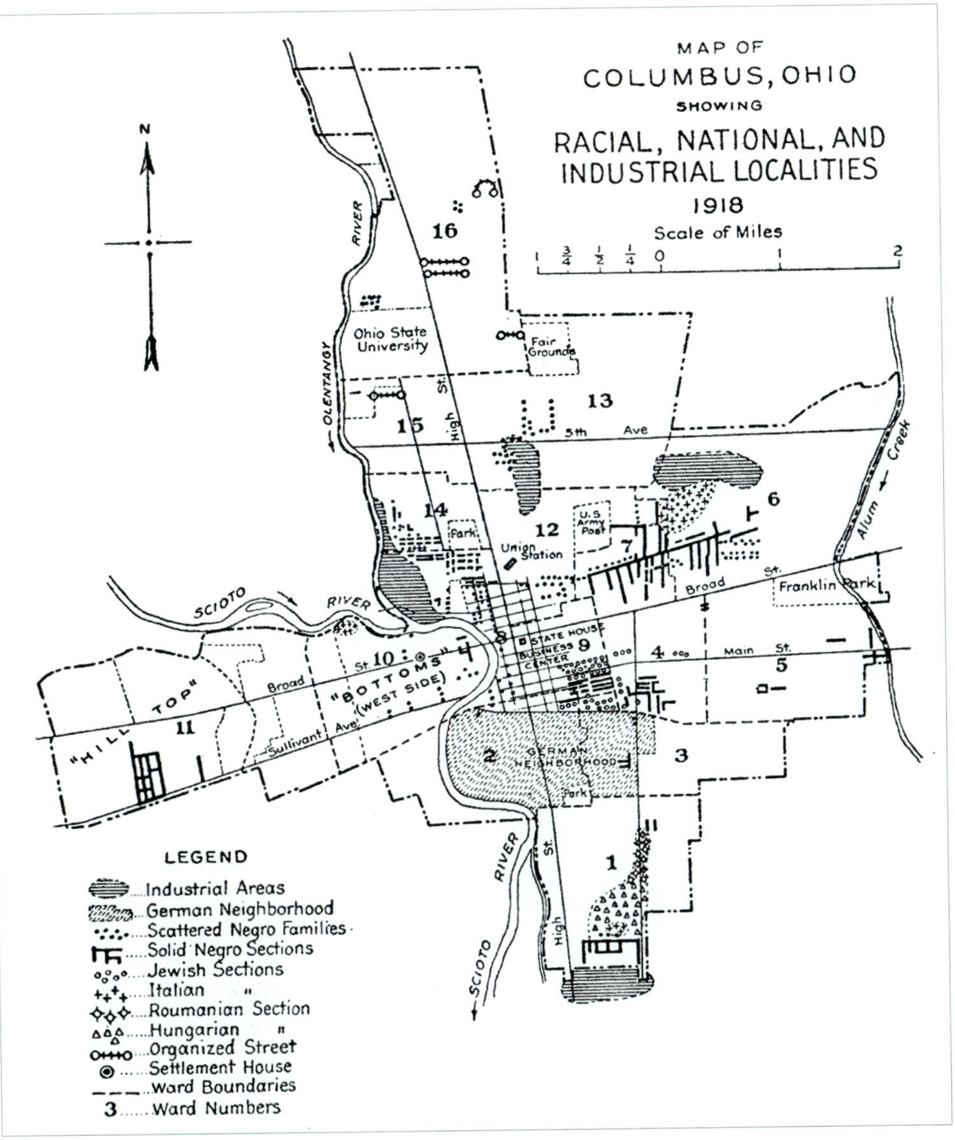

Fuente: McKenzie, R. (1921). Map of Columbus, Ohio showing racial, national and industrial localities 1918 [mapa]. Escala aproximada 1:92.000. Columbus. Recuperado de: https://www.jstor.org/stable/2764821.

y atrasadas de las ciudades. El autor los considera formas de expresión cultural y ejemplos de tolerancia entre grupos en conflicto, subrayando que su carácter aislado responde principalmente a las motivaciones de sus moradores. Emplea las nociones ecológicas y sociopsicológicas propuestas por la Escuela y se apoya en el estudio y análisis de las últimas transformaciones sociodemográficas. También apunta que su devenir estaba condicionado fundamentalmente por el crecimiento de su población, paralelo al del resto de la ciudad, y la variedad de su composición social.

C) El legado de la Escuela de Chicago

Picó y Serra (2010) concluyen afirmando que las aportaciones de R. Park, E. Burgess, R. McKenzie, L. Wirth y el resto de los colaboradores de la Escuela de Chicago tienen gran relevancia para el estudio de problemas urbanos y sociales por incluir la variable espacial al análisis sociológico, además de por su riqueza conceptual, que sirvió para nutrir teóricamente a las investigaciones posteriores.

No obstante, también indican que la Escuela acaparó críticas por parte de otros expertos que identificaron varias limitaciones en sus trabajos. Por un lado, fue tildada de etnocentrista al fundamentar el comportamiento de los fenómenos estudiados exclusivamente en ciudades norteamericanas, y especialmente en Chicago, cuya aplicabilidad en otros ámbitos es limitada. Por otro, algunas voces contrarias calificaron sus propuestas de deterministas por poner el foco en facetas de las ciudades, como el crecimiento y la economía, ignorando otras como los sentimientos, los símbolos o los valores, que serían desarrollados con posterioridad. En cuanto al esquema urbano propuesto por Burgess, estas opiniones opuestas han subrayado que se concibió en un momento en el que las ciudades estaban creciendo y cambiando muy rápido y en las que el transporte a motor era todavía poco común. Han señalado también que desatendía la variedad y heterogeneidad interna de cada anillo ya que eran descritos prácticamente como áreas estancas, sin prestar la atención suficiente a otras variables como las políticas, que son consideradas fundamentales para comprender el desarrollo urbano y la distribución de la población.

Algunas de estas críticas se materializaron en el planteamiento de nuevos modelos de crecimiento urbano. El primero fue presentado en 1939 por el economista estadounidense H. Hoyt. Su artículo *The Pattern of movement of residential rental neighbourhoods* incorpora un nuevo modelo de denominado Teoría de Sectores concebido a partir del análisis estadístico y cartográfico de las rentas inmobiliarias en varias ciudades anglosajonas. Hoyt observó que los movimientos internos de la población motivados por el crecimiento de la misma se concretaban a través de los principales ejes de transporte, dando lugar a un crecimiento por sectores. En este modelo, los barrios más desfavorecidos aparecerían como resultado del abandono de las zonas obsoletas ocupadas por las clases más favorecidas, que paulatinamente encontrarían nuevas zonas residenciales bien comunicadas por las vías de transporte (De Almeida Vasconcelos, 2012). En el año 1945, los geógrafos norteamericanos C. D. Harris y E. L. Ullman publicaron un artículo titulado *The Nature of Cities* en el que presentaron un nuevo modelo urbano que añade aportaciones relevantes a la hora de expresar los vínculos entre el crecimiento, la estructura y los problemas de las ciudades. Este esquema se denomina modelo de núcleos múltiples y consecuentemente sirve para complementar los esquemas presentados anteriormente por Burgess y Hoyt (Figura 8).

El artículo de Ullman y Harris está fundamentado en el análisis de las características comunes de varias ciudades americanas, como Chicago o Nueva York, respecto a los usos del suelo y a su estructura urbana. En él argumentaron que la existencia de un solo núcleo asumida por los anteriores modelos no respondía completamente a la realidad. Su propuesta señaló la existencia de dos aspectos fundamentales que impiden este hecho y que fueron pasados por alto en las contribuciones anteriores. Por un lado, la propia distancia física en las grandes ciudades imposibilita que dicha concentración sea efectiva. Por otro lado, cuatro "factores de separación". El primero lo ejemplifican las actividades económicas que precisan ubicarse lejos del centro urbano, como los distritos industriales. El segundo se refiere a los beneficios obtenidos al agruparse varias actividades en un mismo espacio. Del mismo modo, otras se perjudican (tercer factor). En cuarto y último lugar, la incapacidad de ciertas actividades para ubicarse en los lugares que desean debido, por ejemplo, a los altos precios del suelo en el centro. En este sentido, los autores aluden también a la contraposición existente entre los barrios residenciales más acomodados, ubicados en las mejores posiciones frente a los sectores de vivienda de clase baja, condenados a establecerse en los lugares menos propicios, en ocasiones incluso cerca de actividades molestas y nocivas para la salud. Los casos más extremos son aquellos que por razones étnicas están completamente segregados del resto de la ciudad. El artículo pone el foco en aquellos sectores en los que la segregación social, la pobreza y el deterioro urbano se conjugan y manifiestan de forma intensa. Los costes ocultos de los barrios marginales para la ciudad, que se traducen en un entorno deficiente para los futuros ciudadanos y un exceso de protección policial, de bomberos y sanitarios, son la base del argumento a favor de las subvenciones para evitar el deterioro (Ullman y Harris, 1945).

En resumen, las generaciones que impulsaron a la Escuela de Chicago en las primeras décadas del siglo XX establecieron un marco teórico sólido que permitió nutrir teórica y conceptualmente a las investigaciones siguientes centradas en la segregación residencial, la marginación y el declive urbano. Durante la destacada etapa liderada por Park y Burgess, se inauguró un campo de estudio que consideraba la ciudad como el equivalente al laboratorio de investigación. Estaba influenciado por la Ecología y la Geografía humana y se centró en profundizar en cuestiones como el crecimiento, la morfología de las ciudades y la distribución de la población en su interior a partir de sus características sociales y económicas. Los avances conseguidos por esta Escuela son considerados de gran relevancia, particularmente en lo referente a las manifestaciones de problemas tales como la competencia por el suelo, los guetos de población, la degradación urbanística, los procesos de pobreza, marginación y exclusión social o la segregación urbana y sus causas, entre otros aspectos. Sin embargo, la Escuela también recibió críticas que llevaron al desarrollo de otras perspectivas que ayudan a entender el crecimiento urbano, entre las que destacan las propuestas de Hoyt, Harris y Ullman, que, de forma conjunta, han enriquecido la investigación en Geografía urbana.

3.2. Las escuelas de Geografía social y las visiones cuantitativas

Tal y como señala H. Capel (1984), en la década de 1940 surgió una corriente en la Geografía impulsada por la especialización de la rama regional, que se distinguió por mostrar un fuerte interés por los fenómenos sociales, conocida como Geografía social. Se trata de una división de la Geografía humana que presta atención a la representación de dichos procesos y su repercusión en el territorio y el paisaje. Su desarrollo ha sido desigual en Europa y está marcado principalmente por dos etapas. La primera, abarca desde los años 1940 hasta los 1970; y la segunda, desde esa década hasta la actualidad, con D. Harvey como principal exponente (Tulla Pujol y Vera Martín, 2022).

En cuanto a la etapa inicial, Capel indica que su desarrollo se llevó a cabo fundamentalmente en tres escuelas europeas con algunas ramificaciones internas. La primera es la alemana, que a su vez se bifurca en la escuela de Viena, liderada por H. Bobek, y la de Munich, por W. Hartke. Los seguidores de la escuela muniquesa K. Ruppert y R. Schaffer (1979) subrayan que la Geografía social alemana enfocó su interés principalmente en los fenómenos y procesos que transforman el espacio fruto de la actividad social humana. Estos se sintetizan en siete funciones básicas: vivir en comunidad, habitar, trabajar, aprovisionarse y consumir, educarse, descansar y desplazarse. La segunda se desarrolló en Francia y fue impulsada por geógrafos que compartían una perspectiva marxista. Tiene a P. George como máximo representante y se caracteriza por poner de relieve los vínculos entre los problemas sociales y las relaciones de producción económicas. La tercera escuela de Geografía social es la británica, que surge también durante la década de los años 1940 y cuyo desarrollo en las décadas siguientes fue irregular, siempre supeditada a la prevalencia de los paradigmas de la época (Capel, 1984).

A partir del decenio de 1950, la disciplina geográfica experimentó intensos cambios derivados de la disponibilidad de nuevas herramientas y técnicas de análisis y del impulso que supuso el paradigma neopositivista como enfoque filosófico y metodológico (Buzai, 2003). El resultado se tradujo en una renovación de la forma en la que se abordaban los trabajos geográficos, incidiendo en la cuantificación, rigurosidad y objetividad. Surgió así una nueva forma de entender la disciplina que, con el fin de separarse de la tradición desarrollada hasta ese momento, adoptó calificativos como cuantitativa, estadística o directamente nueva geografía (Capel, 2016a).

Uno de sus máximos difusores fue el británico F. K. Schaefer, en cuyas aportaciones se resalta que la Geografía debe equipararse al resto de las ciencias que promulgan leyes generales y que no se limitan a la mera descripción y comprensión de los fenómenos, abogando, en consecuencia, por la adopción de métodos «*verdaderamente científicos y originales*» (Shaefer, 1988, p. 10). El rechazo a los enfoques descriptivos sería lo que haría de la Geografía una ciencia como las demás (Bunge, 1979). En el ámbito de los estudios urbanos, el tema central giraba en torno a la localización espacial; y sus bases teóricas de referencia de están constituidas por los trabajos de precursores alemanes como J. H. von Thünen, sobre la distribución espacial de los usos agrícolas, y del geógrafo W. Christaller, conocido por su teoría de los lugares centrales (Ortega Valcárcel, 2000).

De forma paralela a este desarrollo otras ciencias, como la Sociología, también experimentaron cambios, renovando el interés por los estudios sobre problemas urbanos a través de la aplicación de técnicas cuantitativas. En este contexto, la aportación del investigador de origen turco E. Shevky, en colaboración con la también socióloga M. Williams, y en Chicago junto a W. Bell, es considerada fundamental, ya que supone el inicio del análisis urbano a partir del concepto de áreas sociales (Fariña Tojo, 1985). Sus contribuciones están adscritas al enfoque del análisis factorial de la segregación espacial y para ello ejecutaron análisis estadísticos a nivel censal en la ciudad de Los Ángeles. El objetivo del estudio era ahondar en el conocimiento de la segregación urbana a través de la clasificación de la ciudad en zonas divididas en función de las características de la población residente.

La metodología propuesta por E. Shevky se basa en el análisis de indicadores estadísticos dispuestos en tres ejes que permiten la construcción de un índice combinado. El primero es el rango social (o estatus económico) y para su cálculo se recurrió a indicadores socioeconómicos, como el nivel de instrucción, el empleo, el coste de la vivienda o la posesión de bienes domésticos. El segundo se centra en el nivel de urbanización (o situación familiar) y está fundamentado en indicadores demográficos como la población por edad y sexo, el régimen de tenencia de la vivienda o el número de residentes en cada hogar. El tercer eje es la segregación (o estatus étnico) y está construido a partir de indicadores como el país de procedencia (Buzai, 2003). En la década de 1960, McElrath añadió un cuarto eje denominado estatus migratorio, para contemplar también variables de movilidad de la población extranjera (Jiménez Blasco, 1984) y hacer frente a las críticas que acusaban la propuesta de determinismo económico (Fariña Tojo, 1985).

Las investigaciones lideradas por E. Shevky sostienen que la segregación urbana está condicionada fundamentalmente por tres factores. Primero, la disposición de las vías de comunicación de las ciudades, que influye en el acceso a los barrios periféricos. Segundo, la relación existente entre la capacidad de acceso a la vivienda de la población y los ciclos que experimenta una persona a lo largo de su vida, aspecto que se plasma en la concentración de población de mayor edad en los centros urbanos y de familias jóvenes en las periferias. Y tercero, el vínculo existente entre la movilidad y el origen étnico y racial de la población, que estimula la dispersión poblacional en núcleos diseminados (Zárate Martín y Rubio Benito, 2018).

H. Capel (1973) indica que una parte importante de los estudios geográficos urbanos producidos a finales de la década de 1950 están vinculados con el paradigma humanista y el desarrollo de la Geografía de la percepción y el comportamiento. Estas corrientes en la evolución de la Geografía se apoyan en varios enfoques propuestos por otras disciplinas como la Psicología o la Antropología. La idea axial que subyace en esta corriente es que a lo largo de la vida de una persona se desarrolla, de forma natural, una especie de catálogo de imágenes mentales que es relevante para la disciplina geográfica ya que permite, tras el apropiado procesamiento de la información y una posterior representación gráfica de la misma, vincular el espacio físico con la conducta humana (Morales Yago, 2012).

Las investigaciones adscritas a este paradigma enfocan su interés hacia el estudio del espacio desde un punto de vista subjetivo, conforme a la percepción que tienen los individuos sobre el mismo, tratando de aproximarse a la relación entre dicha apreciación y el comportamiento humano. Las metodologías propuestas centran su interés en los pensamientos de las personas y en cómo estas interpretan y experimentan su entorno, basado en su contexto sociocultural, objetivos y valores personales. Las técnicas empleadas para su dilucidación incluyen mapas mentales, encuestas o entrevistas, combinando en ocasiones el análisis cuantitativo con el cualitativo (Vara Muñoz, 2008).

Capel, aludiendo a los estudios abordados en la década de 1960 en el ámbito anglosajón, presenta la siguiente clasificación atendiendo a su objeto de estudio de los principales enfoques dentro de esta corriente. Primero, el enfoque estructural, orientado al análisis de la organización de las imágenes mentales y de la percepción con respecto al espacio geográfico. Segundo, el enfoque evaluativo o valorativo, dirigido al estudio de la valoración perceptual de aspectos concretos del espacio geográfico. Tercero, el enfoque preferencial, que trata de determinar las predilecciones de las personas ante hechos o elementos geográficos concretos y su influencia en sus comportamientos y en la toma de decisiones. Algunos geógrafos destacados dentro de esta corriente son los norteamericanos D. Lowenthal, G. Fowler White, R. W. Kates y o S. L. Cutter quienes ha trabajado en la percepción de la población de peligros naturales (Ortega Valcárcel, 2000; Capel, 1973).

En resumen, la aparición de la Geografía social durante la década de 1940 constituye un hito importante para el tema de estudio, ya que ayudó a profundizar en la interacción de las sociedades con su entorno, en relación con las desigualdades económicas, la segregación espacial y las dinámicas culturales. Su desarrollo en las universidades europeas a partir de los años 1940, unido al del análisis factorial ejecutado por sociólogos durante la década de 1950, proporcionaron una forma más completa de comprender los problemas urbanos, tomando en consideración factores geográficos, económicos y sociales, así como el vínculo existente con las dinámicas culturales implícitas en la movilidad de la población, que serían considerados esenciales para el estudio científico de los problemas urbanos en las décadas siguientes.

3.3. El estudio de los problemas urbanos en las décadas de 1960 y 1970

Durante la década de 1960 se editaron varias publicaciones consideradas obras clásicas del urbanismo y de la Geografía urbana. Se trata de *The image of the city* de K. A. Lynch sobre la percepción del paisaje urbano y *The Death and Life of Great American Cities* de la activista y divulgadora científica J. Jacobs (Gómez Varo et al., 2021).

La contribución de J. Jacobs al estudio de las ciudades se considera un antecedente crucial en la investigación de la dimensión "securitaria" de la vulnerabilidad y de la incidencia de la delincuencia en barrios de las ciudades por su carácter pionero y su postura crítica hacia la planificación urbana tradicional (Hernando Sanz, 2008). Esto es debido a que su autora cuestionó las actuaciones de renovación urbana desarrolladas hasta el momento, haciendo hincapié en la falta de consideración de las mismas por las formas de vida de los residentes de los sectores renovados y en la necesidad de llevar a cabo una gestión comunitaria del diseño de los espacios públicos a fin de fomentar la sociabilidad y la interacción social (Egea Jiménez y Nieto Calmaestra, 2022).

Una de las propuestas más relevantes de la obra de Jacobs, tal y como señalan autoras como I. Gómez Varo (2021), es la noción de diversidad urbana para describir el grado de actividad y de vitalidad de los sectores que componen la ciudad. Según su teoría, para que un espacio urbano sea considerado diverso debería tener en cuenta la combinación de cuatro aspectos: en primer lugar, la diversidad de usos, que garantiza la presencia de personas con distintos propósitos y cometidos en un mismo espacio; en segundo, fomentar las oportunidades de interacción social a partir del diseño de un entramado de calles que no solo permita trasladarse de un lugar a otro con facilidad, sino además que faciliten el contacto visual entre personas; en tercer lugar, la coexistencia de edificios de distintas épocas y condiciones, favoreciendo de esta forma la mezcla de actividades de diferente tipo, así como de personas de distintas capas sociales; por último, en cuarto lugar, facilitar la concentración de personas y aumentar la densidad de los espacios urbanos.

En esa línea, pero desde un punto de vista empírico, los arquitectos R. R. Jeffery y O. Newman, autores de *Crime Prevention Through Environmental Design* (1971) y *Defensible Space: Crime Prevention Through urban design* (1972), respectivamente, propusieron metodologías concretas para identificar los sectores más afectados por el crimen y la delincuencia (Banco Mundial, 2020).

C. R. Jeffery, diseñó una metodología denominada prevención del crimen a partir del diseño ambiental, conocida también por sus siglas en inglés C.P.T.E.D., cuyo objetivo es prevenir la delincuencia a partir del diseño y la planificación urbanas (Hernando Sanz, 2008). Esta metodología se concreta en cinco aspectos clave: (1) establecer el control de acceso en ciertos barrios y sectores; (2) mejorar la visibilidad del entorno y evitar la creación de rincones y escondites; (3) reforzar los lazos afectivos que se establecen entre los habitantes y el entorno a partir del fomento del sentimiento de pertenencia al lugar; (4) aumentar el nivel de mantenimiento del espacio público y los edificios para evitar su deterioro; y (5) fomentar la participación de la comunidad. En definitiva, se puede deducir que un diseño urbano inadecuado puede fomentar la inseguridad, la pobreza, la desigualdad y, en definitiva, la vulnerabilidad urbana.

La aportación principal de O. Newman es la teoría del espacio defendible, dirigida a incrementar la seguridad de las zonas residenciales a través del diseño y, particularmente, del incremento de sensación de comunidad y de propiedad colectiva en las zonas más afectadas. Su propuesta se centra en cuatro aspectos (Lahosa, 2002): (1) subdivisión de áreas públicas grandes en espacios de menor tamaño; (2) emplazamiento de ventanas y balcones de las viviendas para poder observar el exterior en todo momento; (3) creación de espacios públicos apacibles junto a zonas residenciales; y (4) promover el diseño del espacio público para que cualquier actividad que se desarrolle en él pueda ser contemplada por el resto (Booth, 1984).

También en la década de 1960 los trabajos de geógrafos franceses como R. Rochefort o A. Fremont son considerados valiosos por su contribución al estudio de los problemas urbanos desde una perspectiva geográfica (Capel, 1984). Para estos autores, la Geografía social debía tener como objetivo central contribuir al conocimiento de las desigualdades sociales urbanas en términos de desigual acceso a recursos, condiciones de vida, salud, educación u ocio, valorando la percepción de los residentes sobre su entorno (Herin, 2006). Sin embargo, las prioridades del momento en cuanto a consolidar la rama de Geografía humana frente a la especialización de una nueva subdisciplina, que además podía entrar en conflicto con la Sociología (Capel, 1984), restaron repercusión y reconocimiento a sus trabajos (Trillo Santamaría et al., 2022).

A finales de esa década y a comienzos de la siguiente, tuvieron lugar algunos eventos históricos que provocaron descontento social y protestas ciudadanas, como «*el movimiento por los derechos civiles en contra de las desigualdades producidas por el sistema capitalista y la guerra de Vietnam*», o en Europa «*el "mayo francés" de 1968, movimiento estudiantil que con el lema "la imaginación al poder" sería considerado —en una visión actual- la última utopía de la modernidad*» (Buzai, 2003, p. 29). Dichos acontecimientos, como señala Ortega Valcárcel (2000), también impulsaron la aparición de nuevos temas de interés, como el subdesarrollo, el colonialismo o la degradación ambiental, argumentando que los estudios cuantitativos alimentaban y perpetuaban el funcionamiento de un sistema fomentador de la desigualdad económica y social. Este debate en el seno del paradigma cuantitativo se basaba en las ideas propuestas por la Escuela de Frankfurt que, centrada en la crítica a las ideas establecidas o dominantes, acusaba a las corrientes neopositivistas de ser incapaces de explicar la mayoría de los fenómenos sociales, reduciéndolos a objetos con el fin de poder establecer regularidades a las observadas en las ciencias naturales (Gómez, 1978).

En definitiva, esta escuela abordó una crítica a la racionalidad moderna y a las consecuencias negativas provocadas por el capitalismo que sirvió para la gestación de un nuevo paradigma crítico que, a la vez que afirmaba el declive de las posturas cuantitativas, se desarrolló y amplió fundamentalmente en dos direcciones. Por un lado, la corriente humanista, que a su vez se bifurcó en una tendencia fenomenológica y en otra de corte existencialista, dirigidas a la resolución de problemas en el ámbito local (Ortega Valcárcel, 2000). Por otro, la corriente radical, apoyada esencialmente en posturas marxistas y anarquistas (Buzai, 2003). Un ejemplo del declive del paradigma cuantitativo en Geografía al que se aludía anteriormente, es que algunos de sus defensores, como D. Harvey y W. Bunge, adoptaron posturas absolutamente opuestas en torno a éste y a sus criterios a medida que profundizaron en él (Benach, 2017).

Respecto a la Geografía radical y su contribución a los estudios urbanos, E. Soja (2008) señala que surgió principalmente porque los enfoques cuantitativos tradicionales eran incapaces de explicar las causas de los problemas que sobrevinieron en las grandes metrópolis durante los años 1970, ni ofrecer soluciones adecuadas para abordarlos. Entre ellos señala la intensa suburbanización, la influencia del capitalismo moderno en las ciudades, la prevalencia del automóvil en la cultura de consumo y su impacto en las ciudades o la decadencia de los centros históricos. Esta nueva corriente centró su interés en el análisis de estos temas, poniendo en foco en los vínculos existentes entre el espacio urbano y las estrategias de los distintos agentes que operan en él, los conflictos urbanos y las luchas sociales, los mecanismos de segregación social, la formación de guetos o los procesos que generan desigualdad (Ortega Valcárcel, 2000). A este respecto, Buzai (2003) alude a la contribución del geógrafo brasileño M. Santos por su acierto en denominar rugosidades a las manifestaciones de la desigual distribución que genera el capitalismo en el espacio, como la pobreza, la delincuencia, el desempleo o la exclusión social, que su vez se realimentan por una inercia que amplía las diferencias.

Dentro de esta corriente destacan los trabajos de autores como son H. Lefevbre, D. Harvey o M. Castells (Higueras Arnal, 2003; Ruiz Tagle, 2016; Soja, 2008; Merrifield, 2016), que constituyen los máximos representantes del enfoque histórico-estructural de la desigualdad y la segregación urbana (Matossian, 2008). En Europa, su desarrollo se vio limitado por la falta de un marco de análisis marxista, pero se renovó gracias a la influencia de la Sociología y en particular a la obra del francés H. Lefebvre en la investigación urbana (Ortega Valcárcel, 2000). Su teoría expuesta en la obra *El derecho a la ciudad* publicada originalmente en 1968, concibe el espacio como un producto social fruto de los procesos vinculados con las fuerzas productivas, donde los factores naturales, históricos y culturales pierden relevancia. Desde su punto de vista, los procesos urbanos generados a raíz del excedente económico en las ciudades industriales desencadenaron conflictos y aumentaron las desigualdades sociales, impactando en las capas de población más vulnerables y desprotegidas (Pérez Sanz y Gregorio Gil, 2020). Su propuesta abogaba por reemplazar el valor de cambio de la ciudad, que solo favorecía a los especuladores y planificadores urbanos, por el valor de uso para los ciudadanos y en última instancia, fortalecer el derecho a la ciudad que, como él mismo señala, se trata de una *«forma superior de los derechos: el derecho a la individualización en la socialización, al hábitat y al habitar. El derecho a la obra (a la actividad participante) y el derecho a la apropiación (muy diferente del derecho a la propiedad)»* (Lefebvre, 1969, p. 159). E. Soja (2008) sostiene que este y otros aspectos abordados en su fructífera bibliografía representaron un giro conceptual en los estudios urbanos que sirvió, a su vez, para estimular a otras ciencias y colocar a los problemas urbanos en el centro del debate de la acción política.

H. Lefebvre junto al sociólogo A. Touraine, dirigieron en 1972 la tesis doctoral del segundo precursor de esta escuela al que se aludía al comienzo de este párrafo: el sociólogo español M. Castells. Este trabajo, publicado en España por primera vez en 1974, analiza las ciudades desde una perspectiva basada en las políticas y en la economía con una base teórica marxista (Castells, 2014). Con el tiempo, su enfoque evolucionó hacia una visión más matizada, adoptando un carácter reformista (González Ordovás, 1998). Para E. Soja, uno de los principales aciertos de Castells fue exponer los procesos subyacentes que determinan la distribución espacial de la pobreza y la desigualdad en las ciudades, indicando que el capitalismo industrial, lejos de fortalecer la ciudad, fomenta la desaparición de sus dimensiones ecológicas y culturales (Soja, 2008). Por su parte, A. Merrifield (2016) sostiene que la noción expuesta por Castells de bienes de consumo colectivo, que son elementos gestionados por el Estado para reproducir la fuerza de trabajo, (como viviendas, escuelas u hospitales), ha quedado obsoleta. Este autor argumenta que los procesos de privatización y la pérdida de poder de los Estados experimentada desde de la década de 1990, evidencian que los Estados han dejado de proporcionar tales elementos, sustituyendo su interés por el de la financiación del capital financiero y mercantil. En definitiva, en lugar de concebir la ciudad como una unidad espacial de reproducción del capital, Merrifield argumenta que se trata más bien de un espacio que el capital ha aprovechado para su propia productividad: *«ahora el capital explota activamente los presupuestos de consumo colectivo y encarece la tierra dando un valor al espacio urbano como si fuese una mercancía, un activo financiero puro, explotándolo y desplazando a las personas»* (Merrifield, 2016, p. 20).

En cuanto a las aportaciones fundamentales de D. Harvey en torno a estas cuestiones se basan, por un lado, en el desarrollo conceptual de una teoría propia en torno a la justicia social en las ciudades en la obra *Urbanismo y Desigualdad Social,* publicada en el año 1977 (Soja, 2008); y por otro, en el desarrollo de una Geografía social, que analiza desde una perspectiva marxista los procesos de distribución socioespacial que explican la diferenciación socioeconómica en el territorio (Tulla Pujol y Vera Martín, 2022). En la anteriormente mencionada obra *Urbanismo y Desigualdad Social*, Harvey parte de la premisa de que «*el único marco conceptual adecuado para comprender los fenómenos urbanos es aquel que toma sus fundamentos tanto de la imaginación sociológica como de la geográfica*» (Harvey, 1979, p. 20). Su objetivo es abordar las incógnitas que subyacen detrás de los problemas urbanos y en las formas espaciales que estos toman, como la formación de guetos, por ejemplo. Para Harvey, la dilucidación de dichos procesos aclara la evolución de la ciudad capitalista y los patrones de este modo de producción, que concreta en tres grandes etapas: (1) movilización de excedentes de capital en la ciudad mercantil; (2) producción de excedentes en la ciudad industrial y (3) absorción de excedentes en la ciudad keynesiana (Ruiz Tagle, 2016).

Por último, resulta de especial interés para esta investigación señalar la contribución de W. Bunge. Se trata de uno de los principales exponentes de esta corriente cuya trayectoria parte de la Geografía teorética para adentrarse de lleno en la Geografía urbana radical (Benach, 2017). A partir de 1965 Bunge incidió en el potencial del trabajo de campo como herramienta de trabajo para profundizar en el conocimiento de los problemas urbanos desde la perspectiva geográfica. Este interés alcanzó uno de sus puntos máximos en el año 1968 con la creación de la Sociedad para la Exploración Humana. Se trataba de una organización compuesta por ciudadanos, estudiantes y planificadores urbanos, cuyo objetivo era reconocer las zonas urbanas menos favorecidas y exploradas de Detroit a través de la observación directa, la toma de notas en el campo y la elaboración de cartografía temática. Al respecto de su funcionamiento, Bunge afirmaba:

> *A diferencia de muchas expediciones pasadas en las que los geógrafos locales eran denigrados al rango de "guía nativo", y sus mapas del mundo conocido simplemente arrebatados junto con todo lo demás, no habrá una mentalidad de "salacot blanco". El comité de directores de la sociedad está compuesto por una mayoría absoluta de personas de las áreas a explorar. No se permiten autobuses cargados de turistas que miran boquiabiertos. Los pobres del mundo son suficientemente poderosos, cuando falta una muestra humanista, para exigir una atención respetuosa, no una cruel arrogancia.* (citado en Benach, 2017, p. 91)

Lo que Bunge pretendía era investigar los fenómenos urbanos y sociales que sobrevenían en los barrios pobres de Detroit e indagar en sus características a partir del conocimiento que tenían de los mismos sus vecinos, cuestión que hasta entonces había sido considerada secundaria (Harvey, 1979). En efecto, las exploraciones en los barrios pobres de Detroit de Bunge y sus colaboradores, como la geógrafa G.

Warren, se fundamentaban en incentivar la participación de los propios residentes para obtener información de primera mano de las características urbanas y socia-

Figura 10. Accidentes por atropellos a niños en Detroit de W. Bunge.

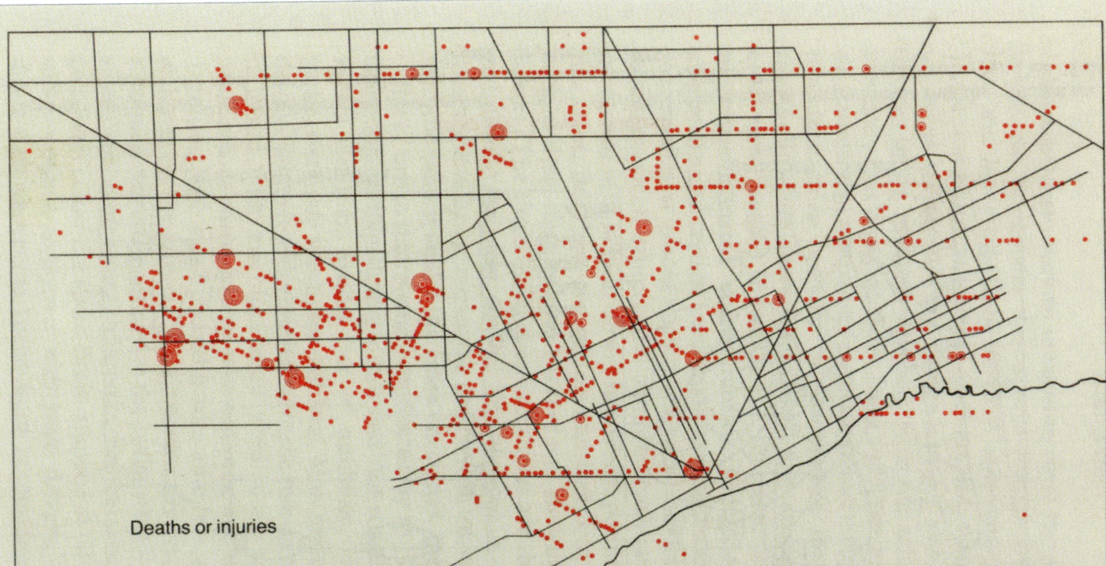

Map 2.16 Children's automobile 'accidents' in Detroit

Going to school forces children to cross dangerous streets. In front of schools as many as five or six 'accidents' occur like clockwork each year. If you can predict an event, why call it an 'accident'? If you can point to a corner and say 'next year five more kids will be hit here', it is the geography of the streets, the inner-city gridiron pattern left over from horse-and-buggy days, not negligent mothers, that is causing the deaths and injuries. If the streets were cul-de-sacs, as in the suburbs, these 'accidents' would all but cease.
Source: Detroit Police Department.

Fuente: Bunge, W. (1988). Children's automobile 'accidents' in Detroit [mapa]. Escala sin determinar. Detroit. Recuperado de: https://digital.library.cornell.edu/catalog/ss:19343514.

les de los barrios no disponibles en los censos estadísticos oficiales. Se trataba de información muy diversa que comprobaba la marginación urbana relativa por un lado a problemas de las viviendas, como la ausencia de equipamientos domésticos apropiados para cocinar o de zonas de aseo. Por otro, a problemas urbanos que tienen lugar en el entorno de las áreas residenciales, como la presencia de disturbios, el abandono de menores, los espacios sin asfaltar, los problemas de contaminación, las zonas sin cobertura médica, el número de suicidios o los casos de población sin techo (Benach, 2017; Morris y Voice, 2015), partir de los cuales podían elaborarse novedosos documentos cartográficos como puede verse en el ejemplo de la Figura 10.

Para finalizar, H. Capel (1984) también cita dentro de este periodo los trabajos del geógrafo francés P. Claval (*Principes de géographie social* de 1973 y *Elements de la géographie humaine* de 1976) por su contribución al estudio del soporte social de la rama humana de la Geografía, a través del estudio de conceptos surgidos en la sociología norteamericana para explicar los procesos y dinámicas territoriales.

En conjunto, tal y como aparece reflejado en la Tabla 3, los autores que se han destacado adoptaron una postura crítica con los efectos del capitalismo y el papel del de la planificación urbana en el fomento de la desigualdad. Su relevancia para la vulnerabilidad urbana es importante puesto que algunas de las teorías propuestas, como el derecho a la ciudad de H. Lefevbre o las aportaciones de D. Harvey, siguen siendo discutidas en la actualidad, así como los avances metodológicos en Geografía que sitúan la percepción y experiencia de los propios residentes de las zonas afectadas como herramientas valiosas para profundizar en su conocimiento.

Tabla 3. Principales estudios relacionados con la vulnerabilidad urbana durante la década de 1960 y 1970

AUTORES	OBRAS PRINCIPALES Y AÑO DE PUBLICACIÓN	SÍNTESIS DE LAS APORTACIONES PRINCIPALES
Jane Jacobs	*The Death and Life of Great American Cities*, 1961	Examina las relaciones entre el diseño y la planificación urbana y problemas urbanos como la delincuencia, la marginalidad o la seguridad.
Clarence Ray Jeffery	*Crime prevention through Environmental Design*, 1971	Modelo de prevención de la delincuencia urbana centrado en el diseño urbano, considerando aspectos clave como el control de acceso o el refuerzo de lazos afectivos entre entornos y moradores.
Oscar Newman	*Defensible Space: Crime Prevention through Urban Design*, 1962	Modelo de prevención de la delincuencia urbana basado en la implementación de medidas en el diseño urbano como la mejora de la visibilidad o la creación de zonas de reunión en el espacio público.
Renée Rochefort	*Géographie Social et sciences humaines*, 1963	Profundizó en los comportamientos, representaciones, valores y experiencias que los seres humanos crean a partir de su entorno.
Henri Lefevbre	*Le Droit à la Ville*, 1968	La ciudad como espacio social resultado de procesos ligados al capitalismo. Destaca la urgencia de priorizar el valor económico de la ciudad por el valor de uso para sus habitantes, es decir, el derecho a la ciudad.
William Bunge	*The first years of the Detroit Geographical Expedition: a personal report*, 1969	Analiza los problemas urbanos a partir de la experiencia de los residentes de los sectores afectados. Impulsó el trabajo de campo como herramienta de análisis urbano y las metodologías participativas.
David Harvey	*Social Justice and the City*, 1972	Aporta un marco teórico relevante para analizar las contradicciones sociales que se presentan en las ciudades de las sociedades avanzadas capitalistas.
Paul Claval	*Principes de Géographie Social*, 1973 *Elements de la Géogrpahie humaine*, 1976	Asienta las bases de la Geografía social francesa a partir de los preceptos expuestos por sociólogos anglosajones, para profundizar en procesos y dinámicas territoriales.

Fuente: elaboración propia.

3.4. La vulnerabilidad y la ciudad contemporánea

Desde comienzos de la década 1980 hasta la actualidad se asiste al paso de una nueva etapa denominada de distintas formas tales como posmodernidad, segunda modernidad, sobremodernidad o modernidad líquida (Bauman, 2000). El eje principal de esta teoría postula que el ciclo que representa la modernidad en las sociedades occidentales ha finalizado (Ortega Valcárcel, 2000). En este contexto, Secchi (2015) afirma que la ciudad contemporánea se caracteriza, ante todo, por el crecimiento de la desigualdad social entre sus habitantes; el reconocimiento del deterioro ambiental y sus efectos; y el aumento de la demanda de derechos relacionados con la seguridad, la salud, la educación o el progreso. En esta misma línea, P. Knox (2010) sostiene que las causas principales detrás de este cambio derivan en una serie de procesos recientes, generados por la combinación de los efectos del neofordismo, del crecimiento del sector servicios, la globalización económica y los avances en los sistemas de telecomunicaciones. Según este autor, estos cambios han transformado las ciudades que solían estar centradas en la producción y el consumo y jerarquizadas a nivel nacional, convirtiéndolas en centros económicos orientados al sector servicios.

Este nuevo escenario ha generado temas de investigación interesantes derivados de la consideración de la multiplicidad de identidades, la percepción relativa del tiempo y del espacio, la decadencia de los dogmas o los impactos socioeconómicos generados por dichas transformaciones (Albet i Mas, 2004). Los estudios geográficos centrados en estos cambios reflejan la creciente toma en consideración de aspectos sociales y humanos, como el aumento de la desigualdad (Ortega y Valcárcel, 2000), los efectos negativos de la revolución tecnológica, el impulso de los medios de transporte y de comunicación y el aumento de percepción de incertidumbre e inseguridad social (Higueras Arnal, 2003).

A partir de la década de 1980 surgieron nuevas visiones en las escuelas anglosajonas de Geografía social interesadas en algunos de estos aspectos. Algunos de sus principales representantes son D. T. Herbert, D. M. Smith o R. E. Pahl (Capel, 1984), cuyos trabajos centraron el interés en los problemas derivados del desigual acceso a la vivienda, las disparidades de salud entre vecindarios, la delincuencia y la criminalidad o el aumento de la segregación étnica, desde una perspectiva que ponía el acento en el análisis espacial de los problemas sociales (Herbert y Smith, 1983).

A este respecto, por ejemplo D. T. Herbert (1981) ha explorado la relación entre la seguridad y la segregación, el deterioro urbano y otras situaciones asimiladas a la vulnerabilidad urbana. En sus estudios sobre la distribución espacial del crimen en varias ciudades del Reino Unido (1981 y 1983) afirma que los entornos urbanos deprimidos y degradados desempeñan un papel crucial en esta cuestión, al crear las condiciones y circunstancias propicias para su reproducción. Una de sus conclusiones señala la trascendencia del denominado efecto vecindario como detonante esencial para que las condiciones sociales, culturales y demográficas de los barrios incidan negativamente en las situaciones de exclusión, marginación y desigualdad que experimentan sus residentes. En relación a esto, W. J. Wilson apunta que algunas consecuencias del efecto vecindario son la concentración de situaciones de vulnerabilidad y pobreza, el aumento del aislamiento social, del desempleo, del fracaso escolar o de la delincuencia, que impactan de forma decisiva en las oportunidades de las personas desde la infancia hasta la edad adulta (Wilson, 2008).

En la década de 1990 estos problemas urbanos se intensificaron con la expansión de los suburbios de las ciudades más grandes del mundo, la degradación de algunos sectores marginales en su interior y el aumento de la pobreza, la vulnerabilidad y la exclusión social. En el reciente ensayo de B. Wilson (2022) sobre la historia de las ciudades se examinan de cerca estos problemas a partir del ejemplo que ofrecen los suburbios de Los Ángeles, arrojando luz sobre sus implicaciones en las dinámicas sociales y culturales urbanas. Este autor coincide con E. Soja en considerar esta ciudad como el centro representativo de los estudios urbanos de esta época y, tal y como señala G. Buzai (2003), fueron precisamente Soja y Harvey los principales autores en querer enriquecer la disciplina mediante la sistematización de una Geografía postmoderna. Asimismo, P. Knox (2010) indica que, al igual que Chicago fue considerada un ejemplo paradigmático de la ciudad industrial durante las primeras décadas del siglo XX, Los Ángeles lo es de la ciudad posmoderna arquetípica. Soja, Harvey y otros autores como D. Massey, J. Brun o F. Boal han abordado algunos de estos problemas, analizando las tensiones que se producen entre los ciudadanos y los agentes y estructuras de poder a partir de las prácticas, representaciones y apropiaciones del espacio urbano (Matossian, 2018).

La escuela británica de Geografía social mencionada anteriormente se nutrió durante esta década con nuevos investigadores como P. Knox, K. Hoggart, J. Lewis, S. Smith, P. Jackson, D. Ley o S. Bowlby (Johnston, 2013). Esta escuela ha centrado su atención en la cuestión de la vivienda y el empeoramiento de las condiciones de vida de amplias capas de población derivado de la crisis económica de 2008; en los cambios producidos en la estructura del estado de bienestar y sus efectos sobre estos colectivos; y en la cuestión de los barrios en los que se concentran dichas situaciones negativas (Knox, 2010).

Desde el urbanismo, B. Secchi (2015) alude al surgimiento de una nueva cuestión urbana, fruto de los cambios recientes experimentados en las ciudades por las crisis económicas, que sitúa en el centro del debate el incremento de la desigualdad social. En este sentido, el sociólogo Z. Bauman ha argumentado que la desigualdad urbana contemporánea se caracteriza por su carácter difuso y volátil, ya que las fronteras entre ricos y pobres son más imprecisas que en las sociedades anteriores, resultado de la fragmentación laboral, la globalización y el aumento de precariedad, entre otros factores (Bauman, 1999). Por su parte, la arquitecta y urbanista R. Rolnik subraya la relevancia de los efectos de la globalización, la financiarización y las políticas neoliberales a diferentes escalas en dicho aumento de la desigualdad, aludiendo a la vigencia de la cuestión urbana lefevbreriana como herramienta útil no solo desde el punto de vista teórico sino también como plataforma para la organización de colectivos urbanos que luchan por el derecho a la ciudad en un sentido amplio (Dammert Guardia, Delgadillo, 2019).

De forma conjunta, las situaciones de necesidad, exclusión, pobreza y su relación con los espacios urbanos en declive y degradados, así como la reflexión acerca de la concentración de la población más sensible a los riesgos en ellos, han culminado en contemplar la vulnerabilidad urbana como enfoque interdisciplinar, en el que la Geografía ocupa un lugar importante. Como se ha mencionado, las bases teóricas y metodológicas de este enfoque se apoyan principalmente en tres importantes aportaciones (Alguacil Gómez et al., 2013, Sánchez González et al., 2013): en la noción de riesgo social del sociólogo alemán U. Beck; en la contribución sobre la vulnerabilidad, la desafiliación y la exclusión social de R. Castel; y en el enfoque de activos propuesto por la antropóloga británica C. Moser, influenciado a su vez con las visiones del economista A. Sen y su enfoque de capacidades y de M. Max-Neef y la teoría de desarrollo a escala humana.

A) La teoría de la sociedad del riesgo y la vulnerabilidad urbana

La teoría de la sociedad del riesgo planteada en el libro *La sociedad del riesgo* de U. Beck (1986) señala que las sociedades contemporáneas han experimentado una reducción de su bienestar debido al aumento de las situaciones sociales de peligro, generadas por los riesgos asociados a la actualidad y a la producción científico-técnica. Estos riesgos, ya sean ambientales, sociales, económicos o sanitarios, difieren de los del pasado en que en su mayoría están originados por la actividad humana, en lugar de fuerzas naturales. Uno de sus aspectos destacados es que pueden pasar desapercibidos, lo que implica que su comprensión permite manipularlos, modificarlos, ampliarlos o reducirlos. En este sentido, una adecuada gestión de los mismos es fundamental para poder mitigar la vulnerabilidad. A este respecto Beck apunta lo siguiente:

> *En algunas dimensiones estas [situaciones sociales de peligro] siguen a la desigualdad de las situaciones de clases y de capas, pero hacen valer una lógica de reparto esencialmente diferente: los riesgos de la modernización afectan más tarde o más temprano también a quienes los producen o se benefician de ellos. (Beck, 1986, p. 29)*

Por otro lado, tal y como señala J. Subirats (2015), para Beck los cambios generados por la globalización en el empleo, la tecnología o la fragmentación social y familiar, explican el empobrecimiento de las clases menos favorecidas, la dominación del capital en la sociedad o la alteración del concepto tradicional de desigualdad social. En conjunto, dichas situaciones de peligro favorecen el incremento de la inseguridad y la incertidumbre de la población (Beck, 1986), acrecentando su vulnerabilidad y su desigualdad (Castel, 2002). La aportación de Beck ayuda a profundizar en los factores que explican los riesgos inherentes de las sociedades contemporáneas y los mecanismos que pueden influir en su vulnerabilidad para abordarla y reducirla.

B) La desafiliación social y el legado teórico de Robert Castel

La contribución del sociólogo francés R. Castel es ampliamente considerada como una referencia teórica fundamental en el estudio de la vulnerabilidad urbana, particularmente debido al concepto de desafiliación social (Alguacil Gómez, et al., 2013). Este término se refiere al proceso social y económico en el que determinados colectivos experimentan rupturas de vínculos sociales y de pertenencia que pueden conllevar el incremento de su vulnerabilidad, situándolos en una posición intermedia entre la integración y la exclusión (Castel, 2002).

Este complejo fenómeno puede deberse tanto a una especial dificultad para participar en las estructuras formales de integración, el empleo, la educación o a la carencia de unas redes familiares y comunitarias adecuadas (Eseverri Mayer, 2013). M. Gómez García (2016) señala los tres ejes en los que se manifiesta: el primero es el económico y está relacionado con la participación de la población en la producción y el empleo, así como en la cantidad de ingresos económicos disponibles y las privaciones materiales que se experimentan; el segundo es el político y de ciudadanía y además de la participación en las estructuras políticas se refiere al disfrute de derechos de tipo social como la educación o la sanidad; finalmente, el tercer eje es el relacional y está vinculado con el aislamiento social, la falta de redes sociales, la presencia de conflictos o de enfermedades.

En este escenario, R. Castel (2002) destaca que, aunque se han desarrollado políticas en zonas concretas de las ciudades a las que se vinculan residentes de tipo "desafiliado" o "excluido", estas han tendido a subsanar las carencias de tipo laboral, educativo, sanitario o de seguridad urbana de forma parcial, obviando el carácter multidimensional del problema. El autor propone la necesidad de implementar medidas integrales en la mejora de la calidad de vida de las personas que residen en zonas vulnerables, así como el establecimiento de redes de apoyo para garantizar un acceso equitativo a las oportunidades. En otras palabras, el objetivo de estas acciones no debe centrarse únicamente en la disminución de los efectos que dicha vulnerabilidad tiene sobre el resto de la ciudad (Arteaga Botello, 2008), sino que debería actuar en la base estructural del problema (Alonso, 2016).

C) El enfoque de activos de Caroline Moser

La antropóloga británica C. Moser define la vulnerabilidad como las dificultades de individuos, hogares o comunidades concretas para obtener activos y recursos que restringen sus posibilidades no solo de alcanzar el bienestar económico, social y político sino de desarrollar estrategias para aminorar los riesgos derivados de la situación inestable a la que se enfrentan (Moser, 1998).

Para Moser los activos y recursos son elementos y estrategias desarrollados por las personas y colectivos vulnerables para hacer frente a riesgos sociales. Estos activos y recursos pueden ser clasificados en cinco tipos (Moser, 1996): (1) laborales, que permiten la obtención de recursos económicos a través de un empleo remunerado; (2) capital humano, que determinan las habilidades vinculadas con la obtención de un determinado nivel educativo y formativo, así como la capacidad de conseguir y desarrollar un empleo; (3) productivos, en relación con la vivienda, entendida como un elemento con un valor económico concreto que puede constituir también una fuente de ingresos; (4) relaciones familiares, que además del apoyo emocional y social también son considerados importantes en el ámbito económico y financiero, pues resultan útiles a la hora de afrontar y compartir gastos en casos de necesidad; y de (5) capital social, que demuestran la relevancia y seguridad que aportar unas relaciones robustas de reciprocidad con otras comunidades y entre hogares.

Tal y como apuntan algunos autores, como C. Egea Jiménez (2012), el enfoque de activos de Caroline Moser surgió como resultado de un debate generado entre expertos de distintas disciplinas en la década de 1990 a partir de dos influencias clave: el enfoque de las capacidades del economista hindú y ganador del Premio Nobel en Economía en 1998 Amartya Sen y la teoría del desarrollo a escala humana del economista y político chileno M. Max-Neef. Ambas aportaciones se centran en que el desarrollo de la sociedad debería medirse por las capacidades que tienen las personas para poder llevar a cabo una vida satisfactoria.

La aportación de A. Sen enfatiza la importancia del análisis de las carencias de capacidades y en las posibilidades de las personas para llevar una vida digna y plena. Desde su punto de vista, la pobreza se fundamenta en la privación o escasez de recursos económicos, el nivel educativo, la salud, la seguridad alimentaria o la libertad de elección (Cejudo Córdoba, 2006). Sen alude que las capacidades generales de una persona están condicionadas por sus derechos, libertades y las oportunidades con las que cuenta, que se concretan en cinco tipos: libertades políticas, facilidades económicas, oportunidades sociales, garantías de transparencia y redes de seguridad (Sen 2000). Desde este punto de vista se puede afirmar que la vulnerabilidad urbana aumenta en función de las capacidades de sus residentes. Así, los colectivos que cuentan con un buen nivel educativo y de salud y que gozan de libertad de elección tendrían mejores capacidades para adaptarse a situaciones negativas y enfrentarse a desafíos y riesgos con mejores posibilidades de éxito.

La teoría del desarrollo a escala humana es un enfoque ético vinculado a la sostenibilidad que se centra en el desarrollo humano a partir de la consecución de las necesidades básicas frente al crecimiento exclusivamente económico (Ballesteros, 2010). Para ello sitúa en el foco del debate el desarrollo de la auto-dependencia y de la economía solidaria, que constituyen la base de la construcción de proyectos colectivos a nivel local o de barrio (Max-Neef et al., 2010). Este énfasis en la importancia de considerar el bienestar de las personas frente al desarrollo puramente económico pone el foco en la resiliencia de personas y colectivos, entendida como la capacidad de estos para adaptarse a situaciones problemáticas con el fin de lograr unas mejores condiciones de vida.

3.5. La aportación española sobre la vulnerabilidad urbana

En España, a diferencia de otros países europeos, la Geografía social nunca logró establecerse de manera sólida entre el resto de las ramas de la Geografía humana. Esto fue debido, por un lado, a las dificultades que la dictadura franquista impuso para el desarrollo de estudios de tipo sociológico, político y geográfico con orientación crítica, bloqueando cualquier posibilidad de avance en estas áreas hasta la década de 1970. Por otro, a las reticencias disciplinares dentro de la Geografía española en desarrollar una rama entera dentro de la Geografía humana (Trillo Santamaría et al., 2022).

Sin embargo, estos hechos no impidieron el desarrollo de estudios propios de Geografía social. Al contrario, los cambios socioeconómicos y demográficos producidos a partir de mediados de los años 1950 y durante la década siguiente, como el éxodo rural, el crecimiento de las áreas suburbanas y la proliferación de asentamientos marginales de población, suscitaron no solo el interés de la disciplina por profundizar en su estudio, sino también el diálogo con la Sociología. J. Gómez Mendoza diferencia dos etapas dentro de esta corriente. La primera arranca en la década de 1950 y se extiende hasta la de 1970 y dentro de ella destacan: (1) un enfoque sociodemográfico, centrado en los intensos movimientos migratorios de hacia las ciudades más grandes, como ejemplifican los estudios pioneros de M. de Bolós sobre Barcelona o de A. Cabo en Madrid; y (2) un enfoque de Geografía social católica, con M. de Terán como principal representante. A este enfoque pertenecen autores como C. de Castro o N. González, cuyas propuestas abordaron las condiciones adversas de habitabilidad de barriadas de autoconstrucción marginales como el Pozo del Tío Raimundo, con una clara vocación de denuncia social (Gómez Mendoza, 2022). La segunda etapa se desarrolló a partir de la década de 1970 y se caracteriza por su base marxista. A ella se vinculan trabajos de geógrafos como H. Capel, J. Estébanez o R. Puyol. Del primer autor destaca el libro *Capitalismo y morfología urbana en España* cuya primera edición se publicó en 1975. En esta obra se analizan las formas de producción del espacio urbano a partir de los mecanismos y estrategias llevadas a cabo por los agentes involucrados en su desarrollo. Para ello, describe las etapas de crecimiento en sectores identificables en la trama urbana (cascos antiguos, ensanches y barrios periféricos), los factores que explican su desarrollo y las estrategias legales que ejecutan las grandes empresas, los propietarios, promotores o los Estados (Capel, 1983). Otros enfoques en la Geografía española coetáneos a este desarrollo de Geografía social son el sistémico-morfológico, dirigido al análisis de la planificación urbana, y el análisis subjetivo y de la percepción de los problemas urbanos (García Araque y García Cuesta, 2020).

En la última década, algunos investigadores han desarrollado diferentes propuestas para la medición de la vulnerabilidad urbana en distintas ciudades españolas, como las que aparecen en la selección que muestra la Tabla 4.

Como resultado de su revisión se puede afirmar que existe cierto consenso entre ellas en comprender la vulnerabilidad urbana de forma similar, así como en centrar el análisis mayoritariamente en la unidad espacial que constituye el barrio.

Sin embargo, los enfoques, las escalas, las técnicas empleadas y las fuentes de información recurridas son diferentes. De esta forma, se puede establecer una clasificación doble a partir del uso de metodologías predominantemente cuantitativas o cualitativas. Las primeras recurren a la estadística a partir de análisis diversos, como el multivariante, el de componentes principales o la construcción de índices de vulnerabilidad.

Tabla 4. Investigaciones sobre vulnerabilidad urbana en España.

CIUDAD	TÍTULO, AUTORES Y AÑO	METODOLOGÍA PREDOMINANTE
Granada	*Viejas y nuevas realidades urbanas: Identificación de zonas de habitabilidad desfavorecida en la ciudad de Granada* (Egea Jiménez et al., 2009).	Cuantitativa
Madrid	*Caracterización espacial de la vulnerabilidad sociodemográfica en dos distritos madrileños ante riesgos tecnológicos* (Escobar Martínez y Cuevas Suárez, 2009).	Cuantitativa
Barcelona	Vulnerabilitat urbana davant la hipòtesi de la crisi energètica a l'Àrea Metropolitana de Barcelona: Estudi preliminar (Peña Caballero, 2010).	Cuantitativa
Las Palmas de Gran Canaria	Vulnerabilidad social de los extranjeros no comunitarios residentes (Díaz Hernández et al., 2016).	Cuantitativa
A Coruña y Palma	Vulnerabilidad urbana y exclusión: La fragmentación social de la ciudad postcrisis (Piñeira Mantiñán y González Pérez, 2017).	Cuantitativa
Alicante	Las áreas sociales en la ciudad de Alicante: Indicadores y procesos de vulnerabilidad urbana en los barrios de la zona norte (Cutillas Orgilés et al., 2017).	Cuantitativa
Santa Cruz de Tenerife	El espacio público en periferias desfavorecidas: Añaza y Santa Clara paradigmas de vulnerabilidad socioespacial en Santa Cruz de Tenerife (García Hernández, 2017).	Cualitativa
Santander	Contribución de los SIG a la reducción de la vulnerabilidad securitaria en áreas urbanas (De Cos Guerra, 2017).	Cuantitativa
Zaragoza	Uso de indicadores grafiables en planos para la priorización de la rehabilitación de vivienda social: Caso de estudio de dos conjuntos urbanos de Zaragoza (Monzón y López-Mesa, 2017).	Cuantitativa
Valencia	Detección de barrios vulnerables a partir de la accesibilidad a los servicios públicos de proximidad: El caso de la ciudad de Valencia (Pitarch Garrido et al., 2017).	Cuantitativa
Zaragoza	Mapa de Riesgo Social de Zaragoza: Herramientas complementarias para medir el potencial regenerativo de zonas vulnerables (León Casero, 2018).	Cuantitativa mixta
	El potencial de la percepción social aplicada al análisis de la vulnerabilidad en planificación urbana (Ruiz Varona, 2018).	Cuantitativa
Bilbao y Santander	Retos metodológicos para estudiar la vulnerabilidad demográfica y residencial a nivel intraurbano ante los cambios en las fuentes estadísticas habituales (De Cos Guerra y Usobiaga Ferrer, 2019).	Cuantitativa

Valladolid	Propuesta y ensayo de una metodología de identificación de la vulnerabilidad urbana (García Araque y García Cuesta, 2020).	Cualitativa
Málaga	Vulnerabilidad en los barrios de Málaga (Bárcena Martín et al., 2020).	Cuantitativa
Valencia	The spatial distribution of households receiving individualized economic benefits: A case comparison (Gallego Valadés et al., 2021).	Cuantitativa
Barcelona	La vulnerabilidad urbana en la metrópoli de Barcelona: El rol de la densidad institucional en su persistencia (Antón Alonso y Cruz Gómez, 2023).	Cualitativa mixta
Valencia	Método de Identificación Mixta de Vulnerabilidad Urbana (IMVU): Fusión de enfoques a escala local y regional (Temes Córdovez y García Araque, 2024).	Mixta
Málaga	Vulnerabilidad en los barrios de Málaga, 2020-2024 (García Peña et al., 2024).	Cuantitativa

Fuente: elaboración propia.

Los indicadores sociodemográficos y económicos empleados son a menudo complementarios o sustitutorios de los más habituales, como el Censo de Población y Vivienda, el Catastro Inmobiliario o el Padrón de Habitantes. Los propósitos son variados. Por una parte, se hace con el fin de valorar dimensiones concretas de la vulnerabilidad, como la física o la securitaria. Por otra, para estudiar aspectos relacionados con el fenómeno tales como el riesgo social; la disponibilidad de servicios comunitarios; o la situación de colectivos de población concretos, como los inmigrantes y minorías asentadas en las periferias o las personas receptoras de prestaciones sociales económicas.

En cuanto a las que emplean metodologías predominantemente cualitativas, se caracterizan por conceder importancia al trabajo de campo de forma general, pero difieren en su propósito principal. Se ejecutan, en zonas previamente identificadas, con entrevistas a informantes clave como técnica más empleada para profundizar en sus rasgos, conocer su evolución o los efectos de políticas de rehabilitación. En otro caso, a fin de identificar la vulnerabilidad no detectada mediante técnicas cuantitativas, con el empleo de metodologías participativas de investigación social.

En conclusión, el uso de las prestaciones sociales como indicador de vulnerabilidad urbana en las investigaciones geográficas españolas recientes revisadas es escaso. En los casos en los que dicha información es empleada se usa de forma complementaria, como una dimensión de la vulnerabilidad, a partir del cálculo de la población receptora de prestaciones sociales en conjuntos de barrios (Bárcena Martín, et al., 2020), o como un indicador principal, para detectar situaciones de vulnerabilidad urbana (Gallego Valadés, et al. 2021).

El compromiso institucional con la vulnerabilidad urbana

El compromiso institucional con la vulnerabilidad urbana[1]

4.1. Informes y sensibilidad de la ONU con la vulnerabilidad urbana

La cuestión de la vulnerabilidad urbana comienza a ganar notoriedad a nivel internacional a partir de la celebración de la Primera Conferencia de Naciones Unidas sobre los Asentamientos Humanos Hábitat I celebrada en Vancouver (Canadá) en 1976. La Asamblea General había creado un clima propicio para su puesta a punto un año antes con la creación de la Fundación de las Naciones Unidas para el Hábitat y los Asentamientos Humanos (FNUHAH), el primer órgano oficial de Naciones unidas encargado de los problemas asociados al fenómeno de la urbanización. La citada Conferencia solicitó a los Gobiernos y organizaciones internacionales que focalizasen sus esfuerzos en aminorar los efectos negativos derivados del incremento de la urbanización que se manifestaban en los núcleos de población, que se presentan con más severidad en los países menos desarrollados tales como:

La segregación social, la discriminación racial, el agudo desempleo, el analfabetismo, la enfermedad y la pobreza, la ruptura de las relaciones sociales

---

[1]   Parte del contenido de este capítulo aparece en el artículo: Ordás del Corral J. (2025). El compromiso institucional con los barrios vulnerables. *Anales de Geografía de la Universidad Complutense,* 45(1), 93-106. https://doi.org/10.5209/aguc.100340

y de los valores culturales tradicionales y el aumento de la degradación de los recursos necesarios para la vida en el aire, el agua y la tierra. (ONU, 1976, p. 3)

Además, señala que los factores desencadenantes de dicho incremento se agrupan en cinco tipos: (1) económico, como el desarrollo desigual y la pobreza; (2) social, como la segregación espacial o la discriminación racial; (3) demográfico, en relación con las tendencias de crecimiento acelerado de población y de las migraciones; (4) residencial, vinculado con los problemas de acceso a una vivienda adecuada de ciertas capas sociales y a los efectos perniciosos de dicha situación sobre su salud; (5) territorial, derivados del aislamiento y atraso de algunas zonas rurales en comparación con las urbanas.

En el informe resultante de dicha conferencia se emplea el término vulnerabilidad para incidir en tres aspectos (ONU, 1976): por un lado, para denominar a grupos de población concretos que se encuentran en riesgo de exclusión respecto al acceso a viviendas adecuadas y servicios e instalaciones básicas; por otro, a las infraestructuras presentes en zonas particularmente expuestas a desastres de tipo natural; finalmente, para señalar la utilidad de las técnicas de análisis de vulnerabilidad como herramienta para la planificación urbana previa a los desastres. Fruto de esta Cumbre surgieron por un lado un órgano intergubernamental denominado Comisión de las Naciones Unidas de Asentamientos Humanos, y por otro el Centro de las Naciones Unidas para los Asentamientos Humanos (Hábitat), que constituyen el precedente del programa asociado a la Asamblea General denominado ONU-Hábitat.

Se adopta así un enfoque que representa una nueva forma de abordar los desafíos y problemas generados por el aumento de la desigualdad económica, la segregación espacial y la exclusión social en las ciudades. Se trata de una perspectiva que proporciona diversas herramientas para el desarrollo de políticas y estrategias integrales en las zonas menos favorecidas de las ciudades y los colectivos de población que residen en ellas. La Tabla 5 muestra cómo ha evolucionado la adopción del término vulnerabilidad urbana en los informes consultados de la ONU que abordan esta cuestión.

Una década después de la celebración de Hábitat I, en 1986 se publicó el *Primer Informe Global sobre Asentamientos Humanos* encargado de examinar a escala global y regional la evolución de las tendencias de los núcleos de población en relación con la planificación territorial y su desarrollo económico. Dicho informe enfatizó la necesidad de implementar medidas concretas para situar a las ciudades como instrumento de desarrollo, con particular interés a partir de la mejora de problemas relacionados con el acceso a la vivienda (ONU, 2015). A este respecto, la Asamblea General había solicitado a los Gobiernos de los Estados miembros que revisasen sus políticas referentes a la vivienda y las condiciones de vida que ofrecían sus ciudades, proclamando el Año Internacional de la Vivienda para las Personas sin Hogar en 1987 y designando a la Comisión de Asentamientos Humanos para que actuase como órgano responsable de su organización a nivel intergubernamental (ONU, 1986).

Tabla 5. Principales informes oficiales de la ONU relacionados con la vulnerabilidad urbana.

Año	Informe	Principales aspectos tratados en relación con la vulnerabilidad urbana
1976	I Conferencia de NNUU sobre Asentamientos Humanos Hábitat I	Segregación social, discriminación racial, desempleo, analfabetismo, enfermedades, pobreza, cohesión social, pérdida de valores, degradación de entornos urbanos.
1986	I Informe Global sobre Asentamientos Humanos	Problema de la vivienda.
1986	I Conferencia de NNUU sobre Asentamientos Humanos Hábitat II	Vivienda adecuada, asentamientos humanos más seguros y salubres, habitables, sostenibles y productivos.
1996	II Informe Global sobre Asentamientos Humanos. *An urbanizing world*	Urbanización acelerada, incremento de pobreza, privación y vulnerabilidad.
2001	Declaración sobre las ciudades y otros asentamientos humanos en el nuevo milenio	Condiciones de vida de colectivos afectados por desastres naturales.
2001	III Informe Global sobre Asentamientos Humanos	Pobreza, desigualdad, segregación urbana y vulnerabilidad frente al cambio climático.
2003	IV Informe Global sobre Asentamientos Humanos: *The Challenge of Slums*	Asentamientos informales de población y barrios marginales.
2005	V Informe Global sobre Asentamientos Humanos	Financiación de vivienda y vivienda social.
2007	VI Informe Global sobre Asentamientos Humanos: *Enhacing Urban Safety and Security*	Vulnerabilidad al cambio climático y resiliencia.
2011	Global cities and climate change	Vulnerabilidad al cambio climático y efectos económicos, sociales, en la salud pública y la movilidad.
2016	III Conferencia de NNUU sobre Asentamientos Humanos Hábitat III	Nueva Agenda Urbana, vulnerabilidad de colectivos y espacios.

Fuente: elaboración propia.

En 1996, dos décadas después de la cumbre Hábitat I, se celebró en Estambul (Turquía) la Segunda Conferencia de Naciones Unidas sobre los Asentamientos Humanos Hábitat II que, además de mantener el compromiso institucional de conseguir «*una vivienda adecuada para todos y de lograr que los asentamientos humanos sean más seguros, salubres, habitables, equitativos, sostenibles y productivos*» (ONU, 1996a), incidía en dos aspectos importantes relacionados con la vulnerabilidad que se han mencionado anteriormente: por una parte, en el vínculo existente entre dicho fenómeno y el acceso desigual de la población a recursos y oportunidades; y por otra, en su carácter dinámico y estructural, pues se puntualiza que se trata de una situación ocasionada por circunstancias concretas y no por las características inherentes de la población. Estas cuestiones se hacen eco del planteamiento desarrollado un año antes en el Programa de Acción de Copenhague firmado en marzo de 1995 en la Cumbre Mundial sobre Desarrollo Social, que constituye la primera reunión de jefes de Estado y de Gobiernos para abordar el desarrollo social en el mundo. El resultado se materializó en la Declaración de Copenhague sobre Desarrollo Social y en el Programa de Acción de la Cumbre Mundial sobre Desarrollo Social, documentos que inciden en el carácter dinámico de la vulnerabilidad social de los habitantes de las ciudades de países desarrollados y, en mayor proporción e intensidad en países en desarrollo, así como la necesidad de estimular su inserción en el desarrollo social, económico y ambiental urbano global (ONU, 1995).

De forma paralela a Hábitat II, se publicó el segundo Informe Global sobre los Asentamientos Humanos titulado *An Urbanizing World* (ONU, 1996b), orientado a establecer una hoja de ruta frente a los desafíos del nuevo milenio en relación con el intenso desajuste evidenciado en algunas ciudades a través del aumento de la población, la urbanización acelerada y el incremento de situaciones de pobreza, privación y vulnerabilidad. En este sentido, el Informe establece la siguiente diferenciación conceptual. En primer lugar, la pobreza se define como una situación de carencia de necesidades físicas, activos (tangibles e intangibles) e ingresos económicos. En segundo lugar, la privación incluye la pobreza y además situaciones de aislamiento, segregación, desvalimiento o desamparo. Por último, la vulnerabilidad se define como una situación de inseguridad para indicar las condiciones que soportan ciertos hogares en el mundo (caracterizados por sus bajos ingresos) para hacer frente a situaciones de privación cuando sufren los efectos de un suceso destructivo repentino como, por ejemplo, una subida de los precios de bienes y servicios básicos (ONU, 1996b).

A raíz de la Declaración del Milenio (Resolución 55/2) ratificada por la Asamblea General de Naciones Unidas en septiembre del año 2000 y firmada en Nueva York en junio de 2001, prosperaron nuevas iniciativas que se plasmaron en la *Declaración sobre las Ciudades y otros Asentamientos Humanos en el Nuevo Milenio* (ONU, 2001b). Además de ratificar las propuestas planteadas en Hábitat II y exponer los avances alcanzados en dicha Cumbre, el documento aconseja establecer medidas concretas dirigidas a la mejora de las condiciones de vida de los colectivos más afectados frente a desastres naturales y humanos a las autoridades locales, nacionales e internacionales y al resto de actores involucrados.

Ese mismo año se publicó el *Tercer Informe Global sobre Asentamientos Humanos: A Globalizing World*, dirigido fundamentalmente a revisar las tendencias de las ciudades en el contexto de la globalización y la relación existente entre este fenómeno y la pobreza, la desigualdad y la segregación urbana. El concepto vulnerabilidad se desarrolla de forma similar a las aportaciones anteriores, aludiendo además a su carácter multidimensional y a la posibilidad que ofrece como fuente de información de los hogares para la detección de problemas urbanos en comparación con el término pobreza, referido únicamente a la falta de recursos económicos para satisfacer las necesidades esenciales (ONU, 2001a).

En el año 2002, el citado programa ONU-Hábitat experimentó un fuerte impulso al convertirse en un programa interno dentro del sistema de la ONU. La Asamblea General de Naciones Unidas, con el objetivo de centralizar y fortalecer la toma de decisiones en torno a la cuestión de la pobreza urbana, confirmó la decisión de fusionar los centros y subdivisiones que habían ejercido su responsabilidad hasta el momento, en el propio programa ONU-Hábitat (ONU, 2002). Así, en 2003 se publicó el Cuarto Informe Global (*The Challenge of Slums*) que se centró en analizar con exhaustividad los barrios marginales y los asentamientos informales de población para profundizar en su conocimiento. El resultado es una exhaustiva descripción de las partes más degradadas de las ciudades del mundo definidas en términos de densidad y ubicación. Se señala que sus residentes carecen de viviendas normalizadas o que tienen dificultades para acceder a ellas, así como para disfrutar de servicios básicos urbanos, circunstancias que repercuten negativamente en sus condiciones de vida (ONU, 2003b).

De nuevo, se señala que, aunque su presencia es más intensa en países en desarrollo, también se presentan en las ciudades de países desarrollados, por lo que su variedad y tipología es enorme. En conjunto presentan siete características comunes: falta de servicios básicos; viviendas con deficiencias en sus estructuras; hacinamiento; condiciones de vida insalubres; situaciones de inseguridad en la tenencia; situaciones de pobreza y exclusión social; delimitación clara en el espacio. Con el fin de establecer una clasificación general, se presentan dos grupos que tratan de englobar dichos fenómenos de acuerdo con diversos factores, como su origen, ubicación y estado de degradación:

A. Áreas en declive, compuestas por barrios antiguos en el centro de las ciudades; y barrios de creación más reciente.

B. Barrios marginales en progreso de consolidación, entre los que se diferencia entre asentamientos ilegales y subdivisiones semi-legales.

Con el fin de desarrollar esta clasificación se presenta en la Tabla 6 una síntesis de las tipologías expuestas en el citado documento, que divide a los barrios marginales en distintos tipos según su origen, su ubicación en la trama urbana, su tamaño, su legalidad o su estado de desarrollo y dinámica.

Tabla 6. Tipología de barrios marginales según la ONU.

Tipo	Subtipo	Descripción
Origen	Histórico	Barrios marginales de origen histórico en el centro de las ciudades
	Barrios marginales (*slum estates*)	Desarrollos urbanos paralelos al reemplazo de residentes de los centros de las ciudades
	Barrios informales consolidados	Desarrollos urbanos de autoconstrucción
	Barrios marginales recientes	Desarrollos urbanos informales de reciente creación
Localización y límites	Centrales	Zonas residenciales centrales deterioradas que han experimentado un reemplazo de sus residentes
	Dispersos	Espacios marginales de pequeño tamaño diseminados, rodeados de zonas residenciales formales
	Periféricos	Barrios marginales ubicados en las periferias de las ciudades
Tamaño y escala	Grandes	Barrios marginales de gran tamaño propios de países en desarrollo
	Medianos	Barrios marginales de tamaño medio localizados en ciudades de todo el mundo
	Pequeños	Barrios y zonas urbanas de tamaño reducido
Legalidad y vulnerabilidad	Ilegales	Espacios ocupados de forma ilegal o sobre suelo urbano no designado para la vivienda
	Informal	Asentamientos ocupados informalmente sin reconocimiento legal
Estado de desarrollo y dinámica	Comunidades que carecen de incentivos de mejora	Barrios degradados sin iniciativas internas ni apoyos externos
	Barrios marginales con desarrollo continuo liderado por individuos y/o comunidades	Barrios en los que las iniciativas provienen únicamente de los individuos y los hogares, sin apoyo de las autoridades ni de otras organizaciones
	Barrios marginales impulsado por intervenciones externas	Barrios que han experimentado mejoras puntuales, pero no un proyecto completo de mejora
	Barrios marginales mejorados	Barrios que han sido objeto de un programa integral de actualización y mejora

Fuente: elaboración propia a partir de ONU, 2003b.

Los siguientes informes fueron desarrollando y ampliando aspectos concretos de los barrios más desfavorecidos de las ciudades del mundo. A este respecto, por ejemplo, el siguiente Informe Global sobre Asentamientos Humanos presentado en el año 2005 estuvo focalizado en el análisis de las tendencias en la financiación de la vivienda en el mundo, con especial atención a la vivienda social (ONU, 2005b). La cuestión de la vulnerabilidad en relación con la seguridad y la protección de los entornos residenciales urbanos se abordó en el Sexto Informe de 2007, titulado *Enhancing urban safety and security*. En él se señalaba que se estaba experimentando un notable incremento de vulnerabilidad urbana en todas las ciudades del mundo, haciendo patente la existencia de un nexo de unión entre las catástrofes de tipo natural o humano y la seguridad y la protección de las zonas residenciales que las integran.

La vulnerabilidad recibe en este informe el apelativo de humana para señalar la interconexión entre los ámbitos físico y social. En ambos casos se componen de tres elementos: (1) el riesgo, entendido como la probabilidad (conocida o ignorada por parte de la población) de que se produzcan eventos potencialmente catastróficos, determinados por su magnitud, frecuencia y duración; (2) la respuesta al mismo, es decir, la capacidad para hacer frente al riesgo de forma anticipada o después de su manifestación; (3) el resultado, expresado como el daño experimentado como consecuencia de la aparición de dicho fenómeno, variable en función de su naturaleza y del grado de efectividad de la respuesta.

A este respecto, el Informe subraya la importancia del vínculo existente entre la vulnerabilidad y el término resiliencia, que define como *«la capacidad de un individuo, hogar o comunidad para adaptarse a las amenazas, evitarlas o mitigar el daño producido por ellas, así como para recuperarse de tales eventos de riesgo»* (ONU, 2007, p.4). Concluye aportando una definición adicional de la vulnerabilidad, que se puede resumir como la probabilidad de que un individuo, hogar o comunidad se sitúe por debajo de un nivel de bienestar aceptable, o de experimentar problemas físicos o socioeconómicos tras la aparición de una situación negativa, como la pérdida de la vivienda, y la incapacidad para hacer frente a dicha realidad. Este hecho supone un avance interesante para profundizar en el conocimiento de la vulnerabilidad urbana ya que asume que dos de los elementos tradicionalmente considerados como explicativos del fenómeno (la respuesta al riesgo y el resultado del mismo) están determinados por el grado de resiliencia de la población afectada, tanto a nivel individual (personal, hogar y comunidad) como colectivo. En resumen, incorporar la resiliencia como dimensión complementaria de la vulnerabilidad complementa y enriquece esta perspectiva, al considerar la respuesta de los espacios y las poblaciones afectadas.

A partir de 2009, Naciones Unidas planteó algunos modelos y ejemplos de buenas prácticas de sostenibilidad urbana en el Informe *Planning Sustainable Cities*, con el fin de aminorar las tendencias identificadas en torno a la vulnerabilidad. De esta forma se identifica, por una parte, un crecimiento simultáneo de las periferias de las ciudades y de las urbanizaciones de carácter privado, y por otra, de áreas residenciales informales y degradadas (ONU, 2009). Al respecto de estas últimas, Naciones Unidas insiste en que, si bien el problema es más intenso en países en desarrollo, también se manifiesta en las economías desarrolladas, en estas últimas presentando las siguientes características diferenciadoras: (1) su tamaño es menor; (2) el fenómeno de autoconstrucción de viviendas es menos frecuente y los problemas de vivienda inadecuada suelen concentrarse en edificios de alquileres bajos, deteriorados o sin uso; (3) son ocupados mayoritariamente por población inmigrante; (4) el fenómeno está relacionado entre otros aspectos, con los defectos heredados de una planificación urbana ineficaz.

El informe de Naciones Unidas *Global Cities and climate change* de 2011 focaliza la atención en los efectos del cambio climático en las ciudades, advirtiendo que sus efectos son acumulativos y que pueden afectar a la economía, la sociedad, la salud pública y la movilidad humana; que el nivel de vulnerabilidad de la zona urbana afectada dependerá del volumen de población que albergue y de los bienes económicos que están expuestos; y que las áreas degradadas son las zonas más sensibles a los efectos destructivos de dicho fenómeno (ONU, 2011).

En el año 2013, Naciones Unidas retoma la cuestión de la planificación y el diseño de las ciudades enfatizando la cuestión de la movilidad urbana en el informe *Planning and Design for Sustainable Urban Mobility* en el que se detalla que los grupos considerados vulnerables (fundamentalmente mujeres, niños, ancianos, discapacitados o minorías étnicas) son en algunos casos más dependientes y suelen experimentar situaciones de aislamiento más severas, factores que incrementan su situación de vulnerabilidad (ONU, 2013). A este respecto, como se mencionaba anteriormente, la *Declaración del Milenio* introdujo ciertas novedades cuyos resultados fueron evaluados y sometidos a un seguimiento. Dicho proceso culminó con la firma de diversos convenios y tratados entre los que destaca la *Agenda 2030 para el desarrollo sostenible*, fundamentada en dichos acuerdos, así como en la *Declaración Universal de Derechos Humanos* de 1948 y los Tratados Internacionales adoptados en la misma línea (ONU, 2015). Su objetivo es actuar frente a los retos planteados y no conseguidos en los Objetivos de Desarrollo del Milenio en relación con la erradicación de la pobreza en sus diversas manifestaciones. En relación con los sectores desfavorecidos de las ciudades se plantea para el año 2030 solucionar el problema de acceso a una vivienda adecuada, las deficiencias en los sistemas de transporte, la carencia de espacios públicos de calidad, la exclusión social y la exposición a desastres naturales desde un punto de vista sostenible e inclusivo.

Más recientemente, en octubre de 2016, se llevó a cabo la tercera Cumbre Mundial sobre Asentamientos Humanos denominada *Conferencia de las Naciones Unidas sobre la Vivienda y el Desarrollo Urbano Sostenible Hábitat III*, en Quito (Ecuador). La cumbre sirvió para que la Asamblea General refrendase la Nueva Agenda Urbana, centrada en impulsar el derecho a la ciudad como tema central de las nuevas declaraciones políticas para el fomento de la inclusión social y el descenso de la pobreza urbana (ONU, 2017). En ella se alude al concepto vulnerabilidad para referirse a los dos enfoques, social y ambiental, refiriéndose a (1) colectivos concretos caracterizados por la escasez de recursos económicos que perciben, la carencia de vivienda o a la residencia en una vivienda sin condiciones adecuadas; las situaciones personales de enfermedad o discapacidad; y (2) a las zonas expuestas de forma particular a los riesgos que entraña el cambio climático.

Este expone que el incremento de la desigualdad económica y la exclusión social en las ciudades del mundo incide en los procesos de segregación espacial, que se manifiesta en su máxima expresión a través de los barrios marginales y los asentamientos informales de población. Aunque no aporta una definición explícita de ellos, alude a sus características en relación con una elevada degradación ambiental, una calidad deficiente de sus infraestructuras, servicios básicos y espacio público; los problemas de accesibilidad; la necesidad de mejora de su parque residencial; la delincuencia; la discriminación que sufren sus residentes; y los efectos negativos para la consecución de la cohesión y la inclusión social.

A modo de balance, se puede afirmar que la cuestión de la vulnerabilidad urbana ha acaparado la atención de los países miembros de la ONU desde mediados de la década de 1970, aunque el interés se ha centrado en diferentes aspectos del mismo, propios de los retos fijados como prioritarios a lo largo del tiempo. De este modo, se ha pasado de valorar los efectos de la urbanización acelerada durante las últimas décadas del siglo XX, a la globalización o el cambio climático en fechas más recientes. Todo ello ha permitido profundizar en el conocimiento de los barrios afectados por este problema. Se han establecido clasificaciones que permiten diferenciar tipos entre la enorme cantidad existente, llegando a la conclusión de que parte de los procesos que determinan la vulnerabilidad de zonas concretas, están condicionados por la resiliencia y la capacidad que tienen las personas y las sociedades afectadas de hacer frente a riesgos de tipo físico y social.

4.2. La responsabilidad institucional de integrar a los espacios urbanos desfavorecidos: el Informe de la OCDE

En el contexto internacional, la OCDE ha desempeñado un papel destacado al formular propuestas relevantes en relación con estos temas. Su impacto se ha reflejado en acciones concretas adoptadas por los países miembros como los Informes *Innovación Social en el Ámbito Local* de 1995; *Gestión Urbana Sostenible* de 1996 (Fuego y Arroyo, 2017); y especialmente *Integrating Distressed Urban Areas* del año 1998, enfocado en el análisis de las áreas urbanas desfavorecidas. Este último informe resaltó el incremento y concentración de problemas urbanos, de origen y manifestación desigual, en zonas concretas de las ciudades, señalando que su presencia contribuye a menoscabar la capacidad de las ciudades para alcanzar un desarrollo económico sostenible, fundamentalmente debido a los costes económicos, sociales y espaciales que generan (OECD, 1998).

En el mismo se define a los barrios desfavorecidos o empobrecidos como fragmentos de las ciudades, de tipología muy variada dependiendo del país en el que se encuentren, caracterizados por la acumulación de problemas sociales, económicos y medioambientales que limitan a sus residentes el acceso a oportunidades, recursos y servicios considerados normales o estándares en otras partes de la ciudad. Los cuatro ámbitos esenciales en los que se manifiestan sus consecuencias son:

1. Social: debido a la pérdida de capital humano ocasionada por problemas educativos y formativos, el desempleo y la disminución de la vida comunitaria y del interés por participar en las actividades del barrio.

2. Económico: en relación con el incremento generado en los costes económicos derivados de la implementación de políticas en ellos de diverso tipo.

3. Urbano: evaluados a través de los costes generados, por un lado, a los residentes, para cubrir las necesidades y requisitos de bienestar que no proporciona el barrio; y por otro, a los gobiernos centrales y locales para compensar sus rasgos negativos en comparación con otras áreas más favorecidas de la ciudad.

4. Educacional: derivados de la responsabilidad del entorno en la educación y en problemas concretos como el abandono escolar.

Este informe identifica además tres tipos de barrios vulnerables en función de su ubicación:

- Central: zonas localizadas dentro y alrededor de los centros históricos y patrimoniales, caracterizados por una calidad residencial baja y por el envejecimiento de sus pobladores.

- Periférico: aquel que se presenta en zonas aisladas del centro y que generalmente están mal conectadas con las principales vías de transporte o carecen de cobertura de red de transporte público. En estos barrios se manifiestan carencias en las dotaciones de los servicios y equipamientos, como escuelas o centros culturales. Además, exhiben un deterioro de los edificios debido a la baja calidad de los materiales con los que fueron construidos y a un mantenimiento deficiente, así como situaciones de criminalidad y vandalismo.

- Mixto: barrios y sectores vulnerables en los que coinciden los tipos anteriores dentro de la misma ciudad.

La distribución territorial de este fenómeno en los países miembros es irregular. En cuanto a los países del sur de Europa se indica que existen tres factores comunes que explican parte de las causas de dichas situaciones: (a) el proceso de urbanización en ellas ha sido tardío pero rápido en comparación con otras regiones de su entorno; (b) los hogares, el desempleo o el bienestar están condicionados por el importante rol social y cultural de la familia; y (c) han experimentado cambios referentes al balance migratorio, pasando de ser países tradicionalmente exportadores de mano de obra a recibir un volumen importante de emigrantes.

Con respecto al caso de España en el informe de la OCDE se puntualiza que el fenómeno de la vulnerabilidad urbana se ha desarrollado a través de dos etapas fundamentales. La primera se inicia a mediados del siglo XX, toma fuerza en la década de 1960 y se desarrolla a lo largo de la de 1970. Se caracteriza por la aceleración de la urbanización y por el aumento de la movilidad interregional, mayoritariamente de familias de bajos ingresos procedentes de zonas rurales típicamente agrarias hacia núcleos industriales del norte o hacia las ciudades de mayor tamaño y económicamente más dinámicas. Dichas familias fueron relegadas a los sectores menos favorecidos de las ciudades, ocupadas en ocasiones a través de la autoconstrucción, la urbanización ilegal y los poblados chabolistas. La segunda comienza en la década de 1980, momento en el que se produce un reemplazo de la población de los barrios más desfavorecidos de las ciudades por población procedente de África y Latinoamérica. El informe señala que las principales comunidades autónomas afectadas por este problema son Andalucía, especialmente debido al desempleo; Aragón, por la falta de acceso a servicios y equipamientos; Asturias, también afectada por la falta de empleo; o Región de Murcia, caracterizándose por el bajo nivel educativo de los residentes de los barrios vulnerables.

Tal y como aparece en la Tabla 7, que alude también a otras características propias de los barrios detectados por el informe, se identifican cuatro tipos en función de su ubicación y la forma de crecimiento (Hernández Aja, 1996):

- Centros históricos: caracterizados por la antigüedad de su parque residencial que explica la abundancia de edificios mal conservados, compuestos por viviendas de tamaño reducido, en los que predominan las viviendas de alquiler y con altas tasas de población envejecida.

- Barrios centrales: son zonas cuyo plano urbano se diseñó a comienzos del siglo XX y en los que se identifican altas tasas de desempleo y bajos niveles educativos y formativos.

- Desarrollos de viviendas: son fragmentos de la ciudad construidos después de 1950 para el alojamiento de población residente en zonas degradadas o poblados chabolistas, en los que se presentan altas tasas de desempleo y de precariedad laboral.

- Áreas periféricas: barrios alejados de los centros, construidos después de 1945 y cuyo desarrollo urbano es insuficiente. En ellos se identifican altas tasas de desempleo y los niveles más bajos de educación.

Tabla 7. Barrios desfavorecidos en España según la OCDE, 1991.

Tipo	Población			T. de desempleo (%)	P. sin estudios (%)	Viviendas sin baño (%)
	Total (%)	<15 años (%)	> 65 años (%)			
Centros históricos	2,5	17,1	18,5	27,5	21,7	14,3
Barrios centrales	3,1	20,8	12,6	29,2	24,9	5,6
Desarrollos de viviendas	4,5	21,6	10,8	33,6	26,3	1,2
Áreas periféricas	4,3	22,4	10,8	30,9	27,8	5,1

Fuente: adaptado de OECD, 1998, p. 28.

El informe concluye que, para reducir la incidencia de este problema, las políticas urbanas deben mejorar su eficacia adoptando un enfoque preventivo e integrador de las áreas desfavorecidas en la realidad social, económica y física de las ciudades. Las áreas estratégicas sugeridas son las siguientes:

- Educación: mediante la mejora de los niveles educativos de la población, asegurando su acceso y proveyendo apoyos compensatorios.

- Empleo y formación: a través de la creación de programas específicos para desempleados de larga duración y para los casos de absentismo escolar; y el fomento del autoempleo y el emprendimiento.

- Desarrollo económico: fundamentalmente con el apoyo e impulso de los negocios locales de los barrios.

- Residencial y urbano: por mediación de la renovación del parque residencial; la reducción de la contaminación y la degradación; y la aminoración del vandalismo en barrios especialmente afectados.

- Desarrollo comunitario: con la ayuda del incremento del apoyo a los grupos comunitarios y a los negocios comerciales locales.

Respecto a los beneficiarios principales de dichas políticas, se subraya a ciertos grupos de población considerados vulnerables, como los jóvenes sin estudios, personas desempleadas o con problemas de alcoholismo y drogodependencia; familias sin recursos económicos; o minorías étnicas y raciales. De acuerdo con la Tabla 8, los principios articuladores de las medidas deben implementarse de acuerdo al carácter preventivo, participativo, local y colaborativo propias del enfoque propuesto.

Tabla 8. Principios de actuación recomendados por la OCDE.

Principios	Descripción
Claridad y transparencia	Conseguir políticas de regeneración urbana más comprensibles y transparentes para la población y actores locales.
Coordinación vertical	Entre el gobierno central y el local para favorecer la subsidiariedad y la eficiencia de la organización de los gobiernos.
Coordinación horizontal	Fomento del poder de participación y de decisión de los ciudadanos.
Contexto local	Adaptar y valorar las estrategias para definir el perímetro de actuación.
Estigmatización	Evitar la mala reputación de los barrios que condiciona su estado e incrementa la segregación espacial en la ciudad.
Prevención	Actuar de forma preventiva en el momento en el que se identifica el deterioro de una zona concreta.
Evaluación y monitorización	Introducir mecanismos que permitan conocer qué aspectos deben ser mejorados.

Fuente: elaboración propia a partir de OECD, 1998.

4.3. La evolución de la visión europea: del declive al desarrollo urbano integrado

La UE también ha mostrado un fuerte interés en los fenómenos asociados a la vulnerabilidad urbana, como la pobreza, la exclusión social, la degradación urbana o la segregación social a través de distintas aportaciones surgidas de las distintas instituciones y organismos de la Unión. Siguiendo el esquema planteado por Arriola (2014), los primeros pasos en este sentido comienzan con la *Carta Social Europea* de 1961, aunque no es hasta la puesta a punto del *Programa de Acción Social* (1974-1976); de los *Programas Europeos de Lucha contra la Pobreza* en los periodos 1975-1980 y 1985-1989; y del *Programa Comunitario por la Integración Económica y Social de los Grupos Menos Favorecidos Pobreza 3* (1989-1994); cuando se pone el foco en el desafío que supone abordar dichas cuestiones e intentar aminorar sus consecuencias.

A) El inicio del compromiso europeo con la pobreza urbana y los programas URBAN

Las manifestaciones de la pobreza urbana comienzan a tomarse en consideración de forma específica a raíz de la publicación del *Libro Verde sobre el Medio Ambiente Urbano* en 1990 (De Gregorio Hurtado, 2010) y de la adopción de la *Estrategia Territorial Europea* acordada en la Reunión Informal de ministros Responsables de la Ordenación del Territorio en Postdam (Alemania) en 1999 (Arriola, 2014) así como en la Estrategia de Lisboa de 2000. En las dos últimas se pone el foco en los problemas urbanos que se manifiestan a través de la conjunción de los fenómenos de la segregación social, la pobreza, el desempleo y la discriminación debido a cuestiones culturales y étnicas, fomentan la exclusión social e impiden el desarrollo social sostenible de las ciudades (UE, 2009). La Estrategia de Lisboa además marcó como objetivo modernizar el modelo social europeo para impulsar la lucha contra la exclusión social (Parlamento Europeo, 2000), que marcó la trayectoria de las estrategias con la exclusión y la vulnerabilidad de los países miembros.

Estos documentos tienen continuidad a través de las iniciativas comunitarias URBAN (1994-1999) y URBAN II (2000-2006), definidas como «*programas destinados a complementar las intervenciones de los Fondos Estructurales en determinados ámbitos que experimentan problemas específicos*», y dedicadas a prestar apoyo y ayuda «*a las estrategias innovadoras en favor de la rehabilitación de las ciudades y las zonas urbanas en declive*» (UE, 2003, p. 49).

La primera fase de esta iniciativa se desarrolló a través de 118 programas en diferentes ciudades europeas con el fin de aportar soluciones técnicas y económicas a los crecientes problemas urbanos de tipo económico, social y medioambiental (De Gregorio Hurtado, Kocewicz, 2007). En España se aplicaron un total de 29 programas en barrios de distintas ciudades. La ciudad de León fue una de las seleccionadas y el programa fue ejecutado en los barrios de la zona oeste de la misma, con un coste total de diez millones de euros dirigidos a mejorar los servicios básicos y a dotar de equipamientos sociales y culturales a esta parte de la ciudad (ILRUV, 2015). La segunda edición se llevó a cabo en el periodo 2000-2006 y constó de setenta proyectos en diferentes ciudades europeas que albergasen en su interior barrios en los que se manifestasen niveles altos en al menos tres de las siguientes problemáticas: desempleo; baja actividad económica; pobreza y exclusión social; necesidad de reconversión económica; concentración de población inmigrante, grupos étnicos y minorías; bajo nivel educativo y formativo; criminalidad y delincuencia; y degradación urbana (De Gregorio Hurtado, 2010). La localización de los proyectos de ambas ediciones de esta iniciativa puede visualizarse en la Figura 10.

Figura 11. Ciudades participantes en la iniciativa comunitaria URBAN.

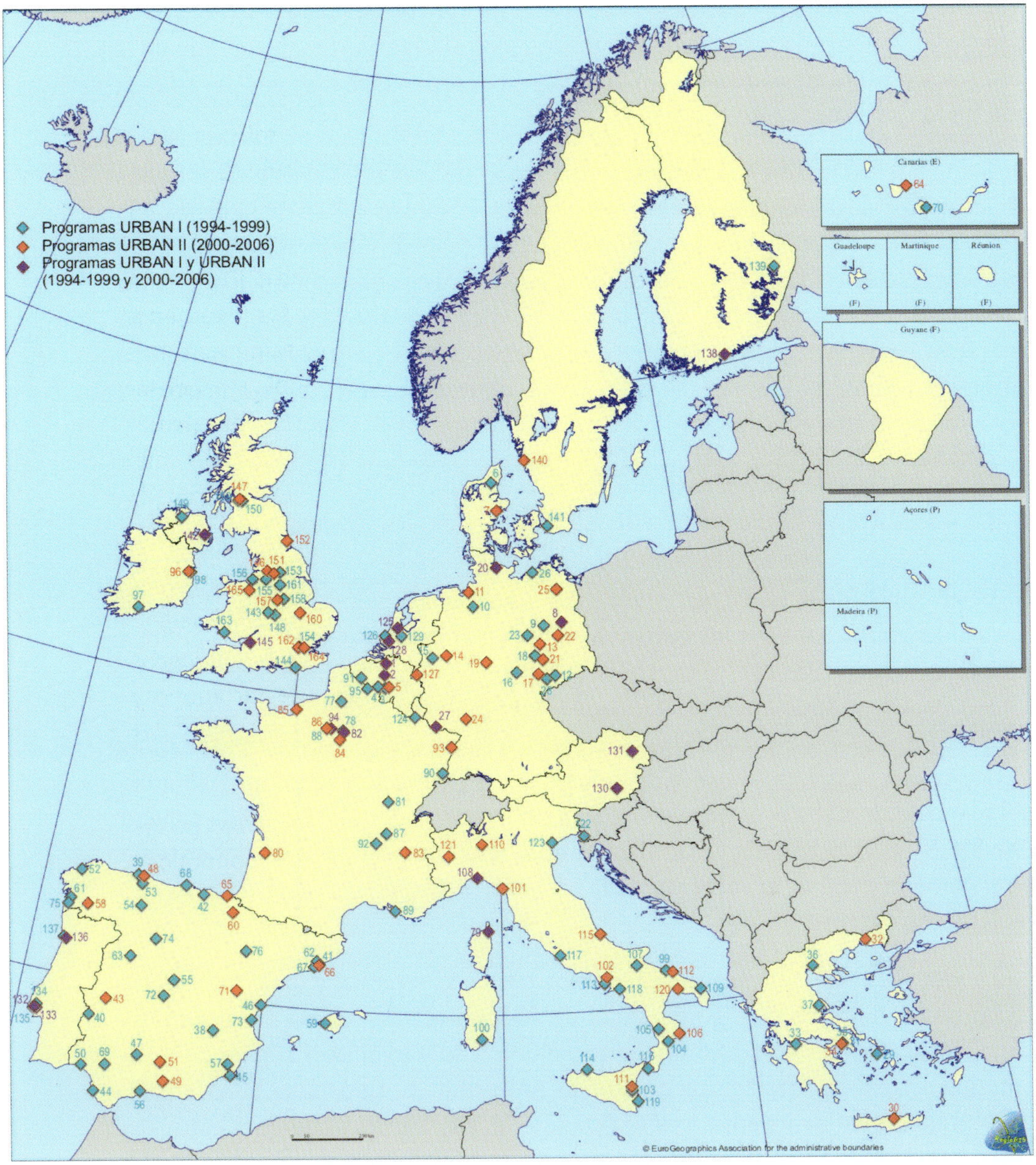

Fuente: UE (2003).

Entre las dos ediciones de la citada iniciativa URBAN, en el año 1999 entró en vigor el Tratado de Ámsterdam, firmado en la capital neerlandesa en 1997, con el fin de modificar fundamentalmente el Tratado de la Unión Europea y los Tratados Constitutivos de las Comunidades Europeas (UE, 2022a). En ella se configuró como objetivo estratégico esencial de la Unión la promoción de la inclusión y la cohesión social (UE, 2022b). En este contexto, a finales del año 2001 el economista británico A. Barnes y su equipo propusieron una batería de indicadores para la medición de la exclusión social y la pobreza denominados Indicadores Laeken, planteado en la Declaración sobre el futuro de la Unión Europea o Declaración Laeken (UE, 2022c), que fueron señalados anteriormente.

URBAN II se centró en la mejora de la calidad de vida de los residentes de los sectores afectados, fundamentalmente a través de la renovación de edificios y la construcción de zonas verdes, la promoción del empleo y la inclusión social, la implementación de pautas para establecer redes de transporte público eficientes y sostenibles y el fomento de la eficacia energética y las energías renovables (UE, 2015a). Además, introdujo como novedad la activación de un programa específico dirigido a establecer una red de intercambio de experiencias para compartir los distintos proyectos y los resultados obtenidos, denominado URBACT (UE, 2015b).

B) Las Cartas de Leipzig y la Declaración de Toledo

La adopción de la *Carta de Leipzig sobre Ciudades Europeas Sostenibles* y de la *Agenda Territorial 2007* por los países miembros marcaron el inicio de una política urbana europea situada en el centro de las intervenciones de los Fondos Estructurales para el periodo 2007-2013 (Fuego y Arroyo, 2017). La *Carta de Leipzig* (UE, 2007) se firmó en el contexto de los crecientes desafíos a los que se enfrentaban las ciudades europeas a finales de la década de 2000 en relación con la inestabilidad del mercado de trabajo, el envejecimiento poblacional, el deterioro de la calidad de vida en ciertos barrios, la formación de guetos, las deficiencias del sistema de transporte público, el aumento de la exclusión social o la escasez de zonas de recreo y esparcimiento.

La identificación de estos desequilibrios a escalas regional y local fue una de las causas que impulsaron la necesidad de adoptar estrategias de desarrollo urbano integrado alineadas bajo los principios de la sostenibilidad ambiental. Este enfoque parte de la idea central de que los problemas de tipo económico, social, demográfico, medioambiental y climático que caracterizan a las ciudades europeas están conectados entre sí y que para abordarlos hace falta diseñar medidas que intervengan simultáneamente en todos los ámbitos citados. En este sentido, se reconoce que la renovación física de los barrios por sí misma no es una solución los problemas que estos presentan y que las acciones diseñadas deben ir acompañadas por otras de igual entidad e importancia que atiendan al desarrollo económico, la educación, la inclusión social y la protección del medio ambiente (UE, 2014).

La cuestión de la vulnerabilidad urbana no se trata de forma explícita en la Carta, pero aproximadamente una cuarta parte de la misma se centra en la cuestión de los barrios menos favorecidos. En este sentido, se alude a sus características en función de su origen; la concentración espacial de fenómenos como el desempleo, la exclusión social y la degradación ambiental; y su distribución desigual en el espacio urbano comunitario, señalando factores clave que los explican, como las alteraciones en las estructuras económicas y sociales y los procesos derivados de la globalización. Con el fin de mejorar la calidad de estos barrios, fomentar su integración económica y asegurar que sus residentes tengan las mismas oportunidades que el resto se señala la actuación preferente en cuatro ámbitos estratégicos concretos:

- Medio ambiente físico y entorno: mediante la mejora de las infraestructuras, los servicios públicos y las viviendas más deterioradas y menos eficientes energéticamente.

- Economía y empleo: a través la creación y mantenimiento del empleo, el fomento de su actividad económica y del impulso de la apertura de nuevos negocios y consolidación de los existentes.

- Educación: por medio de políticas proactivas que promuevan la educación de calidad encaminada a facilitar la inserción social especialmente de la población más joven.

- Movilidad urbana: considerando que gran parte de la integración económica y social pasa por mejorar la calidad de la red viaria y del transporte público, se acentúa la necesidad de adoptar sistemas de planificación urbana que no incidan en la segregación espacial y que brinden las mismas oportunidades a los ciudadanos.

En junio de 2010, bajo la presidencia española en el Consejo de la Unión Europea, se llevó a cabo una Reunión Informal de ministros de Vivienda y Desarrollo Urbano para tratar la regeneración urbana desde el enfoque de desarrollo urbano integrado, que cristalizó en la *Declaración de Toledo* (UE, 2010b). El documento resultante de dicha reunión señala la necesidad de actuar en las ciudades debido a la crisis financiera, económica y social global de 2008; los retos estructurales que suponen los efectos de la globalización, el cambio climático, la escasez de recursos, las migraciones o el envejecimiento demográfico; y su impacto diferenciado en los entornos urbanos, en las esferas económica, social y ambiental. Su contenido defiende la implementación del desarrollo urbano integrado como una forma integral de lograr superar estas dificultades, señalando que las acciones concretas sobre los colectivos vulnerables y los barrios desfavorecidos revertirá en el conjunto de la sociedad puesto que «*el refuerzo del bienestar y los servicios sociales no sólo contribuyen a la mejora de la calidad de vida de los ciudadanos, sino también al desarrollo económico de la ciudad en su conjunto, repositorios de la rica y variada historia y cultura europeas»* (UE, 2010b, p. 4).

Durante el periodo 2007-2013 continuó ejecutándose la iniciativa comunitaria URBAN con el fin de impulsar el crecimiento económico a través de la dinamización del empleo local, de forma paralela al desarrollo social y medioambiental urbano, con la promoción de acciones concretas de rehabilitación, reurbanización y de mantenimiento del patrimonio histórico y cultural de las ciudades. El último programa desarrollado (2014-2020), se ha caracterizado por priorizar la inversión del Fondo Social Europeo en áreas urbanas con el fin de intensificar los esfuerzos en lograr el desarrollo urbano integrado sostenible anteriormente definido, particularmente en los barrios menos favorecidos, con la ayuda de la anteriormente mencionada red de intercambios URBACT y una nueva Red de Desarrollo Urbano (UDN) dirigida a impulsar el conocimiento entre los Estados Miembros de acciones innovadoras ejecutadas en las ciudades participantes (UE, 2021b).

Más recientemente, con el objetivo principal de dar continuidad a la *Carta de Leipzig* y adaptarla a los nuevos retos mundiales (como el incremento de la desigualdad social, las pandemias, el cambio climático, la pérdida de biodiversidad o de la brecha digital), en noviembre de 2020 la Unión Europea ha refrendado una nueva versión de la misma: la *Nueva Carta de Leipzig*. Su objetivo fundamental es ofrecer un marco político sobre el que se puedan aplicar los planteamientos expuestos en documentos y acuerdos internacionales como la *Agenda para el Desarrollo Sostenible de 2030*, la *Nueva Agenda Urbana*, el *Acuerdo de París*; y europeos, como la *Agenda Territorial 2030* y el *Pacto Verde de la Comisión Europea*. Para ello muestra una postura afín al enfoque integrador expuesto en 2007 y concretado desde los puntos de vista espacial, a través de la integración a todas las escalas (barrio, municipio, área funcional); y dimensional, apelando a los planos de la justicia social; el fomento de la ciudad verde y de la productividad de los barrios (UE, 2020).

C) El Pilar Europeo de Derechos Sociales y la inclusión activa en Europa

Con la firma del *Tratado de Lisboa* en 2007 y su posterior entrada en vigor en 2009, la Unión Europea y los Estados miembros pactaron vincular la cohesión territorial a la económica y social (Ministerio de Transportes, Movilidad y Agenda Urbana, 2021), con los objetivos de fomentar el empleo, luchar contra la exclusión social, potenciar la cooperación, e intensificar los esfuerzos dirigidos a proveer el acceso a recursos y servicios básicos para las personas en situaciones de pobreza o en riesgo de exclusión social, como la vivienda, la educación, la justicia, la cultura o el ocio (Arriola, 2014).

En este contexto, en 2008 se emitió la *Recomendación de la Comisión sobre la inclusión activa de las personas excluidas del ámbito laboral*, un documento que hace hincapié en la necesidad de conocer en profundidad la complejidad de las situaciones de necesidad y desventaja multidimensionales de distintos grupos sociales. Su objetivo es afianzar una estrategia fundamentada en el enfoque de inclusión activa, que ayude a impulsar la integración laboral y el empleo de calidad de todas las personas que puedan trabajar, suministrar recursos suficientes para vivir con dignidad a las que no puedan hacerlo y promover la participación social en el conjunto de la sociedad. Para su realización se propuso la combinación de tres aspectos fundamentales: (1) apoyo económico para proveer de una renta suficiente; (2) fomento de la inserción laboral; y (3) la consolidación unos servicios sociales de calidad (UE, 2008). Aunque esta estrategia no es vinculante y se trata de una recomendación para los Estados miembros, su impacto en la adopción de un enfoque integrado sobre los servicios sociales fue decisivo (EAPN-ES, 2021; Rodríguez Cabrero, 2011).

En el año 2010, se aprobó también la Estrategia Europa 2020, dirigida a marcar las directrices para un crecimiento inteligente, sostenible e integrador y que establece entre sus objetivos disminuir a 20 millones el cómputo total de personas que viven en pobreza y exclusión social en Europa (UE, 2010a). Para ello, se recomiendó a los países miembros cuantificar la pobreza a partir de la Tasa AROPE.

La calidad de los servicios sociales a la que se aludía anteriormente fue el aspecto central de la Comunicación de la Comisión Europea de 2011 titulada *Marco de Calidad para los Servicios de Interés General en Europa*. En ella se perseguía mejorar los servicios sociales de los países europeos en cuanto a eficacia, comprensión y transparencia, y se proponía subrayar la inclusión social, el acceso al mercado laboral, a la vivienda social y a los servicios sociales personalizados (UE, 2011).

El Consejo Europeo de la Unión Europea, en su informe *Combating poverty and social exclusion: An integrated approach* del año 2016, destacó la importancia de abordar de manera integral, en cada etapa de la vida de la infancia a la vejez, los problemas multidimensionales de la pobreza y la vulnerabilidad (UE, 2016a).

Un año más tarde, en 2017, se ratificaron dos documentos fundamentales. En primer lugar, el *Documento de Trabajo de la Comisión Europea* a través del cual se planteó la forma de implementar estrategias que contemplasen la inclusión activa para combatir la exclusión social, en la línea de la Recomendación del año 2008 anteriormente citada (EAPN-ES, 2021). En segundo lugar, el *Pilar Europeo de De-*

rechos Sociales, aprobado en la Cumbre Social de Gotemburgo y que establece los principios clave y los derechos de las personas relativos a la igualdad de oportunidades y condiciones laborales y a la inclusión social, tal y como puede apreciarse en la Tabla 9.

Tabla 9. Principales aspectos del Pilar Europeo de Derechos Sociales.

CAPÍTULO	PRINCIPIO CLAVE	DESCRIPCIÓN
Igualdad de oportunidades y de acceso al mercado de trabajo	1. Educación, formación y aprendizaje permanente	Educación, formación y aprendizaje inclusivos.
	2. Igualdad de género	Igualdad en cuanto a derechos sociales.
	3. Igualdad de oportunidades	Igualdad de trato y oportunidades en relación con el empleo, la protección social, la educación, el acceso a bienes y servicios, independientemente del género, origen racial, étnico o convicciones personales.
	4. Apoyo activo para el empleo	Asistencia personalizada, formación y ayuda.
Condiciones de trabajo justas	5. Empleo seguro y adaptable	Trato laboral justo y condiciones de trabajo de calidad.
	6. Salarios	Retribuciones económicas justas.
	7. Información sobre condiciones de trabajo y protección en casos de despido	Recibir información sobre derechos y obligaciones.
	8. Diálogo social y participación de los trabajadores	Diálogo conveniente y oportuno entre interlocutores sociales.
	9. Equilibrio entre la vida profesional y vida privada	Permisos adecuados, condiciones de trabajo flexibles y servicio de asistencia.
	10. Entorno de trabajo saludable, seguro y adaptado y protección de datos	Protección y seguridad en el trabajo a través de un entorno adaptado a las necesidades.
Protección e inclusión social	11. Asistencia y apoyo a los niños	Protección especial en la infancia, especialmente en residentes en entornos desfavorecidos.
	12. Protección social	Protección social de los trabajadores.
	13. Prestaciones por desempleo	Ayudas adecuadas.
	14. Renta mínima	Prestación de ayuda económica a personas que carezcan de recursos, combinado con incentivos a la integración al mercado laboral.
	15. Pensiones y prestaciones de vejez	Pensiones de jubilación acorde a las contribuciones y recursos apropiados para una vida digna.
	16. Sanidad	Acceso oportuno a asistencia sanitaria de calidad.
	17. Inclusión de personas con discapacidad	Ayuda a la renta a personas con discapacidad, acceso a servicios y entornos de trabajo adecuados.
	18. Cuidados de larga duración	Cuidados de larga duración asequibles y de calidad.
	19. Vivienda y asistencia para las personas sin hogar	Acceso a vivienda social y/o ayudas a la vivienda.
	20. Acceso a los servicios esenciales	Servicios esenciales (agua, saneamiento, energía, transporte, comunicaciones digitales, financieros).

Fuente: elaboración propia a partir de UE, 2016b.

En total recoge 20 principios y derechos sociales dirigidos a la protección de personas y colectivos vulnerables reconociendo, por una parte, aquellos que pueden ayudar a reducir la vulnerabilidad en relación con el empleo o en situaciones de pobreza y por otro, fomentando la participación ciudadana y la cooperación entre instituciones para abordar dichas necesidades. En suma, el *Pilar Europeo de Derechos Sociales* proporciona una base sólida sobre la cual se los países miembros pueden construir políticas que contribuyan al fortalecimiento de personas y colectivos vulnerables (UE, 2016b).

Recientemente, el Parlamento y el Consejo Europeo han aprobado las propuestas de la Comisión para el periodo actual que comienza en 2021 y se extenderá hasta 2027 (UE, 2021c). Este documento contiene varios puntos de unión con el fenómeno de la vulnerabilidad urbana. El primero y más evidente es que está refiriéndose directamente a las situaciones de personas que se encuentran en condiciones desfavorables en términos de vivienda, empleo, acceso a servicios básicos, educación y participación social. Estas condiciones pueden conducir a un agravamiento de la exclusión social, la pobreza y las dificultades para acceder a oportunidades y recursos.

Además, reconoce de forma implícita la importancia de abordar la vulnerabilidad urbana y social promoviendo la inclusión social, esto supone reconocer el carácter multidimensional de la vulnerabilidad urbana ya que, como se ha mencionado, esta perspectiva busca establecer políticas que conjuguen *«la inserción por la vía laboral con el apoyo a colectivos más desfavorecidos a través del mantenimiento de niveles protección social que permitan desarrollar una vida digna y una mayor cohesión social y económica»* (Ministerio de Sanidad, Servicios Sociales e Igualdad, 2014, p. 11).

D) La influencia de las estrategias europeas en España

En nuestro país, los planteamientos, estrategias y recomendaciones que se han comentado en los apartados anteriores se han reflejado en una estructura compuesta por diferentes políticas urbanas y sociales que centran su interés en zonas especialmente vulnerables de las ciudades y sobre las condiciones de vida y situaciones de sus residentes. Este apartado considera relevantes las estrategias propuestas por la Unión Europea y la activa participación de España en el Grupo de Trabajo de la OCDE sobre desfavorecimiento urbano que se han comentado anteriormente, en la transformación del enfoque integral de vulnerabilidad urbana en España. Su reflejo ha tomado forma en algunos de los principales documentos asociados con asuntos sociales, como con los Planes Nacionales de Acción para la

Inclusión Social y la *Estrategia Nacional de Prevención y Lucha contra la pobreza y la exclusión social 2019-2023*, así como en materia de urbanismo y vivienda, los Planes Estatales de Vivienda.

En cuanto a las políticas sociales, hasta la fecha se han desarrollado seis *Planes Nacionales de Acción para la Inclusión Social*, los cuales se han implementado de forma variable en términos de periodicidad y duración desde el año 2001 hasta el 2016. Tuvieron vigencia con la anteriormente mencionada *Estrategia de Lisboa* del año 2000, aunque posteriormente con la aprobación de la *Estrategia Europa 2020*, se aprobaron dos importantes iniciativas. Por un lado, el nuevo *Plan Nacional de Acción para la Inclusión Social 2013-2016* y por otro, la *Estrategia Nacional de Prevención y Lucha contra la Pobreza y la Exclusión Social 2019-2023*, en marzo de 2019 (Ministerio de Derechos Sociales y Agenda 2030, 2021a). El primero se asienta en la voluntad de fortalecer el sistema de bienestar haciendo hincapié en las situaciones de pobreza y exclusión social. Por su parte, la Estrategia 2019-2023 plantea una serie de objetivos previo diagnóstico en profundidad de la situación en España, subrayando aquellos perfiles más afectados desde el punto de vista sociodemográfico y los recursos que se han destinado hasta el momento en materia social. Los objetivos propuestos se alinean en cuatro metas principales (Ministerio de Derechos Sociales y Agenda 2030, 2019):

1. Combatir la pobreza a partir de políticas dirigidas a la población que vive en situaciones de pobreza, vulnerabilidad o exclusión social.

2. Invertir socialmente en acciones dirigidas al fomento del empleo o la educación.

3. Fomentar la protección social de la población ante los riesgos del ciclo vital, y centrar la atención en las situaciones de vulnerabilidad de menores, familias y la gestión de las mismas desde los servicios sociales, de dependencia, vivienda y territorio.

4. Incrementar la eficacia y eficiencia de las políticas sociales.

El compromiso con los barrios vulnerables se desarrolla a partir de la tercera meta, concretamente en el cuarto objetivo titulado Facilitar el acceso y mantenimiento de la vivienda en condiciones de habitabilidad y en un entorno inclusivo, poniendo el foco en las familias más vulnerables con menores, así como en los jóvenes. Entre las líneas de actuación que lo componen y que aparecen en la Tabla 10 destacan especialmente para el interés de esta investigación, la promoción de ayudas al alquiler para familias vulnerables, el fomento de programas de realojo y de erradicación del chabolismo, las medidas encaminadas a acabar con la exclusión residencial, atender situaciones de brecha energética o promover la regeneración y rehabilitación urbanas.

SERVICIOS SOCIALES Y DEPENDENCIA	Potenciar sistema de servicios sociales
	Articular sistema de servicios sociales y servicio público de empleo
	Mejorar los sistemas de generación y procesamiento de información sobre el sistema de servicios sociales
	Desarrollar un sistema nacional de prevención y atención a situaciones de dependencia
	Adaptar el sistema de atención a la dependencia al envejecimiento y la despoblación
	Incrementar intervenciones sociales y mejorar la atención a personas usuarias
VIVIENDA Y TERRITORIO	Atender a personas y familias en situaciones de desahucio como consecuencia de su vulnerabilidad
	Promover ayudas de alquiler a personas y familias vulnerables
	Impulsar el parque de vivienda social
	Fomentar programas de realojo, erradicación del chabolismo y acompañamiento social
	Fomentar la erradicación del *sinhogarismo*
	Diseñar medidas para la atención de la población joven
	Garantizar servicios básicos de agua, luz o electricidad a hogares sin recursos
	Fomentar medidas para luchar contra la pobreza energética
	Fomentar la rehabilitación urbana
	Fomentar la regeneración de espacios degradados
	Luchar contra el despoblamiento

Fuente: adaptado de Ministerio de Derechos Sociales y Agenda 2030, 2019, p. 145.

En conjunto, los objetivos de esta meta ponen de manifiesto la toma en consideración específica con los barrios vulnerables a partir de una serie de medidas encaminadas a aminorar la exclusión social, los problemas de vivienda o la regeneración urbana, y evidencian que dichas áreas forman parte de una estrategia de lucha contra la pobreza y la exclusión social en el territorio europeo.

Respecto a las políticas de vivienda, G. M. Caravantes López de Lerma y J. Romero González (2021), señalan el 2008 como un año clave al producirse un cambio de orientación en materia de acceso a la vivienda y en las actuaciones de rehabilitación y renovación en espacios vulnerables. El *Plan Estatal de Vivienda* desarrollado en el periodo 2009-2012 (Real Decreto 2066/2008) especifica las actuaciones dirigidas a mejorar las condiciones urbanísticas y sociales de estos espacios a través de las denominadas Áreas de Regeneración Integral (ARI) y Áreas de Renovación Urbanas (ARU), con el fin de desarrollar actuaciones encaminadas a su mejora (Fuego y Arroyo, 2017). La Tabla 11 muestra sus características principales en cuanto al tamaño y particularidades de las viviendas que albergan, así como las principales líneas de actuación en relación con estas y a los espacios públicos que contienen los sectores afectados.

Tabla 11. Especificaciones de las ARI y las ARU.

ESPECIFICACIONES		Áreas de Rehabilitación Integral ARIS	Áreas de Renovación Urbana ARUS
Condiciones generales		Propuesta de declaración por parte de Comunidades Autónomas y ciudades de Ceuta y Melilla	
Características	Tamaño	Al menos 200 viviendas (excepto casos motivados)	4 manzanas o al menos 200 viviendas
	Viviendas	Antigüedad mínima 10 años En conjuntos históricos deben contar con plan especial de conservación, protección o rehabilitación	Antigüedad mínima 30 años Al menos el 60% del uso debe ser residencial Estado de agotamiento estructural que exija demolición y reconstrucción
Actuaciones de mejora	Viviendas	Habitabilidad, seguridad, accesibilidad, eficiencia energética	Demolición de edificios Construcción de edificios para vivienda protegida Programas de realojo
	Zonas comunes	Seguridad, estanqueidad, accesibilidad, eficiencia energética, utilización de energías renovables	
	Espacios públicos	Urbanización, reurbanización, accesibilidad, redes de climatización y agua caliente alimentadas con energías renovables	Urbanización y reurbanización

Fuente: elaboración propia a partir del Plan Estatal de Vivienda y Rehabilitación 2009-2012.

Los Planes redactados para los periodos 2013-2016 y 2018-2021 han introducido modificaciones en los instrumentos de actuación en sectores vulnerables, centrando el foco en la rehabilitación edificatoria y en la regeneración y renovación urbanas de sectores cuyas características demográficas, sociales, económicas, residenciales y ambientales, les sitúan en desventaja frente al resto de la ciudad. Las condiciones generales son las mismas, pero para la rehabilitación se fija como edad máxima de construcción el año 1981, un porcentaje mínimo del 70% aplicado tanto a la superficie de uso residencial como a las viviendas que constituyen el domicilio habitual de sus residentes y se valoran los casos que presenten daños estructurales graves en los edificios. Las actuaciones de mejora están dirigidas a mejorar la envolvente térmica, los sistemas de calefacción, agua caliente, ventilación, recogida de residuos, el acondicionamiento de los espacios comunes y la mejora de la eficiencia energética del edificio. Las actuaciones de regeneración y renovación urbanas se centran en mejorar las condiciones de los edificios en cuanto a la gestión y ahorro de agua, energía, materiales, gestión de residuos, protección de la biodiversidad y en los casos de renovación, de demolición y realojo temporal de residentes. El tamaño mínimo, salvo en aquellos casos excepcionales, se fija en 100 viviendas con al menos un 60% de uso residencial.

De forma conjunta, estas novedades representan un paso adelante en la aproximación integral a la vulnerabilidad urbana en España. Este avance ha sido influenciado en gran medida por la colaboración de España en el Grupo de Trabajo sobre áreas urbanas desfavorecidas de la OCDE y las estrategias europeas en el mismo contexto. Como resultado, se han realizado progresos sustanciales tanto en políticas sociales como en las de vivienda que, de forma conjunta, proporcionan un marco actualizado para diseñar estrategias y llevar a cabo medidas de actuación concretas en ámbitos urbanos vulnerables.

4.4. El enfoque y los instrumentos en España

Como resultado de la participación de España en la OCDE durante la década de 1990 y la influencia de las estrategias propuestas por la Unión Europea descritas en el apartado anterior, en España se adoptó un enfoque específico dirigido a la identificación, medición y clasificación de la vulnerabilidad urbana, plasmado en varios informes oficiales y en la creación de un observatorio específico para monitorizar las situaciones de vulnerabilidad urbana, que también ha dejado su huella a nivel autonómico, como es el caso de Castilla y León. Todo ello supone un cambio significativo en la forma de abordar los problemas urbanos derivados de la vulnerabilidad.

A) Los primeros informes oficiales españoles: del desfavorecimiento a la vulnerabilidad urbana

La participación del Gobierno de España en el Grupo de Trabajo de la OCDE sobre barrios urbanos desfavorecidos en la década de 1990 supuso el punto de partida para la realización de una serie de estudios encaminados a abordar el problema de la vulnerabilidad urbana en nuestro país. La primera aproximación al tema fue el *Estudio Cuantitativo sobre Barrios Desfavorecidos en las ciudades españolas*, realizado por la empresa Analística S.A. en colaboración con el INE con los datos del censo de población y viviendas del año 1991 y dirigido por Carmen Marcos García (Arias Goytre, 2000).

Dicho trabajo se fundamenta en el análisis estadístico de ciudades de más de 20.000 habitantes con el fin de identificar secciones censales en las que se concentran problemas de tipo social y económico a través de indicadores de desfavorecimiento urbano, ya que aún no se había generalizado el uso del término vulnerabilidad. Este último se define -de forma similar a las aportaciones citadas previamente de la ONU, la OCDE y la Unión Europea- como *«una situación compleja de carencia de recursos que impide disfrutar de una calidad de vida que la sociedad considera adecuada en la actualidad»* (Arias Goytre, 2000, Las características y los mecanismos del desfavorecimiento urbano, párr. 1). El estudio plantea la teoría de que las desigualdades entre regiones corresponden con las provincias con mayor peso del sector agrario en su estructura económica. La investigación marca los siguientes condicionantes para la identificación de barrios desfavorecidos: (1) la renta; (2) el tamaño de la vivienda, su coste y el espacio adecuado en el interior de la misma; (3) la estructura de los hogares, con especial atención a los mono-parentales y a los compuestos por un solo miembro; (4) la distancia al trabajo, en relación con el tiempo necesario para el desplazamiento al mismo; (5) el entorno ambiental, la contaminación acústica y atmosférica; (6) las situaciones acumuladas de delincuencia, drogadicción e inseguridad en el barrio; y (7) la concentración de activos marginales.

Sin embargo, debido a la inexistencia de datos estadísticos que recopilen todas estas variables y a las determinaciones expuestas por la OCDE que, fundamentalmente, sugerían analizar la situación a través del desempleo y la renta, se decide asentar el análisis en tres variables a partir de la explotación del Censo de Población y Vivienda de 1991: el desempleo, el nivel educativo y la carencia de servicios básicos en las viviendas. Los resultados obtenidos indican que, a pesar de las mejoras implementadas en educación, sanidad pública o en los sistemas de pensiones durante las décadas anteriores, la marginación y la exclusión social se incrementa y adopta nuevas formas debido al aumento del desempleo de larga duración, especialmente intenso en colectivos cuyos recursos económicos eran escasos de partida. El referido estudio señala también que las principales situaciones de desigualdad son de tres tipos. El primero es el tipo generacional, como los jóvenes que llegan a la treintena sin poder abandonar el hogar parental o la población anciana que viven en malas condiciones. El segundo tipo es la desigualdad de género, en relación con el abandono escolar en hombres o la incidencia de pobreza en las mayores de 65 años. El tercer tipo es la desigualdad de clase social, que se manifiesta en el incremento personas sin estudios, hijos de trabajadores autónomos y poco cualificados. En cuanto a la distribución espacial del paro y del bajo nivel formativo, el estudio identificó las situaciones más severas en las provincias y regiones del sur de España, con Andalucía y Extremadura a la cabeza, y en las Islas Canarias.

Posteriormente este trabajo se amplió y renovó en distintos aspectos en el documento titulado *Análisis Urbanístico de Barrios Vulnerables en España. Informe General 1991*, realizado bajo la dirección del arquitecto Agustín Hernández Aja por el Ministerio de Fomento en colaboración con el INE, la Sección de Urbanismo del Instituto Juan de Herrera de la Escuela Técnica Superior de Arquitectura de la Universidad Politécnica de Madrid y Analística S.A. (Ministerio de Transportes, Movilidad y Agenda Urbana, 2021). Se trata de una recapitulación actualizada de los resultados obtenidos en el trabajo anterior y otros, fruto del Convenio firmado entre el Ministerio de Fomento y la Dirección General de Acciones Concertadas en las ciudades del Ministerio de Obras Públicas Transportes y Medio Ambiente con el Instituto Juan de Herrera.

Su objetivo principal es analizar la situación de los barrios vulnerables en el territorio español desde el punto de vista urbanístico y plantear medidas y pro- puestas encaminadas a impulsar su desarrollo o incidir en la reducción de los pro- blemas que presentan. Como se ha señalado, el informe confirma la necesidad de abordar un cambio de enfoque, sustituyendo el término desfavorecimiento urbano utilizado en los estudios previos por el de vulnerabilidad urbana e indicando que:

> *Un barrio es un espacio dotado de unas propiedades de continuidad espa- cial y de articulación social, que permite la apropiación por sus habitantes y es percibido como unidad -propiedades que no se dan a menudo en las ámbitos delimitados- asimismo el concepto de vulnerable nos parece más complejo que el concepto de desfavorecido. El término vulnerable indica que el espacio se encuentra frente a una posible situación crítica, de forma que de no actuarse sobre las bases del problema el área entrará en crisis pudiéndose producir una degradación funcional y social del ámbito que lo conduzca a la marginación. El término desfavorecido podría indicar que el espacio delimitado tan solo tiene carencias materiales que podrían revertirse mediante medidas de ampliación o renovación de las dotaciones existentes. El término vulnerable indica la necesidad de acciones integrales, el término desfavorecido permitiría colegir que la situación al problema podría pasar por el desarrollo y ampliación de las políticas sectoriales al uso. (Hernández Aja, 1997, p. 3)*

La vulnerabilidad urbana se define aquí como la carencia de alguno de los elementos fundamentales que proporciona la ciudad, determinada a su vez como el *«espacio capaz de recoger la suma de grupos, usos y actividades que logren una diversidad óptima, pero de tal manera que el tamaño no impida su comprensión como objeto»* (Hernández Aja, 1997, p. 25). Se acuerda que dichos pilares se concretan en el acceso al empleo, a la vivienda digna y a los servicios y equipamientos públicos universales, abordando por tanto los desafíos relacionados con la desigualdad, propios de la vulnerabilidad urbana en sus dimensiones física y social.

Para su realización se utilizaron los datos del estudio anterior con el fin de poder contrastarlos con trabajo cualitativo sobre el terreno (Ministerio de Transportes, Movilidad y Agenda Urbana, 2021), estableciendo previamente limitaciones de tamaño y jerarquía urbana de acuerdo a las indicaciones sugeridas por la OCDE, aunque adaptadas al caso español, centrando el análisis en barrios con un tamaño entre 3.500 y 15.000 habitantes, localizados en ciudades superiores a 50.000 habitantes y en capitales de provincia.

Tabla 12. Barrios españoles según su forma de crecimiento.

Denominación	Descripción
Cascos históricos	Barrios antiguos adaptados a la topografía del lugar, fruto de diversas operaciones urbanísticas que han modificado su trazado e imagen.
Ensanches	Primeras planificaciones efectuadas durante el siglo XIX a partir de criterios científicos. Su plano es regular y su importancia respecto al resto de la ciudad es mayor debido a su tamaño y funciones económicas.
Parcelaciones periféricas	Sectores coetáneos a los ensanches fruto de la ocupación de fincas rústicas situadas en los márgenes de las principales vías de comunicación, posteriormente asimilados a la trama urbana.
Ciudades jardín	Barrios de viviendas unifamiliares ajardinadas anteriores a la década de 1960.
Promociones públicas (1940-1960)	Surgidos por la necesidad de nueva vivienda, originariamente con servicios, edificios residenciales y entornos de calidad básica o directamente baja.
Promociones (1960-1975)	Barrios caracterizados por la presencia de bloques de vivienda de alto tamaño y volumen, aislados o en grupo.
Promociones públicas (1975-1990)	Áreas residenciales de protección oficial surgidas durante la transición democrática y como consecuencia de la aprobación de la *Ley del Suelo* de 1975, diferenciadas por estar construidas en bloque abierto y por una dotación de equipamientos y servicios urbanos relativamente adecuada.
Promociones privadas (1975-1990)	Barrios desarrollados a partir de la creación de los Planes Generales de Ordenación Urbana por los Ayuntamientos. Predominan las agrupaciones de casas en manzana cerrada.
Pueblos anexionados	Núcleos de población cercanos a las ciudades que han sido absorbidos por estas y cuyas características residenciales y urbanas son de baja calidad.
Parcelaciones marginales	Asentamientos informales de población compuestos por infraviviendas.
Áreas mixtas periféricas y centrales	Sectores urbanos de origen diverso, diferenciados por su posición marginal en la periferia o relativamente cercana al centro de la ciudad.
Dispersos	Barrios periféricos caracterizados por un urbanismo difuso asentado sobre núcleos rurales preexistentes.

Fuente: elaboración propia a partir de Hernández Aja, 1996.

La metodología empleada permitió definir los espacios urbanos afectados y describirlos a partir del análisis estadístico de las secciones censales que contiene y de sus características urbanas. A este respecto, tal y como aparece reflejado en la Tabla 12, el informe presenta una clasificación de doce tipos de barrios vulnerables en términos de morfología urbana, funciones, calidad física y nivel de mantenimiento o dotación de equipamientos y servicios urbanos, que permite identificar los vínculos existentes entre estos elementos y la vulnerabilidad urbana, como en el caso de las parcelaciones marginales y la exclusión residencial.

En conjunto, tal y como muestra la Figura 12, los resultados obtenidos localizaron 376 barrios vulnerables en 81 de las 116 ciudades analizadas, localizadas mayoritariamente en las comunidades autónomas de Andalucía, Cataluña, Madrid y la Comunidad Valenciana.

El Informe concluye que la población considerada vulnerable en función de las variables anteriormente descritas se concentra predominantemente en los cascos históricos (un 17% del total) con particular intensidad en Islas Baleares, Madrid, Navarra y La Rioja; seguido de las periferias mixtas (16%) especialmente de las ciudades de Andalucía, Islas Canarias, Cataluña, Asturias y Castilla y León; y las promociones públicas desarrolladas durante la década de 1940 (13,7%).

Figura 12. Barrios vulnerables en el Informe General 1991.

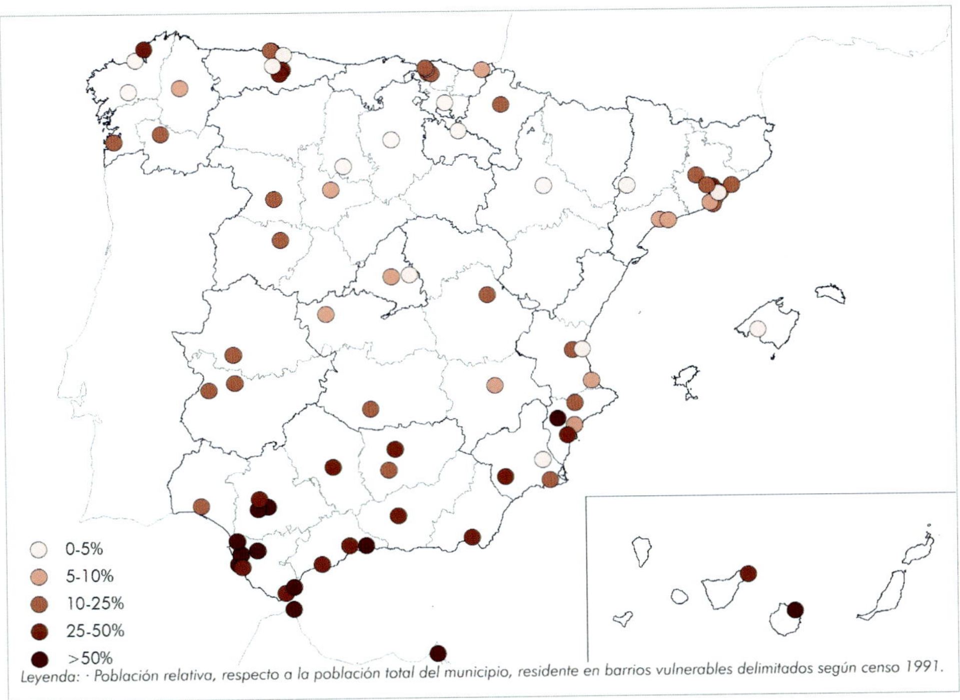

Fuente: Hernández Aja, et al. (2018).

Las ciudades en las que no se identificaron barrios vulnerables en este primer informe, como el caso de León, se concentran especialmente en el norte del país. A este respecto, el texto subraya que la metodología empleada posee ciertas limitaciones de tamaño para el estudio en profundidad de todos los tipos de barrios vulnerables: «*no se trata de delimitar grandes espacios indiferenciados, sino que se trataría de delimitar espacios sobre los que definir proyectos con vocación de transformar las condiciones sociales o materiales*» (Hernández Aja, 1997, p. 67), acentuando más tarde:

> *Que un área de tamaño suficiente no alcance un valor crítico no quiere siempre decir que esta no sea vulnerable, puede ocurrir que contenga un enclave muy marginal, de forma que su presencia acentúe su vulnerabilidad muy por encima de lo indicado por los valores medios del área. (Hernández Aja, 1997, p. 68)*

Después de la realización de este informe se volvió a abordar la cuestión de la vulnerabilidad urbana en el documento *La Desigualdad Urbana en España*, en el año 2000. Se trata fundamentalmente de una compilación ordenada y ampliada de los resultados obtenidos con motivo de la mencionada participación de nuestro país en el Grupo de Trabajo constituido por la OCDE a partir del año 1995. Se llevó a cabo bajo la coordinación del arquitecto Félix Arias Goytre, en colaboración con el Ministerio de Fomento, la Sección de Urbanismo del Instituto Juan de Herrera de la Escuela Técnica Superior de Arquitectura de Madrid y las empresas Analística S.A. y Compañía Planificadora S.L. Su propósito era sintetizar los trabajos del grupo de la OCDE en España con el fin de ampliar el conocimiento sobre los barrios desfavorecidos en España, las políticas llevadas a cabo en estos espacios y los resultados obtenidos tras su implementación. En él se diferencia entre el desfavorecimiento y la vulnerabilidad urbana de la siguiente forma:

> *Un área urbana vulnerable no es un barrio desfavorecido. La vulnerabilidad es la predisposición del área a entrar en crisis si no recibe las atenciones adecuadas; a partir de cuyo momento, las medidas para solucionar los problemas del barrio serán mucho más traumáticas tanto si se miden en términos sociales como mediante indicadores económicos (Arias Goytre, 2000, La naturaleza del problema en España, párr. 10)*

El estudio se estructura básicamente en cinco grandes apartados. Los dos primeros, titulados *El estudio de la desigualdad urbana* y *Algunas cuestiones sobre la desigualdad urbana en España*, abordan el tema desde el punto de vista histórico, analizando cómo se ha tratado dicha cuestión desde el siglo XIX hasta el año de realización del estudio, el caso concreto de las ciudades españolas y las manifestaciones de los fenómenos descritos en ellas. El tercer apartado se ocupa de sintetizar los resultados obtenidos en los primeros estudios dirigidos a identificar situaciones de vulnerabilidad y desfavorecimiento urbano en España anteriormente citados. En el cuarto apartado se detallan las políticas públicas dirigidas a la actuación sobre este tipo de barrios, desglosando la información por Comunidades Autónomas. Finalmente, el quinto subraya la necesidad de implementar nuevas políticas sobre estos barrios, señalando experiencias previas en otros países europeos y proponiendo tres aspectos clave: fomentar la innovación política en las actuaciones públicas en estos barrios; impulsar la coordinación entre los gobiernos a distintas escalas y con otros agentes implicados, como la sociedad civil, las organizaciones o las empresas; y aplicar los principios de sostenibilidad ambiental y social (Arias Goytre, 2000).

En 2008, doce años después del primer Informe General y con motivo de la publicación de los datos actualizados del Censo de Población y Vivienda de 2001, el mismo equipo realizó un nuevo estudio enfocado a analizar la vulnerabilidad en España, para comprobar los resultados de las políticas aplicadas sobre dichas zonas en el periodo 1991-2001 y los cambios ocurridos en los contextos económico, urbanístico y social (Hernández aja et al., 2020a).

El documento se titula *Análisis Urbanístico de Barrios Vulnerables. Informe General 2001* y amplía las aportaciones anteriores desde el punto de vista conceptual y metodológico. Su aportación teórica y terminológica se fundamenta en la adopción del concepto vulnerabilidad para la definición de problemas urbano-sociales caracterizados por la multiplicidad de sus dimensiones más allá de la pobreza, entendida únicamente como la situación de carencia de recursos económicos. En este sentido, el informe define la vulnerabilidad urbana de la siguiente forma:

> *Proceso de malestar producido por la combinación de múltiples dimensiones de desventaja, en el que toda esperanza de movilidad social ascendente, de superación de su condición social de exclusión o próxima a ella, es contemplada como extremadamente difícil de alcanzar. Por el contrario, conlleva una percepción de inseguridad y miedo a la posibilidad de una movilidad social descendente, de empeoramiento de sus actuales condiciones de vida. (Hernández Aja, 2010, p. 6)*

Además, añade que tales dimensiones de desventaja pueden ser agrupadas en cuatro dimensiones: sociodemográfica; socioeconómica; residencial, cuyo caso más severo de manifestación son las infraviviendas, es decir, *«alojamientos que no reúnen condiciones dignas de habitabilidad, (...) por el mal estado de conservación de los edificios, (...) una superficie insuficiente de (...) o bien por la falta de instalaciones básicas en la vivienda»* (Hernández Aja, 2017, p. 7); y subjetiva, en relación con la percepción de los residentes del barrio sobre su calidad.

Respecto a la metodología de esta investigación cabe destacar avances como la medida del grado de vulnerabilidad social como complemento al análisis de cada barrio. El proceso de identificación de secciones censales vulnerables es idéntico al análisis de 1991 debido fundamentalmente a la disponibilidad de datos del INE, pero también a la posibilidad de poder establecer comparaciones entre estudios y observar su evolución. Sin embargo, con el propósito de completarlo y posibilitar la medición de la intensidad de la vulnerabilidad, se emplean nuevas variables asociadas a las dimensiones y fenómenos determinantes que aparecen en la Tabla 13.

Tabla 13. Variables empleadas en los Informes del Observatorio de la Vulnerabilidad Urbana.

DIMENSIÓN	FENÓMENOS DETERMINANTES	VARIABLES DEL INFORME 1991	VARIABLES DEL INFORME 2001
Vulnerabilidad sociodemográfica	Dependencia	Población analfabeta o sin estudios	- Proporción de hogares unipersonales de mayores de 64 años - Índice de sobreenvejecimiento - Índice de población extranjera infantil - Índice de extranjería - Proporción de hogares monoparentales
	Problemas sanitarios		
	Escasez de rentas derivadas de pensiones de jubilación modestas		
	Demanda de servicios sociales		
	Hogares monoparentales		
	Hogares unipersonales		
	Hogares extensos y múltiples		
	Inmigración		
	Desempleo		
Vulnerabilidad socioeconómica	Precariedad laboral	Tasa de desempleo	- Tasa de desempleo - Tasa de desempleo juvenil - Tasa de ocupados eventuales - Tasa de trabajadores no cualificados - Tasa de población activa sin estudios
	Bajo nivel formativo		
	Estado de la vivienda		
Vulnerabilidad residencial	Superficie	Población residente en viviendas sin baño o aseo	- Proporción de viviendas con superficie útil superior a 31 m² - Superficie media por ocupante - Porcentaje de viviendas situadas en edificios en mal estado - Porcentaje de viviendas situadas en edificios construidos antes de 1951
	Instalaciones		
	Entorno urbano		
	Ruidos		

Vulnerabilidad subjetiva	Contaminación	-	- Porcentaje de viviendas cuya persona de referencia considera que tiene alguno de estos problemas:
			  • Contaminación y olores
			  • Ruidos exteriores
			  • Malas comunicaciones
			  • Zonas verdes
			  • Delincuencia

	Malas comunicaciones		
	Escasez de zonas verdes		
	Vandalismo o delincuencia		

Fuente: elaboración propia a partir de Hernández Aja, 1996 y 2010.

El estudio también vuelve a centrar su atención en las ciudades de más de 50.000 habitantes y capitales de provincia y valora como indicadores fundamentales el paro, la población analfabeta y sin estudios y las carencias en la vivienda. Esta decisión se fundamenta en la clasificación multicriterio, que consiste en *«agrupar en clases de equivalencia los elementos de un conjunto atendiendo al valor de p índices o magnitudes, asignando el mismo valor global a cada uno de los elementos de cada clase»* (Hernández Aja, 2015, p. 33) a través de la fusión de los tres indicadores señalados anteriormente junto a otros de tipo complementario, que permiten establecer cinco grados de vulnerabilidad en función de su intensidad. En cuanto a los descriptores urbanísticos, en el Informe de 2001 se consideraron las mismas formas, aunque esta vez excluyendo el tipo disperso, por agrupar partes de la ciudad aisladas y poco representativas estadísticamente.

El resultado de la investigación señala la existencia de un total de 624 barrios vulnerables en 119 ciudades y detalla la situación de cada uno de ellos, concluyendo que la vulnerabilidad urbana en España se ha incrementado con respecto a la década anterior, sin variar significativamente las pautas de localización, tal y como se puede ver en la Figura 13. En ella se aprecia una diferencia clara entre la situación de vulnerabilidad en las ciudades del norte del país (más moderada) con respecto a las del sur. Destacan, en negativo, las comunidades autónomas que integran el arco mediterráneo, junto a la comunidad de Madrid, Andalucía y Canarias. Respecto a León, al igual que sucedió en el estudio anterior, no se detectaron barrios vulnerables.

La investigación se completó con un documento denominado *Informe General Adenda 2006* que analiza la situación de vulnerabilidad urbana por extranjería a partir de la concentración de población extranjera por secciones censales. La metodología empleada para su elaboración se basa en el índice de extranjería con valores de referencia superiores al 20% de la media nacional, a partir de los datos del Padrón de habitantes de 2006. Dado que dicho índice es diferente a los tres indicadores fundamentales, no puede ser comparado con los estudios anteriores, sin embargo, se considera de utilidad por su proyección futura. El análisis se repitió de nuevo para complementar el Informe de 2011 con datos del Censo de ese mismo año, señalando que la Comunidad de Madrid, Cataluña, la Comunidad Valenciana, Región de Murcia y Andalucía concentran los valores más representativos (Hernández Aja, 2008), tal y como se aprecia en la Figura 14.

Figura 13. Barrios vulnerables en el Informe General 2001.

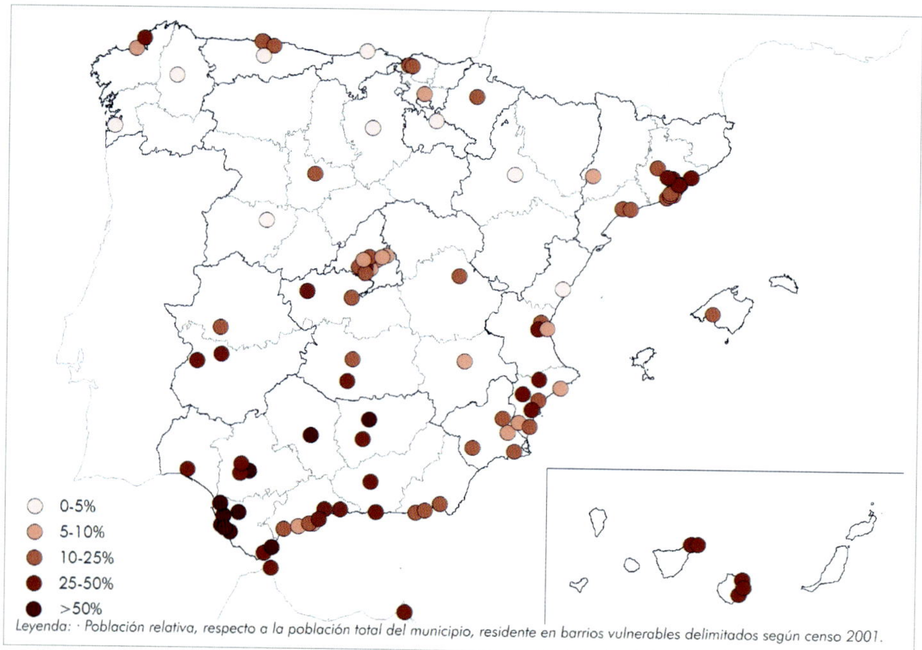

Fuente: Hernández Aja, et al. (2018).

Figura 14. Barrios vulnerables por inmigración en 2006.

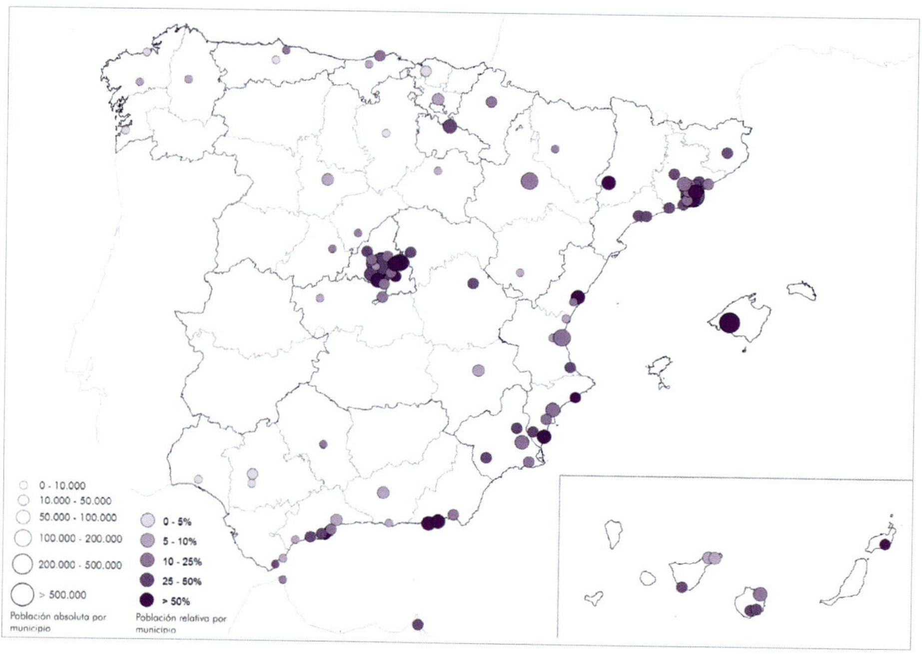

Fuente: Hernández Aja, et al. (2018).

B) La creación del Observatorio de la Vulnerabilidad Urbana y el Informe General 2011

En el año 2009 el Ministerio de Transportes, Movilidad y Agenda Urbana y al equipo de investigación responsable de los informes descritos anteriormente, iniciaron una herramienta para el estudio y la difusión de información sobre la vulnerabilidad urbana (Rodríguez Suárez et al., 2020). Se denomina *Observatorio de la Vulnerabilidad Urbana*, y fue creado en consonancia con lo dispuesto en la Ley 8/2013 de rehabilitación, regeneración y renovación urbanas y la Disposición Adicional Primera del Real Decreto Legislativo 7/2015 por el que se aprobó el Texto Refundido de la Ley del Suelo y Rehabilitación Urbana (Rodríguez Suárez et al., 2021). Fue presentado en julio de 2011 por el Ministerio de Fomento, coincidiendo con las actividades del Año Europeo contra la Pobreza y la Exclusión Social (Arriola, 2014).

Un observatorio urbano es una herramienta dedicada «*al análisis de los problemas sociales y urbanos, la promoción de reformas legales y la formulación de proyectos y de políticas públicas en estas materias*» (ONU, 2012, p. 17). Su objetivo principal es supervisar el estado de zonas concretas de las ciudades, actualizar información relativa a ellas y servir de ayuda en los procesos de toma de decisión oficiales (Ferreira et al., 2012). Se caracterizan por su interdisciplinaridad, hecho que pone de manifiesto la complementariedad entre distintos actores, como los gobiernos, las universidades o el tercer sector (Serrano et al., 2011).

De acuerdo con J. Husillos (citado en Angulo, 2009) habría tres tipos de observatorios basándose en el tipo de funciones que desempeñan: los primeros son los que actúan como centros de documentación y que actúan como repositorios de información sobre un tema particular de interés; los segundos son los centros de análisis de datos, que recopilan y analizan información estadística para extraer conclusiones sobre un tema concreto; por último, el tercer tipo engloba los observatorios que constituyen espacios de información, colaboración y comunicación los cuales, además de recolectar y analizar datos, se configuran como un punto de encuentro entre diferentes actores, fomentando la colaboración y el flujo de conocimientos entre ellos. En esta categoría se incluyen los observatorios de la vulnerabilidad urbana, ya que aúnan la complejidad, la interdisciplinariedad, el compromiso social, civil y universitario y la transparencia, tal y como demuestran las experiencias desarrolladas en distintos países del territorio europeo, incluido España (Ordás del Corral y Benito del Pozo, 2016).

Los recursos disponibles en el referido observatorio español están disponibles a través de una plataforma en línea que permite la consulta de los documentos referenciados en este apartado y además la visualización de la vulnerabilidad urbana en cartografía interactiva a escala de sección censal. Este instrumento se estructura en torno a una representación de distintos sectores de la sociedad que estudian la vulnerabilidad urbana, como son la universidad –en concreto el Instituto Juan de Herrera de la Escuela Técnica Superior de Arquitectura de la Universidad Politécnica de Madrid–, el INE y la Fundación Secretariado Gitano (FSG). Su propósito principal es abordar el estudio de este fenómeno en España y profundizar en el conocimiento de las distintas dimensiones que la componen. Para lograr este objetivo se fomenta la investigación, la divulgación de sus estudios y el debate en torno a este problema.

Tras la creación del Observatorio, en 2013 se abordó una nueva actualización del catálogo de barrios vulnerables con los datos del Censo de Población y Vivienda de 2011, que fue publicado finalmente en 2016. Se trata del informe más actualizado hasta el momento.

El trabajo parte del mismo cuerpo de estudio, es decir, las ciudades de tamaño superior a 50.000 habitantes y las capitales de provincia y su análisis se fundamenta en los tres indicadores fundamentales, al igual que en los trabajos anteriores, para comprobar en primera instancia si los barrios detectados años antes seguían mostrando síntomas de vulnerabilidad. La diferencia entre la metodología empleada en este documento y los anteriores estriba en valorar la evolución de los barrios vulnerables identificados (entendidos como Áreas Estadísticas Vulnerables) con respecto al año anterior mediante el análisis estadístico complementado con trabajo de campo. Los indicadores básicos de estudios (porcentaje de población mayor de 16 años analfabeta o sin estudios) y de desempleo (porcentaje de población en paro) se mantienen, pero el de vivienda se modifica para contemplar el porcentaje de viviendas familiares situadas en edificios cuyo estado de conservación es malo (Rodríguez Suárez et al., 2020).

Tabla 14. Resultados obtenidos en los Informes del Observatoriode la Vulnerabilidad Urbana.

CATEGORÍAS	INFORME DE 1991	INFORME DE 2001	INFORME DE 2011
Número de ciudades estudiadas	116	124	147
Ciudades con barrios vulnerables	81	103	132
Barrios vulnerables detectados	370	617	918
Población residente en barrios vulnerables (habitantes)	2.832.080	4.441.041	6.697.400

Fuente: adaptado de Hernández Aja et al., 2021.

De acuerdo con la Tabla 14, los resultados finales arrojaron un resultado de 918 barrios vulnerables en 147 ciudades, lo que supone un importante incremento con respecto a los años anteriores tanto respecto a dichos barrios, pasando de 370 en el primer informe a 918 en el de 2011, como de población afectada, de 2.832.080 a casi 6.700.000 residentes (Hernández Aja, 2021).

La evolución representada sobre el mapa que aparece en la Figura 15 evidencia este aumento de la vulnerabilidad urbana, especialmente destacado en el arco mediterráneo y en las islas Canarias. Estas regiones fueron resaltadas en los estudios anteriores por su alta incidencia en este problema. Las situaciones más destacadas de vulnerabilidad están representadas por las ciudades de Sanlúcar de Barrameda (Cádiz) y Santa Colomba de Gramenet (Barcelona).

Figura 15. Evolución y estado de la vulnerabilidad urbana en las ciudades y comunidades autónomas del Catálogo de Barrios Vulnerables (2001-2011).

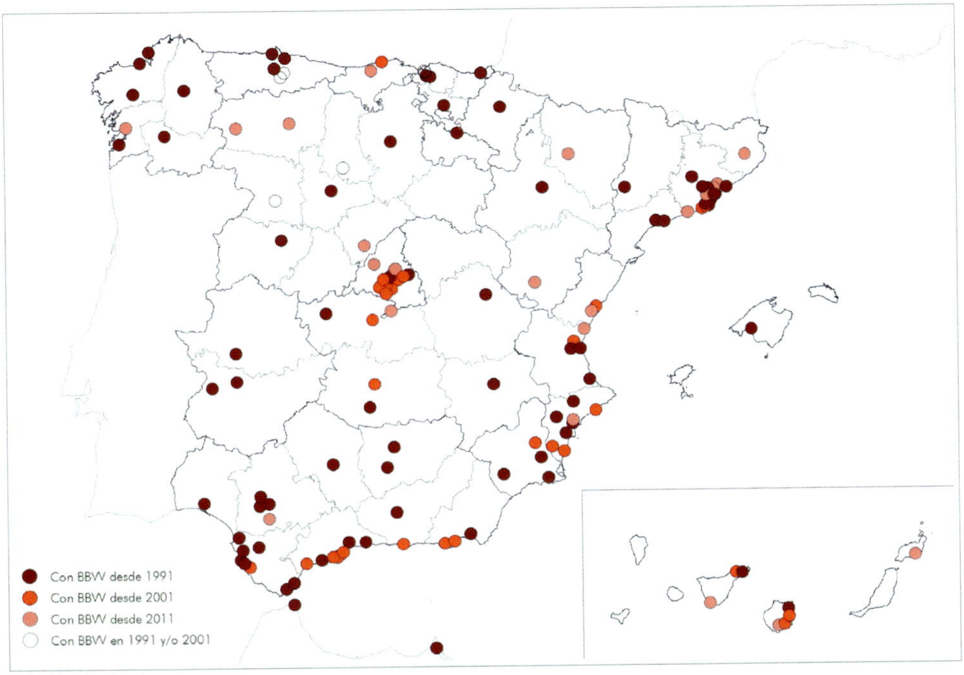

Fuente: adaptado de Hernández Aja, et al. (2018). Evolución de la presencia de BBVV en las ciudades estudiadas [mapa]. Escala sin determinar. Madrid. Disponible en: https://oa.upm.es/51015

De especial interés para la presente investigación, el informe detectó, por primera vez, de dos áreas estadísticas vulnerables en la ciudad de León. En concreto, de acuerdo con la Figura 16, se detectaron en los barrios del casco histórico y en los del norte del municipio (La Inmaculada, La Asunción y Las Ventas), sectores que albergan un total de 11.830 de habitantes y que suponen un 9% del total de la población del municipio. En ambos casos, el grado de vulnerabilidad es bajo y está asociado al tercer indicador básico de vulnerabilidad urbana (viviendas situadas en edificios en mal estado).

Figura 16. Áreas estadísticas vulnerables en la ciudad de León, 2011.

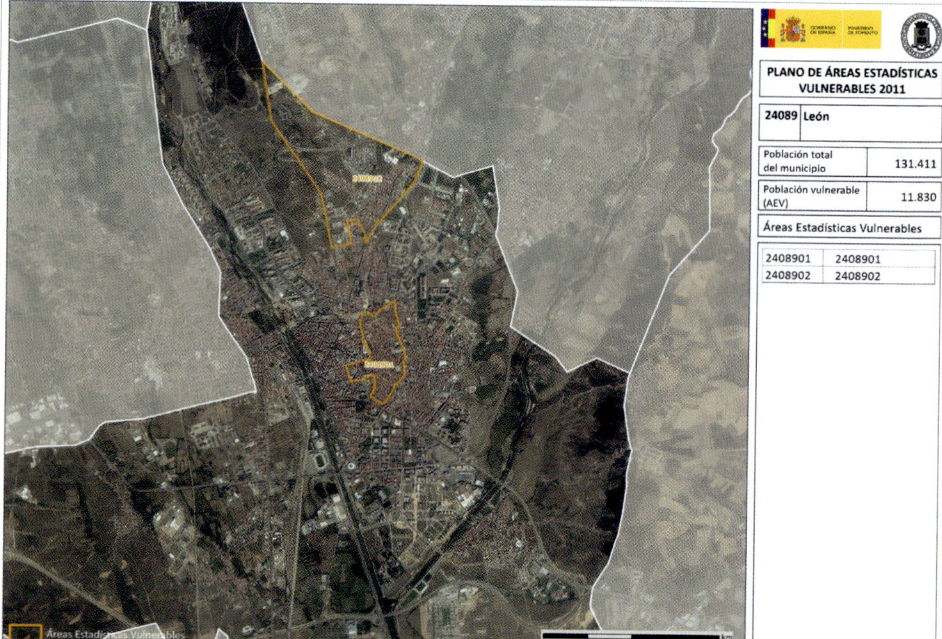

Fuente: Hernández Aja, A. (Dir.) (2021). Plano de áreas estadísticas vulnerables 2011. 24089 León [plano]. Escala aproximada 1:80.000, Madrid. Disponible en: https://cdn.mitma.gob.es/portal-web-drupal/vivienda/barrios_vunerables/bbvv_2011_07_castilla_y_leon.pdf

La comparación de los tres informes disponibles hasta la fecha pone de relieve un cambio significativo en su enfoque, mostrando una perspectiva más integral del fenómeno acorde con los principios de la vulnerabilidad urbana. Este cambio se debe en gran medida a la influencia de la participación de España en el Grupo de Trabajo de la OCDE y las estrategias adoptadas posteriormente por la Unión Europea. Respecto a los resultados obtenidos en los trabajos, destaca el incremento generalizado de vulnerabilidad, tanto en el número de barrios vulnerables como de población afectada. Un ejemplo de ese aumento se observa en la ciudad de León, que tras haber carecido de sectores vulnerables en los análisis realizados con los Censos de Población y Viviendas de 1991 y 2001, ha mostrado dos zonas vulnerables a partir del Censo de 2011.

C) La Estrategia de Regeneración Urbana en Castilla y León

En Castilla y León, los documentos propuestos desde la Unión Europea han dejado su huella en la actualización del marco legal para su alineación con la legislación estatal, así como en la publicación de diversos documentos, entre los que destaca la Estrategia de Regeneración Urbana de Castilla y León, conocida por el acrónimo ERUrCYL (Fernández-Maroto y Rodrigo González, 2018). Este documento, cuyo antecedente inmediato es el Plan de Rehabilitación Integral de Castilla y León (PRICYL) de 2011, es de carácter no vinculante y su objetivo principal es proporcionar unas pautas orientativas dirigidas a los procesos de rehabilitación, regeneración y renovación que se lleven a cabo en los municipios de Castilla y León, tanto si son impulsados por la Administración pública como por el sector privado.

El documento incluye un listado de "ámbitos de regeneración urbana" ordenado por municipios, es decir, un catálogo que establece cuáles son los espacios más vulnerables en el territorio de la comunidad. Para su detección, en continuidad con el citado PRICYL, establece un Índice de Necesidad de Rehabilitación con datos del censo de población y vivienda de 2011 que pone el foco en cuatro factores: (1) variación de la población 2001-2011; (2) tasa de envejecimiento; (3) paro; y finalmente, (4) porcentaje de viviendas construidas antes de 1981. Tal y como se aprecia en la Tabla 15, los resultados obtenidos señalan un total de 55 barrios vulnerables, con amplias variaciones provinciales.

Tabla 15. Sectores más vulnerables en Castilla y León según la ERUrCYL.

PROVINCIA	MUNICIPIO	Ámbitos con necesidades de regeneración urbana
Ávila	Ávila	La Cacharra
		Extramuros y La Estación
		La Toledana
Burgos	Aranda de Duero	Allenduero
		Barrio de Santa Catalina
	Burgos	Entorno Calle San Francisco
		Entorno Calle Vitoria
		Reyes Católicos
		Ensanche Norte
		Juan XXIII-Gamonal
		Ensanche Sur-Nebreda y San Julián
	Miranda de Ebro	Aquende y San Juan
		Los Pinos
		Ensanche

Provincia	Municipio	Ámbitos con necesidades de regeneración urbana
León	León	La Asunción
		San Mamés
		Las Ventas
		Barrio de La Estación (El Crucero y La Vega)
		San Claudio
		El Ejido
		La Palomera
	San Andrés del Rabanedo	Pinilla
	Ponferrada	Ciudad Deportiva
		El Temple
		La Puebla
		Columbrianos
Palencia	Palencia	San Pablo y Santa Marina
		Campo de la Juventud y María Cristina
		Barrio del Carmen
		Barrio de Santiago
		Ave María
		San Juanillo
Salamanca	Salamanca	Garrido Norte
		Labradores
		Barrio Vidal
		Carmen
		San Bernardo
		San Bernardo Sur
		La Vega-San José
Segovia	Segovia	Zona Este del recinto amurallado
		Santo Tomás
		El Carmen-La Albuera
		Las Lastras-Puente de Hierro
Soria	Soria	Norte de Avenida de Valladolid
Valladolid	Laguna de Duero	Avenida de Valladolid
	Medina del Campo	Barrio de La Mota
		El Ferial
	Valladolid	Amor de Dios
		Pajarillos Bajos
		Circular
		Delicias Norte
		Delicias Sur
		Paseo Zorrila Sur
		Huerta del Rey Caballería
		Rondilla

Provincia	Municipio	Ámbitos con necesidades de regeneración urbana
Zamora	Zamora	Los Bloques
		Las Tres Cruces y Estación
		Barrio de San José Obrero
		Santo Tomás

Fuente: elaboración propia a partir de Junta de Castilla y León, 2016.

La provincia de León es la que contiene más ámbitos con necesidades de regeneración (12), seguida de Valladolid (11) y Burgos (7). Dentro de nuestro área de estudio, este documento identifica sectores ubicados en distintas partes de la ciudad: (1) al norte, en los barrios de La Asunción, Las Ventas, San Mamés y La Palomera; (2) al este, en El Ejido; (3) al sur, en San Claudio; y (4) al oeste, en el «*Barrio de la Estación*» y en «*La Pinilla*» (Junta de Castilla y León, 2016, p. 448) que se refiere a los barrios de El Crucero, La Vega y el fragmento de Pinilla que pertenece al municipio de León, en primer lugar, y al resto del barrio de Pinilla (en San Andrés del Rabanedo), en segundo.

En suma, la ERUrCYL es una expresión del compromiso del Gobierno de Castilla y León con la mejora de la calidad de vida de los residentes de sus barrios vulnerables. Se caracteriza por centrar las acciones en la regeneración urbana frente a la renovación (demolición y sustitución) y favorecer la incorporación de aspectos como el respeto por los valores sociales, la sostenibilidad o el enfoque integrado del desarrollo urbano. Los resultados que aporta son útiles como primera aproximación al problema de la vulnerabilidad urbana regional y para disponer de un punto de referencia sobre la situación de los barrios leoneses. Sin embargo, la falta de precisión en las denominaciones y delimitaciones de algunos de esos barrios sugiere la necesidad de una futura revisión minuciosa del proyecto, lo cual podría lograrse mediante redes de colaboración entre expertos locales y los responsables del mismo.

Los principales factores que determinan la vulnerabilidad urbana

5

Los principales factores que determinan la vulnerabilidad urbana

Como resultado del análisis realizado en los apartados anteriores, se ha llegado a la conclusión de que los principales factores determinantes de la vulnerabilidad urbana social son la segregación urbana, la exclusión social y la degradación (física, sociocultural y económica) del espacio urbano. A continuación, se profundiza en ellos con el fin de esclarecer las principales causas que los explican y los efectos que producen, así como las principales metodologías empleadas para su identificación.

5.1. La segregación urbana

El concepto segregación espacial está directamente relacionado con el estudio de la formación y consolidación de barrios vulnerables y la exclusión social que se manifiesta en ellos, fenómenos que generan ciudades fragmentadas por fronteras de tipo económico, social y étnico (López Trigal, 2015). Según H. Blumenfeld (1967), este proceso se explica por el hecho de que las familias económicamente más vulnerables tienden a ser forzadas a vivir en zonas más antiguas, marginales y deterioradas debido a su incapacidad para afrontar el coste de una vivienda y un entorno urbano de mejor calidad. Además del presupuesto económico de familias y personas, el autor argumenta que el proceso está relacionado con su nacionalidad y sus rasgos étnicos.

En esta línea, desde la Geografía urbana se ha llegado al consenso de definir la segregación como el proceso de disgregación de los residentes de una ciudad en distintos subgrupos, configurados de una forma excluyente por la interacción de factores de tipo económico, residencial, social o étnico y que se manifiesta en procesos urbanos de diferenciación espacial y social (Johnston et al., 2000). Desde una perspectiva sociológica, autores como M. Castells definen el fenómeno como *«la tendencia a la organización del espacio en zonas de fuerte homogeneidad social interna y de fuerte disparidad social entre ellas, entendiéndose esta disparidad no solo en términos de diferencia, sino de jerarquía»* (citado en Duhau, 2013, p. 80).

En definitiva, el término es empleado para estudiar las manifestaciones de diferenciación espacial de la población en las ciudades, incluyendo las que son fruto de la desigualdad económica y social. Abarca, por tanto, los lugares más desfavorecidos hasta las zonas más exclusivas y lujosas, como las urbanizaciones privadas, los condominios o las asociaciones de propietarios de viviendas cerradas, que surgen al calor de la especulación inmobiliaria y como respuesta al miedo al crimen o a los disturbios (Davis, 2001).

Las bases científicas y académicas del término surgieron en la década de 1920 en la Escuela Sociológica de Chicago, inaugurando una línea de investigación que prestó especial atención a los mecanismos de integración de los grupos étnicos y la población inmigrante en las zonas que ocupan, generando patrones espaciales identificables (Johnston et al., 2000; Vaughan y Arbaci, 2011). Posteriormente fue extendiéndose a otras disciplinas, con especial intensidad en la Geografía y la Sociología, desarrollándose a partir del análisis de situaciones de segregación impuestas a otras realidades (Tabla 16).

A mediados del siglo XX, se aprecia un fuerte interés en la aplicación de técnicas computacionales para el cálculo objetivo de este fenómeno. Este enfoque se denomina ecológico-factorial y se caracteriza por la aplicación de análisis estadísticos de grandes volúmenes de datos en un territorio delimitado y definido. A finales de la década de 1960 y durante el decenio siguiente, los estudios vinculados a los paradigmas radical y crítico de la Geografía abordaron la cuestión de la segregación para interpretar la forma en la que las estructuras sociales, económicas y políticas han contribuido a la perpetuación de la segregación urbana en las ciudades. Se trata del enfoque histórico estructural, desarrollado por renombrados autores como H. Lefevbre, D. Harvey o M. Castells, entre otros.

Tabla 16. Enfoques desarrollados en torno a la segregación urbana.

ENFOQUE	PRINCIPALES AUTORES Y OBRAS EMBLEMÁTICAS	SÍNTESIS DE SUS PRINCIPALES CARACTERÍSTICAS E INTERESES DE INVESTIGACIÓN
Ecología Humana	*The City* (Park, Burguess, McKenzie, Wirth, 1925)	Iniciado en la Escuela de Chicago, se caracteriza por el empleo de aspectos propios de la Ecología para comprender procesos urbanos como las pautas de distribución espacial en las grandes ciudades norteamericanas o la formación de guetos
Ecología factorial	*Social Area Analysis: Theory, Illustrative Application and Computational Procedures* (Shevky y Bell, 1955) *Identification of social areas by cluster analysis* (Tryon, 1955)	Promovido por la Escuela de Los Ángeles, analizó el fenómeno a través de metodologías cuantitativas que incluyen técnicas como los análisis de componentes principales, factorial, de correspondencias, de conglomerados o de escalas multidimensionales, entre otras.
Histórico estructural	*Le Droit à la ville* (Lefebvre, 1968) *Social justice and the city* (Harvey, 1973) *La cuestión urbana* (Castells, 1974)	Perspectiva basada en las políticas y en la economía urbana desde la ideología marxista.
Análisis espacial	*The dimensions of residential segregation* (Massey y Denton, 1988)	Análisis de la segregación urbana de población negra e hispana en ciudades norteamericanas a través del uso de indicadores cuantitativos, que se categorizan en cinco dimensiones: *evenness, exposure, concentration, centralisation, clustering.*
Posmoderno	*Crabgrass frontier. Suburbanization in the United States* (Jackson, 1985) *Postmodern geographies: the reassertion of space in critical social theory* (Soja, 1993) *Essai critique sur la notion de ségrégation et sur son usage en géographie urbaine* (Brun, 1994) *Exclusion and inclusion; segregation and deprivation in Belfast* (Boal, 1998)	Surge en la Escuela de Los Ángeles y aborda el fenómeno ampliando el análisis de la segregación por categorías ocupacionales, la composición de los hogares o los rasgos personales. Sus aproximaciones conceptuales y metodológicas sobre la segregación urbana contemplan aspectos como las tensiones producidas entre los ciudadanos y el poder a través del análisis de las prácticas, las representaciones y las apropiaciones del espacio urbano.

Fuente: elaboración propia a partir de Matossian, 2018.

Dos décadas más tarde, se afianzaron las bases del estudio cuantitativo de la segregación urbana a partir de la clasificación y evaluación de los distintos índices empleados hasta el momento, implementando mejoras con el fin de corregir sus principales limitaciones. Aunque son considerados objetivos, replicables y fiables, otros enfoques posteriores apuntan que su carácter estático y abstracto impedía dilucidar ciertas facetas de la segregación que son consideradas importantes, como las motivaciones de los residentes o su propia percepción. Se trata de las posturas propias del enfoque posmoderno, centrado en el potencial de las representaciones y los discursos que se generan en las ciudades por parte de los distintos actores sociales que operan ella y en su vínculo con la perpetuación del fenómeno (Matossian, 2018) (Tabla 17).

Tabla 17. Efectos de la segregación urbana.

DIMENSIÓN	EFECTOS POSITIVOS	EFECTOS NEGATIVOS
Social y cultural	Desarrollo y fomento de contactos sociales gracias a la proximidad física.	Fomento de actitudes y prácticas que favorecen el aislamiento social de los residentes como la inactividad escolar o laboral, el abandono escolar, los embarazos prematuros o las actividades delictivas.
	Incremento del capital social y cultural.	Disminución de la participación social.
	Impulso de la diversidad cultural a partir de la aparición o consolidación de otras culturas diferentes a la sociedad general.	Aumento del fracaso y/o abandono escolar.
	Fomento de la apropiación del espacio urbano.	Retroceso intra-étnico y disminución de las posibilidades de integración.
	Reducción de conflictividad vecinal al vivir con estándares similares.	Creación de estereotipos e imágenes negativas entre el resto de la sociedad debido a la comprensión inadecuada y superficial basada en prejuicios o falsedades.
Económica	Posibilidad de impulso de emprendimiento étnico.	Aumento de la falta de información sobre disponibilidad de empleo.
		Erosión de la base económica y de los servicios comerciales existentes.
	Aumento del empleo en personas de minorías étnicas dedicadas a negocios concretos.	Dificultad para acceder a servicios bancarios o financieros.
		Aumento del deterioro del parque residencial por la escasez de recursos destinados a su mejora.
Política e institucional	Atracción de políticas e iniciativas institucionales dirigidas a la mejora del barrio o de las condiciones de sus residentes.	Dificultades para el contacto y la coalición con otros grupos e instituciones.
		Disminución del interés de sus residentes por participar en actividades políticas e institucionales.

Fuente: elaboración propia a partir de Bolt et al., 1998; y Bayona i Carrasco, 2007.

Más recientemente, desde la Geografía se ha profundizado en las situaciones de segregación urbana a partir del análisis de en ámbitos concretos de la vida diaria (como el laboral, de ocio, transporte o educativo), en los que se producen interacciones entre personas con perfiles socioeconómicos o étnicos diferentes. En este sentido, M. Van Ham y T. Tammaru (2016) indican que los problemas de las ciudades contemporáneas (particularmente de las grandes metrópolis) derivados del incremento de la desigualdad económica, la criminalidad, la delincuencia y los conflictos sociales, dan lugar a nuevos tipos de segregación que pueden ser analizados gracias al potencial de las nuevas tecnologías de análisis geoespacial y a las posibilidades de acceder a nuevas fuentes de información. Los autores concluyen que dichas pautas de segregación dependen en gran medida de factores estructurales e institucionales, pero que la teoría es insuficiente para profundizar en ellas sin un conocimiento local más detallado (Musterd et al., 2017).

A) Las causas y los efectos de la segregación urbana

J. Bayona i Carrasco (2007) apunta que este fenómeno es el resultado de múltiples factores que interactúan y se refuerzan mutuamente. Estos pueden ser agrupados en tres categorías. En primer lugar, los de tipo socioeconómico, como las diferencias de ingresos y riquezas, que permiten explicar, por ejemplo, la relación entre la decisión de establecerse en barrios concretos de las ciudades y los presupuestos personales o familiares. A ellos debemos añadir otros aspectos relacionados con el acceso al mercado laboral, la capacitación o el nivel educativo. En segundo lugar, estarían los factores de tipo demográfico, en referencia a que los sectores segregados se caracterizan por estructuras de población específicas de sexo o edad. Por último, este autor alude a los factores de tipo étnico o de nacionalidad concernientes, por una parte, a los procesos de reagrupación de residentes de características culturales similares y, por otro, a los procesos de discriminación producidos hacia los grupos segregados y que se manifiestan especialmente en el acceso diferenciado a la vivienda.

Otros autores, como C. Botana (2020), añaden que las causas que explican la segregación urbana están relacionadas también con ciertas estrategias desarrolladas por los Estados. Por un lado, a partir de la puesta en marcha de políticas y actuaciones que fomentan la construcción de espacios «*en los que relegar y contener a los sujetos percibidos como divergentes*» (Botana, 2020, p. 20). En este sentido, se entiende que los sectores urbanos segregados ofrecen unas condiciones de habitabilidad y de calidad de vida inferiores al resto y que están compuestos generalmente por grupos de población de características demográficas y culturales específicas (UE, 2019). Por otro, permitiendo la construcción de sectores exclusivos, cerrados al resto de la ciudad por medio de muros y con sistemas de seguridad dispuestos de tal modo que impidan el acceso a los no residentes (Villar y García, 2016), que constituyen ejemplos claros de «*autosegregación*» (Roitman, 2003, párr. 44).

Autores como G. Bolt, J. Burgers y R. Van Kempen (1998) señalan algunos indicios de respuestas resilientes en enclaves segregados. Por un lado, el incremento de sensación de pertenencia al barrio a partir de la creación y el fortalecimiento de redes sociales y vecinales de apoyo. Por otro, la posibilidad de consolidar una base estable para la creación de actividades económicas que, a su vez, proporcione empleo a personas de características culturales similares. Finalmente, aluden a la promoción de políticas que les beneficien, mediante la demanda organizada de las mismas para mejorar el espacio urbano o sus condiciones de vida. El geógrafo J. Bayona i Carrasco (2007), refiriéndose a las ciudades españolas, añade otros efectos de este tipo aludiendo a la consideración de dichos barrios como puertas de entrada para población inmigrante que acaba de llegar a una nueva ciudad. Este hecho ayudaría a reducir la conflictividad social, al conjugarse modos de vida con estándares similares y fomentar, al mismo tiempo, la apropiación del espacio urbano.

Ahora bien, sucede que la segregación constituye una de las manifestaciones más definitorias de la desigualdad y la vulnerabilidad en los entornos urbanos (Nello, 2019). De acuerdo con la Tabla 17, que proporciona una comparación detallada entre los efectos de la segregación urbana señalados por expertos (Bolt et al., 1998; Bayona i Carrasco, 2007), las consecuencias negativas son más evidentes. Esto es debido a que, aunque en algunos casos puede servir para fomentar la cohesión y el desarrollo de comunidades minoritarias agrupadas o favorecer sinergias que incentiven el empleo o la demanda de políticas efectivas sobre el territorio o los colectivos de población; de forma general, constituye un fenómeno que intensifica los procesos de vulnerabilidad, de desigualdad, exclusión social, marginación y de degradación del barrio en el que se presenta dicha situación.

Los efectos mencionados también pueden ser analizados a tres niveles: individual, colectivo e institucional (Linares, 2013). El primero se refiere a que la concentración de conductas y prácticas disfuncionales en barrios desfavorecidos fomenta la repetición de dichos comportamientos en los individuos más jóvenes. Se acepta, por ejemplo, que la educación en entornos familiares en los que no existen vínculos afectivos, que están afectados por situaciones de desempleo de larga duración o sustentados económicamente por actividades delictivas aumentan la probabilidad de que se repliquen las mismas conductas en el futuro entre los miembros más jóvenes (Torrente Hernández y Rodríguez González, 2004).

A nivel colectivo, se parte de la premisa de que la inexistencia de modelos adecuados para una posterior integración exitosa en la sociedad dificulta la transferencia de valores que permitan visualizar el futuro de una forma diferente la consolidada previamente. Esta es una de las razones por las que algunas personas y colectivos experimentan mayores dificultades para integrarse en las sociedades debido a sus características culturales (Espinosa Seguí, 2012).

El tercer y último nivel alude al efecto que pueden ejercer las instituciones en los enclaves desfavorecidos y a la posibilidad de que, por un lado, se juzguen por parte de las mismas a sus residentes y por otro, que los pertenecientes a dichos grupos minoritarios encuentren dificultades a la hora de establecer vínculos con las primeras. En relación a esto, por ejemplo, se reconoce que los problemas de tipo interno y externo que experimentan las instituciones a la hora de conseguir una ciudadanía integrada están relacionados por una parte, con la pérdida de influencia de las mismas en la sociedad contemporánea y por otra, con las formas de actuación sobre determinados colectivos sociales segregados, en relación a sus características demográficas o socioculturales, como los problemas lingüísticos, las barreras culturales o los distintos problemas sociales asociados a este tipo de situaciones (Iglesias de Ussel, 2010).

B) La medición de la segregación urbana

La medición de la segregación urbana se ejecuta con el propósito de abordar dos cuestiones fundamentales. La primera está dirigida a comprender los patrones de distribución de la población en el espacio urbano y las dinámicas subyacentes en dicho reparto. La segunda se plantea cuando interesa explicar si dichos patrones de segregación conllevan o no efectos perjudiciales para los residentes en enclaves segregados o para el conjunto de la sociedad (Latham et al., 2010). Desde este doble punto de partida, se han ido desarrollando distintas metodologías de tipo cuantitativo, que buscan el cálculo objetivo de la segregación urbana a través del análisis estadístico, y cualitativo, que apuestan por análisis abiertos, contemplando, por ejemplo, la subjetividad de los residentes.

En este sentido, se puede establecer una división de las principales metodologías empleadas para el estudio de la segregación urbana en tres tipos (Matossian, 2018). El primero está constituido por los análisis cuantitativos, entre los que destacan los trabajos de los sociólogos norteamericanos D. S. Massey y N. A. Denton de la escuela de análisis espacial anteriormente mencionada. Estos autores establecieron en 1988 una clasificación de los principales índices de segregación empleados en el ámbito científico articulada en cinco dimensiones atendiendo al tipo de variación espacial. Casi una década después, el propio Massey (esta vez junto a White y Phua), actualizó dicho análisis incorporando nuevos índices para la medición de la segregación (Massey et al., 1996). Para el estudio de este fenómeno se emplean técnicas estadísticas y de análisis espacial enfocado tanto a la identificación de grupos desfavorecidos como a las formas de concentración de grupos acomodados en ciertas áreas y están dirigidos a medir el fenómeno en grandes aglomeraciones urbanas.

Los principales índices de segregación (Martori et al., 2006), que figuran en la Tabla 18, que también muestra la autoría, descripción, formulación y nomenclatura, están vinculados a las cinco dimensiones mencionadas. La primera de ellas es la igualdad y mide el grado en el que una minoría establecida en una determinada unidad espacial (por ejemplo, una sección censal) se aproxima al conjunto total de dicha minoría. Los índices empleados tratan de hallar la proporción de personas pertenecientes a un grupo minoritario en una unidad espacial con respecto a la población total. Algunos de ellos, como el índice de desigualdad corregido por la frontera, contemplan también la configuración de la unidad espacial en el cálculo de la segregación urbana. De esta forma se tienen en cuenta los bordes comunes entre unidades espaciales, su longitud o las formas de las mismas basándose en su perímetro y su área.

La segunda dimensión es la exposición o interacción y se centra en conocer el grado de contacto potencial entre individuos de un mismo grupo minoritario en una unidad espacial determinada o de estos con los del grupo mayoritario de la sociedad en la que se enmarcan. La clave en estos índices radica en conocer la probabilidad de que se establezcan contactos entre personas de grupos minoritarios similares o con otros grupos mayoritarios para valorar el grado de aislamiento de los primeros y/o las probabilidades de interacción con los segundos.

La tercera es la concentración y se basa en calcular la superficie ocupada por un grupo minoritario. Parte de la premisa de que los grupos minoritarios más segregados se confinan en porciones pequeñas y densamente ocupadas del espacio urbano. La cuarta dimensión es la centralización y mide el grado en el que el centro de una ciudad y sus alrededores está ocupado por un determinado grupo minoritario; se fundamenta en las pautas de segregación identificadas en algunas ciudades norteamericanas, por lo que, en otras realidades como la española, la utilidad de los índices asociados se limita a conocer los patrones espaciales que asumen determinados grupos de población.

Por último, la quinta está constituida por el análisis clúster, que trata de describir la distribución de la población en distintos grupos y en unidades espaciales contiguas dentro de un área urbana, formando así un enclave dentro de un espacio más grande.

Además, también es interesante señalar el cociente de localización propuesto por W. Isard en 1960 (Benassi et al., 2022), que permite medir y representar cartográficamente la concentración de grupos minoritarios en unidades espaciales del área completa en la que residen (Brown y Chung, 2006). El uso de esta medida en la última década en diversas ciudades de España ha proporcionado resultados satisfactorios para el conocimiento acerca de la forma en la que estos grupos se

Tabla 18. Principales índices de segregación urbana.

Tipo	Descripción	Índice y autor	Descripción del índice	Definición	Nomenclatura
Igualdad	Distribución de un grupo minoritario. La segregación aumenta cuanto más se aleja del ideal de igualdad	Índice de segregación (Duncan)	Diferencia entre la proporción del grupo minoritario en una unidad espacial y la proporción del resto de la población	$IS = \frac{1}{2} \sum_{i=1}^{n} \cdot \left[\frac{x_i}{X} - \frac{t_i - x_i}{T - X} \right]$	x_i: población del grupo minoritario en una unidad espacial.
		Índice de disimilitud (Duncan)	Diferencia entre la proporción de dos grupos, uno minoritario y otro mayoritario	$Dd = \frac{1}{2} \sum_{i=1}^{n} \cdot \left[\frac{x_i}{X} - \frac{y_i}{Y} \right]$	X: población total del grupo minoritario.
Exposición o interacción	Cálculo del grado potencial de contacto entre minorías y grupos mayoritarios. Refleja el alcance en el que distintos grupos están expuestos a otros a partir de cohabitar la misma área residencial	Índice de aislamiento (Bell)	Probabilidad de que un individuo comparta la u.s. en la que reside con otro de su mismo grupo	$xPx = \sum_{i=1}^{n} \left(\frac{x_i}{X} \right) \left(\frac{x_i}{t_i} \right)$	t_i: población total en una unidad espacial. T: población total de la ciudad o el municipio.
		Índice de interacción (Bell)	Probabilidad de que un individuo comparta la u.s. en la que reside con otro individuo de la misma minoría	$xPy = \sum_{i=1}^{n} \left(\frac{x_i}{X} \right) \left(\frac{y_i}{t_i} \right)$	y_i: población del grupo mayoritario en una unidad espacial.
Concentración	Cálculo de la superficie ocupada por una minoría. La segregación aumenta cuando los miembros de una minoría se concentran en áreas pequeñas y compactas	Índice Delta (Hoover, Duncan)	Diferencia de proporción entre la población de un grupo en cada u.s. respecto al total del grupo en toda la ciudad y la proporción de superficie de cada unidad con el total de la ciudad	$DEL = \frac{1}{2} \sum_{i=1}^{n} \cdot \left[\frac{x_i}{X} - \frac{a_i}{A} \right]$	Y: población total del grupo mayoritario a_i: superficie de la unidad espacial.
		Índice de concentración (Massey, Denton)	Relación de un grupo minoritario de población con el conjunto de la población en una ciudad	$QL = \left(\dfrac{\frac{x_i}{t_i}}{\frac{X}{T}} \right)$	A: superficie de la ciudad o el municipio.
Centralización	Cálculo del grado en el que un grupo minoritario se establece en el centro y alrededores de una ciudad	Índice de centralización (Massey, Denton)	Proporción de un grupo que reside en el centro de la ciudad	$PCC = \frac{x_{cc}}{X}$	x_{cc}: población del grupo minoritario X que reside en el centro.

Fuente: elaboración propia a partir de Martori et al., 2006; y Apparicio et al., 2014.

establecen y distribuyen en el entorno urbano (Jiménez Blasco et al., 2020; Palacios y Vidal, 2013).

El segundo tipo de metodologías empleadas para el análisis de la segregación urbana son las denominadas cualitativas. Los objetivos principales de las mismas son conocer las causas de la segregación en términos de su carácter voluntario o involuntario, así como la construcción de representaciones y prácticas sociales a través del análisis de los actores implicados y el papel que tienen las fronteras materiales e inmateriales que explican la segregación, entre otros temas (Matossian, 2018). A. Pascual de Sans y M. A. Solana Solana (2011) señalan que, si bien este tipo de técnicas encuentran dificultades a la hora de asignar un criterio de validación apropiado y que tienen importantes limitaciones, también poseen fortalezas. Entre ellas resaltan su potencial para revelar percepciones y comportamientos personales, contextualizar información acerca del entorno a nivel personal o colectivo, permitir el estudio de procesos de decisión complejos, descubrir nuevos temas emergentes o aproximarse a puntos de vista de personas que en ocasiones gozan de escasas oportunidades para expresarse directamente. Entre las limitaciones que se identifican se citan requisitos elementales de la persona investigadora, como la madurez, la capacidad para ejecutar técnicas laboriosas, para hacer frente a desafíos culturales o idiomáticos de forma exitosa o para cumplir de forma apropiada con los fundamentos de la protección de datos. Las técnicas más empleadas incluyen entrevistas en profundidad a estos actores mediante el método biográfico y las historias de vida (García Ballesteros, 1998).

El tercer y último tipo está integrado por las metodologías de tipo mixto que combina las dos anteriores. Matossian aclara que analizar los vínculos de la segregación con aspectos como el crecimiento demográfico o la disponibilidad de servicios y equipamientos urbanos, será posible mediante el análisis cuantitativo. Sin embargo, el análisis de otros factores, como el grado de prestigio de un sector concreto, posee un marcado carácter subjetivo y deberán ser abordados mediante estrategias del segundo tipo.

En definitiva, la elección de la metodología para la medición de la segregación espacial está sujeta a diversos factores, entre los que destacan los objetivos planteados en cada investigación y la escala a la que se ejecuta la misma. Por un lado, los principales beneficios de las técnicas cuantitativas y sus índices son ponderar la distribución espacial urbana de grupos de población específicos en comparación con la población mayoritaria, contemplando además aspectos como la forma física que tiene la unidad espacial que se quiere medir o la relación que existe con barrios concretos de la ciudad. Además, permiten la comparación de resultados entre distintas ciudades e incluso de forma diacrónica, para identificar patrones y tendencias en distintos periodos temporales. Su eficacia destaca especialmente cuando se aplican a grandes aglomeraciones urbanas, siendo menos apropiadas en las de menor tamaño. En estos casos, algunas medidas como el coeficiente de localización pueden ser útiles para aproximarse al fenómeno desde un punto de vista cuantitativo, tal y como se aplica en el estudio de caso de esta investigación.

Por su parte, las metodologías cualitativas permiten profundizar en las causas de la segregación, por ejemplo, conociendo la perspectiva de residentes y vecinos. Su complejidad radica en la necesidad de ser ejecutadas en etapas temporales prolongadas, además de contar con una serie de habilidades de investigación especializadas.

5.2. La exclusión social

A mediados de la década de 1970, el político francés R. Lenoir usó el concepto exclusión social para exponer la situación de precariedad social en la que se encontraban algunos grupos de población situados en el límite entre la exclusión y la inclusión social (Jiménez Ramírez, 2008). Se trata de un término desarrollado esencialmente desde disciplinas como la Sociología, la Antropología o la Psicología y al que frecuentemente se vincula con otros términos propios de dichas áreas, como la anomia o la desviación, propuestos por autores reconocidos y de gran prestigio como E. Durkheim, G. Simmel o M. Weber (Ziyauddin, 2009).

El término exclusión social surge de la necesidad de ampliar la comprensión tradicional de pobreza, a partir de cinco puntos esenciales (Jehoel Gijsbers y Vrooman, 2007), tal y como se puede apreciar en la Tabla 19: (1) analizar la desigualdad como una condición dinámica y en constante crecimiento; (2) tratar el fenómeno de una forma relativa para ampliar la visión más allá del nivel de ingresos y la carencia de recursos materiales (Hernández Pedreño, 2010); (3) adoptar una perspectiva multidimensional, es decir, sin ceñirse exclusivamente a los recursos económicos; (4) adoptar un enfoque relacional y valorar los distintos nexos que existen entre los factores que lo constituyen en términos de privación de recursos y relaciones de ciudadanía (Meneses Falcón, 2011); y (5) valorar factores endógenos (personales o de las características del hogar) y exógenos (instituciones, redes comunales y sociales o vecindario).

En este sentido, desde la Sociología, autores como M. Castells señalan que la exclusión social debe entenderse como «*un proceso, no una condición*» que afecta a personas y grupos determinados a los que «*se les impide sistemáticamente el acceso a posiciones que les permitirían una subsistencia autónoma dentro de los niveles sociales determinados por las instituciones y valores en un contexto dado*» (Castells, 2001,

p. 89). Otro autor, J. Subirats, lo define como un «*proceso de creciente vulnerabilidad que afecta a sectores cada vez más amplios del cuerpo social, y que se materializa en una precariedad creciente a nivel laboral, residencial, económico…*» (Subirats, 2004, p. 18). Por su parte, F. Gil Villa (2002), alude también a la posibilidad de que la exclusión social esté causada por la propia voluntad y responsabilidad de la persona afectada. Este autor considera que «*la ruptura de normas puede dar lugar a ciertos tipos de exclusión siempre y cuando el individuo sepa conscientemente que se arriesga a ello con su acción rupturista*» (Gil Villa, 2002, p. 30). En cualquier caso, se trata de una situación que se desarrolla y varía a lo largo del tiempo, que es representado como un aislamiento progresivo de las personas afectadas respecto al resto de la sociedad, producido por el aumento de su vulnerabilidad (Sánchez Alías y Jiménez Sánchez, 2013). En resumen, sería una situación dinámica que afecta a ciertas personas y colectivos que ven mermadas sus posibilidades de encontrar empleo, obtener recursos económicos y/o de participar política y culturalmente.

Tabla 19. Diferencias entre la exclusión social y la pobreza.

	EXCLUSIÓN SOCIAL	POBREZA
Disciplinas asociadas	Sociología	Economía
Tipo de carencia	Multidimensional	Unidimensional
Condición	Dinámica	Estática
Concepto	Relativo	Absoluto
Enfoque	Relacional	Distributivo
Factores	Endógenos y exógenos	Endógenos
Soluciones planteadas	Servicios sociales	Transferencias sociales y pagos

Fuente: elaboración propia a partir de Jehoel Gijsbers y Vrooman, 2007.

Los autores anteriores señalan que la vulnerabilidad es entendida como el paso previo a la exclusión social, puesto que las personas que la experimentan ven aumentadas su incertidumbre y la exposición a los riesgos sociales a los que están expuestos con respecto al resto de la población. A este respecto, R. Castel (2002) sostiene la idea de establecer tres zonas de cohesión social, planteando un esquema que parte de la integración plena a la exclusión severa, teniendo en cuenta que este amplio conjunto de situaciones puede verse modificadas a lo largo del tiempo. Con el fin de mostrar las principales situaciones que concurren en las personas que se asignan a cada una de ellas se incluye una representación gráfica de este esquema en la Figura 17.

Según el modelo mostrado, la primera zona de integración se caracteriza por una situación favorable gracias a una situación laboral y económica estable, con redes sociales y familiares sólidas y con una autonomía alta para ejercer los dere-

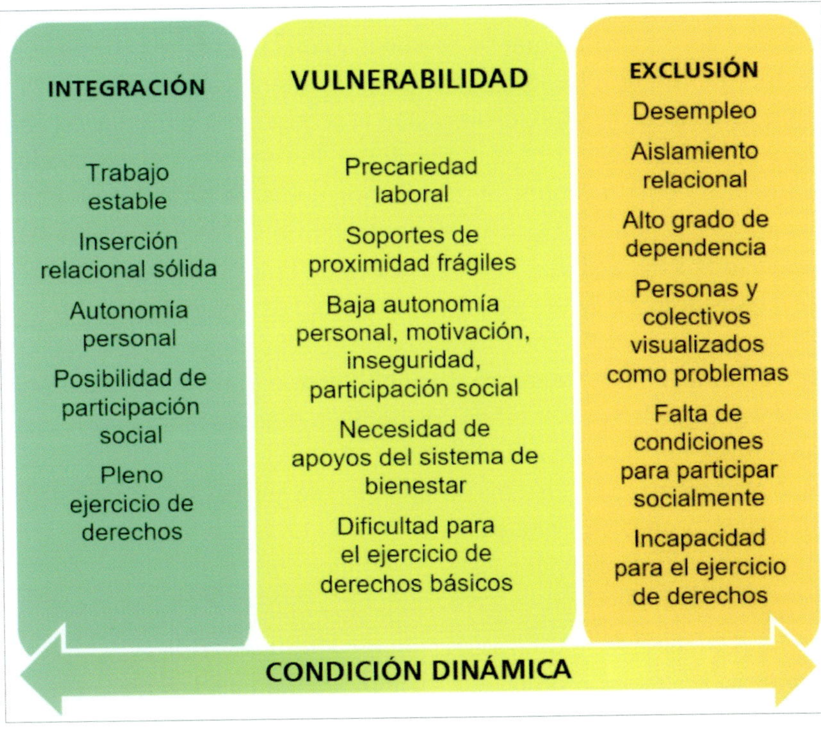

Figura 17. Modelo de zonas de cohesión social de Robert Castel.

Fuente: elaboración propia a partir de Castel, 2002 y Zugasti Multiva, 2015.

chos de ciudadanía de una forma satisfactoria. En el extremo opuesto se sitúa la exclusión social y en el estadio intermedio la vulnerabilidad. Castel alude a que, aunque el empleo es considerado un factor muy importante dentro del modelo, el esquema no responde de forma exacta a la estratificación socioeconómica. En cambio, la idea que subyace es que tienen mayor relevancia los vínculos existentes entre la falta de recursos económicos y la carencia de redes sociales de apoyo (Fernández Arregui, 2013).

A este respecto, el Informe sobre la exclusión social en Europa (Jehoel Gijsbers y Vrooman, 2007) aclara que la exclusión social está fuertemente condicionada por una gran variedad de aspectos como los rasgos personales de cada individuo, la estabilidad de sus redes familiares y sociales o el funcionamiento de los mecanismos y políticas sociales existentes en el lugar en el que reside. Entre ellos, los ingresos económicos ocupan un lugar relevante, puesto que su falta de disponibilidad puede dificultar la capacidad de las personas para acceder a una vivienda adecuada o a una educación o un nivel formativo apropiado. Sin embargo, dicho informe resalta que, aunque los ingresos y el empleo no cualificado tienen un peso importante en la exclusión social, no se puede generalizar que sea el factor más importante. Además, como se ha apuntado anteriormente, se asume que estamos ante un fenómeno que puede variar a lo largo del tiempo. Se trata por tanto de un proceso dinámico en el que las personas y colectivos pueden moverse de una zona a otra y dentro de ellas, dependiendo de la interacción de diversos factores, entre los que destacan la salud, el bienestar, la seguridad o la formación adecuados. Respecto a su carácter multidimensional, los citados autores inciden en que los elementos constituyentes de la exclusión social se articulan en distintas dimensiones que se interrelacionan y alimentan entre sí. Básicamente señalan que están vinculados a los ámbitos fundamentales de la vida de una persona, que pueden ser clasificados en siete tipos: (1) económico, derivado de percibir bajos ingresos; (2) laboral, en relación con un empleo no cualificado o irregular; (3) educativo, por un bajo nivel instructivo o por abandono escolar; (4) demográfico, en relación con el envejecimiento demográfico, los hogares monoparentales o la inmigración; (5) sanitario, vinculado con enfermedades, el abuso de drogas y alcohol; (6) social, debido a problemas de racismo o desigualdad de género; y finalmente, (7) residencial, en relación con la vivienda y con el entorno en el que esta se ubica, como habitar en zonas multi-problemáticas.

Precisamente ese último aspecto es desarrollado en la clasificación de las dimensiones de la exclusión social que establece J. Subirats (2005) que muestra la Tabla 20. En ella se aprecian las diferentes dimensiones en las que se puede producir la exclusión social, junto al ámbito diferenciado en el que se engloban y los factores que lo desencadenan. Destaca la inclusión de la dimensión espacial que proporciona información útil para establecer diferencias entre la exclusión que se presenta en el ámbito residencial, debido a que la vivienda no es normalizada o se encuentra en estado de deterioro físico, y la que se produce como consecuencia del entorno en el que se encuentra esta o que está influenciada por el mismo. En efecto, como indica F. Gil Villa (2002), las características de algunos barrios pueden fomentar la exclusión social, al conjugar factores diversos como la falta de representación de distintas generaciones, que impiden la convivencia adecuada entre personas en actividades ocupacionales y de ocio, la monofuncionalidad o la estigmatización del territorio. Esta dimensión establece que la exclusión social en las ciudades se concreta en los ámbitos físico, sociocultural y económico. El primero se refiere por una parte al estado de los edificios, su conservación y ocupación y al estado de los servicios básicos urbanos. Por otra, al del espacio público en relación con el desarrollo de planeamiento urbano y el estado de plazas, parques, jardines o áreas naturales y al uso de edificios públicos. Por último, contempla la movilidad dentro de la esfera física y las características y calidad del transporte público.

Tabla 20. Dimensiones de la exclusión social.

DIMENSIÓN	Ámbito	FACTOR
Económica	Renta	Pobreza
		Dificultades financieras en el hogar
		Dependencia de la protección social
		Sin protección social
Laboral	Acceso al mercado laboral	Desempleo y desempleo sin prestación
		Subempleo
		Empleo a tiempo parcial
		Suspensión de empleo
		Empleo de bajo salario
	Descualificación	Falta de experiencia laboral
	Imposibilitación	Incapacidad
		Abandono del trabajo por enfermedad o incapacidad
	Precariedad	Falta de derechos laborales
		Precarización de derechos laborales
		Inseguridad laboral
		Empleo de bajo salario
		Temporalidad
Educativa y formativa	Capital formativo	Analfabetismo, sin estudios y analfabetismo funcional
		Nivel formativo bajo
		Fracaso escolar
		Abandono escolar
		Barreras lingüísticas
Sanitaria	Mortalidad	Mortalidad infantil prematura
		Mortalidad evitable
		Mortalidad por malas condiciones de vida
	Morbilidad	Enfermedades que causan exclusión social
		Enfermedades que sufren los colectivos excluidos
Residencial	Accesibilidad	Sin acceso a vivienda
	Condiciones de la vivienda	Malas condiciones de la vivienda
		Malas condiciones de habitabilidad
Relacional	Redes familiares	Deterioro de las redes familiares
		Escasez o debilidad de redes familiares
	Redes sociales	Escasez o debilidad de redes sociales
Político	Ciudadanía	Sin acceso a la ciudadanía
		Acceso restringido a la ciudadanía
		Privación de derechos por proceso penal
	Participación	Sin participación política y social
Espacial	Físico	Deterioro de viviendas, edificios y servicios
		Deterioro del espacio público
		Deficiencias en la movilidad
	Sociocultural	Estigmatización del territorio
		Inseguridad ciudadana
		Descohesión social
		Ausencia de equipamientos y recursos
	Económico	Marginación económica

Fuente: adaptado de Subirats (2005).

A) Las causas de la exclusión social

J. Subirats (2005) identifica cuatro grupos de factores que contribuyen a que una persona, o un grupo de personas, se vea excluida de la sociedad a la que pertenece y de sus beneficios. En primer lugar, se sitúan los de tipo económico, relacionados con la disponibilidad de recursos y con su impacto sobre el empleo y su capacidad para generar desventajas en situaciones de pobreza y exclusión social. Los segundos son factores de tipo demográfico y están relacionados con el incremento de población originaria de países empobrecidos hacia ciudades europeas, los menores, las personas mayores o las mujeres. El tercer grupo de factores son los de tipo institucional, que pueden contribuir al incremento de dicho problema. Se entiende que la calidad y eficiencia de los sistemas de protección social existentes tienen un importante impacto en los sectores de población afectados por la exclusión social. Finalmente, este autor señala los factores de tipo residencial, en relación con el funcionamiento excluyente del mercado de vivienda y la dificultad que experimentan ciertas capas de la población para acceder a viviendas asequibles y adecuadas. En este sentido, los principales colectivos afectados son la población joven, los adultos desempleados de larga duración, los inmigrantes, las mujeres que tienen hijos y/o adultos dependientes a su cargo, las personas mayores, los sectores de población sin acceso a la vivienda o las comunidades segregadas espacialmente.

Esta clasificación de los mecanismos que contribuyen a la exclusión social muestra una estrecha relación entre este fenómeno y la segregación urbana. Como se ha mencionado en el apartado anterior, la segregación está vinculada de forma inherente con la vivienda. En este sentido, se emplea el concepto auxiliar exclusión residencial para explicar las situaciones de exclusión social originadas por la falta de acceso a la vivienda o cuando esta no es adecuada.

Las bases del mismo se encuentran en los principios establecidos en documentos fundamentales como la *Declaración Universal de Derechos Humanos* de 1948, el *Pacto Internacional de Derechos Económicos, Sociales y Culturales* de Naciones Unidas de 1966, así como en la *Carta Social Europea* de 1996 y la *Carta Europea de Derechos Fundamentales de la Unión Europea* de 2000 y otros tratados de carácter internacional (ONU, 2010), y nacional, como la Constitución Española de 1978.

Sin embargo, la vivienda es considerada principalmente un bien de consumo e inversión, hecho que es especialmente perceptible en el problema existente con esta cuestión y las situaciones de vulnerabilidad en España (Amnistía Internacional, 2020). Es decir, la manifestación más intensa de la exclusión residencial señala una falta de cumplimiento por parte de los Estados con los criterios de dichos documentos. Este problema afecta con mayor intensidad a ciertos colectivos considerados vulnerables, resultado de diversos aspectos que confluyen entre sí, como los rasgos personales o la discriminación (ONU, 2010).

El concepto de vivienda digna, según las publicaciones del Comité de Derechos Económicos, Sociales y Culturales de Naciones Unidas en su versión de 1991, abarca una serie de condiciones esenciales: seguridad en la tenencia; disponibilidad de servicios, materiales e infraestructuras esenciales que aseguren el suministro de agua potable, el saneamiento, la energía necesaria para poder cocinar, alimentarse y calentar el hogar, luz y un sistema de gestión de residuos adecuado; asequibilidad en términos de gastos; habitabilidad relacionada con las condiciones de seguridad, disponibilidad de espacio y ubicación; y adaptación a las características culturales de sus residentes. La tipología europea de sinhogarismo y exclusión residencial ETHOS (European Typology on Homelessness, 2005) elaborada por FEANTSA, agrupa estos aspectos fundamentales de la vivienda en tres ámbitos. El primero se centra en los aspectos físicos, es decir, la vivienda y su entorno. El segundo en los aspectos sociales, y valora la vivienda como la base para la vida y para poder desarrollar unas relaciones personales satisfactorias. El tercero es el legal y está vinculado con un régimen seguro de la tenencia de la vivienda. De acuerdo con la geógrafa M. Costa Losa (2013), la vivienda también tiene una dimensión emocional y simbólica, ya que proporciona la posibilidad de expresar una identidad y personalidad, de convertirse en un lugar de pertenencia y de conexión con el resto de la sociedad, y proporcionar un cobijo seguro.

Por las razones apuntadas, se puede afirmar que una vivienda adecuada es aquella que muestra características apropiadas en las cuatro dimensiones que muestra la Tabla 21. Por un lado, la dimensión física en cuanto a estructura, servicios y equipamientos disponibles y ubicación segura y funcional para la persona que reside en ella. Por otro, en la dimensión económica, ya que a menudo constituye el mayor gasto de las personas en forma de hipoteca o alquiler, lo que condiciona la capacidad para ahorrar y planificar su futuro financiero. En términos legales, la vivienda está sujeta a leyes y regulaciones que rigen la adquisición, uso y propiedad de la misma. Esto es particularmente interesante desde el punto de vista de la vulnerabilidad en lo referente a un régimen inseguro de la tenencia. Finalmente, la dimensión sociocultural se refiere a la forma en la que la vivienda refleja los valores y costumbres de las personas en relación, por ejemplo, con el uso y la distribución del espacio o el cuidado y el mantenimiento de la misma. Estos aspectos son considerados de importancia fundamental para un desarrollo de las relaciones personales y familiares y del bienestar psicológico de las personas que habitan en ella.

Por todo ello, la vivienda es considerada un factor de vulnerabilidad urbana muy relevante, que debido a su implicación en los problemas de pobreza urbana ha sido analizado desde mediados del siglo XIX.

Tabla 21. Componentes de una vivienda adecuada o normalizada.

DIMENSIONES DE LA VIVIENDA	CRITERIOS		
	COMITÉ DE LA ONU DE DESC (1991)	TIPOLOGÍA ETHOS (2005)	COSTA (2013)
Física	Disponibilidad de servicios, materiales, instalaciones e infraestructuras adecuadas Habitabilidad; Ubicación	Espacio propio donde vivir del que se posee control exclusivo	Disponibilidad de un espacio físico habitable
Económica	Asequibilidad: gastos económicos soportables		
Legal	Seguridad de la tenencia	Protección legal a la seguridad de residencia	Régimen de la tenencia de la vivienda
Social y cultural	Adecuación cultural	Permite el espacio y la privacidad necesarios para poder vivir una vida normal como individuo, pareja o familia	Permite las relaciones sociofamiliares Proporciona bienestar psíquico (privacidad, cobijo, pertenencia a una vivienda propia, identidad asociada, seguridad)

Fuente: tomado de López González et al., 2020.

Siguiendo la secuencia de enfoques planteada por expertos (Cortés, citado en Hernández Pedreño, 2013) el análisis del problema de la vivienda ha sido abordado desde seis perspectivas diferentes. La primera es la sociológica y se inició en los estudios pioneros de la Escuela Sociológica de Chicago a los que se ha aludido en los apartados anteriores. La segunda es la económica y se centró en las diferencias de clase y su relación con los problemas de acceso a la vivienda. Este enfoque surgió en Norteamérica a partir de la década de 1930, y sus principales representantes son los dos sociólogos R. Staughton Lynd y H. Merrell Lynd. La tercera perspectiva es la cultural y estudia la influencia de este aspecto en las formas y estructuras residenciales. La cuarta es la política y se encarga de analizar los vínculos entre el problema y las políticas sociales y de vivienda. La quinta perspectiva es la marxista y se desarrolló a partir del análisis de la vivienda entendida como bien de consumo y causa de conflictos sociales. Por último, la institucional se ocupa de la revisión de las corrientes tradicionales de análisis del tema desde un punto de vista crítico. En España, estos enfoques se han concretado en cuatro puntos de vista: el sociológico, el urbanístico, el político, el económico-institucional y el integral, que analiza la exclusión residencial como una dimensión más de la exclusión social (López González et al., 2020).

B) La medición de la exclusión social

Los Estados han promovido la creación de medidas oficiales para estimar y comparar el número de personas y hogares afectados por la pobreza y la exclusión social en sus territorios. En Europa, el método más empleado para medir el primer fenómeno es la tasa de riesgo de pobreza, que identifica a aquellas personas cuyos ingresos del hogar se sitúan por debajo del 60% de la media nacional tras valorar el número de adultos y niños en el hogar (Tunstall et al., 2013).

Tabla 22. Comparación entre los indicadores Laeken y españoles.

Dimensión	Indicadores Laeken	Indicadores Nacionales
Empleo	Tasa de desempleo de larga duración	Tasa de paro
	Personas (de 0 a 17 y de 18 a 59 años) que viven en hogares en los que no trabajan ninguno de sus miembros	Fomento del empleo en el Sistema Público de Servicios Sociales
Garantía de recursos económicos	Tasa de riesgo de pobreza después de transferencias desglosada por edad y sexo	Número de beneficiarios de prestaciones sociales desagregados por principales prestaciones
	Umbral de riesgo de pobreza	
	Persistencia de renta baja mediana	Gasto realizado en prestaciones sociales
	Tasa de riesgo de pobreza después de transferencias desglosada por hogar	
	Tasa de riesgo de pobreza después de transferencias desglosada en población con empleo y en situaciones profesionales más frecuentes	Tasa de pobreza: renta inferior al 15% de la mediana nacional
	Tasa de riesgo de pobreza después de transferencias en cuanto a vivienda	Número de beneficiarios de Rentas Mínimas de inserción
	Distribución en torno al umbral de renta baja	Gasto en rentas mínimas de inserción
Educación	Abandono prematuro de enseñanza y sin educación ni formación posterior	Tasa de idoneidad: proporción de alumnado que se encuentra matriculado en el curso correspondiente por edad y sexo
	Personas con bajos niveles educativos	Porcentaje de gasto por alumno en centros públicos
	Alumnos con bajo nivel de cultura	Porcentaje de gasto público en educación respecto al PIB
Integración social de inmigrantes	-	Porcentaje de alumno extranjero
		Número de trabajadores extranjeros en alta afiliados a la Seguridad Social
		Gasto realizado en programas de atención a inmigrantes
Otras medidas	-	Porcentaje de población cubierta por seguro de asistencia sanitaria público
		Tasa de incidencia de SIDA por millón de habitantes

Fuente: elaborado a partir de Renes, Lorenzo y Chahin, 2007.

En la *Declaración sobre el futuro de la Unión Europea* de 2001 se propuso una batería de indicadores para la medición de la pobreza, entendida como la dimensión económica de la exclusión social. Se denominan Indicadores Laeken y constituyen una guía para la evaluación de los Planes Nacionales de Inclusión Social de los Estados miembro (Renes et al., 2007). La Tabla 22 muestra una comparación entre la propuesta del Comité de Protección Social y los del Plan Nacional de Acción para la Inclusión Social de España.

En lo que respecta a la medición de la exclusión social el indicador oficial es la tasa AROPE (*At Risk of Poverty*), un indicador de exclusión y pobreza propuesto por la Unión Europea en el año 2010 para valorar la eficacia de los objetivos de inclusión social plasmados en la Estrategia Europa 2020 (Llano Ortiz, 2019) con el fin de aminorar las situaciones de pobreza en la Europa poscrisis de 2008 (UE, 2010a). En el año 2021, mientras se realizaba la presente investigación, la tasa AROPE experimentó una importante modificación en su metodología para alinearse con los objetivos planteados en la Estrategia Europa 2030, que incluye entre sus fines la reducción de la población en riesgo de pobreza y exclusión social a menos de 20 millones de personas en 2020 (Ministerio de Derechos Sociales y Agenda 2030, 2021).

Tal y como aparece reflejado en la Tabla 23 la versión vigente de la tasa AROPE valora tres grandes apartados: en primer lugar, las situaciones de riesgo de pobreza, que son medidas a través del indicador anteriormente mencionado; en segundo, las carencias de tipo material y social, que son definidas a partir de las situaciones de exclusión generadas por la incapacidad para permitirse una serie de gastos considerados básicos a dos niveles; y por último, en tercer lugar, la tasa se centra en las situaciones de precariedad laboral a partir de la baja intensidad laboral, es decir, los hogares en los que sus miembros en edades comprendidas entre los 18 y los 64 años , trabajaron menos del 20% del total de su potencial de trabajo.
El segundo apartado distingue, por un lado, las carencias de los hogares destacando el pago de la vivienda (alquiler o propiedad), los gastos generados por la misma (electricidad o calefacción, por ejemplo), la alimentación o los gastos derivados del ocio; y por otro, las generadas a nivel personal, valorando limitaciones como la incapacidad de sustituir la vestimenta cuando está estropeada, reunirse con familiares y amigos y poder realizar un gasto con ellos, participar regularmente en actividades de ocio o costear el gasto de conexión a internet.

Tabla 23. Metodologías para la elaboración de la Tasa AROPE 2010-2021.

Ámbito	Tasa AROPE 2010	Tasa AROPE 2021
Pobreza	Riesgo de pobreza: personas que viven en hogares cuya renta es inferior al 60% de la mediana de la renta nacional	Riesgo de pobreza: personas que viven en hogares cuya renta es inferior al 60% de la mediana de la renta nacional
Carencias	Carencia material severa Hogares que no pueden permitirse cuatro de los siguientes gastos: 1. Hipoteca 2. Alquiler 3. Temperatura adecuada en el hogar 4. Vacaciones (1 semana al año) 5. Comer carne o pescado dos veces a la semana 6. Gastos imprevistos 7. Teléfono 8. Televisión 9. Lavadora 10. Automóvil	Carencia material y social severa Personas que padecen al menos 7 de las siguientes limitaciones: A) Nivel de hogar No puede permitirse: 1. Vacaciones (1 semana al año) 2. Comer carne o pescado (al menos 2 veces por semana) 3. Temperatura adecuada en el hogar 4. Afrontar gastos imprevistos 5. Ha tenido retrasos en el pago de la vivienda principal (alquiler, recibos...) o compras a plazos en los últimos 12 meses 8. Automóvil 9. No puede sustituir muebles estropeados o viejos B) Nivel personal No puede permitirse: 10. Sustituir ropa estropeada 11. Dos pares de zapatos en buenas condiciones 12. Reunirse con amigos o familiares para comer o tomar algo al menos 1 vez al mes 13. Participar regularmente en actividades de ocio 14. Gastar pequeña cantidad de dinero en sí mismo 15. Conexión a internet
Empleo	Baja intensidad de empleo Cociente entre el número de meses trabajados por personas en edad de trabajar en el hogar y el número total de miembros en edad de trabajar en el hogar	• Baja intensidad de empleo • Hogares en los que sus miembros en edad de trabajar (18-64 años, excepto estudiantes 18-24 años, jubilados, retirados, personas inactivas 60-64 años cuya principal fuente de ingresos son las pensiones) lo hicieron menos del 20% del total de su potencial de trabajo durante el año de referencia.

Fuente: INE, 2021a.

Las modificaciones realizadas en la metodología de la tasa a las que se aludía al comienzo de este párrafo están relacionadas especialmente con el segundo ámbito de la exclusión social y las carencias severas. En la primera versión, se valoraban únicamente la de tipo material, mientras que la última lo hace teniendo en cuenta también carencias de tipo social, como permitirse actividades de ocio o reuniones con familiares y amigos. De esta forma, desaparecen los ítems relacionados con los gastos de equipamiento doméstico como la lavadora, el teléfono o la televisión a color, y se incluyen otros complementarios desagregados por hogares y personas, este último completamente nuevo, como la conexión a Internet, por ejemplo. Entre los del primer nivel de desagregación destaca la inclusión de las situaciones de incapacidad de renovar el mobiliario del hogar cuando este ya no puede utilizarse o el retraso de pagos relacionados con la vivienda principal o con compras a plazos. El último ámbito es el referente a la intensidad laboral y las modificaciones que se han introducido únicamente tratan de aclarar el concepto frente a la versión anterior (INE, 2021a).

Otras entidades que trabajan en la lucha contra la exclusión y la vulnerabilidad social en España también se han centrado en su medición y tratamiento poniendo énfasis en su carácter multidimensional. Entre ellas destacan las divisiones españolas de las organizaciones Cáritas y Cruz Roja. La primera de ellas ha enfocado su actividad a través de los estudios coordinados por la fundación FOESSA (Fomento de Estudios Sociales y Sociología Aplicada). Desde el año 1965 hasta mediados de la década de 1990, esta institución centró sus esfuerzos en la documentación del proceso de reforma social español y en institucionalizar la Sociología empírica entre otras cuestiones. A partir de 1995 y hasta la actualidad, se ha enfocado en el estudio de la exclusión social. En el año 2006 comenzó a desarrollar la Encuesta sobre Integración y Necesidades Sociales (EINSFOESSA), con el objetivo de profundizar en el modo de vida de la población vulnerable, a partir de los datos generados en los registros de personas usuarias de sus propios programas y proyectos. La metodología con la que es elaborada valora ocho dimensiones básicas: empleo, consumo, participación política, salud, educación, vivienda, conflicto social y aislamiento social, que permiten obtener un panorama nacional y regional de la situación (FOESSA, 2022).

Respecto a la contribución de Cruz Roja, destacan sus estudios enfocados en la exclusión y la vulnerabilidad social elaborados desde el año 2006. La información con la que trabajan es proporcionada por la base de datos de las personas atendidas en sus programas de intervención social y empleo, que está formada por más de 200 variables de cada persona usuaria. En ella se contempla información como el tipo de hogar en el que reside la persona vulnerable o las problemáticas concretas que experimenta, tales como el sinhogarismo, el desempleo de larga duración o la discriminación. Sus informes abordan el alcance del problema de forma general en todo el país y se segmenta por comunidades y ciudades autónomas (Cruz Roja, 2018).

De este panorama puede concluirse que la medición de la exclusión social en Europa y España se ha caracterizado por el empleo de una amplia variedad de indicadores y metodologías. Predomina la tendencia a valorar las carencias materiales que experimentan ciertas capas de población a partir de la disminución de la intensidad laboral, el bajo nivel educativo, la escasez de participación en la vida comunitaria o las características negativas de las viviendas y el entorno. Existe cierto consenso en considerar la importancia del nivel de renta y las características sociodemográficas de la población en su incidencia. Por ejemplo, las personas inmigrantes, las ancianas y aquellas que experimentan carencias materiales tienen un mayor riesgo de sufrir exclusión social, por lo que comprender dichas dinámicas es importante para poder diseñar programas y medidas de inclusión social.

5.3. La degradación y la obsolescencia urbana

Los términos degradación y obsolescencia urbana son empleados en la normativa española para designar a los espacios urbanos vulnerables, deteriorados, disfuncionales y en declive, susceptibles de ser intervenidos urbanísticamente a través de procesos de rehabilitación, regeneración y renovación urbana. Estas actuaciones se ejecutan bajo la premisa de que estos problemas impactan negativamente en la calidad de vida de sus residentes y tienen efectos adversos en los ámbitos físico, ambiental, social, cultural o económico del conjunto urbano en el que se integran (Quintero García, 2018).

Para J. Sorribes y S. Perelló, un área degradada «*adquiere tal condición cuando concurren en ella niveles de degradación física y funcional que la privan de atractivo locacional para usos residenciales o terciarios*» (Sorribes y Perelló, 2006, p. 88). Estos autores señalan que cuando un barrio (o una parte del mismo) adquiere estas características se desencadenan dos procesos principales: por un lado, se produce una sustitución de residentes que se ubican en ellos por su menor coste económico, forzados a aprovechar un patrimonio edificado y un espacio público degradados ; por otro lado, se produce una sustitución de usos productivos no solo a partir del abandono de actividad económica, sino por el reemplazo (o pervivencia) de actividades terciarias marginales que dificultan aún más que el área sea atractiva para un uso urbano convencional.

En conjunto, degradación y obsolescencia urbanas hacen referencia a los procesos de disminución de la calidad y de funcionalidad del tejido urbano, de las construcciones y los edificios que integran una determinada zona urbana. En la literatura científica anglosajona se alude a dichos procesos a partir del término *urban blight*. Este concepto surge en las primeras décadas del siglo XX a partir de los trabajos elaborados por los mencionados investigadores sociales de la renombrada Escuela Sociológica de Chicago, aunque en origen se aplicaba a los entornos rurales con el fin de señalar los territorios afectados por plagas y malas cosechas (Flyn, 2022). Sin embargo, el primer autor en aplicar dicho término para hacer referencia al deterioro urbano desde una perspectiva contemporánea y aplicable a nuestros días fue G. E. Breger, a finales de la década de 1960 (Costa et al., 2021, Jadach Sepiolo, 2021) y cuyo modelo puede verse en la Figura 18.

Figura 18. Teoría de la degradación urbana de Breger.

Fuente: elaboración propia a partir de Breger, 1967.

De acuerdo con este autor, la degradación urbana es «*una etapa crítica en la depreciación funcional o social de los bienes inmuebles más allá de la cual su condición o uso actual es inaceptable para la comunidad*» (Breger, 1967, p. 372). Esta situación se produce como respuesta a la pérdida de valor funcional y social de las construcciones, edificios, infraestructuras o espacios públicos de sectores urbanos específicos, impactando negativamente en la pérdida de productividad y de prestigio social de los mismos y del sector al que pertenece. La pérdida de valor se produce cuando el rendimiento de un elemento urbano disminuye por debajo del que fue planificado inicialmente, cuando el mantenimiento del mismo implica un gasto inviable y/o cuando la sociedad no lo acepta. Esto sucede cuando los valores sociales de la comunidad urbana a la que pertenece experimentan cambios desiguales de unos lugares a otros.

Breger fundamenta su teoría en tres conceptos interrelacionados: estancamiento, depreciación y rechazo social (*immobility, depreciation, nonaceptance*). El estancamiento se refiere al descenso de actividad urbana como resultado de la falta de actividad comercial, servicios públicos o empleo. La depreciación define el proceso por el cual el valor original de los inmuebles y otros elementos urbanos se reduce como respuesta al deterioro, la falta de mantenimiento, la inseguridad del sector en el que se ubica y otros problemas, como la contaminación ambiental o la desigualdad social. Finalmente, el rechazo social se produce cuando la comunidad responde negativamente a la devaluación de dicho sector. Esto puede reflejarse en una aversión de la comunidad hacia dicho lugar, fruto de una percepción negativa del mismo. Desde la perspectiva de Breger, la conjunción de estos tres factores redundará en la estigmatización progresiva de dicha área.

Más recientemente, el deterioro urbano ha sido definido como la disminución de las propiedades de un barrio o sector cuyos efectos son nocivos para la comunidad que reside en él (Costa et al., 2021). Efectivamente, se asume que el deterioro urbano es el resultado de una reinversión deficiente en las propiedades de ciertas áreas de las ciudades, resultado de complejos procesos económicos urbanos (Brueckner y Helsley, 2011). También se define como la combinación de desorden físico (pintadas, jardines descuidados, basura en las calles...) y declive urbano (casas abandonadas, aceras deterioradas...), resultado de tres aspectos interrelacionados: carencia de cohesión social, ineficacia de la comunidad que reside en dicha zona e inoperatividad de las instituciones que la gestionan (Athens et al., 2020).

En nuestro país, algunos autores han profundizado en esta cuestión. Por un lado, R. R. Temes Córdovez (2007), en la línea de Breger, ha argumentado que existe un vínculo importante entre dichos conceptos y la noción de depreciación. Para este autor, las causas que explican dicha pérdida de valor pueden ser de tipo económico, funcional y físico. Las primeras se manifiestan cuando disminuye el valor económico de una zona por razones inmobiliarias o por cambios en los usos del suelo urbano que ejercen una influencia negativa al resto. Las de tipo funcional, cuando las condiciones de una zona urbana o de los edificios que se encuentran en ella no son adecuadas para el uso que se realiza de los mismos en el momento presente. Las de tipo físico, por último, son aquellas que se presentan como consecuencia de la degradación de los materiales debido al paso del tiempo y a las condiciones de calidad de los mismos, que puede verse agravada por la falta de cuidado y mantenimiento de los mismos. También, A. Mulero Mendigorri (1998), señala que este problema deriva de la suma de diversos factores, tales como prácticas urbanísticas defectuosas, las limitaciones impuestas por las tramas urbanas heredadas del pasado, las actuaciones político-administrativas insuficientes o a la falta de iniciativas ciudadanas.

Por otro lado, C. García Vázquez lo relaciona con el proceso de obsolescencia, que define como «*el deterioro, desuso o falta de calidad de los espacios, calles, infraestructuras y edificios que conforman las ciudades*» (García Vázquez et al., 2019, p. 308). En cuanto a las causas que explican su manifestación, alude a su ubicación marginal, su estado inconcluso, su monofuncionalidad o la obsolescencia del tipo arquitectónico. En su análisis, destaca la falta de adecuación de las tipologías residenciales a la población actual. Específicamente, señala las características de las viviendas construidas en los años de la dictadura y hasta la década de 1980 diseñadas, en general, bajo criterios funcionalistas.

Autores como A. Guajardo-Fajardo Cruz y A. Alanís Arroyo (2017) añaden que estas barriadas presentan un amplio conjunto de inconvenientes que repercuten negativamente en sus residentes y en el conjunto de la ciudad. Algunos de ellos son la segregación residencial, la disminución de la calidad del medio urbano y de la habitabilidad, la limitación de sus capacidades para fomentar la vida urbana en cuanto a creatividad e inclusión social o en lo referente a sus condiciones de seguridad. A este respecto indican también cinco factores clave que ayudan a comprender la cuestión del deterioro y la obsolescencia residencial en España. En primer lugar, las condiciones de desarrollo urbano implementadas durante el franquismo, en el que en líneas generales se primaba la cantidad de construcción frente a la calidad y el aplazamiento de dotaciones urbanas. Segundo, las condiciones de construcción al margen del planeamiento y con deficiencias en cuanto a las demandas de servicios y equipamientos urbanos. En tercer lugar, la primacía otorgada a los vehículos motorizados y sus consecuencias en la reducción de espacios destinados al uso peatonal. La exclusiva función residencial de ciertas áreas es el cuarto aspecto valorado, ya que estos sectores urbanos están desprovistos del espacio necesario para desarrollar actividades comerciales, de asociacionismo o de vida comunitaria. Por último, los defectos en el planeamiento relacionados con la morfología de la trama urbana y los edificios, como los accesos que no dan a la calle, las ventanas a minúsculos patios de luces o las zonas poco visibles que afectan también a la percepción de seguridad de sus residentes.

A) Las causas del deterioro urbano

Breger (1967) señala que las causas que explican el deterioro urbano se concretan en cuatro procesos. En primer lugar, los cambios en los usos del suelo, ya que pueden generar un deterioro de la capacidad del servicio original y una falta de mantenimiento asociada. En segundo lugar, los cambios tecnológicos. Estos pueden producir, por un lado, una disminución de la demanda de bienes y servicios originales debido a su obsolescencia y, por otro, introducir a sus nuevos cambios en los usos del suelo que redunden en el proceso de degradación. En tercer lugar, Breger apunta al aumento de los estándares sociales en consonancia con el de los ingresos, que puede incidir en la depreciación social de zonas determinadas que no han experimentado mejoras ni han sido objeto de actuaciones de mantenimiento. Dichos elementos, confieren a estas zonas una fuerte connotación de obsolescencia en cuanto a la al tipo y calidad de uso que prestan. Finalmente, en cuarto lugar, este autor señala la sobreutilización progresiva de la propiedad, unido a la falta de mantenimiento, que puede provocar un incremento del deterioro y de la depreciación social de la misma.

Más recientemente, J. Brueckner y R. Helsley (2010), han cuestionado tales ideas, señalando que el deterioro urbano también debe ser entendido como una consecuencia de los procesos del mercado de suelo urbano. Estos autores argumentan que la expansión de las áreas urbanas, proceso asimilado al término urbanización difusa o *urban sprawl*, también causa un déficit de la inversión y de la reinversión para el mantenimiento de las viviendas de los sectores más antiguos. Su propuesta señala que la reducción del deterioro urbano en los sectores afectados tiene el beneficio adicional de controlar los procesos de expansión del urbanismo difuso y de equilibrar la distribución de la población.

A. Mulero Mendigorri (1998) destaca entre los principales factores que explican las causas de la degradación urbana las prácticas urbanísticas defectuosas y la falta de planificación; la carencia de infraestructuras; la escasez de viviendas adecuadas y asequibles económicamente; o la priorización de la construcción de edificios e infraestructuras en detrimento de espacios verdes y áreas recreativas. En este sentido, argumenta que las actuaciones políticas y administrativas pueden incidir negativamente en el deterioro urbano, especialmente cuando no son coherentes o no se llevan a cabo de forma apropiada, cuando los recursos que proporcionan no son suficientes o se gestionan de forma ineficiente o, en definitiva, cuando no se llevan a cabo de forma estratégica y no garantizan un desarrollo urbano integrado. Este autor alude finalmente al desconocimiento de las características del entorno y las actitudes especulativas o fraudulentas adoptadas por los agentes que intervienen en la configuración de las ciudades.

B) La identificación del deterioro urbano

Como se ha mencionado, J. Subirats (2005) considera la degradación urbana como una de las múltiples dimensiones que integran la exclusión social y argumenta que la segregación espacial de colectivos de población propiciada por las diversas formas de exclusión social puede incidir en la degradación y abandono de ciertos espacios urbanos y rurales. Según este autor las manifestaciones pueden ser de tres tipos: (1) físico, (2) sociocultural y (3) económico (Tabla 24).

Tabla 24. Ámbitos, factores e indicadores de la exclusión territorial.

Ámbitos	FACTORES	INDICADORES
Físico	Deterioro de edificios, viviendas y servicios	Núcleos abandonados
		Conservación de edificios
		Viviendas desocupadas
		Provisión de servicios básicos
	Deterioro del espacio público	Desarrollo de la planificación urbana (municipios sin planeamiento)
		Estado de parques, jardines y áreas naturales
		Espacios públicos sin uso
		Alumbrado público
	Deficiencias en la movilidad	Calidad del transporte público
Sociocultural	Estigmatización del territorio	Rechazo social, ubicación de equipamientos e infraestructuras rechazados socialmente (prisiones, vertederos, incineradoras, centrales térmicas…)
	Inseguridad ciudadana	Autopercepción de seguridad en relación con faltas y delitos en el barrio
	Descohesión social	Asociacionismo y vida comunitaria
	Ausencia de equipamientos y recursos	Sanitarios (atención primaria y especializada)
		Educativos
		Servicios sociales (para minusválidos, ancianos o drogodependientes)
		Vivienda de protección oficial, especial o pública
Económico	Marginalización económica	Decaimiento económico
		Presencia o ausencia de pequeño comercio
		Presencia o ausencia hostelera

Fuente: elaboración propia a partir de Subirats, 2005.

El ámbito físico se refiere al declive más evidente y visible de zonas afectadas por este problema, es decir, al deterioro de edificios, infraestructuras y del espacio público, que condiciona su uso a sus residentes y la imagen que proyecta hacia el resto. El ámbito sociocultural se refiere a tres aspectos interrelacionados. Por un lado, a los problemas de estigmatización del territorio, vinculados con el rechazo al que se refiere Breger, basado en la percepción negativa que tiene la sociedad sobre un barrio o un sector concreto del mismo, y además a la autopercepción de los residentes del mismo. Por otro, a los problemas de inseguridad ciudadana, que se manifiestan, por ejemplo, en el número de delitos y crímenes que se suceden en ámbitos espaciales concretos y en la percepción de la población de seguridad en los mismos. Por último, a la falta de cohesión social y los problemas e inconvenientes experimentados para poder asociarse, vinculado de nuevo con la exclusión social. El tercer y último ámbito es el económico, y se refiere a problemas como el declive económico de una zona específica de la ciudad, relacionado con la disminución de la calidad del tejido comercial del mismo y la presencia o ausencia de pequeño comercio en las calles que lo componen.

En resumen, este capítulo se ha centrado en los tres factores principales que desencadenan la vulnerabilidad urbana: la segregación urbana, la exclusión social y la degradación, deterioro y obsolescencia de zonas concretas de las ciudades. Dichos factores pueden actuar de forma individual o entrelazada, reforzándose mutuamente, incidiendo en el grado de vulnerabilidad y ayudando a comprender cómo ciertos grupos de población quedan excluidos en áreas específicas de la ciudad. La exclusión social permite adoptar una perspectiva multidimensional de las situaciones de carencias, más allá de considerar únicamente los ingresos y los recursos materiales. La segregación urbana se sustancia en la formación de enclaves separados del resto. Por último, la degradación y obsolescencia física y urbanística permiten identificar visualmente y caracterizar las zonas más deterioradas de las ciudades, que son las menos atractivas para el conjunto de la población. La combinación de estos factores deriva en procesos complejos que contribuyen a la formación de áreas vulnerables y afectan negativamente al modo de vida de las personas que residen en ellos.

El estudio de caso de la ciudad de León que se aborda en el siguiente capítulo considera estos tres factores como relevantes a la hora de identificar la vulnerabilidad urbana. Se parte de la premisa de que existe un vínculo importante entre los procesos descritos que dan lugar a la exclusión social y los tipos de prestaciones sociales registradas en el SAUSS, así como entre dicho fenómeno y los diferentes grupos o sectores en los que se clasifica a la población receptora de dichas ayudas. Esta información permitirá conocer la concentración de personas y familias en enclaves segregados del resto, puesto que constituyen un conjunto de ayudas importantes para las mismas. Por su parte, las experiencias y casos descritos en la literatura de apoyo sugieren que dicha concentración suele producirse en áreas especialmente degradadas, sin atractivo para cualquier uso urbano. Dichos espacios vulnerables se caracterizarían por experimentar un estancamiento (o falta de dinamismo), una depreciación de los elementos urbanos que lo componen, derivado de una degradación física concentrada espacialmente en sectores concretos, así como por ser rechazados socialmente.

La vulnerabilidad urbana en la ciudad de León

La vulnerabilidad urbana en la ciudad de León

La ciudad de León se ubica al noroeste de España, a más de 300 kilómetros de la capital del país. Se trata de una ciudad de tamaño medio, de estructura compleja y carácter urbano dominante (Calderón, 2012), que en las últimas décadas del siglo XX ha experimentado una notable expansión más allá de los límites del municipio de León, constituyendo en la actualidad una pequeña aglomeración urbana (ILRUV, 2014a, 2014b). Además de las funciones características de una capital de provincia, desempeña un papel importante en la organización de la movilidad de los flujos que se orientan hacia Asturias y Galicia desde la meseta (Manero, 2011). De acuerdo con el INE, tiene un área de influencia metropolitana que abarca dieciséis municipios que, en la actualidad, de forma conjunta rebasan los 200.000 habitantes (INE, 2020b).

La elección de León como estudio de caso para analizar la vulnerabilidad urbana obedece principalmente a dos razones. Por un lado, su condición de ciudad media la convierte en un entorno propicio para analizar sus rasgos urbano-sociales y de vulnerabilidad debido a que es más abarcable que una ciudad de mayor tamaño (García Araque, 2022). Por otro, como se ha mencionado al comienzo del trabajo, no se han encontrado estudios previos que aborden específicamente el tema de la vulnerabilidad urbana en León. Esto resulta especialmente llamativo considerando sus características en términos de envejecimiento o falta de dinamismo económico (INE, 2017, 2018, 2019, 2020), aspectos que desempeñan un papel relevante en la aparición y desarrollo de los procesos que generan vulnerabilidad urbana.

A todo ello se añade que las contribuciones elaboradas para estudiar sus rasgos urbanos han evidenciado numerosos problemas asociados a este fenómeno. Entre ellos destacan las consecuencias de haber sido construida en parte bajo el criterio de la especulación urbanística y, por tanto, sin tener en cuenta ciertas necesidades básicas de la población residente de algunos barrios (Reguera Rodríguez, 1996), dando lugar a una ciudad notablemente marcada por la segregación residencial (González González, 1987; González González y Pérez Llamazares, 2000), que acusa la degradación de sus edificios y espacio público en algunos barrios periféricos (García Argüello, 2015), así como falta de calidad de sus servicios y equipamientos (López Trigal, 2002, 2007). Problemas, en suma, que persisten en gran parte debido a la falta de interés y compromiso por parte de los líderes políticos por abordarlos (Tomé Álvarez, 2019).

6.1. Área de estudio: la ciudad de León

Esta investigación centra su interés en el área delimitada por los municipios de León y San Andrés del Rabanedo, tal y como muestra la Figura 19. León tiene un área de 39 km² y San Andrés del Rabanedo de 64,84 km², formando conjuntamente un espacio que abarca una superficie superior a los 104 km², y que incluye varias entidades de población. Por un lado, dentro de los límites del municipio de León, además de los barrios que integran la ciudad, se encuentran los núcleos de Puente Castro, Armunia, Oteruelo de la Valdoncina y Trobajo del Cerecedo. Por otro, en el municipio de San Andrés del Rabanedo, que se incorpora a la estructura urbana de León en su límite oriental, se distinguen claramente dos zonas: un sector urbano prolongación del casco urbano de León y que comprende el entorno de San Andrés del Rabanedo, Pinilla, Trobajo del Camino y sus dos barrios: La Sal y Paraíso-Cantinas; y un área claramente rural, en la que predominan las actividades agrarias y que comprende el entorno en el que se sitúan los núcleos de Villabalter y Ferral del Bernesga, pueblo vinculado a la Base Militar Conde de Gazola (Argüello García, 2015; Ayuntamiento de San Andrés del Rabanedo, 2010).

Las razones que explican la decisión de contemplar ambos municipios como área de estudio son, fundamentalmente, dos y están interconectadas. En primer lugar, el fenómeno de la vulnerabilidad urbana necesita ser abordado más allá de las fronteras de un municipio específico. De acuerdo con lo expuesto en los capítulos anteriores, los principales factores que explican dicho fenómeno responden a dinámicas de tipo demográfico, económico, urbano, político o social, que trascienden los límites administrativos. En segundo lugar, San Andrés del Rabanedo es el municipio del alfoz de León que evidencia una continuidad más clara con el resto

Figura 19. Área de estudio.

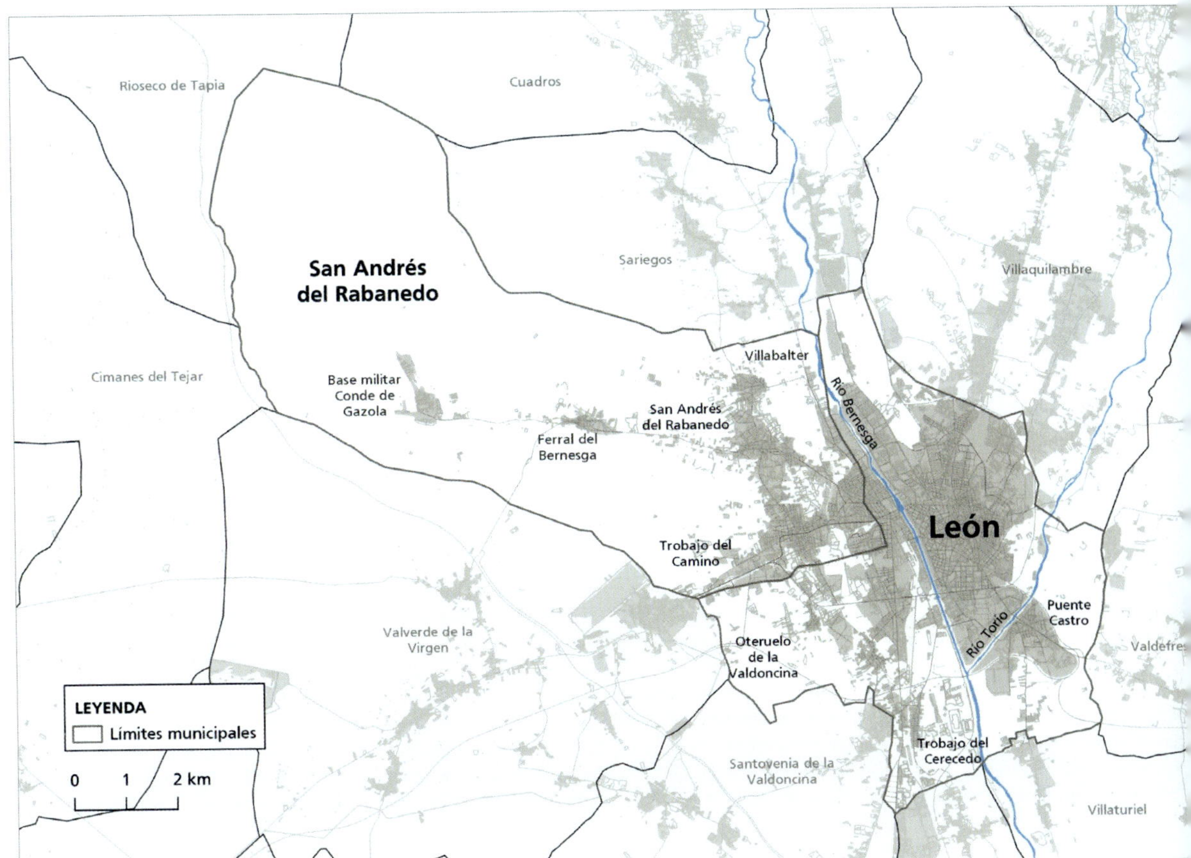

Fuente: elaboración propia a partir de IDECYL, ©Junta de Castilla y León.

de la estructura de la ciudad. Ha experimentado un intenso crecimiento desde el punto de vista urbano y demográfico en las últimas décadas (García Argüello, 2015) y su desarrollo ha estado determinado por su proximidad al río Bernesga, la red existente de caminos y carreteras hacia León, el Camino de Santiago y, sobre todo, el ferrocarril, que atraviesa el este municipal y que conforma el cruce de líneas de Gijón, León y Palencia con A Coruña (Junta de Castilla y León, 2016). El municipio se une a la estructura urbana de León a partir de su límite oriental, dando lugar a una serie de sectores urbanos continuos que constituyen una parte destacada del cuerpo principal de la ciudad (López Trigal, 2002) , en concreto, los barrios de La Sal, Paraíso-Cantinas y Pinilla, que forman tejidos uniformes «*ligados casi más a León que a San Andrés del Rabanedo*» (Ayuntamiento de San Andrés del Rabanedo, 2010, p. 169).

Tabla 25. ZAS, barrios y entidades de población del área de estudio.

DENOMINACIÓN DE LOS CEAS/ZAS		CRITERIOS DE DELIMITACIÓN DE BARRIOS Y ENTIDADES DE POBLACIÓN EN LA CIUDAD DE LEÓN		
			CRITERIO INSTITUCIONAL	
TÉCNICA	INSTITUCIONAL	CRITERIO CIENTÍFICO Y ACADÉMICO INSTITUCIONAL	AYUNTAMIENTO DE LEÓN	AYUNTAMIENTO DE SAN ANDRÉS DEL RABANEDO
LE1-ZAS Centro	Centro	Casco histórico/Casco antiguo Ensanche	Casco histórico; Centro-Ensanche; El Mercado	-
LE2-ZAS Norte	Mariano Andrés	Eras de Renueva; San Esteban; Las Ventas	Eras de Renueva; Área 18; La Asunción; La Inmaculada; Renueva-San Esteban; Las Ventas	-
LE3-ZAS Noreste	San Mamés – La Palomera	San Mamés; La Palomera; San Lorenzo; San Pedro	San Mamés-Palomera-San Lorenzo; Universidad	-
LE4-ZAS Este	El Ejido – Santa Ana	El Ejido; Santa Ana; Polígono 10	El Ejido; Santa Ana; La Serna-La Granja; Moisés de León	-
LE5-ZAS Sur	Puente Castro – San Claudio	San Claudio; La Chantría; La Lastra; Puente Castro	San Claudio; La Chantría; Puente Castro-La Lastra	-
LE6-ZAS Suroeste	Armunia- Oteruelo- Trobajo del Cerecedo	Armunia; Trobajo del Cerecedo; Oteruelo de la Valdoncina	Armunia; Oteruelo de la Valdoncina; Trobajo del Cerecedo	-
LE7-ZAS Oeste El Crucero	El Crucero – La Vega	El Crucero; Pinilla; La Vega; La Sal	El Crucero; Pinilla; El Soto (Polígono 58 y Área 17); La Vega	-
SA1-ZAS Noroeste	S. Andrés del Rabanedo	San Andrés del Rabanedo	-	Pinilla; San Andrés del Rabanedo; Villabalter
SA2-ZAS Oeste Trobajo	Trobajo del Camino	Trobajo del Camino; El Paraíso; La Sal	-	Trobajo del Camino; La Sal; Paraíso Cantinas

Fuente: elaboración propia a partir de Ayuntamiento de León, 2021; Ayuntamiento de San Andrés del Rabanedo, 2010; González González y Pérez Llamazares, 2000; y López Trigal, 1987, 2002.

Como se ha explicado en la introducción, el análisis parte de la red de CEAS que se estructura en León. Desde esta perspectiva, el área de estudio se divide en nueve Zonas de Acción Social (ZAS) establecidas para la gestión de las prestaciones sociales. Se trata de sectores diversos en cuanto a superficie y población y, por ello, pueden coincidir territorialmente con un barrio o agrupar a varios dentro de sus límites. La Tabla 36 muestra su distribución junto a los barrios y entidades de población que integran el área de estudio. Para nombrar dichas zonas se emplea una denominación técnica que facilita las labores del análisis y que aparece junto a la asignada por los propios servicios sociales en la información que proporciona el SAUSS.

Respecto a los barrios y su distribución en la ciudad se han valorado dos criterios diferentes. Por un lado, se ha tenido en cuenta el criterio de expertos que han tratado el tema en investigaciones y estudios de campo previos. Por otro, se ha contemplado el enfoque de los Ayuntamientos que integran el área estudiada: para los barrios del municipio de León se ha recurrido a la delimitación oficial elaborada por el Consistorio, diseñada para mejorar la organización, funcionamiento y eficacia de su gestión (Ayuntamiento de León, 2021); y se ha completado con la que proporciona el PGOU vigente acerca de esta cuestión; para los barrios y núcleos que integran el municipio de San Andrés del Rabanedo, dado que no existe un documento que proporcione una delimitación oficial comparable a la anterior, se ha recurrido a la información que proporciona el PGOU de 2010 y la página web institucional (Tabla 25).

De acuerdo con lo expuesto, la disposición de las ZAS en el área de estudio es la siguiente. La red que pertenece al municipio de León está compuesta por las siguientes siete zonas: LE1-ZAS Centro (Centro), LE2-ZAS Norte (Mariano Andrés), LE3-ZAS Noreste (San Mamés – La Palomera), LE4-ZAS Este (El Ejido – Santa Ana), LE5-ZAS Sur (Puente Castro – San Claudio), LE6-ZAS Suroeste (Armunia – Oteruelo – Trobajo del Cerecedo) y LE7-ZAS Oeste El Crucero (El Crucero – La Vega). La red del municipio de San Andrés del Rabanedo está formada por dos: SA1-ZAS Noroeste (San Andrés del Rabanedo) y SA2-ZAS Oeste Trobajo (Trobajo del Camino).

En conjunto, configuran una red de atención que se extiende a lo largo de toda el área de estudio, y que la divide en fragmentos de superficie y tamaño de población variado. Su distribución aparece reflejada en la Figura 20, junto a los barrios y entidades de población que se incorporan a cada una de sus delimitaciones.

Figura 20. Zonas de Acción Social y entidades de población del área de estudio.

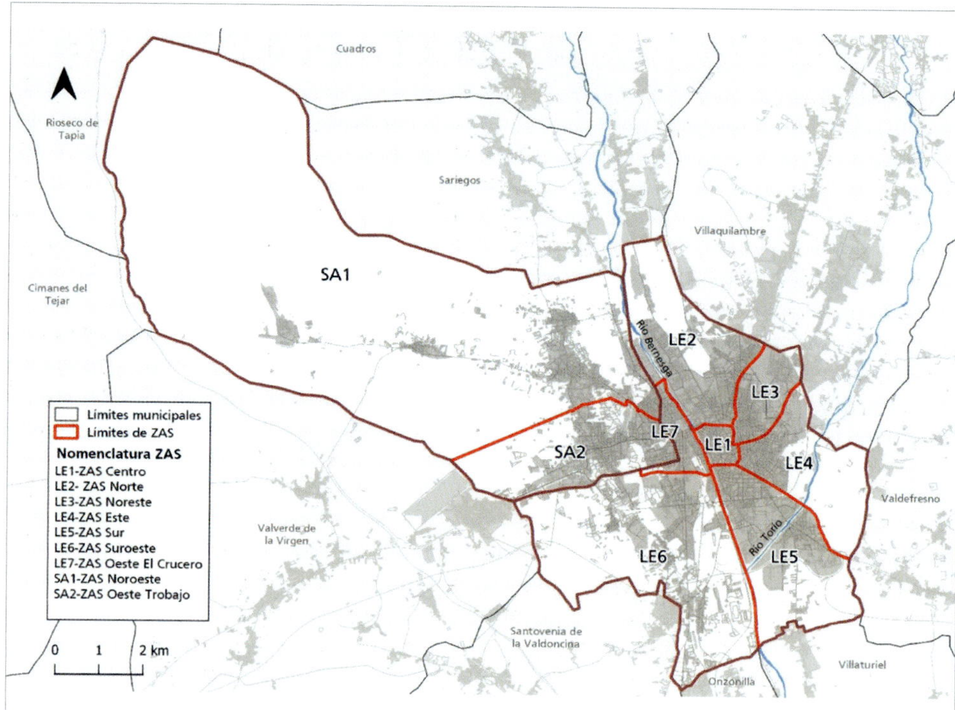

Fuente: elaboración propia a partir de IDECYL, ©Junta de Castilla y León.

6.2. Evolución urbanística de León y sus rasgos de vulnerabilidad

De acuerdo con A. T. Reguera Rodríguez (1996), el origen de León se encuentra en el campamento romano de la Legio VII Gémina y la construcción de un recinto amurallado que bordeaba una superficie de aproximadamente 20 hectáreas. Con el transcurso del tiempo, este asentamiento reticular fue viviendo épocas de crecimiento y de declive, e incluso de abandono y, por tanto, experimentando cambios en su estructura, funciones y en la forma de ser gestionado (Morais Vallejo, 2011, 2012).

Durante la Edad Media la ciudad se expandió más allá de este contorno limitado por la muralla romana a partir del desarrollo de arrabales adosados al recinto y a sus puertas de acceso, tales como Santa Ana, San Lorenzo o San Pedro, (González González et al., 1989). Este crecimiento, con particular incidencia hacia el sur del campamento motivado por la actividad comercial (Estepa Díez, 1988), fue proporcionando paulatinamente la base necesaria para la creación del entramado urbano actual. La ciudad quedó configurada desde el punto de vista urbanístico con la formación de un perímetro amurallado que se extendió más allá de los límites marcados por el campamento romano, influenciado por la localización del mercado y la vía de entrada de peregrinos, diferenciándose con nitidez del resto de pequeñas aglomeraciones agrarias de los alrededores por su marcado carácter urbano.

Sin embargo, no fue hasta la llegada del ferrocarril a León a mediados del siglo XIX cuando se produjo el verdadero inicio de la ciudad moderna (González González, 1987). La implantación de la infraestructura ferroviaria y la construcción de la Estación del Norte en la orilla oeste del Bernesga en 1863 supusieron un fuerte impulso para la ciudad. Atrajeron actividad industrial a sus alrededores y, de forma paralela, se desarrollaron nuevos barrios residenciales para la clase trabajadora.

Por su parte, la Real Orden de Planos Geométricos de Población, aprobada en España en 1846, marcó parte del desarrollo de la ciudad decimonónica. Se trata de una técnica urbanística para controlar el crecimiento de las ciudades en España, tanto en su interior como en su proyección hacia otros núcleos (Lois González et al., 2012). En León se aprobó en 1864 y planteó la ordenación del espacio dentro de la muralla a partir de reformas puntuales del viario y parcelario; y del exterior, tomando en consideración la expansión de la ciudad a partir del trazado de nuevas calles (Reguera Rodríguez, 1996).

Posteriormente, en 1904, se aprobó la construcción del Ensanche, figura urbanística que marcó la entrada en la ciudad tanto *«del despliegue de las novedades del progreso (agua corriente, alcantarillado, calles y viviendas amplias y ventiladas) como la construcción de un espejo en el que se mira la sociedad (calles rectas y espaciosas, paseos, fachadas de edificios con estilo)»* (Cortizo Álvarez, 1999, p. 86). Fue dirigido por el arquitecto municipal Manuel Cárdenas Pastor (Reguera Rodríguez, 1987, 1996) y su desarrollo se caracteriza por estar marcado por diversos reajustes y modificaciones con respecto al diseño inicial. Estos cambios se llevaron a cabo debido a la capacidad de las clases sociales más acomodadas para influir en la toma de decisiones y, en última instancia, adaptar el proyecto a sus necesidades (González González y Pérez Llamazares, 2000). Las instalaciones ferroviarias marcaron el rumbo de su crecimiento lineal desde la Avenida Ordoño II hacia el río Bernesga (Cortizo Álvarez, 1999; Reguera Rodríguez, 1996). En conjunto, tal y como se puede apreciar en la Figura 21, a comienzos del siglo XX empezó a configurarse la base de la ciudad actual.

A partir de la década de 1920, la ciudad se expandió hacia su periferia, aunque de forma muy diferente a la planificación del Ensanche. Se hizo fundamentalmente a partir de parcelaciones, estrategia de promoción inmobiliaria dirigida a transformar el suelo rústico en urbano a partir de la división de parcelas en lotes (López Trigal, 2010). En León fueron promovidas por propietarios particulares, generalmente de forma descoordinada y sin planificación, bajo el criterio de la especulación inmobiliaria y sin llevar a cabo gastos previos de urbanización (Reguera Rodríguez, 1987). Por esta razón, los barrios que fueron creados en estas condiciones, como San Esteban, Las Ventas (al norte), San Claudio (al sur del Ensanche), El Crucero o La Vega (en la margen oeste del Bernesga) han adolecido de múltiples problemas (López Trigal, 1987).

Figura 21. Plano de población de León en 1910.

Fuente: Ayuntamiento de León, (1910). Plano de León y su ensanche [plano]. Escala 1:5.000. León. Recuperado de: https://www.ign.es/web/catalogo-cartoteca/resources/html/031663.html.

Durante la década de 1950 las ordenanzas municipales de construcción, que hasta entonces recordaban unas reglas mínimas a respetar en las parcelaciones, fueron perdiendo valor en detrimento de los planes generales de urbanismo propuestos por el gobierno franquista (Reguera Rodríguez, 1987). Con la intención de corregir los defectos de la planificación llevada a cabo en las décadas anteriores, se plantearon una serie de medidas acerca de las condiciones mínimas de construcción tanto en los edificios y las viviendas (superficie mínima, la luz y ventilación directa en las habitaciones), como en los patios interiores y el viario (Durany Castillo, 2004). En este contexto, la ciudad se extendió fundamentalmente en dos direcciones. Por un lado, hacia el sur, conformando el barrio de La Chantría, con un proyecto redactado por el arquitecto Isidoro Saez Ezquerra, que fue el precursor del primer PGOU que abarcaría la organización de toda la ciudad una década después. Por otro, hacia el este, iniciado por una cooperativa de viviendas que daría lugar al actual barrio de El Ejido.

En 1960, tras la promulgación de la Ley del Suelo de 1956 y la institucionalización del planeamiento urbanístico, se aprobó el primer PGOU de León al que se aludía en el párrafo anterior. De acuerdo con A. T. Reguera González (1987) y P. Durany Castillo (2004), la propuesta más influyente en el Plan para la ciudad fue la zonificación de usos y el proceso de segregación espacial implícito en la misma. El Plan dividió la ciudad en tres zonas concéntricas con distintos usos del suelo en cada una. La primera se corresponde con el Casco histórico y el Centro-Ensanche y en ella estaban prohibidas las actividades industriales molestas y contaminantes, así como «*los usos que producen aglomeración de obreros*» (citado en Reguera González, 1987, p. 175). La segunda estaba compuesta por el anillo más inmediato al centro y en ella se permitía la coexistencia de actividad industrial con la residencial, es decir, viviendas para trabajadores ferroviarios y de las fábricas y talleres adyacentes. La última zona incluía los terrenos rurales alrededor de la ciudad, destinados a futuras expansiones urbanas. Esta zonificación impuesta por el Plan estableció diferencias notables en la calidad de vida de sus barrios y ayuda a comprender las causas de la intensa segregación espacial basada en niveles de renta que afecta a León.

Durante la década posterior, el Plan fue sometido a examen por parte del Ayuntamiento, que argumentaba que la ciudad se enfrentaba a una situación caótica en términos de planificación urbana. A mediados de la década de 1970, con la llegada de la democracia y la modificación de la Ley del suelo de 1976, se inició su revisión, aprobando la nueva versión finalmente en el año 1983 (López Trigal, et al., 2002). Pese a ello, el nuevo documento continuó el modelo anterior, basando el desarrollo de la ciudad en la especulación del suelo y el negocio inmobiliario. Esta tendencia se puede apreciar en la priorización de proyectos de construcción en detrimento de los espacios libres y las zonas verdes, condenados a establecerse en la periferia. Además, aunque se planteó valorar la participación ciudadana, las asociaciones de vecinos encontraron muchas barreras para poder expresar sus reivindicaciones de forma adecuada, debido fundamentalmente a la falta de legalización de las mismas (Reguera González, 1987). En el año 1992 se inició su revisión, publicándose más tarde un avance provisional, que se caracteriza por su carácter especulativo y regresivo (López Trigal, 2002).

Actualmente, el régimen urbanístico del término municipal de León está ordenado por un documento revisado por última vez el 4 de agosto de 2004. El Plan se orienta al desarrollo integrado de la ciudad al completo, tomando en consideración básicamente tres criterios generales: el enfoque metropolitano para aumentar la conectividad del cuerpo principal con el resto del alfoz; la defensa de la riqueza patrimonial; y el fomento del desarrollo territorial equitativo, dirigido a subsanar los efectos de la segregación espacial y social y de la especulación urbanística que ha caracterizado al crecimiento de la ciudad a lo largo de su historia. Para ello marca como objetivos principales la integración de la red ferroviaria de RENFE y el desarrollo urbanístico del entorno de la antigua fábrica de azúcar Santa Elvira, y se centra además en la mejora de la infraestructura ferroviaria en general, la rehabilitación de las viviendas de los barrios menos favorecidos repartidos por la ciudad y la transformación de los terrenos industriales en espacios públicos de calidad. Se fomenta así, por un lado, una especialización de las áreas de nueva centralidad en actividades orientadas hacia el turismo y, por otro, la concentración de usos residenciales, la revitalización de la trama urbana, la mejora de las conexiones entre los distintos barrios y el fomento de una imagen moderna y competitiva de la ciudad (Benito del Pozo y Díez Vizcaíno, 2017).

Respecto a los problemas urbanos detectados en el Plan destacan los siguientes. Primero, las deficiencias en la calidad de vida y en la cohesión social que caracterizan los barrios de Las Ventas y La Inmaculada, al norte de la ciudad, destacando la necesidad de actuar en su integración urbanística y social. Segundo, la situación negativa del barrio de San Mamés, cuyo origen se encuentra en las parcelaciones proyectadas a mediados de la década de 1940, que dieron como resultado un parcelario abarrotado de edificios residenciales sin espacio disponible para zonas verdes e instalaciones comunitarias. Tercero, las carencias urbanas del barrio de La Vega, el aislamiento social de Oteruelo de la Valdoncina y los problemas descritos con respecto a los barrios ferroviarios, todos ellos situados en la parte oeste de la ciudad.

En cuanto al territorio que abarca el municipio de San Andrés, se caracteriza por una composición variada de sectores con elementos y funciones muy diversas, tanto de tipo urbano como rural, y cuyo crecimiento y asimilación a la ciudad están influidos por dos cuestiones fundamentales. Por un lado, la instalación de la infraestructura ferroviaria en la orilla occidental del río Bernesga anteriormente mencionada, y por otro, la disposición de la carretera de Astorga (N-120), que a finales del siglo XX significó la consolidación de un eje de crecimiento principal en detrimento del resto (López Trigal, 2002).

Respecto a la ordenación de su territorio, a pesar del interés municipal por hacerlo efectivo desde comienzos de la década de 1970, no fue hasta el año 1999 cuando se aprobaron definitivamente las primeras Normas Subsidiarias de Planeamiento Urbano. Su grado de ejecución no fue muy elevado y en el año 2008 se empezó a redactar un PGOU municipal, que fue publicado finalmente en 2010 (García Argüello, 2015). El Plan se caracteriza por adoptar un enfoque expansivo, fundamentado en la premisa de que el crecimiento urbano puede tener un efecto positivo al abordar las deficiencias y vacíos del desarrollo previo, contribuyendo de esta forma a generar un entorno urbano más cohesionado y completo (De Santiago Rodríguez y González García, 2021).

En lo que respecta a los desafíos más destacados en el territorio que abarca este municipio, el Plan identifica problemas en los terrenos limítrofes con León, en especial las áreas que ocupan los barrios de La Sal, Paraíso-Cantinas y Pinilla. Entre ellos destaca el estado de abandono en el que se encuentran ciertos sectores en su interior, la carencia de usos terciarios que inclinan la actividad comercial hacia León, así como su falta de conexión con el resto del municipio.

De forma conjunta, este espacio constituye el cuerpo principal de la ciudad de León. Tal y como puede apreciarse en la Figura 22, su base está arraigada en el Casco Antiguo y el Centro (Ensanche), barrios que han experimentado un notable crecimiento a su alrededor dando lugar a un cinturón residencial compuesto por sectores construidos en distintas épocas y que presentan características muy diferentes entre sí, lo que genera contrastes económicos, demográficos y sociales internos destacables (González González, 2000). Los principales problemas urbanos detectados en el área de estudio se concentran en los barrios ubicados al norte, como Las Ventas, La Inmaculada y La Asunción; y del oeste, en particular, El Crucero, La Sal, Paraíso-Cantinas o La Vega (entre los dos municipios citados), así como las condiciones de aislamiento que experimentan Armunia, Oteruelo de la Valdoncina y Trobajo del Cerecedo. A todo esto, hay que añadir los entornos de infraviviendas que persisten en la actualidad, como los asentamientos de La Lastra-Graveras, Altos de Nava o Michaisa, identificados en diversos informes oficiales (Junta de Castilla y León, 2011; FSG, 2018).

Figura 22. Edad de la edificación en el área de estudio.

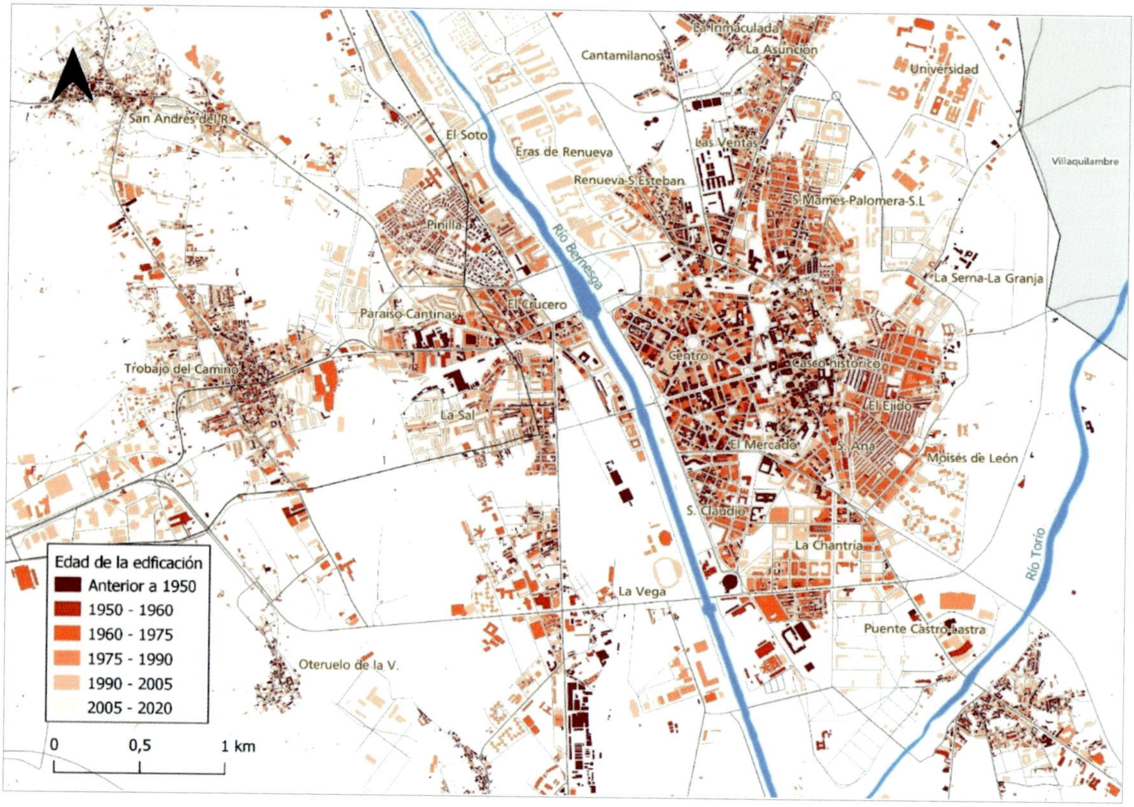

Fuente: elaboración propia a partir del Catastro Inmobiliario, Ayuntamiento de León (2021) e IDECYL, ©Junta de Castilla y León.

6.3. Características demográficas y socioeconómicas de la ciudad

En los últimos años, la población del conjunto de León y San Andrés del Rabanedo ha experimentado un descenso en consonancia con la dinámica regresiva de la ciudad sostenida en las últimas décadas. En 2017 León tenía 125.317 habitantes y San Andrés del Rabanedo 31.123, lo que representa un porcentaje ligeramente superior al 80% y algo menos del 20% respecto del total del área de estudio. Cuatro años después se registró un descenso hasta los 124.028 y los 30.549 habitantes respectivamente, sin que los porcentajes de población que aporta cada municipio al total considerado variasen notablemente. De forma agregada, de acuerdo con la Tabla 26, los datos de población más recientes del área de estudio señalan que la población total alcanza los 152.789 habitantes, fruto de un ligero incremento experimentado durante el último año.

Tabla 26. Evolución de la población en el área de estudio, 2017-2024.

Año	Municipio de León		Municipio de San Andrés		Población total del área de estudio
	Total	%	Total	%	
2017	125.317	80,11%	31.123	19,89%	156.440
2018	124.772	80,19%	30.820	19,81%	155.592
2019	124.303	80,24%	30.615	19,76%	154.918
2020	124.028	80,24%	30.549	19,76%	154.577
2021	122.398	80,20	30.225	19,80	152.623
2022	121.377	80,21	29.939	19,79	151.316
2023	121.763	80,23	30.009	19,77	151.772
2024	122.866	80,42	29.923	19,58	152.789

Fuente: elaboración propia a partir del INE.

La población se distribuye de forma desigual en los distritos y, por tanto, en las zonas delimitadas por las ZAS de los CEAS que operan en la ciudad, tal y como se aprecia en la Figura 23. Para identificar adecuadamente el código de cada distrito en cada municipio se ha optado por agregar un prefijo (L para el municipio de León y S para el de San Andrés del Rabanedo), mientras que para las ZAS se ha empleado la denominación técnica que se ha explicado anteriormente (Tabla 25). Los intervalos se han ajustado mediante el método de clasificación de Jenks y se ha utilizado una paleta de color en la que el tono verde más oscuro representa los distritos y ZAS con los porcentajes de población más altos, mientras que el tono beis representa a los que tienen porcentajes más bajos.

En el mapa de distritos se aprecia que la población se concentra con más intensidad en los barrios que rodean al Ensanche. Esta tendencia es especialmente visible en dos áreas diferenciadas: por un lado, al norte, en el espacio que coincide con los barrios de Eras de Renueva, San Esteban, San Mamés o La Palomera; por otro, al sur del centro, en los barrios de San Claudio o La Chantría. Los ubicados en la orilla oeste del río Bernesga presentan valores similares, especialmente en El Crucero y el entorno de Trobajo del Camino. Esta situación contrasta con la de San Andrés del Rabanedo y la del barrio de Pinilla, cuyos porcentajes de población son bastante menores. El resto de zonas que albergan los porcentajes más bajos se ubican, por una parte, en el centro, concretamente, en el barrio de El Mercado y el sur del Casco Histórico; y por otra, en el sur de la ciudad, en el distrito que incluye Armunia, Oteruelo de la Valdoncina y Trobajo del Cerecedo (al oeste del Bernesga); y el que está constituido por el núcleo de Puente Castro, en la margen derecha del río Torío.

Conforme a esta información, el mapa de ZAS muestra que la que acoge un mayor volumen de población se encuentra al Norte (barrios de Eras de Renueva, San Esteban, Las Ventas, La Asunción o La Inmaculada), seguido de la del Este (El Ejido, Santa Ana y Moisés de León) y la zona del Sur que, además de los barrios de San Claudio, La Chantría y La Lastra, agrupa al núcleo de Puente Castro. Las ZAS menos pobladas se encuentran en la margen oeste del Bernesga, en los sectores en los que el espacio urbano se difumina con el rural al norte, al Noroeste (San Andrés del Rabanedo) y al Suroeste, evidenciando que los barrios ubicados al oeste de la ciudad (LE7-ZAS Oeste El Crucero y SA2-ZAS Oeste Trobajo), es decir, El Crucero, La Vega, La Sal y Paraíso-Cantinas, constituyen el espacio más poblado de la parte oeste del área estudiada.

Figura 23. Población por distritos y ZAS, 2020.

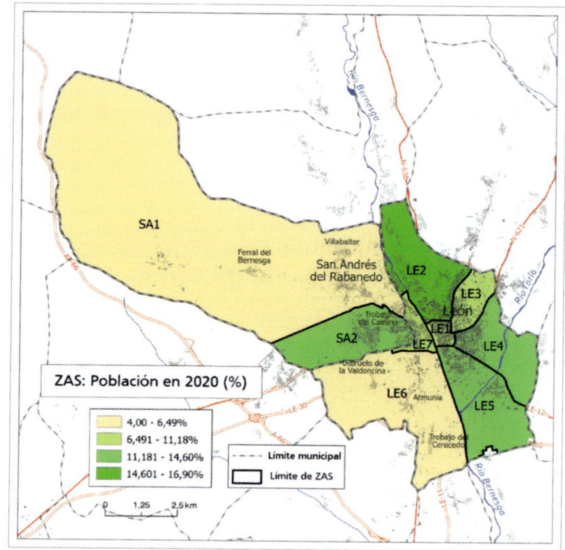

Fuente: elaboración propia con apoyo técnico del Servicio de Cartografía de la Universidad de León.

La Figura 24 muestra la variación que han experimentado dichas unidades espaciales durante los años del periodo 2017-2020. La clasificación de intervalos se ha realizado siguiendo el mismo método de la Figura anterior y esta vez se ha empleado una gama rojo-amarillo para representar los distritos y ZAS que más población han perdido (en color rojo) y las que han experimentado una disminución menos intensa (en amarillo). Los distritos censales cuya población ha disminuido más en los cuatro años del periodo estudiado se encuentran en la orilla oeste del Bernesga. Se trata del espacio comprendido por los barrios de Pinilla y el entorno de Armunia, Oteruelo de la Valdoncina y Trobajo del Cerecedo, con valores en torno al -3,8%. Una situación parecida, aunque con menor grado de variación, es la que han experimentado los distritos que incluyen los barrios de Santa Ana y Moisés de León, con valores que se sitúan alrededor del -3% de variación. En comparación, de acuerdo con la metodología de aproximación de población empleando el listado de población por calles, la ZAS que ha experimentado una disminución más intensa en el periodo 2017-2020 es LE7-ZAS Oeste El Crucero, que agrupa los barrios de El Crucero y la parte septentrional del barrio de La Vega, seguido de SA2-ZAS Oeste Trobajo y LE6-ZAS Suroeste, que incluyen el entorno de Trobajo del Camino y de Armunia, respectivamente.

Figura 24. Variación de la población por distritos y ZAS, 2017-2020.

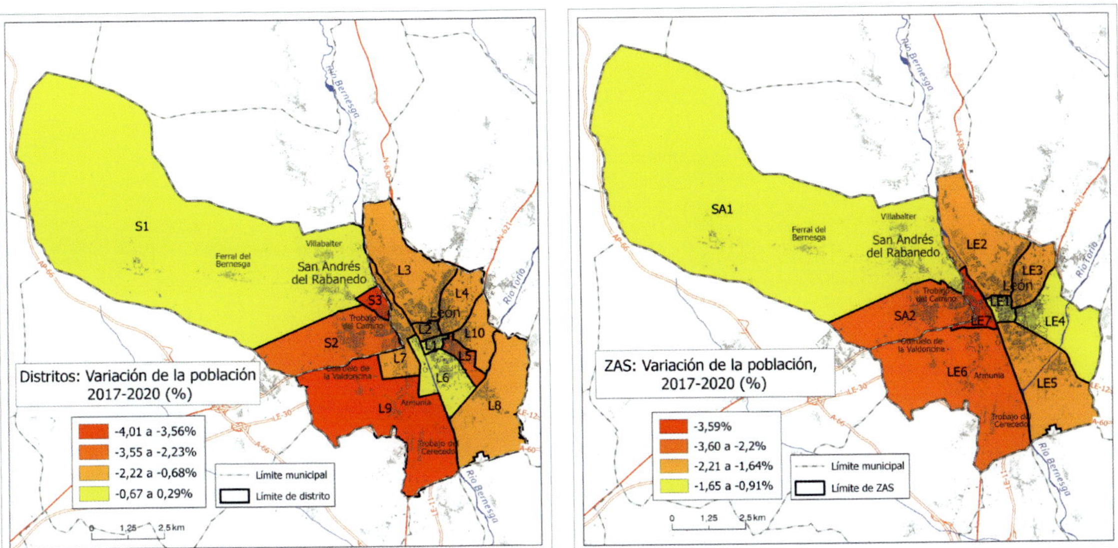

Fuente: elaboración propia con apoyo del Servicio de Cartografía de la Universidad de León.

En conclusión, todos los distritos y ZAS de León y San Andrés del Rabanedo perdieron población en el periodo 2017-2020, si bien en grado desigual. Los que vieron disminuida su población con más intensidad son los que se ubican en la orilla oeste del Bernesga. En contraste, los barrios con menor pérdida están en las inmediaciones del centro urbano, especialmente en el sur del Ensanche y la prolongación hacia San Claudio y La Lastra.

Desde el punto de vista de la estructura demográfica, de acuerdo con el INE, la edad media de la población española en 2020 fue de 43,58 años, siendo 44,83 en las mujeres y 42,28 en los hombres. Este dato difiere significativamente de la situación en el municipio de León, donde la edad promedio alcanzó los 48,38. Más específicamente, las mujeres alcanzaron los 50,39 de media y los hombres 45,95 (INE, 2020a).

La tendencia nacional y la de León no solo se muestran dispares en este indicador. En 2017 la población de 65 años o más suponía un 18,82% sobre el total nacional, mientras que en el conjunto estudiado ascendió al 24,45%. Esta cifra ha ido en aumento hasta alcanzar el 25,58% en 2020 como muestra la Tabla 27, lo que se traduce en que la población leonesa envejece a un ritmo mayor que la nacional. En este contexto, la proporción de personas entre los 65 y los 79 años en el área de estudio ha aumentado más de un punto, mientras que la población de 80 o más años representa más del 9% de toda la población.

Tabla 27. Estructura de edad de la población.

Año	Total área de estudio	Grupos quinquenales de edad			Población anciana	
		0-14	15-64	65 o más	65-79	80 o más
2017	156.440	12,19%	63,36%	24,45%	15,15%	9,29%
2018	155.592	12,16%	62,97%	24,88%	15,51%	9,37%
2019	154.918	12,02%	62,78%	25,20%	15,92%	9,29%
2020	154.577	11,93%	62,49%	25,58%	16,40%	9,18%
2021	152.623	11,75%	62,33%	25,92%	16,86%	9,07%
2022	151.316	11,54%	61,96%	26,51%	17,38%	9,12%
2023	151.772	11,30%	61,94%	26,77%	17,75%	9,02%
2024	152.789	11,11%	61,74%	27,15%	18,00%	9,15%

Fuente: elaboración propia a partir del INE.

La pirámide de población de la ciudad de León en 2020 (Figura 25) acusa este alto volumen de población anciana y muestra que las mujeres son mayoría en la vejez, hecho que se acentúa cuanto mayor es la edad. Por ejemplo, el total de mujeres mayores de 80 años ese año fue de 9.308, frente a los hombres, que apenas superaron los 4.800 efectivos. En cuanto a su distribución por secciones censales, las que acusan un mayor porcentaje de ancianos pertenecen a los núcleos de población de Trobajo del Camino, San Andrés del Rabanedo, Ferral del Bernesga, Villabalter, Oteruelo de la Valdoncina y Armunia, y a barrios como San Mamés, Pinilla, San Claudio o El Soto. En el lado contrario, las secciones censales con un menor porcentaje de población igual o mayor de 65 años pertenecen a los barrios de El Ejido, Las Ventas y El Crucero.

Si ponemos el foco en la población extranjera, se aprecia que también difiere del promedio del conjunto del país. En 2017, el porcentaje a nivel nacional se situó

Figura 25. Pirámide de población, 2020.

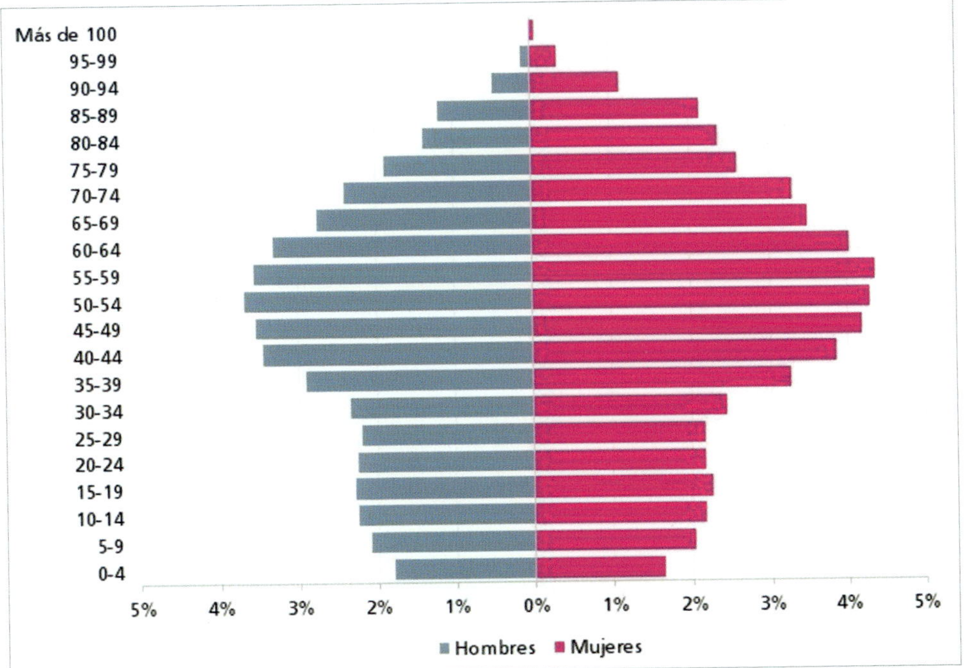

Fuente: elaboración propia a partir del INE.

en un 9,82%, mientras que en el área estudiada apenas rebasó el 7,5%. La Figura 26 muestra los valores porcentuales de este colectivo en su conjunto, así como el continente de origen. Se observa, por un lado, que la población procedente de América experimentó un incremento constante del primer al último año estudiado, pasando de algo más del 30% a superar el 37%. En contraste, la población europea ha experimentado un descenso, pasando del 32,5% al 25,75% en esos años. Por otro lado, la población africana y la asiática se han mantenido relativamente estables en ese periodo, con variaciones mínimas en sus respectivos porcentajes. En conjunto, se evidencia un cambio en el periodo 2017-2020 que atañe a la composición de la población extranjera: hay un aumento constante de la sudamericana y una disminución paulatina de la europea. Acerca del comportamiento espacial de las poblaciones rumana y búlgara, autores como R. Viruela Martínez (2008) aluden, al referirse a España, a un fenómeno también observado en León y es que una y otra comunidad buscan deliberadamente no tener vecindad, lo que explica que los rumanos se concentren con preferencia en los barrios del norte de la ciudad y al oeste en El Crucero; mientras que los búlgaros están asentados sobre todo en el sur (Puente Castro) y el oeste, en Armunia.

Figura 26. Población extranjera por continente de procedencia, 2017-2020.

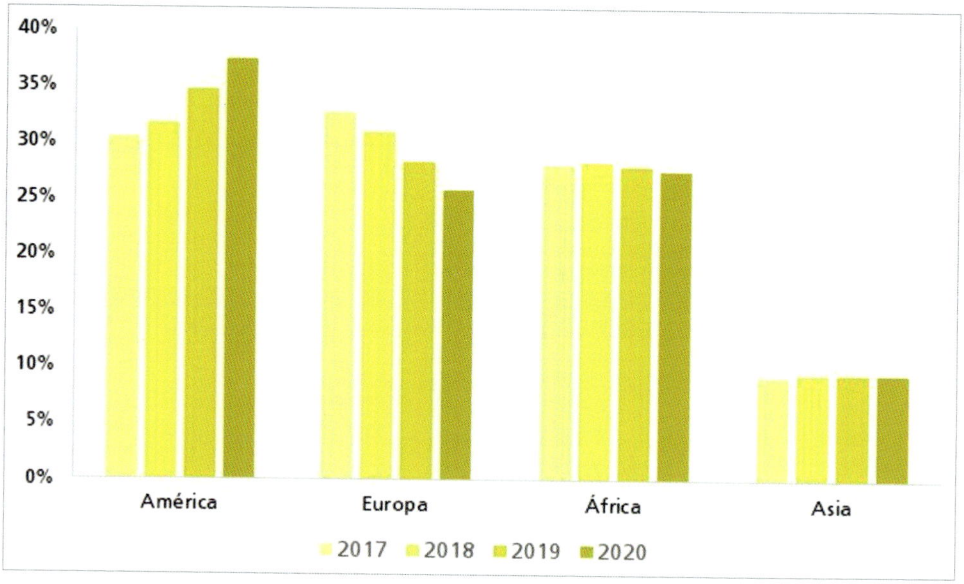

Fuente: elaboración propia a partir del INE.

La Tabla 28 ofrece información acerca de la población extranjera desglosada por los principales países de procedencia y revela información acerca de estas tendencias. En cuanto a las nacionalidades o países más representados destacan, por un lado, Marruecos, con valores que superan el 20% en todos los años estudiados; y por otro, Colombia y Venezuela, que han experimentado un aumento muy significativo, con cifras que pasan del 6,69% y 1,89% en 2017 a casi el 10% y el 6% en 2020, respectivamente. El resto de nacionalidades muestran valores más modestos, con pequeñas variaciones a lo largo del periodo.

Tabla 28. Principales nacionalidades de la población extranjera, 2017-2020.

Año	PRINCIPALES NACIONALIDADES %							
	AMÉRICA			EUROPA		África	Asia	RESTO
	RD	COL	VEN	RUM	BUL	MAR	CH	
2017	6,84	6,69	1,89	12,83	5,30	21,87	5,37	39,21
2018	6,53	7,08	3,38	11,88	4,98	22,00	5,10	39,05
2019	6,38	7,91	4,63	10,92	4,35	21,86	4,81	39,14
2020	6,02	9,58	6,04	9,41	3,81	21,91	4,56	38,67

Nota: RD: República Dominicana. COL: Colombia. VEN: Venezuela. RUM: Rumanía. BUL: Bulgaria. MAR: Marruecos. CH: China

Fuente: elaboración propia a partir del INE.

La Figura 27 muestra la representación cartográfica del coeficiente de localización de extranjeros. Este indicador se emplea para determinar si la población extranjera se concentra en algunas zonas o si, por el contrario, se distribuye de manera más uniforme en la ciudad. Los intervalos se han ajustado de forma manual y se ha empleado una gama de color verde-rojo para representar los siguientes escenarios: (1) los valores inferiores a 1 muestran una proporción de población extranjera menor que la existente en el conjunto de la ciudad (verde oscuro); (2) los valores entre 1 y 2 señalan una concentración importante de población extranjera (verde claro); (3) los valores que superan el 2 reflejan una proporción superior al doble de la proporción de la ciudad (naranja); y, finalmente, (4) los que sobrepasan el 3 señalan que la proporción de población extranjera al menos triplica la proporción de esta población (rojo).

Figura 27. Coeficiente de localización de la población extranjera, 2020.

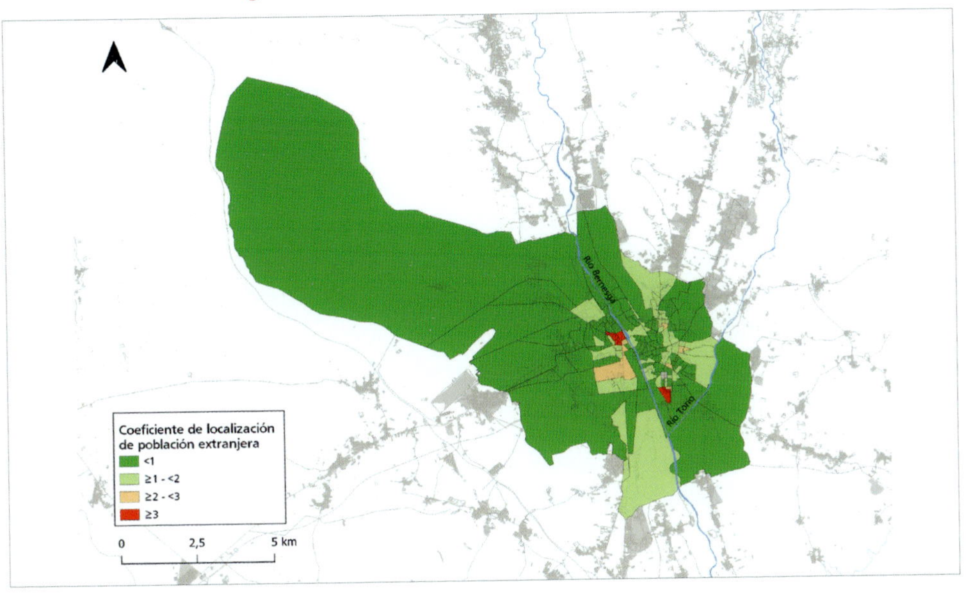

Fuente: elaboración propia a partir del INE e IDECYL ©Junta de Castilla y León.

En conjunto, se aprecia una concentración más intensa en los barrios periféricos frente a los centrales. Los que presentan los valores más bajos, es decir, aquellos en los que la proporción de personas extranjeras es inferior a la del área de estudio al completo, son el Casco histórico, el Centro-Ensanche, El Mercado, Eras de Renueva, La Palomera, La Universidad, el fragmento norte de Pinilla, Puente Castro y los núcleos de Trobajo del Camino, Oteruelo de la Valdoncina, Ferral del Bernesga y Villabalter.

En contraste, los más elevados se localizan en los barrios de El Crucero, La Vega y La Lastra, San Mamés, El Ejido y Santa Ana, aunque la situación de cada uno de ellos presenta sus propias particularidades. En El Crucero y La Vega, la proporción de extranjeros en las secciones ubicadas en el límite municipal de León con San Andrés del Rabanedo, casi cuatriplican la del conjunto del área estudiada. En La Lastra, las cifras registradas también triplican dicha proporción, aunque son ligeramente menores. En un segundo nivel se sitúan los barrios de San Mamés, El Ejido y Santa Ana, en los que la proporción de extranjeros es más del doble que en el resto de la ciudad. El resto de zonas, en las que la proporción de población extranjera es superior a la del conjunto urbano, están dispersas entre los barrios restantes.

Los resultados del coeficiente de localización calculados para cada una de las principales nacionalidades de población extranjera presentan situaciones de distinto tipo. Por un lado, la población colombiana se concentra especialmente en los barrios de San Mamés, El Ejido, Santa Ana, Moisés de León, El Crucero y Paraíso-Cantinas. Tiene una presencia relevante, aunque con menos intensidad, en los fragmentos adyacentes a los anteriormente citados, particularmente en la Chantría y Puente Castro al sur, y La Sal y Trobajo del Camino al oeste.

La población dominicana se agrupa con especial intensidad en dos zonas. Por un lado, al oeste, en el conjunto formado por el barrio de El Crucero, La Sal, Paraíso Cantinas y Pinilla, con una representatividad notable en Armunia y Oteruelo de la Valdoncina. Por otro lado, al sur de la ciudad, en los barrios de San Claudio, La Chantría y La Lastra. Con coeficientes de localización menores, pero aun significativos, se detectan concentraciones en fragmentos del Ensanche, el Casco histórico, El Ejido y San Andrés del Rabanedo.

La población originaria de Venezuela se concentra especialmente en cuatro zonas diferenciadas: primero, al norte, en los barrios de San Mamés y La Palomera y su prolongación hacia La Inmaculada y La Asunción; segundo, al este, en El Ejido, extendiéndose también hacia Puente Castro; tercero, al sur, en Santa Ana, con una presencia significativa en San Claudio y La Lastra; y cuarto, al oeste, en el conjunto de barrios de la margen izquierda del río Bernesga, destacando Paraíso-Cantinas y Pinilla.

La población marroquí constituye la nacionalidad más numerosa entre la población extranjera en todo el conjunto estudiado. Se distribuye mayoritariamente en tres zonas diferenciadas: por un lado, en los barrios del norte, en San Mamés, La Inmaculada y La Asunción; por otro, en el oeste de la ciudad, en el conjunto formado por los barrios El Crucero-La Vega-La Sal-Armunia y, con representatividad hacia el suroeste, en los núcleos de Oteruelo de la Valdoncina y Trobajo del Cerecedo; finalmente, en dos enclaves en el sur y sureste de la ciudad que corresponden con fragmentos de La Lastra y de El Ejido. En contraste, cabe destacar que su presencia es mucho más baja en los barrios centrales y zonas periféricas como San Andrés del Rabanedo, Trobajo del Camino o Puente Castro.

En cuanto a la comunidad rumana, se registran coeficientes de localización altos en tres áreas: primero, en los barrios del norte (Las Ventas, La Inmaculada y La Asunción); segundo, en ciertos fragmentos de los barrios del sur (San Claudio y La Lastra); y tercero, en el oeste (El Crucero). Si observamos el siguiente intervalo de categorización, también se presenta como una nacionalidad destacada en los barrios adyacentes a los citados. Siguiendo el orden anterior, extendiéndose hacia San Mamés al norte; a Puente Castro en el sur; y hacia la Vega, Armunia, Trobajo del Camino y Trobajo del Cerecedo en la margen izquierda del Bernesga.

Finalmente, la población china presenta una distribución más específica, concentrándose de forma intensa en fragmentos del centro urbano y de aquí hacia el sur (El Mercado, San Claudio y La Chantría); y también en San Mamés y la mitad norte de Pinilla, rompiendo la pauta de distribución de las otras nacionalidades. Esta pauta no es una excepción leonesa sino, como apuntan algunos autores, entre ellos J. Tébar Arjona (2012), se reproduce en diversas ciudades españolas que albergan población de origen chino y respondería a una estrategia de localización que suele estar relacionada con actividades empresariales y comerciales, sugiriendo una relación entre el lugar de residencia y el de trabajo.

De la amplia variedad de escenarios presentados podemos concluir que el coeficiente de localización de extranjeros revela diferencias significativas entre unos y otros barrios. Por un lado, los ubicados al oeste del río Bernesga (El Crucero y La Vega), tienen alta representación de múltiples nacionalidades, entre las que destacan la población marroquí, dominicana, colombiana y rumana. Por otro, en los barrios de la margen izquierda del río Bernesga la situación es variada: la mayor parte de la población extranjera en La Lastra (al sur de la ciudad) proviene de Marruecos; San Mamés alberga cifras representativas de población marroquí, colombiana y china; por último, en El Ejido y Santa Ana, barrios más cercanos al centro, destacan por acoger proporciones significativas de población procedente de Sudamérica, especialmente de Venezuela, República Dominicana y Colombia.

En cuanto al empleo, el sector servicios, y dentro del mismo el comercio minorista, es el motor que impulsa la economía urbana desde el punto de vista laboral. Apenas el 7,5% de la fuerza laboral activa se encuentra empleada en el sector secundario, y el peso del sector agrario es muy bajo (ILDEFE, 2018). De acuerdo con la información que ofrece la Tabla 29, la tendencia durante el periodo 2017-2020 es el aumento generalizado del desempleo. De forma más específica, el mayor número de desempleados se acumula en los grupos de población mayores de 45 años, con más incidencia entre las mujeres. Los sectores económicos que más paro registran son el sector servicios seguido de la construcción y el industrial, aunque las situaciones de empleo de larga duración se sitúan en el segundo puesto. A este respecto, es importante señalar que la proporción de empleo en el sector servicios fue del 87,1% en 2019, lo que colocan a León en la cuarta posición por volumen de población activa trabajando en este sector a nivel nacional (INE, 2020b).

Tabla 29. Paro registrado por edad, sexo y sector económico.

Año	SEXO Y EDAD EN EL MUNICIPIO DE LEÓN						SECTORES ECONÓMICOS EN EL MUNICIPIO DE LEÓN				
	HOMBRES			MUJERES			AGR.	IND.	CONST.	SERV.	S.E. ANT.
	<25	24 -44	≥45	<25	24 -44	≥45					
2017	462	2.094	2.512	487	2.875	3.229	307	915	940	7.968	1.529
2018	468	1.813	2.280	456	2.617	3.083	262	814	808	7.414	1.419
2019	400	1.633	2.174	404	2.341	2.982	218	769	768	6.843	1.336
2020	556	2.023	2.454	555	2.791	3.263	247	794	833	8.109	1.659

Nota: Agr.: Agrario. Ind.: Industria. Const: Construcción. Serv.: Servicios. S. E. ant.: sin empleo anterior.

Fuente: elaboración propia a partir del SEPE, 2021.

Si se observa cómo se ha distribuido la renta neta media nominal por los diferentes barrios del área de estudio encontramos disparidades internas reseñables. Los valores más altos se localizan en los barrios centrales, como el Centro-Ensanche y La Chantría. Este aspecto se aprecia durante todo el periodo contemplado, tanto en la renta neta media como en la bruta por persona y hogar. En segundo lugar, se puede afirmar que la tendencia general es que la renta disminuya a medida que nos alejamos hacia los barrios periféricos, siendo los casos más notables, tanto en lo referente a las medias por persona como por hogar, los barrios y núcleos ubicados al oeste de la ciudad. En este sentido, en el municipio de León destacan Armunia, El Crucero, La Vega y Oteruelo de la Valdoncina; y los barrios ubicados al norte, como La Inmaculada, La Asunción, Cantamilanos y Las Ventas. En el municipio de San Andrés del Rabanedo sobresalen en negativo el fragmento perteneciente al barrio de Pinilla y los barrios de Paraíso-Cantinas y La Sal.

La Tabla 30 muestra dicha distribución por distritos censales en los cuatro años estudiados. La utilización de magnitudes reales en vez de nominales permite medir de manera más precisa los cambios en la capacidad adquisitiva de los individuos, eliminando distorsiones asociadas a la inflación.

Tabla 30. Distribución de la renta neta media por persona y hogar por distritos censales ajustada a la inflación (IPC 2021) en euros.

MUNICIPIO	DISTRITO CENSAL	RENTA NETA MEDIA REAL			
		2017	2018	2019	2020
León	1	18.326,92	18.884,91	19.443,25	19.506,19
	2	19.248,57	19.563,73	20.136,88	20.202,06
	3	13.713,36	13.875,49	14.250,78	14.296,91
	4	13.815,42	14.047,27	14.327,85	14.374,23
	5	13.647,08	13.980,01	14.289,82	14.336,08
	6	14.978,01	15.148,29	15.481,84	15.531,96
	7	12.213,03	12.413,34	12.859,40	12.901,03
	8	10.658,00	11.043,27	11.147,42	11.183,51
	9	9.595,35	9.631,82	10.035,56	10.068,04
	10	12.578,12	12.784,83	13.396,84	13.440,21
San Andrés del Rabanedo	1	11.995,24	12.232,25	12.661,08	12.702,06
	2	11.422,89	11.708,64	12.092,81	12.131,96
	3	11.574,40	11.983,90	12.344,58	12.384,54

Fuente: elaboración propia a partir de datos del INE.

En ella se aprecia un aumento general de la renta en todos los distritos a lo largo de dicho periodo. Ahora bien, existen diferencias entre unas zonas y otras de la ciudad. Destacan por sus altos valores los distritos 1 y 2 del municipio de León (Centro-Ensanche y El Mercado) cercanos a los 20.000€ anuales de media por persona. Seguidamente, dentro del mismo municipio sobresalen los distritos 4 (San Mamés, La Palomera), 5 (Santa Ana, Moisés de León) y 6 (La Chantría, La Lastra), al situarse por encima de la mediana durante los cuatro años estudiados. En el lado opuesto, los valores más bajos se ubican en el municipio de León, en los distritos 9 (Armunia, Oteruelo de la Valdoncina y Trobajo del Cerecedo) y 8 (Puente Castro), con rentas cercanas a los 10.000€ y los 11.000€ anuales, respectivamente. Entre el resto de distritos que se sitúan por debajo de la mediana, cabe destacar la presencia de todos los de San Andrés del Rabanedo y, en último lugar, el distrito 7 del municipio de León (Pinilla, El Crucero y La Vega). En otras palabras, la mayor parte de los distritos que muestran una peor capacidad adquisitiva con respecto de los valores medios del conjunto de la ciudad se sitúan en la parte oeste de León, siendo el entorno de Armunia el ejemplo más destacado, a excepción de Puente Castro, que se encuentra al sureste de la ciudad, junto al río Torío.

La Figura 28 muestra la distribución de este indicador (renta neta media ajustada por la inflación) en el año 2020, y permite conocer el nivel de renta real de los distritos del área de estudio y compararlo respecto al de las ZAS. Para representar los datos se ha empleado, de nuevo, el método de clasificación de intervalos de

Jenks con una gama en la que el tono verde más oscuro indica los distritos y ZAS con niveles de renta más altos, el resto de tonalidades más claras de ese color a los que tienen una renta media-alta y media-baja, mientras que el beige claro representa los distritos con las rentas más bajas. En estos mapas se aprecia que los distritos con renta más alta corresponden con el centro urbano y el cinturón residencial desarrollado hacia el norte, este y sur del mismo. En la orilla este del Bernesga, las rentas más bajas se encuentran en el entorno de Puente Castro. En la margen oeste se presentan dos situaciones diferentes: por un lado, en el entorno de San Andrés del Rabanedo, los barrios de Pinilla, El Crucero, La Vega, La Sal y los de Trobajo del Camino (S1, S2 y LE7) se caracterizan por un nivel de renta medio-bajo; por otro, el barrio de La Vega y los núcleos de Armunia, Oteruelo de la Valdoncina y Trobajo del Cerecedo (LE6), por un nivel bajo. Esta situación se repite en el mapa de ZAS, si bien, las rentas más bajas del núcleo de Puente Castro quedan enmascaradas al estar asimiladas a la misma ZAS que otros distritos con rentas más elevadas, como La Chantría; mientras que la parte meridional del barrio de La Vega y el Paseo de Salamanca, en el entorno más inmediato a la orilla izquierda del Bernesga, se adscriben a LE6-ZAS Suroeste que, como se ha comentado, se encuentra en la zona en la que se detectan las rentas más bajas de todo el área de estudio.

Figura 28. Renta neta media ajustada por la inflación por distritos y ZAS, 2020.

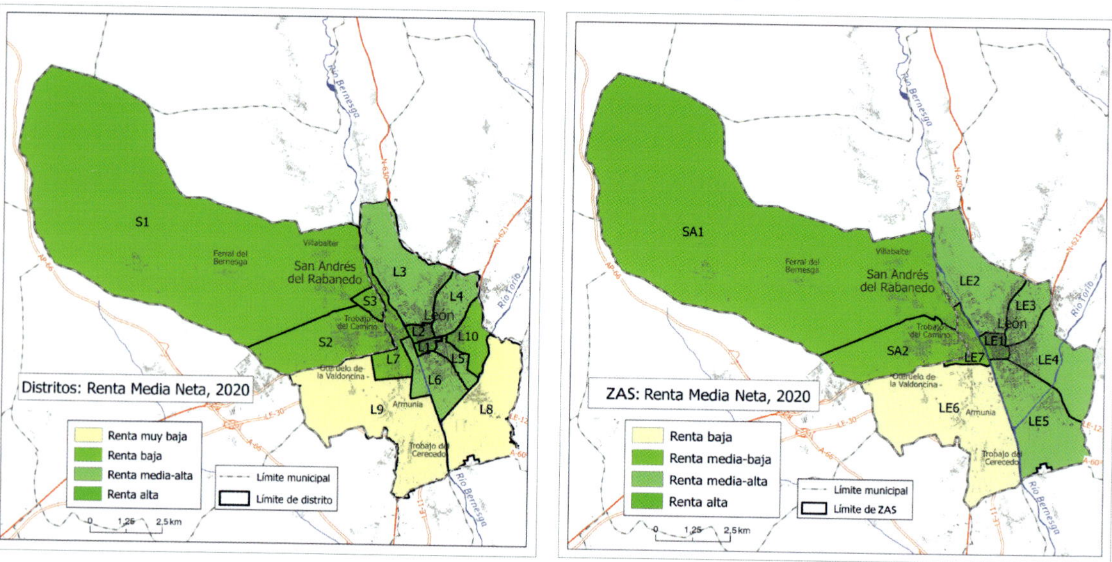

Fuente: elaboración propia con apoyo del Servicio de Cartografía de la Universidad de León.

El análisis de correlación realizado utilizando datos de renta media neta por persona y el porcentaje de población extranjera total y de las principales nacionalidades que lo componen por secciones censales (Figura 29), permiten profundizar en la comprensión de las dinámicas de segregación y vulnerabilidad urbana en

León. El coeficiente de correlación de población extranjera y nivel de renta es de -0,4186, lo que sugiere que a medida que aumenta la proporción de población extranjera en una sección censal específica, la renta tiende a disminuir.

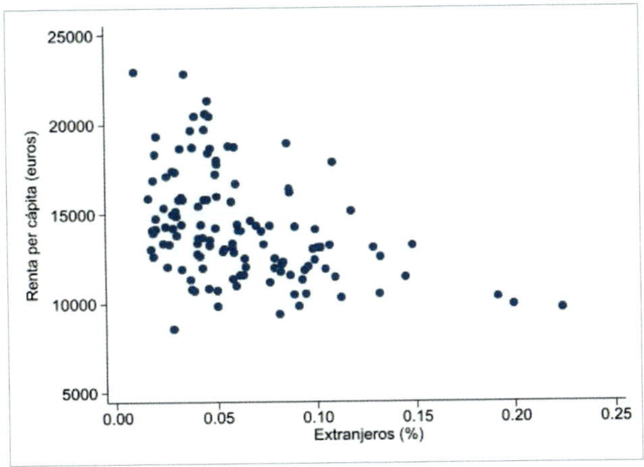

Figura 29. Relación entre renta media neta por persona y porcentaje de población extranjera por secciones censales, 2020.

Fuente: elaboración propia a partir del INE.

En cuanto a las correlaciones entre el nivel de renta y la presencia de nacionalidades específicas se aprecian valores de diferente tenor. La correlación entre la renta y el porcentaje de población de origen marroquí (Figura 30) es de -0,4913, lo que sugiere una relación (inversa) más fuerte que la correlación existente en el conjunto de población extranjera. En este caso, se puede afirmar que la presencia de estos ciudadanos en León tiende a estar asociada con niveles de renta más bajos.

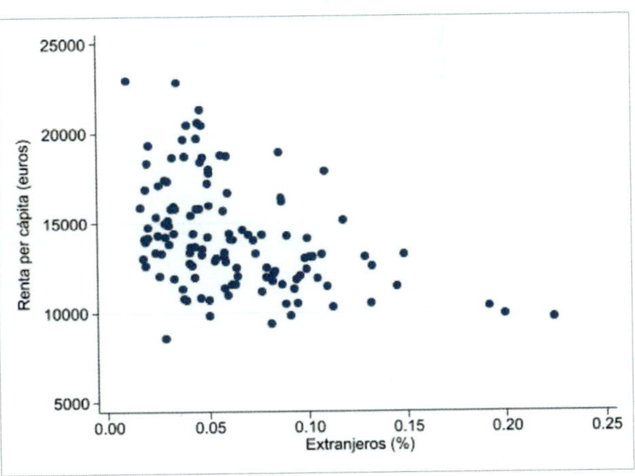

Figura 30. Relación entre renta media neta por persona y porcentaje de población marroquí por secciones censales, 2020.

Fuente: elaboración propia a partir del INE.

Sin embargo, las correlaciones en el resto de nacionalidades son menos evidentes: los búlgaros y rumanos poseen un coeficiente de correlación de -0,1308 y -0,1526, respectivamente; los colombianos, dominicanos y venezolanos de -0,0909, 0,0007 y -0,0430, lo que indica una relación aún más débil o inexistente; y, finalmente, la población china tiene una correlación positiva de 0,3653, que sugiere que tiende a estar asociada a secciones censales con niveles de renta más altos que el resto de población extranjera. En resumen, se aprecia una correlación negativa entre el nivel de renta y el porcentaje de población extranjera y una diferenciación clara en las distintas nacionalidades analizadas, siendo la marroquí la más notable y más débil en el resto de nacionalidades, apuntando que aquellas en las que se concentra población originaria de Marruecos tienen más probabilidad de ser vulnerables.

Recapitulando, los indicadores sociodemográficos analizados señalan que en el periodo 2017-2020 el área de estudio se caracterizó por albergar una población envejecida y en declive, reflejo de la tendencia regresiva sostenida desde hace décadas en León. Además, la contribución de población joven que se presupone que aporta la población inmigrante no ha sido suficiente para que la edad media descienda hasta niveles cercanos a la media nacional. Asimismo, la población extranjera se concentra con preferencia en ciertos barrios entre los que destacan los ubicados al oeste de la ciudad (El Crucero y La Vega) y al sur de la orilla este del río (La Lastra). En términos de empleo, el comercio minorista acapara el grueso de la actividad laboral y el paro ha experimentado un aumento en los cuatro años considerados, especialmente en el sector servicios.

En cuanto a la distribución de la población según nivel de renta, se observan disparidades internas reseñables: los barrios centrales, particularmente el Ensanche y La Chantría, muestran las rentas más altas; las más bajas pertenecen a los barrios y núcleos periféricos de la ciudad, entre los que destacan: ciertos sectores de El Ejido, al este de la ciudad; Puente Castro, al sureste; y la extensión urbana de la margen occidental del río Bernesga, en la que se encuentran los barrios de El Crucero, La Vega, La Sal, Paraíso-Cantinas y Pinilla y los núcleos de Armunia y Oteruelo de la Valdoncina y Trobajo del Cerecedo. Por último, se ha detectado una correlación negativa entre la población extranjera y el nivel de renta, particularmente significativa en la nacionalidad marroquí.

6.4. Rastreo y caracterización de la vulnerabilidad urbana leonesa

Para identificar los sectores urbanos más vulnerables de León, se emplea de partida la información que proporciona el SAUSS acerca de las personas receptoras de prestaciones sociales vinculadas a la vulnerabilidad urbana desagregada por ZAS. Para poder identificar los barrios en los que se concentra esta población y poder tipificarlos, se analiza (1) la distribución espacial de las personas usuarias de prestaciones sociales vinculadas con la vulnerabilidad urbana entregadas a la población por cada ZAS y (2) el sector de referencia al que pertenecen. Posteriormente, el análisis se centra en profundizar en los rasgos de vulnerabilidad de las ZAS más afectadas, a través de diferentes indicadores sociodemográficos, de segregación espacial, así como en las manifestaciones de degradación urbana que se presentan en ellos.

En el periodo 2017-2020, el SAUSS registró un total de 75.285 prestaciones entregadas en toda el área de estudio, a un conjunto de población de 57.615 personas. Sin embargo, estas prestaciones no se distribuyeron de forma uniforme ni en las ZAS y barrios que la componen, ni entre los distintos tipos de prestaciones, ni tampoco entre los colectivos de referencia en los que se clasifica a la población usuaria. Como se ha visto a lo largo del trabajo, la vulnerabilidad urbana y social está determinada por un grupo de factores que condicionan su incidencia, como el entorno urbano, la vivienda, la edad, el tipo de familia, el origen geográfico o étnico, o la carencia de recursos económicos.

De acuerdo con la Figura 31, se registró un aumento notable en el número total de prestaciones entregadas en el periodo de referencia. Este hecho fue debido principalmente a las repercusiones de la pandemia del COVID-19, que acentuó algunos problemas sociales como los relacionados con el mercado de trabajo (por ejemplo, la precariedad laboral o la cronificación del desempleo) reforzados por el hecho de contar con una economía con fuerte dependencia del sector servicios (INAP, 2021).

Este aspecto también se refleja en la Figura 32, que muestra la evolución de las personas usuarias de dichas prestaciones. En ella se evidencia que al llegar al año 2020 el número de personas a las que se entregó al menos una prestación se incrementó notablemente.

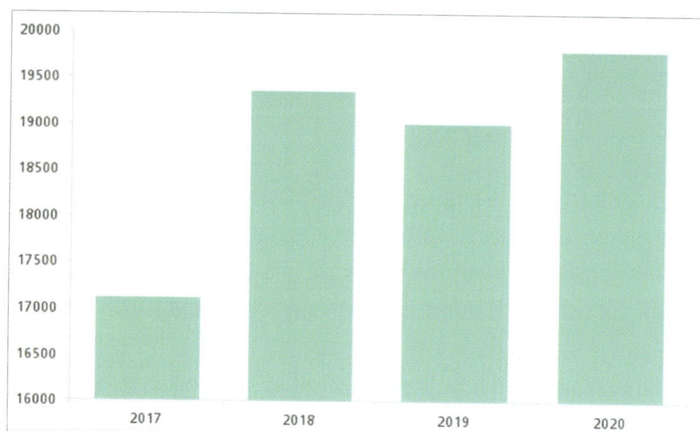

Figura 31. Evolución del número de prestaciones entregadas según año de concesión, 2017-2020.

Fuente: elaboración propia a partir del SAUSS.

Si atendemos a su distribución espacial, tal y como muestra la Tabla 31, se aprecia que el reparto de su concesión en la ciudad es desigual. En concreto, los barrios del Norte, Este, Sur, Suroeste y Oeste son los que acumulan los números más altos respecto a los valores absolutos durante todo el periodo de referencia. En el lado opuesto, el centro y el Noroeste de la ciudad tienen valores modestos en comparación, que los sitúan claramente por debajo del resto. En cuanto al porcentaje de personas usuarias de prestaciones entregadas respecto a la población que reside en cada uno de ellos, destaca LE2-ZAS Norte, resultado de haber experimentado un incremento de casi un punto del primer al último año. Las ZAS que ostentan los valores más bajos, al igual que ocurría con el número de prestaciones total, siguen siendo el centro y los barrios del Noroeste, que suponen alrededor del 5% de las personas usuarias.

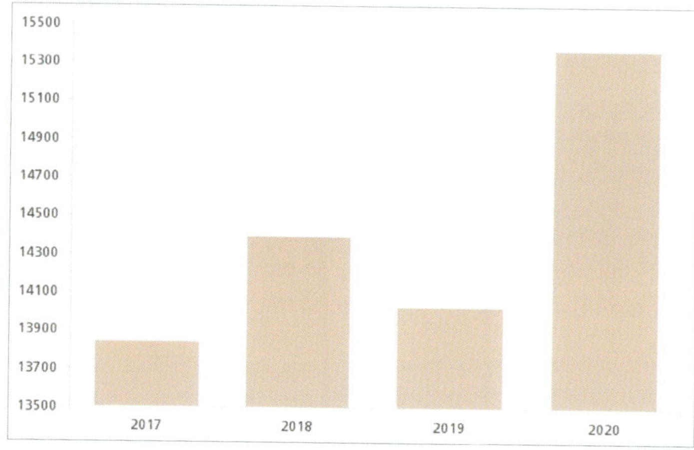

Figura 32. Evolución de personas usuarias de prestaciones entregadas según año de concesión, 2017-2020.

Fuente: elaboración propia a partir del SAUSS.

Tabla 31. Distribución de personas usuarias de prestaciones entregadas por ZAS, 2017-2020.

ZAS	2017		2018		2019		2020	
	TOTAL	**%**	**TOTAL**	**%**	**TOTAL**	**%**	**TOTAL**	**%**
LE1-ZAS Centro	745	5,38	794	5,52	778	5,55	833	5,42
LE2-ZAS Norte	2.273	16,43	2.480	17,24	2.527	18,02	2.674	17,40
LE3-ZAS Noreste	1.397	10,10	1.393	9,68	1.405	10,02	1.484	9,66
LE4-ZAS Este	1.755	12,68	1.877	13,05	1.778	12,68	2.010	13,08
LE5-ZAS Sur	1.861	13,45	1.988	13,82	2.038	14,53	2.096	13,64
LE6-ZAS Suroeste	1.729	12,50	1.826	12,69	1.835	13,09	2.056	13,38
LE7-ZAS Oeste El Crucero	1.343	9,71	1.426	9,91	1.345	9,59	1.416	9,21
SA1-ZAS Noroeste	815	5,89	773	5,37	730	5,21	848	5,52
SA2-ZAS Oeste Trobajo	1.919	13,87	1.831	12,73	1.587	11,32	1.950	12,69

Fuente: elaboración propia a partir del INE.

A continuación, se profundiza en el análisis de la distribución de estas prestaciones a partir del cálculo de la población beneficiaria asignada a los distintos tipos de prestaciones en los que son catalogadas. Esto permite establecer una clasificación de las ZAS que tienen un mayor porcentaje de población usuaria de prestaciones sociales vinculadas con la vulnerabilidad urbana. De acuerdo con lo expuesto anteriormente, en esta investigación dichas ZAS evidencian mayor vulnerabilidad en la ciudad. Posteriormente, se ahonda en las características de los mismos a través del análisis de los porcentajes de población usuaria clasificada respecto al colectivo al que pertenecen. Este proceso permite ahondar en sus características y conocer los rasgos de los grupos de usuarios más representativos en cada caso.

A) Los tipos de prestaciones sociales y la vulnerabilidad urbana

De acuerdo con el SAUSS, las prestaciones sociales entregadas por los servicios sociales son clasificadas en cinco grandes tipos denominados oficialmente grupos de prestaciones. El primer grupo (GP1) incluye todas las prestaciones dirigidas a informar, orientar y asesorar a la población acerca del contenido del catálogo y la gestión de las prestaciones que lo integran. El segundo grupo de prestación (GP2), está compuesto por las prestaciones relacionadas con la ayuda a domicilio y el apoyo a hogares y familias vulnerables, tanto en el interior de las viviendas como fuera del domicilio. El tercero (GP3), incluye las relacionadas con los alojamientos de tipo alternativo para ayudar a resolver situaciones de exclusión residencial, sinhogarismo y otras circunstancias que imposibilitan permanecer en una vivienda normalizada de forma estable. El Grupo de prestación 4 (GP4) contiene prestaciones de tipo preventivo encaminadas al tratamiento de la exclusión social en los ámbitos educativo, ocupacional y residencial, en relación con la adaptación al uso normalizado de una vivienda y del entorno urbano en el que se ubican. Finalmente, el Grupo de prestación 5 (GP5) engloba las prestaciones que conceden recursos económicos a personas en situaciones de vulnerabilidad social, es decir, pensiones y ayudas monetarias de tipo periódico o puntual.

De estos cinco conjuntos, en este trabajo se contemplan los grupos de prestación 2, 4 y 5, ya que muestran una conexión evidente con la vulnerabilidad urbana. Por lo tanto, los grupos 1 y 3 se omiten del análisis debido a que, en el primer caso, la amplitud del catálogo no permite establecer un vínculo claro entre estas prestaciones y la vulnerabilidad urbana y, en el segundo caso, el número de prestaciones y de personas usuarias es muy poco representativo.

Las prestaciones del primer grupo contemplado (GP2) pertenecen a las facilitadas por los programas de ayuda a domicilio y los de apoyo a familias vulnerables y en situaciones de necesidad. Las de ayuda a domicilio están dirigidas a atender las necesidades específicas de personas y hogares que no pueden desempeñar las actividades básicas cotidianas personales. Están dirigidas, por tanto, a prestar apoyo personal y a adecuar la vivienda a las situaciones de vulnerabilidad de sus moradores. Asimismo, en los casos en los que haya personas encargadas del cuidado de personas en tales circunstancias, las prestaciones se dirigen a su apoyo. Por lo tanto, incluye dos tipos de atenciones: (1) personales tanto dentro del domicilio, en la alimentación, la higiene o la vestimenta, como fuera de este, relacionadas con estancias en centros de día, por ejemplo; y (2) domésticas, para llevar de forma adecuada una vida en el hogar, a partir de su limpieza, mantenimiento y acondicionamiento.

Las prestaciones de ayuda a personas y familias vulnerables abarcan una amplia gama de servicios y abordan atenciones de tipo psicológico, socioeducativo, técnico o de rehabilitación. Su objetivo principal es proporcionar apoyo integral a estas personas y familias para que puedan superar los obstáculos a los que se enfrentan y mejorar su calidad de vida atendiendo a aspectos como su autonomía, las relaciones de convivencia o sus competencias sociales.

En definitiva, las prestaciones incluidas en este grupo de prestación desempeñan un papel fundamental en la mejora del bienestar y la inclusión social de personas y hogares que se encuentran en situaciones de vulnerabilidad.

Conforme a la información que ofrece la Figura 33, las ZAS que han proporcionado ayuda en dicho grupo de prestación (GP2) por encima del umbral fijado en los cuatro años (3.30%, 3.12%, 3.08% y 3.13%, respectivamente), son LE7-ZAS Oeste El Crucero y SA1-ZAS Noroeste. Los porcentajes más altos de personas atendidas en relación a este grupo de prestaciones a lo largo del periodo de referencia, aunque son modestos en magnitud a nivel general, son LE7-ZAS Oeste El Crucero, SA1-ZAS Noroeste y SA2-ZAS Oeste Trobajo. Los que han visto aumentado el número de personas usuarias en el periodo de estudio son LE1-ZAS Centro, LE2-ZAS Norte, LE4-ZAS Este y LE6-ZAS Suroeste, pasando de 2,08%, 1,99%, 2,49% y 2,09% en 2017 a 2,28%, 2,26%, 2,5% y 2,43%, respectivamente. En un segundo nivel, SA2-ZAS Oeste Trobajo solo logra alcanzar el umbral durante los años 2018 y 2019 del periodo analizado, aunque sin superarlo en ningún caso.

Figura 33. Población usuaria de prestaciones del GP2 por ZAS, 2017-2020.

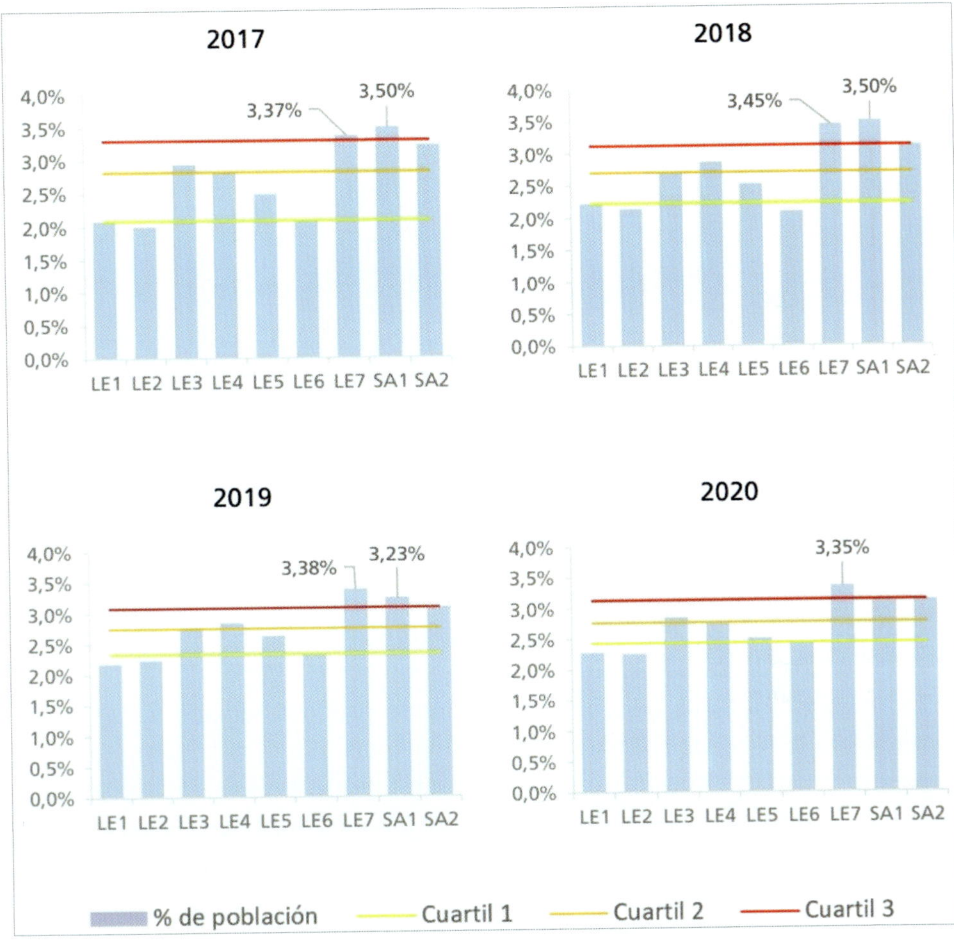

Fuente: elaboración propia a partir del SAUSS.

La Figura 34 muestra esta distribución durante el año 2020. En ella se puede apreciar que la única ZAS en el que el porcentaje de personas usuarias de prestaciones sociales entregadas de este grupo de prestación supera el umbral que fija el tercer cuartil es LE7-ZAS Oeste El Crucero. No obstante, se puede afirmar que en LE7-ZAS Oeste El Crucero y SA1-ZAS Noroeste existe proporcionalmente más población que experimenta carencias y dificultades en la atención de sus necesidades o en su integración social debido a causas psicosociales, a la insuficiencia o inadecuación de sus recursos, o a la necesidad de apoyos para poder desempeñar un modo de vida adecuado.

Figura 34. Distribución de la población usuaria de prestaciones del GP2 por ZAS, 2020.

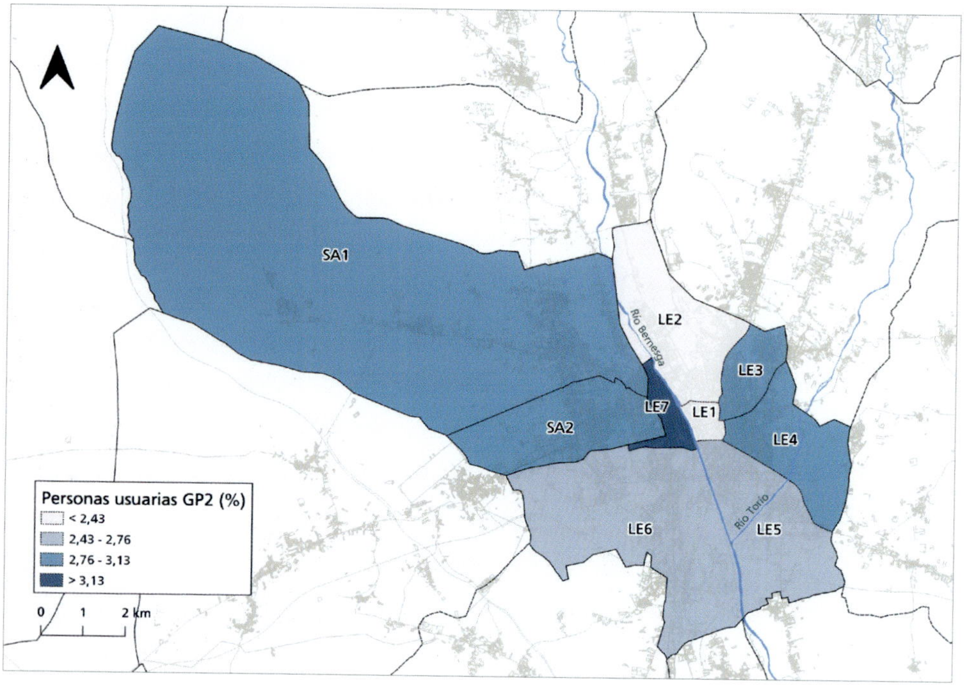

Fuente: elaboración propia a partir del SAUSS e IDECYL, ©Junta de Castilla y León.

Las prestaciones que pertenecen al segundo grupo estudiado (GP4) tienen como objetivo principal fomentar la inserción social. Se caracterizan principalmente por su carácter preventivo, así como por estar orientadas a evitar los efectos de la exclusión social. Incluyen, a su vez, cuatro grandes tipos de prestaciones. Las primeras están dirigidas a la adquisición de habilidades sociales, las segundas a la formación y la capacitación laboral, las terceras a la mejora de relaciones sociales y, por último, las cuartas, al fomento de la promoción social.

Las tres primeras se llevan a cabo a partir de tres tipos de actuaciones diferentes. Por un lado, a través de estancias en centros de atención especializada, que gestionan actividades con finalidad integradora para la inserción social, ocupacionales o de mejora de relaciones sociales. Por otro, con programas intensivos de carácter temporal dirigidos a facilitar la integración a una vida normalizada, la capacitación formativa o laboral o a favorecer la promoción social. Por último, a partir de actuaciones e intervenciones de carácter preventivo y puntual, encaminadas a promover cambios de estilos de vida marginales en personas o en sectores específicos de población, proporcionar actividades laborales, así como servicios de tipo cultural o deportivo.

Las últimas (de promoción social), constituyen acciones o intervenciones para personas o colectivos de habilitación o rehabilitación psicosocial con el objetivo de resolver problemas graves asociados a la exclusión social. Se dividen en los siguientes cuatro grupos. Primero, de tipo educativo, que se llevan a cabo a partir de la normalización escolar en los casos de problemas como la no escolarización de menores, la desescolarización prematura, el absentismo o la falta de motivación en el estudio en jóvenes. Segundo, de tipo formativo y laboral que se llevan a cabo para integrar a las personas usuarias en el mercado laboral normalizado. Tercero, de tipo residencial dirigidas a la adaptación a la vivienda de las personas y familias que carecen de ella o que han residido en una infravivienda y que necesitan apoyo para adaptarse al uso normalizado de un hogar y del entorno en el que se ubica. Cuarto, las intervenciones enfocadas a problemas asociados con una participación ciudadana inadecuada. Las personas usuarias de estas prestaciones suelen padecer situaciones severas de exclusión social y marginación, por lo que se valora positivamente su participación en asociaciones, grupos o colectivos sociales ya que puede servir de apoyo para establecer relaciones apropiadas con su entorno.

La dinámica de este grupo de prestación en términos evolutivos indica que el número de personas usuarias de prestaciones entregadas ha experimentado variaciones en la mayoría de las ZAS. En términos generales, se observa una tendencia a la disminución, siendo los casos de LE1-ZAS Centro, LE4-ZAS Este, SA1-ZAS Noroeste y SA2-ZAS Oeste Trobajo los más destacados dentro de esta línea. Sin embargo, hay algunas excepciones notables. Las ZAS LE3-ZAS Noreste y LE5-ZAS Sur han experimentado un ligero aumento durante todo el periodo analizado, aunque están lejos de alcanzar el umbral establecido en los cuatro años del periodo (2,59%, 2,05%, 2,08% y 2,03%, respectivamente). El caso más llamativo lo constituye LE6-ZAS Suroeste, que ha experimentado el incremento más intenso en comparación con el resto, pasando del 5,83% en 2017 al 6,77% en 2020, tal y como se observa en la Figura 35. Esta ZAS junto a LE7-ZAS Oeste El Crucero, a pesar de comportarse en la línea descendente anteriormente comentada, son las únicas en superar los umbrales fijados durante todo el periodo. Por último, LE2-ZAS Norte, se sitúa en el límite, aunque sin sobrepasarlo en ningún año.

Figura 35. Población usuaria de prestaciones del GP4 por ZAS, 2017-2020.

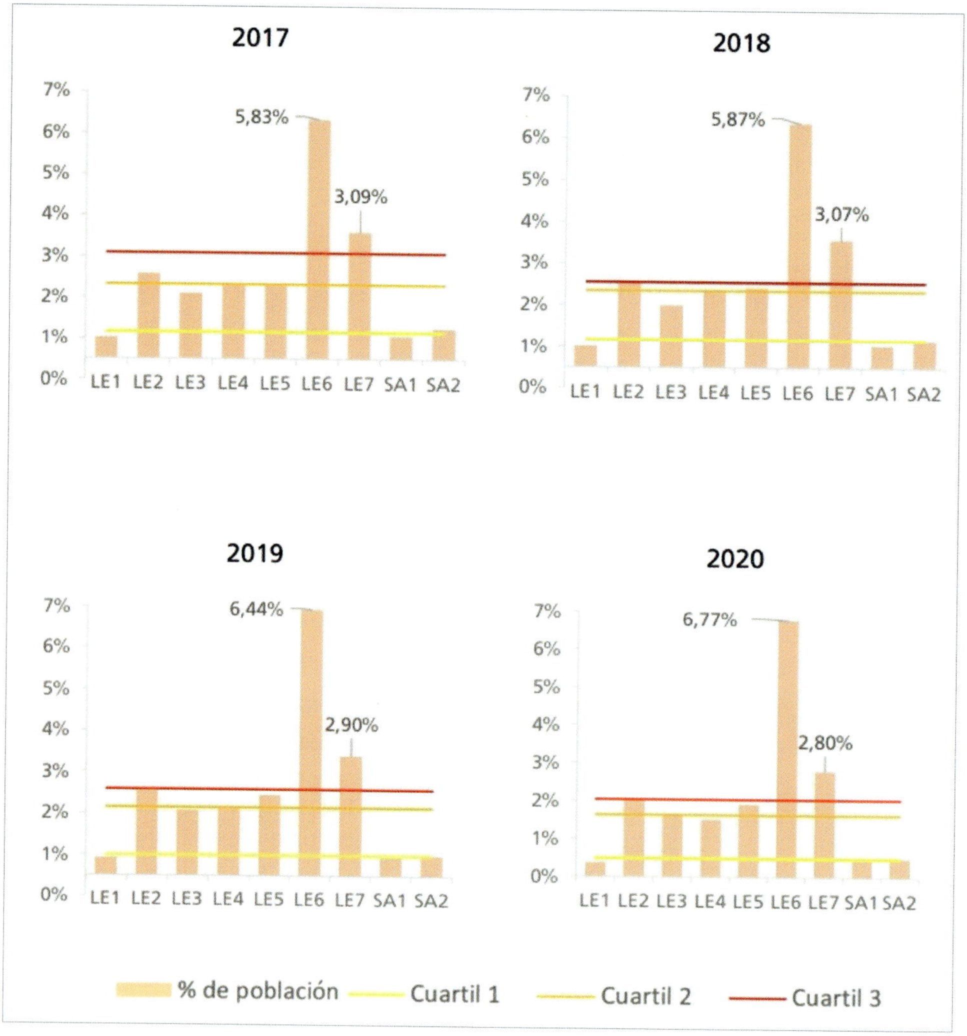

Fuente: elaboración propia a partir del SAUSS.

La Figura 36 muestra la distribución espacial de las personas usuarias de este grupo de prestación durante el año 2020. La información que proporciona permite afirmar que en LE6-ZAS Suroeste y LE7-ZAS Oeste El Crucero existe un número proporcionalmente más alto de personas que se encuentran afectadas por la exclusión social, personas portadoras de factores de riesgo relacionadas con este problema (como los bajos ingresos, las carencias materiales severas o la baja intensidad laboral) o grupos de población que requieren de ayuda para poder integrarse en la sociedad.

Figura 36. Distribución de la población usuaria de prestaciones del GP4 por ZAS, 2020.

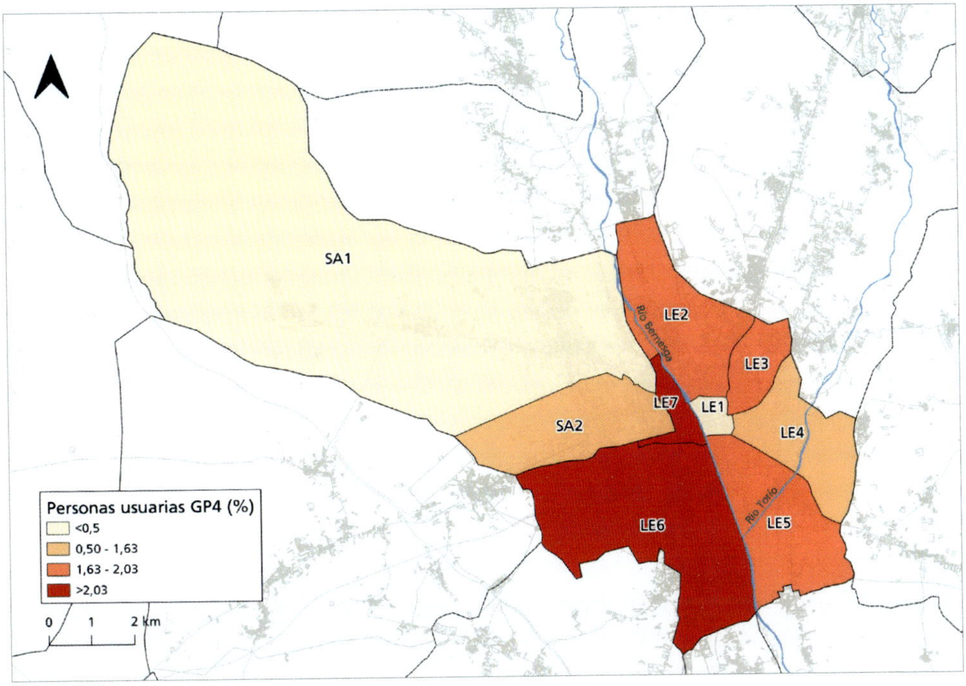

Fuente: elaboración propia a partir del SAUSS e IDECYL, ©Junta de Castilla y León.

Las prestaciones del tercer y último grupo (GP5) están dirigidas a brindar apoyo a familias y personas vulnerables que se enfrentan a dificultades de tipo económico. Estas prestaciones abarcan las pensiones no contributivas, ayudas económicas de tipo periódico o modalidades de pago puntuales, gestionadas por los servicios sociales. Las primeras, se reconocen a las personas que se enfrentan a situaciones de carencia de recursos que les impide su subsistencia, es decir, el alojamiento, la alimentación o la vestimenta, y pueden tratarse de invalidez o de jubilación (Ministerio de Inclusión, Seguridad Social y Migraciones, 2021). Las segundas son las ayudas que se entregan de forma periódica y abarcan distintas modalidades, entre las que se incluyen la Renta garantizada de ciudadanía y el Ingreso mínimo vital. La primera se denomina así en Castilla y León, aunque en otras comunidades adoptan otros nombres (como Ingreso Mínimo de Solidaridad, en Castilla-La Mancha), y se inició con la promulgación de la Ley 18/1988, de 28 de diciembre, de Acción Social y Servicios Sociales. En ella se incluía una prestación denominada Renta mínima de inserción que estaba dirigida a personas en situaciones de pobreza, marginación o necesidad extrema con el fin de propiciar su integración personal, familiar, social y/o laboral. Sin embargo, a partir del año 2007, con la reforma del Estatuto de Autonomía de la comunidad, se sustituyó dicha prestación por una ayuda económica denominada Renta garantizada de ciudadanía (Decreto Legislativo 1/2019, de 10 de enero). Esta se configura esencialmente como un complemento de ingresos para hogares vulnerables. Es incompatible con otras prestaciones y su concesión está condicionada por un proyecto individualizado y monitorizado de inserción social. Su objetivo es proporcionar medios básicos de subsistencia para el pago de alimentación o vestimenta y apoyar a la persona usuaria a su inclusión social.

La Figura 37 permite apreciar que las ZAS que superan el umbral determinado en el análisis (5,82%, 5,70%, 5,71% y 6,57%, respectivamente) en este grupo de prestación son LE6-ZAS Suroeste y LE7-ZAS Oeste, de nuevo en los cuatro años. Los valores más bajos se registran, de forma general, en LE1-ZAS Centro, LE4-ZAS Este y LE3-ZAS Noreste, con cifras por debajo del cuartil 1. En un segundo nivel se sitúan los casos LE5-ZAS Sur, SA1-ZAS Noroeste y SA2-ZAS Oeste Trobajo, entre ese valor y el que fija el cuartil 2.

Figura 37. Población usuaria de prestaciones del GP5 por ZAS, 2017-2020.

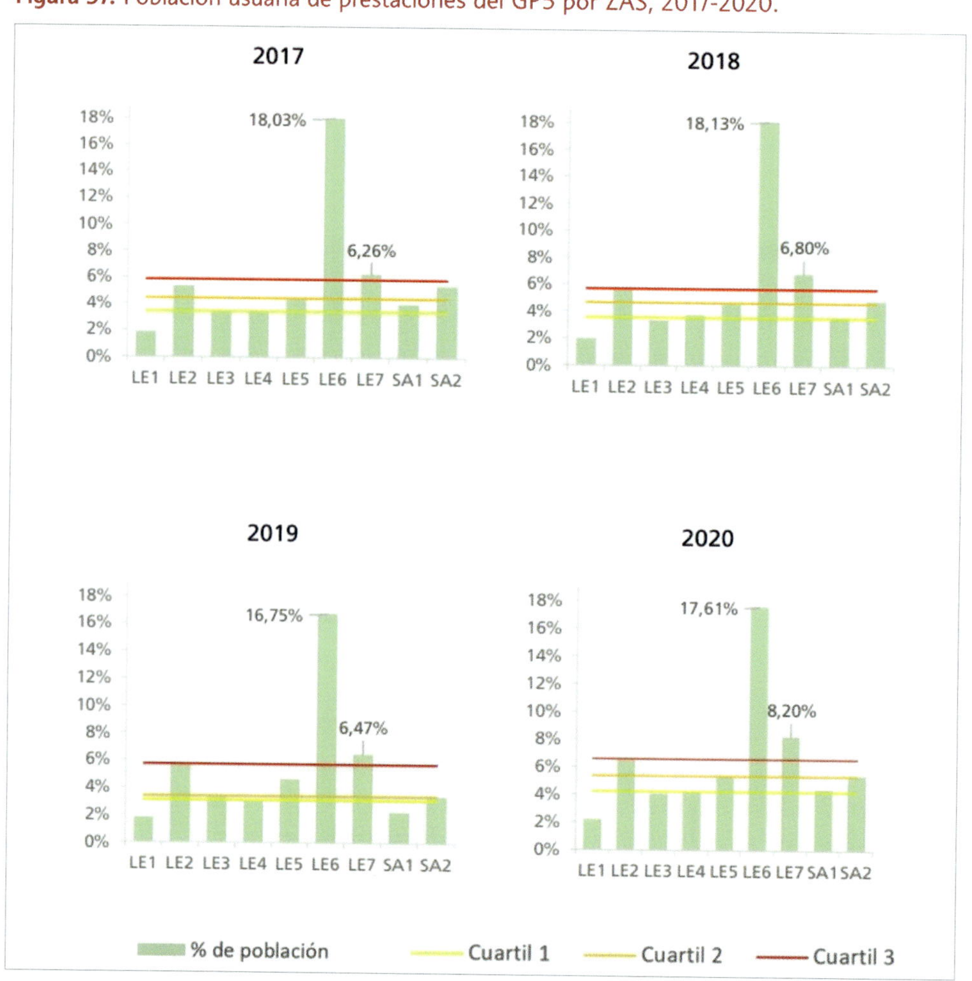

Fuente: elaboración propia a partir del SAUSS.

La Figura 38 muestra esta distribución durante el último año estudiado y en ella se puede observar el mayor peso relativo que tienen LE6-ZAS Suroeste y LE7-ZAS Oeste El Crucero, si bien es necesario diferenciar ambos casos. Aunque se considera que juntos abarcan el espacio en el que se concentran más personas que experimentan carencia de recursos, LE7-ZAS El Crucero alcanza un máximo de 8,2% en 2020, mientras que LE6-ZAS Suroeste destaca por obtener un notorio 17,61%.

Figura 38. Distribución de la población usuaria de prestaciones del GP5 por ZAS, 2020.

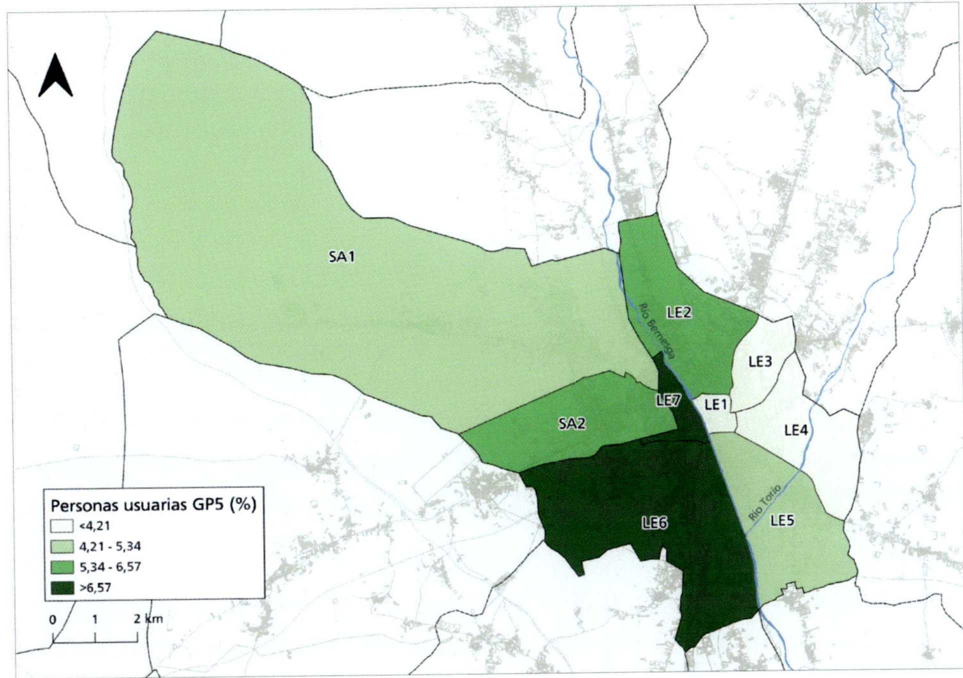

Fuente: elaboración propia a partir del SAUSS e IDECYL, ©Junta de Castilla y León.

En conjunto, los datos muestran que más de la mitad de las prestaciones gestionadas en el periodo 2017-2020 corresponden a ayudas económicas, lo que confirma la relevancia de este tipo de ayudas para familias en situación de vulnerabilidad. Sin embargo, también destacan otras formas de asistencia, como las prestaciones de ayuda a domicilio y de apoyo a familias, que representan un tercio del total; y finalmente, los programas de ayuda a la inserción y lucha contra la exclusión social, con un 15%.

Desde el punto de vista de su distribución espacial, destacan dos zonas claramente: en primer lugar, el suroeste de la ciudad (LE6-ZAS Suroeste), que concentra los valores más altos en prestaciones de inserción y económicas; y en segundo, ciertos sectores de la zona oeste (LE7-ZAS Oeste El Crucero), donde la población beneficiaria supera el umbral en los tres grupos de prestación. En un segundo nivel, es relevante señalar los altos porcentajes de población usuaria de prestaciones sociales entregadas en el municipio de San Andrés del Rabanedo (SA1-ZAS Noroeste, SA2-ZAS Oeste Trobajo) y en el norte de León (LE2-ZAS Norte), aunque, como se ha ido señalando a lo largo del análisis, con valores menores a los umbrales fijados.

En contraste, el centro (LE1-ZAS Centro) y el este de la ciudad (LE3-ZAS Noreste y LE4-ZAS Este) destacan por su escasa representatividad con respecto al resto, poniendo de relieve la diferencia socioespacial entre las áreas centrales y las periféricas. En definitiva, aunque las ayudas económicas son fundamentales, otras formas de apoyo como las dirigidas a la ayuda a domicilio o a la inserción social también son importantes, existiendo diferencias notables en la distribución de las prestaciones en las distintas unidades de análisis.

B) Los colectivos de población vulnerable

En el apartado previo se han revisado los datos relativos a la distribución de las personas usuarias de prestaciones entregadas clasificadas según el tipo de prestación en las distintas zonas que componen el área de estudio, así como la evolución que han experimentado durante el periodo 2017-2020. Sin embargo, las situaciones de vulnerabilidad en las que pueden encontrarse las personas usuarias de estas prestaciones son complejas, muy variadas y están condicionadas por múltiples factores que se interrelacionan entre sí. Por esta razón, en esta sección el trabajo se centra en describir la distribución de las personas usuarias atendiendo al colectivo de población vulnerable en el que son asignadas en el proceso de tramitación de la prestación. Esta información permitirá establecer una nueva clasificación de la población usuaria, esta vez, dirigida a profundizar en la situación de vulnerabilidad de la población del área de estudio. Debido a que cada perfil tiene unas características claras en términos de vulnerabilidad, además se podrá avanzar en la descripción del fenómeno estudiado en los sectores más afectados.

Del total de los 17 colectivos en los que el SAUSS clasifica a la población atendida, se han escogido los más representativos en relación con el volumen de entrega y en términos de vulnerabilidad urbana. Se han descartado, por ejemplo, los relacionados con la falta de institucionalización de las personas enfermas terminales, cuya concentración en el espacio es, en principio, menos destacable que la de otros colectivos, como los inmigrantes, las minorías étnicas, las personas mayores o las mujeres. En total se seleccionan los siguientes: Familia, Inclusión Social, Inmigrantes, Minorías Étnicas, Mujer, Otros grupos en situación de necesidad, Personas con discapacidades y Personas mayores.

La Figura 39 pone de manifiesto que el colectivo de personas que ha recibido una prestación más alta es Inclusión social, que alcanza la cifra total de 20.398 personas, representando al 26.63% del total. El siguiente son las Personas mayores, que con 16.103 personas supone un 20.23%. El tercer sector más relevante es Familia, cuya asignación alcanza las 13.149 personas (16.52%). Los puestos cuarto y quinto de la clasificación lo constituyen las Personas inmigrantes y las Minorías étnicas, que, con porcentajes similares en torno al 10% y sumado a los anteriores constituyen casi el 85% de los sectores de referencia más atendidos.

Figura 39. Personas usuarias de prestaciones entregadas por sectores de referencia, 2017-2020 (%).

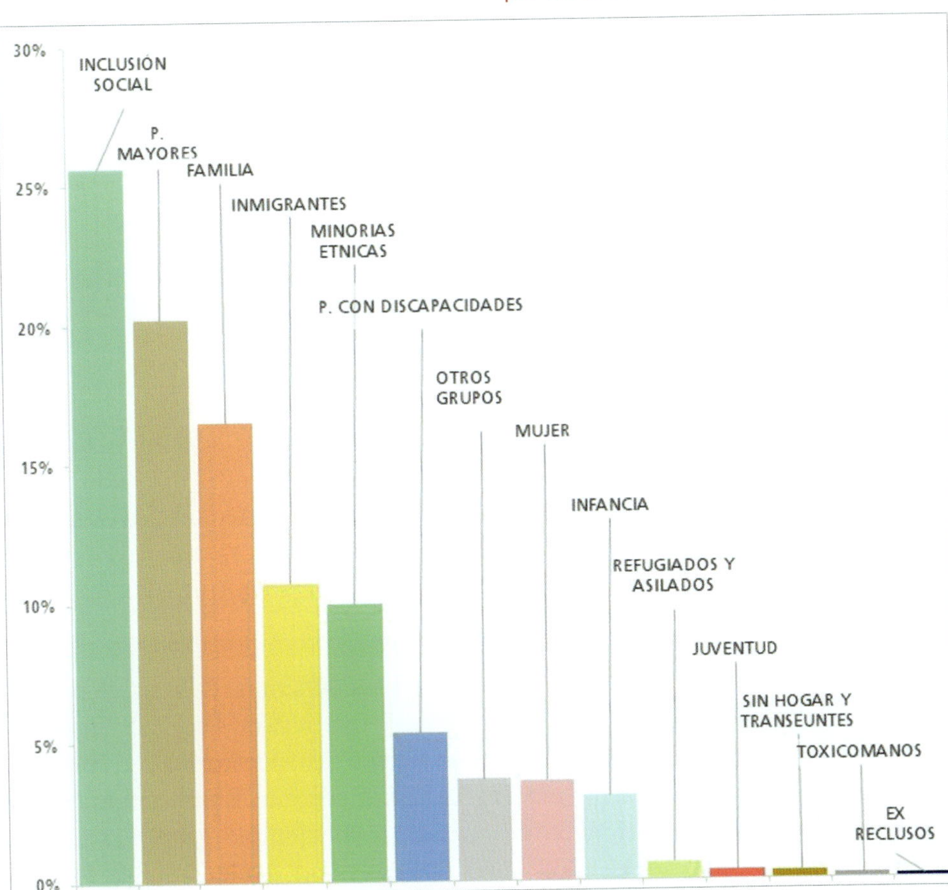

Fuente: elaboración propia a partir del SAUSS.

En líneas generales, los más significativos de cada ZAS se mantienen en todos los años del periodo estudiado, aunque existen ciertas variaciones respecto al comienzo y el final, tal y como pone se de manifiesto en la Tabla 32. Los cambios más relevantes se producen en LE6-ZAS Suroeste, que ha experimentado un incremento de más de cinco puntos en el porcentaje de personas usuarias clasificadas dentro del colectivo Familia. Otras zonas que han visto aumentado notablemente este sector de referencia son LE2-ZAS Norte y LE7-ZAS Oeste El Crucero, con aumentos superiores a un punto y medio.

Tabla 32. Variación del número de usuarios de prestaciones entregadas por los sectores de referencia seleccionados en ZAS (2017-2020).

ZAS	F	IS	I	ME	M	OGSDN	PCD	PM
LE1	+0,23	+0,40	+0,35	+0,07	+0,06	+0,03	-0,04	-0,07
LE2	+1,59	+0,97	+0,30	-0,19	+0,02	+0,11	0,00	+0,14
LE3	+0,43	+0,16	+0,74	+0,07	-0,04	+0,08	+0,10	-0,29
LE4	+1,20	+1,17	+1,10	+0,54	-0,02	-0,32	+0,30	-0,43
LE5	+0,97	-0,97	-0,24	-0,47	+0,03	+0,54	+0,20	+0,06
LE6	+5,18	+0,39	+0,04	+0,63	-0,19	-0,14	+0,15	-0,06
LE7	+1,56	+0,88	+1,05	+0,09	+0,03	+0,25	+0,14	-0,09
SA1	+0,06	+0,19	+0,72	-0,08	-0,21	-0,01	+0,26	-0,20
SA2	-0,46	-0,70	+0,43	-0,02	+0,04	+0,62	+0,10	-0,08

Nota: F: Familia. IS: Inclusión social. I: Inmigrantes. ME: Minorías étnicas. M: Mujer. OGSDN: Otros grupos en situación de necesidad. PCD: Personas con discapacidades. PM: Personas mayores.

Fuente: elaboración propia a partir del SAUSS.

Las zonas que superaron el umbral de referencia en el apartado anterior en dos o más grupos de prestación (LE6-ZAS Suroeste y LE7-ZAS Oeste), han sido objeto de un análisis más exhaustivo a partir de esta información. Esto permite identificar la presencia de colectivos de población que tienen mayor peso relativo conforme al resto de cada zona, y que evidencian rasgos de vulnerabilidad urbana y exclusión social.

La Figura 40 proporciona información sobre las personas usuarias de prestaciones entregadas desglosada por sectores de referencia en LE6-ZAS Suroeste. En ella destaca el colectivo Minorías étnicas que en 2017 alcanzó un 12,78% y en 2020 un 13,41% sobre el total de sectores. Las cifras son muy significativas puesto que en el resto son muy inferiores en comparación. Por ejemplo, en LE7-ZAS Oeste El Crucero supuso un 1,11% en 2017 y un 1,20% en 2020. El siguiente sector más representativo en LE6-ZAS Suroeste es el de Inclusión social que pasó del 7,78% en 2017 al 8,17% en 2020. Por último, en tercer lugar, destaca el sector Familia que también experimentó un notable incremento en los cuatro años, aunque se viese reducido en 2020 respecto al año anterior.

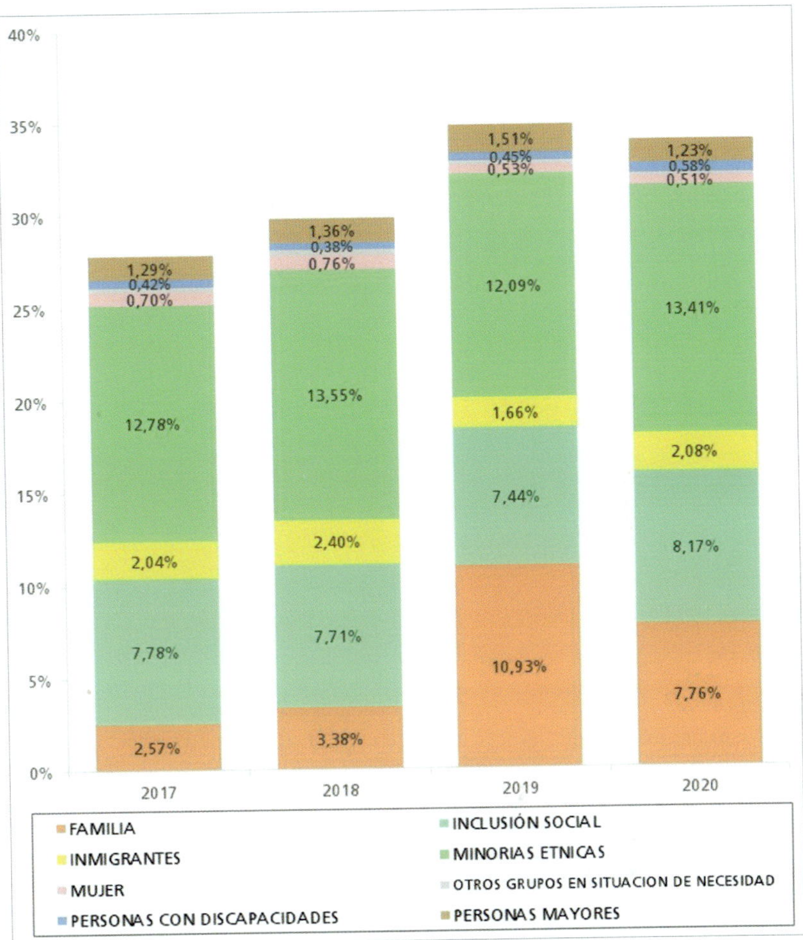

Figura 40. Distribución de las personas usuarias en LE6-ZAS Suroeste por sectores de referencia, 2017-2020 (%).

Fuente: elaboración propia a partir del SAUSS.

En cuanto a LE7-ZAS Oeste El Crucero, tal y como refleja la Figura 41, los sectores de referencia más representativos son las Personas inmigrantes, que suponen un 2,66% de la población total en 2017 y un 3,71% en 2020. Le sigue en importancia el sector de referencia Familia, que alcanza el 2,12% en 2017 y que experimenta un aumento hasta el 3,69% en 2020. Los sectores Minorías étnicas, Otros grupos en situación de necesidad y Personas mayores se sitúan en ambos casos en la vecindad de los umbrales fijados (1,11%, 0,51% y 2,57%, respectivamente), aunque no los superan.

Figura 41. Distribución de las personas usuarias en LE7-ZAS Oeste El Crucero por sectores de referencia, 2017-2020 (%).

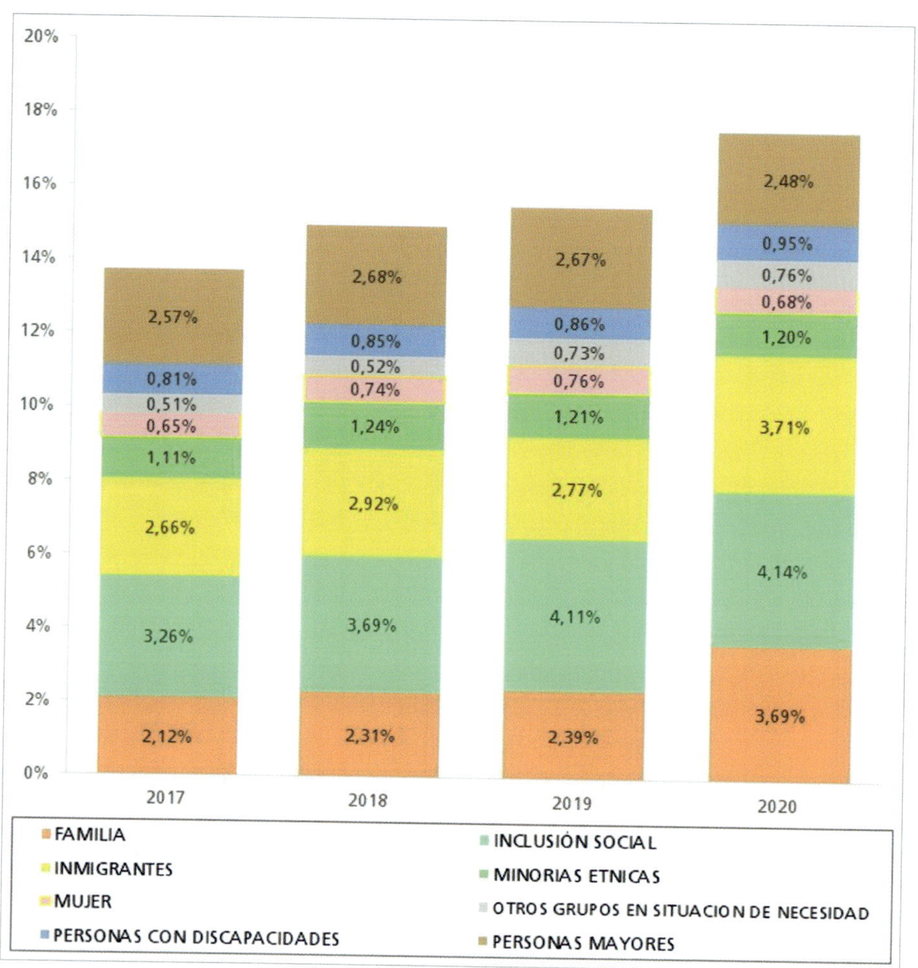

Fuente: elaboración propia a partir del SAUSS.

En un segundo nivel, la evolución experimentada en esos cuatro años en SA1-ZAS Noroeste y SA2-ZAS Oeste Trobajo muestra un comportamiento similar en cuanto a la distribución de la población atendida por sectores. Los más representativos en ambos son Inclusión social y Personas mayores, con promedios de 4,78% y 2,72% y 2,7% y 2,3% durante los años 2017-2020, respectivamente. En SA1-ZAS Noroeste, el sector Inclusión social se incrementó un 0,2% de 2017 a 2020 y el de Personas mayores, a pesar del retroceso del 0,2% experimentado en esos años, sigue siendo el sector más importante. La situación de SA2-ZAS Oeste Trobajo se caracteriza por registrar un descenso constante durante los cuatro años en los sectores de referencia citados, así como un ligero aumento del sector Otros grupos en situación de necesidad, que pasa del 1% en 2017 al 1,63% en 2020.

En conclusión, estos datos muestran que las zonas del Suroeste y del Oeste de la ciudad concentran una parte importante de la población que recibe prestaciones sociales, aunque los perfiles de personas usuarias difieren entre ellas.

En el Suroeste (La Vega, Armunia, Oteruelo de la Valdoncina, Trobajo del Cerecedo) la mayor parte de las personas usuarias pertenecen al colectivo Minorías étnicas. En España, la minoría étnica más grande en términos poblacionales y cuyo proceso de integración social ha sido tradicionalmente insatisfactorio y problemático, es la comunidad gitana. Un número alto de familias gitanas todavía experimentan exclusión social, discriminación y dificultades para acceder a recursos y oportunidades de los que sí disfruta el resto de la sociedad. De acuerdo con el *Estudio-Mapa sobre Vivienda y Población Gitana* los barrios españoles en los que se concentra esta comunidad presentan ciertas características distintivas (FSG, 2018). Se trata mayoritariamente de sectores ubicados en áreas periféricas; con presencia de población gitana desde hace más de 15 años; cuya dotación de equipamientos y servicios es adecuada; que están compuestos por edificios mayoritariamente plurifamiliares, bien mantenidos, pero que pueden presentar situaciones de hacinamiento (menos del 8% de las viviendas), ocupaciones ilegales (4,47%), o con problemas de conflictividad social; en los que el espacio público suele encontrarse en buen estado de conservación; y que presentan situaciones de vulnerabilidad social importantes debido a la falta de empleo y la conflictividad social. En el caso concreto de Castilla y León, el perfil de barrio es similar al del conjunto nacional y se caracteriza especialmente por estar mal valorado socialmente en el conjunto urbano al que pertenecen, así como por haber reducido los casos de infravivienda notablemente en los últimos años.

En cambio, en la zona Oeste (La Vega, Pinilla, El Crucero), el grupo mayoritario corresponde con personas inmigrantes. Este grupo demográfico suele requerir de apoyo debido a diversas razones, entre las que destacan una mayor presencia en empleos de tipo temporal; la carencia de una red familiar sólida y extensa que proporcione apoyo emocional, económico y social y que sea capaz de ofrecer recursos y oportunidades que son importantes para la participación activa en la sociedad como, por ejemplo, facilitar nuevas conexiones para obtener un empleo; la necesidad de apoyar económicamente a su red de apoyo familiar en su país de origen; las dificultades asociadas a los hogares monoparentales encabezados por mujeres que involucran cuestiones de horarios en ocasiones incompatibles con una vida familiar adecuada, desplazamientos largos, salarios escasos, precariedad laboral o temporalidad laboral; y otros factores relacionados con la exclusión social, como la violencia doméstica o la alta presencia de mujeres (y en menor medida hombres) dedicadas a la prostitución (Alemán Bracho y Soriano Miras, 2013).

En ambas zonas, el grupo clasificado como "Inclusión Social" agrupa a personas con problemas sociales diversos. Algunas de estas situaciones están vinculadas con un nivel bajo de cualificación profesional, dificultades culturales e idiomáticas, por residir en una vivienda no normalizada o por estar en situación de marginalidad, por la carencia objetiva de recursos económicos y materiales, así como por experimentar crisis personales (enfermedades, pérdidas o deterioros graves de la vivienda o problemas legales, por ejemplo). Este conjunto de situaciones refleja la diversidad de rostros que integra la vulnerabilidad urbana: no se trata únicamente de un problema, sino de un entramado de situaciones que derivan de factores económicos, sociales y personales que se refuerzan entre sí.

6.5. Análisis de las zonas más vulnerables de León

El presente apartado se centra en las condiciones de vulnerabilidad de los barrios de la ciudad de León en los que existe una concentración espacial destacada de personas usuarias de prestaciones sociales vinculadas con este problema: las zonas Suroeste (LE6-ZAS Suroeste) y Oeste (LE7-ZAS Oeste El Crucero) de León. Ambas han sido identificadas como los ámbitos espaciales con un mayor número proporcional de personas usuarias de prestaciones sociales vinculadas con la vulnerabilidad urbana.

En ambos casos se proporciona una visión de sus características distintivas: se ahonda en sus rasgos demográficos y socioeconómicos, explorando indicadores que arrojan luz sobre situaciones asimiladas a la vulnerabilidad urbana en su interior, tales como las características de la población anciana por segmentos de edad y de población extranjera en clave de segregación espacial. Para completar el estudio de cada zona, se examinan las manifestaciones de degradación urbana física dentro de los fragmentos identificados como más vulnerables.

A) Parte 1: el caso de LE6-ZAS Suroeste

Debido a su proximidad con el río Bernesga, Armunia se asienta sobre un terreno fértil, hecho que tradicionalmente ha conferido a su economía un marcado carácter agrícola y ganadero (ver Figuras 42 y 43). A comienzos del siglo XX, con la industrialización, se instalaron en los alrededores del núcleo algunas fábricas de carácter familiar centradas en la producción de harina, chocolate o cera vegetal y animal (Ayuntamiento de León, 2021). Posteriormente, se construyó la Azucarera Santa Elvira en la avenida Doctor Fleming en 1934, que llegó a dar empleo a 200 personas en 1980 y que cerró en 1992, transformándose en la década de 2010 en el Palacio de Congresos y Exposiciones (Benito del Pozo, 2003). En 1954, en la prolongación de esta avenida hacia el sur se construyó la fábrica de antibióticos (Antibióticos S.A.). Tras la ampliación de sus instalaciones en la década 1980, se convirtió en una empresa líder en el sector en toda Europa, aunque después de un complejo proceso de cambio de propietarios, y tras cuatro expedientes de regulación de empleo, pasó por una fase de liquidación total. En el año 2014 una parte fue adquirida por el fondo de inversiones Black Toro Capital (pasando a denominarse Antibióticos de León SLU), quienes adoptaron el compromiso de mantener 170 puestos de trabajo y de realizar una fuerte inversión para la mejora de la fábrica (Rodríguez Ferri, 2014).

Figura 42. Situación y usos de los edificios de LE6-ZAS SUROESTE.

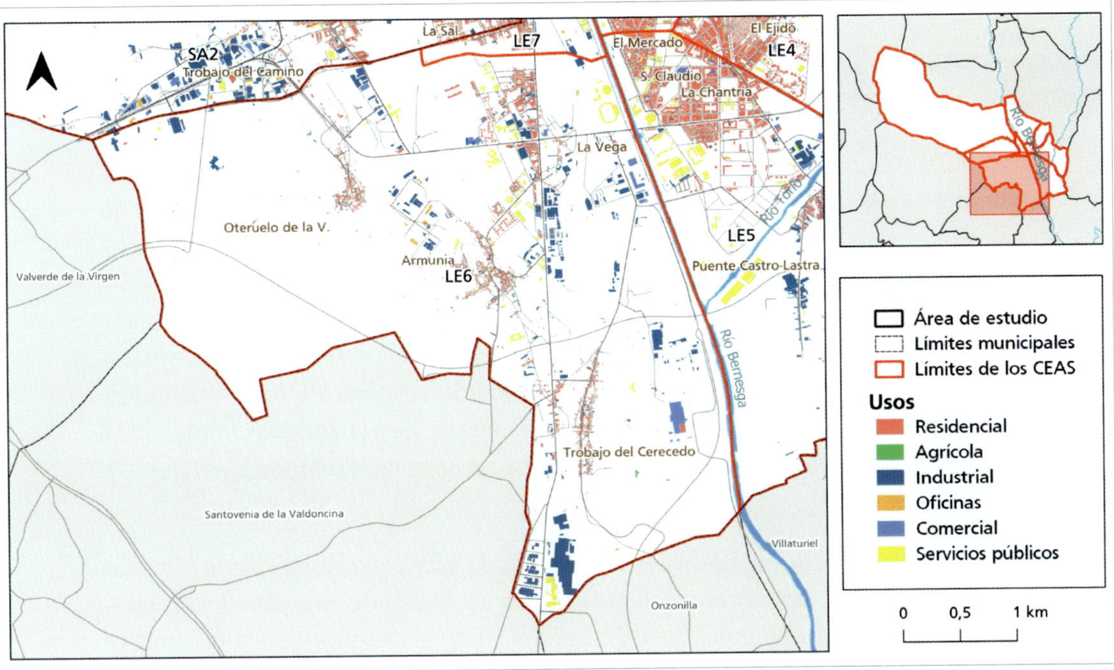

Fuente: elaboración propia a partir del Catastro Inmobiliario, Ayuntamiento de León (2021) e IDECYL, ©Junta de Castilla y León.

Javier Ordás del Corral

Figura 43. Edad de la edificación en LE6-ZAS SUROESTE.

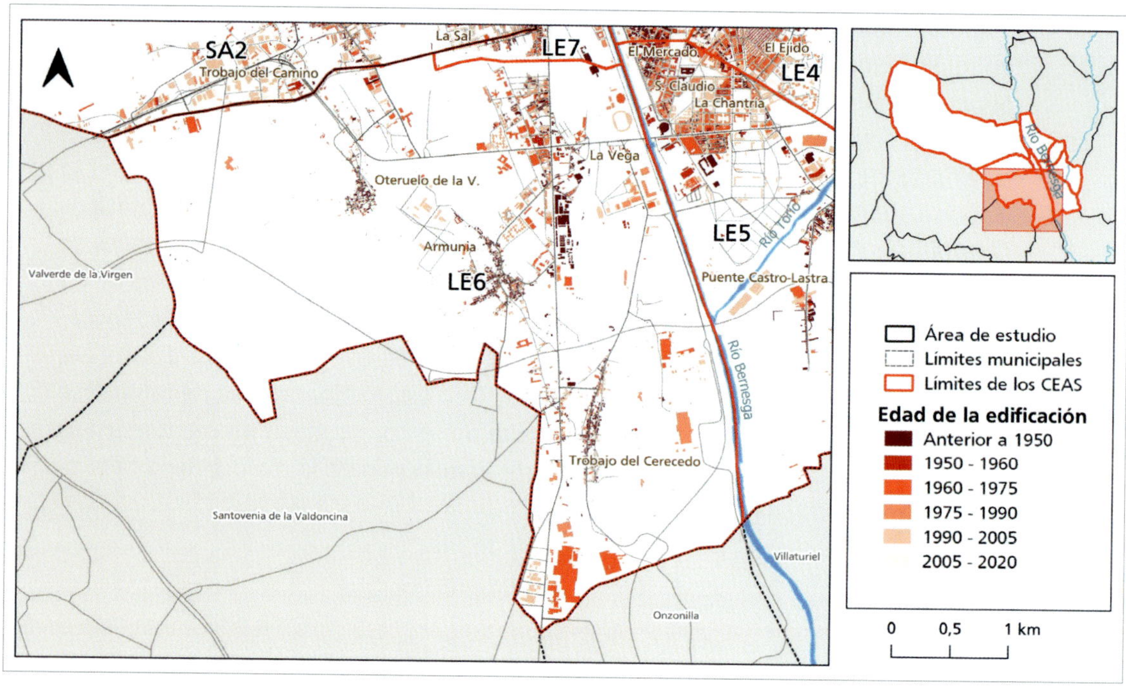

Fuente: elaboración propia a partir del Catastro Inmobiliario, Ayuntamiento de León (2021) e IDECYL, ©Junta de Castilla y León.

El entorno de Armunia es, de acuerdo con el PGOU de León, un espacio afectado por distintos problemas de tipo urbanístico y de dotación de servicios, que ha repercutido en las condiciones de vida que ofrece a sus habitantes desde hace décadas. Con el objetivo de abordar estas cuestiones, en el año 1970 el Ayuntamiento de Armunia solicitó su anexión al municipio de León argumentando la necesidad de los recursos, experiencia y medios para mejorar sus servicios públicos e infraestructura, así como de disponer de suelo para solventar la demanda resultante del éxodo rural. León aceptó su incorporación y acordó resolver de forma conjunta dichos problemas (Decreto 940/1970 de 21 de marzo), destacando las ventajas de su anexión al municipio y la ciudad en términos de ordenación urbana, servicios y capacidad.

Sin embargo, más de cincuenta años después de este acuerdo, muchos de estos desajustes persisten. En términos de ordenación del territorio, sus principales problemas son fundamentalmente tres. En primer lugar, el desorden de la estructura urbana de Armunia y las dificultades para integrarse adecuadamente al resto de León. Esto se debe fundamentalmente a que su evolución urbana se ha efectuado con criterios opuestos a los marcados por la base territorial existente, formada por la red de caminos hacia León y Trobajo del Cerecedo. En segundo lugar, el aislamiento estructural, funcional y social de Oteruelo de la Valdoncina, caracterizado por la falta de un área de centralidad en su interior y por las deficiencias en la accesibilidad con respecto al resto de la ciudad. Se asume que el abandono de las actividades agrarias y su incorporación a actividades económicas propiamente urbanas, implican una atención especial para el mismo, teniendo en cuenta su proximidad al Parque Tecnológico de León. Por último, en tercer lugar, el Plan señala la total segregación existente del núcleo de Trobajo del Cerecedo respecto a la ciudad. De forma conjunta, se resalta la necesidad de prestar una atención especial a esta zona para mejorar su accesibilidad, la dotación de servicios y su integración en el tejido urbano de León.

Recientemente, algunas asociaciones de vecinos de esta zona han expresado reivindicaciones en materia urbanística y social al Ayuntamiento. En ellas se ha subrayado la falta de unas directrices que guíen eficazmente las actuaciones urbanísticas del espacio que ocupa, así como el trato marginal que recibe por parte del PGOU de León. También se han expresado quejas por la falta de dinamismo comercial derivada de dicho aislamiento, por el mal estado de zonas concretas de su espacio público, el estado de abandono de algunas construcciones, así como cierta estigmatización debido a estas cuestiones y a la numerosa presencia de personas pertenecientes a la comunidad gitana (Anuncibay, 2021a; Caballero, 2022; Gaitero, 2014; Leonoticias, 2021; NCYL, 2022).

Para intentar solventar estos problemas y la situación de degradación de parte del espacio público y del parque residencial que alberga, Armunia y Trobajo del Cerecedo formaron parte del programa Área de Rehabilitación Integral (ARI) León Oeste desarrollado en 2008 y del Área de Regeneración Urbana (ARU) para el periodo 2015-2017. Estas iniciativas constituyen las actuaciones más destacables encaminadas a la rehabilitación y regeneración urbanas ejecutadas en los barrios al oeste del Bernesga. Tal y como se puede apreciar en la información que proporciona el panel de la Figura 44, se centraron en la mejora de edificios residenciales y del espacio público en tres zonas principales: la avenida Doctor Fleming, Armunia y Trobajo del Cerecedo (subzonas C, D y E) a partir de la renovación de servicios, así como algunas acciones de desarrollo social iniciadas con la construcción del Centro de Atención Integral al Ciudadano de Armunia en la calle San Juan Bosco (ILRUV, 2018).

En conjunto, el territorio que abarca LE6-ZAS Suroeste se caracteriza por estar compuesto por zonas urbanas, núcleos de población de transición urbano-rural, otros de carácter netamente rural y áreas industriales. Se trata de un espacio en el que se mezclan sectores con funciones muy diferentes entre sí y que ha experimentado problemas urbanísticos, de dotación de servicios y de tipo social a lo largo de su historia hasta el momento actual.

Figura 44. Panel informativo del ARU León Oeste 2017-2017.

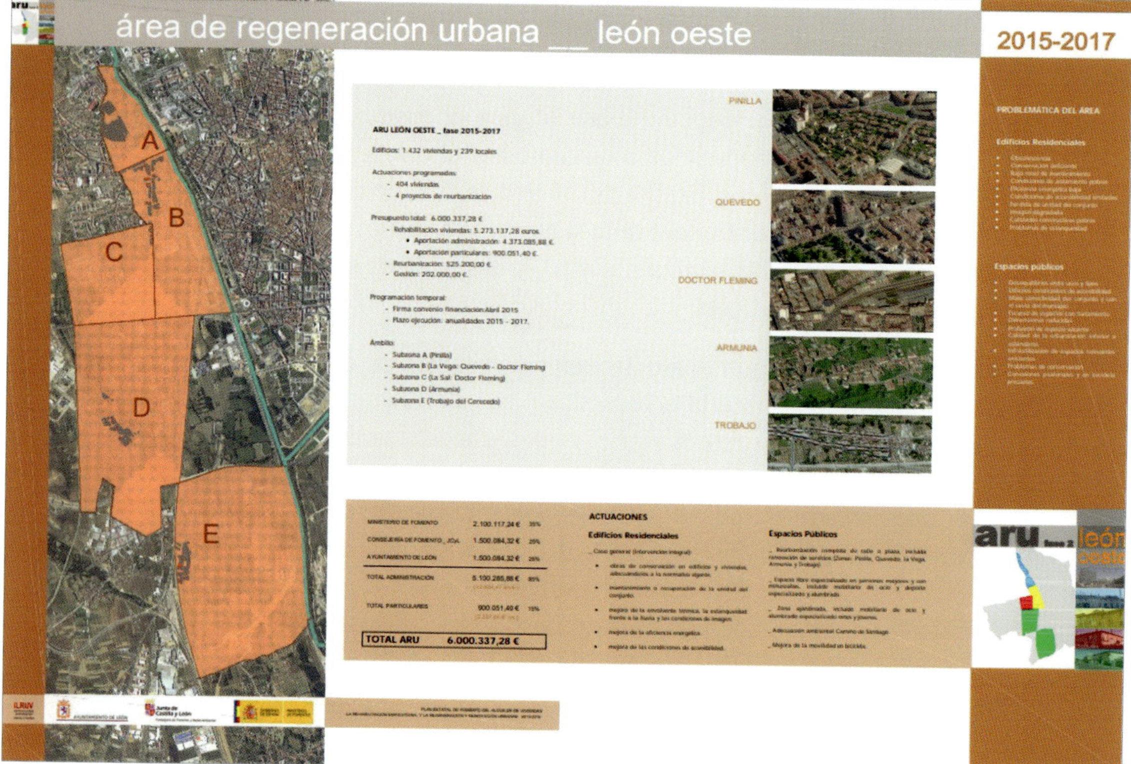

Fuente: ILRUV, 2015a.

A.1. Características demográficas y socioeconómicas de LE6-ZAS Suroeste

La población que reside dentro de los límites del LE6-ZAS Suroeste supera los 6.000 habitantes y, en la línea de lo visto anteriormente con el conjunto de la ciudad, ha ido decreciendo paulatinamente en los cuatro años del periodo contemplado, pasando de los 6.410 habitantes en 2017 a los 6.251 en 2020. En conjunto, supone aproximadamente el cuatro por ciento del total de la población del área de estudio[1].

De acuerdo con la Tabla 33, existe un mayor porcentaje de población mayor de 65 años con respecto al total del área de estudio. Esta se concentra en el grupo de viviendas del barrio de La Vega, que limitan al norte con el municipio de San Andrés del Rabanedo y que ocupan la zona norte de la ZAS, asignadas a las seccio-

---

1   Debido a que la delimitación de las ZAS no coincide exactamente con la de las secciones censales, ha sido necesario realizar una aproximación de la población que alberga para poder analizar los indicadores sociodemográficos y económicos a escala de ZAS.

nes censales 3 (en el límite norte con LE7-ZAS Oeste El Crucero) y 7 del distrito 7. Comprenden dos grupos de calles paralelas y perpendiculares a la avenida Doctor Fleming.

Tabla 33. Población de 65 años o más en LE6-ZAS Suroeste, 2017-2020.

DC	SC	POBLACIÓN DE 65 AÑOS O MÁS, %			
		2017	2018	2019	2020
7	3	1,19	1,22	1,24	1,25
	7	1,21	1,19	1,17	1,17
	11	0,73	0,73	0,73	0,73
9	1	0,62	0,61	0,64	0,65
	2	0,49	0,49	0,47	0,47
	3	0,41	0,41	0,39	0,41

Fuente: elaboración propia a partir del INE.

La Tabla 34 muestra el porcentaje de población extranjera y el coeficiente de localización de la población extranjera asignado a cada sección censal. Este factor se utiliza para detectar la existencia de concentración relativa de inmigrantes en dichas unidades de análisis. En el último año estudiado, los porcentajes más altos se encuentran en La Vega y Armunia, que ha experimentado un incremento superior a los 5 puntos en esos cuatro años. Más específicamente, de acuerdo con el coeficiente de localización, destaca que la proporción de extranjeros en el primer caso es más del doble que la proporción representada en la ciudad al completo, mientras que las otras dos secciones citadas es de 1,35. Los continentes de procedencia más importantes en ellas son África y América y, dentro de ellos, los países que realizan una aportación más notable son Marruecos y República Dominicana y Colombia, respectivamente.

Tabla 34. Población extranjera en LE6-ZAS Suroeste, 2017-2020.

DC	SC	POBLACIÓN EXTRANJERA, %				COEFICIENTE DE LOCALIZACIÓN DE LA POBLACIÓN EXTRANJERA			
		2017	2018	2019	2020	2017	2018	2019	2020
7	3	12,43	11,92	11,84	13,14	2,57	2,38	2,22	2,19
	7	6,99	6,18	7,47	8,12	1,45	1,23	1,40	1,35
	11	3,91	3,64	2,60	2,83	0,42	0,38	0,49	0,47
9	1	5,82	5,57	5,72	5,04	1,21	1,11	1,07	0,84
	2	6,37	5,02	5,73	6,36	1,32	1,00	1,07	1,06
	3	2,72	2,19	3,25	8,09	0,56	0,44	0,61	1,35

Fuente: elaboración propia a partir del INE.

En cuanto al nivel de renta, tanto en los promedios de renta neta como en los de renta bruta por persona y hogar, los barrios ubicados al oeste de la ciudad, como es el caso de los que integran LE6-ZAS Suroeste, son los que muestran los niveles más bajos del área de estudio en su conjunto. La Tabla 35 muestra la distribución por secciones censales de los niveles de renta neta media y bruta por persona y hogar.

Tabla 35. Renta media por persona y hogar en LE6-ZAS Suroeste, 2017-2020

DC	SC	RENTA NETA MEDIA POR PERSONA (€)				RENTA NETA MEDIA POR HOGAR (€)			
		2017	2018	2019	2020	2017	2018	2019	2020
7	3	9.507	9.765	9.765	10.514	21.965	22.255	22.966	23.163
	7	9.494	10.068	10.068	9.399	20.973	22.008	22.115	22.535
	11	7.983	8.266	8.364	14.404	20.007	20.665	21.640	34.856
9	1	9.132	9.203	9.203	9.819	21.394	21.371	22.074	22.453
	2	10.794	11.286	11.286	11.589	24.443	25.158	25.587	25.381
	3	7.965	8.178	8.178	8.578	20.123	20.767	21.599	21.116

DC	SC	RENTA BRUTA MEDIA POR PERSONA (€)				RENTA BRUTA MEDIA POR HOGAR (€)			
		2017	2018	2019	2020	2017	2018	2019	2020
7	3	10.814	11.146	10.814	11.567	24.984	25.405	24.984	26.210
	7	10.664	11.411	10.664	11.265	23.556	24.944	23.556	24.972
	11	8.881	9.181	9.280	17.377	22.257	22.953	24.010	24.010
9	1	10.322	10.407	10.322	11.025	24.183	24.168	24.183	42.052
	2	12.420	12.979	12.420	13.223	28.125	28.931	28.125	29.576
	3	8.958	9.130	8.958	9.704	22.632	23.187	22.632	24.193

Fuente: elaboración propia a partir del INE.

Como se ha visto, LE6-ZAS Suroeste se caracteriza por un mayor número relativo de personas usuarias de prestaciones vinculadas con la prevención de la exclusión social y las ayudas complementarias. Estas están orientadas de forma más específica hacia las personas que se clasifican con más peso proporcional en los sectores de referencia Minorías étnicas e Inclusión social. En este contexto, se plantea que, desde el punto de vista de la entrega de prestaciones sociales, existen situaciones de vulnerabilidad urbana en sus dimensiones demográfica, social y económica relacionadas con personas pertenecientes a diferentes grupos en exclusión social, con mayor incidencia de las que pertenecen a minorías étnicas.

A.2. Manifestaciones de degradación urbana en LE6-ZAS Suroeste

La perspectiva que proporciona el trabajo de campo ha permitido identificar diferentes manifestaciones de degradación urbana en las secciones censales señaladas en el apartado anterior. Sin embargo, muchos de los expedientes de obras de las viviendas no están en el Archivo Municipal, por lo que no se ha podido recabar información suficiente sobre la construcción y características de los inmuebles más degradados.

Las secciones seleccionadas abarcan un espacio delimitado por la calle Orozco al norte (límite municipal de León con el barrio de La Sal en San Andrés del Rabanedo), el río Bernesga al este, la avenida de Portugal al sur y la línea del ferrocarril al oeste. En conjunto, constituye un entorno que, de acuerdo con la delimitación oficial de barrios del Ayuntamiento de León, comprende un sector de La Vega (al oeste del actual Palacio de Congresos y Exposiciones y el Estadio Municipal Reino de León), junto a otro de Armunia. Esta zona de la ciudad destaca por dos aspectos importantes: primero, como se ha mencionado, en ella se registran valores representativos respecto a la población mayor de 65 años, la población extranjera y los niveles de renta muy bajos. Segundo, abarca un espacio relativamente regular que se encuentra delimitado por barreras importantes, como el ferrocarril y las avenidas del Doctor Fleming y de Portugal. Este hecho no solo separa el área del resto de la ciudad, sino que también le confieren ciertas peculiaridades, como la alta densidad de tráfico y la presencia de ruidos y contaminación, lo que le otorga características opuestas a las de cualquier zona con unos estándares mínimos de un área residencial. Además, su extensión de alrededor de 1,25 km^2 la hacen abarcable para llevar a cabo las operaciones necesarias del trabajo de campo.

Se han identificado 26 manifestaciones de degradación urbana de tipo físico en en cuatro áreas (entendidas como entornos espaciales en los que hay una mayor concentración de ejemplos de degradación urbana de tipo físico). La Tabla 36 incluye información sobre dichas evidencias de degradación indicando la ubicación de inmuebles concretos, su uso principal, el año de su construcción, así como sus características en términos de superficie, número de plantas y viviendas; y la Figura 45 señala la ubicación de dichas manifestaciones.

En términos de degradación urbana, el tipo físico se refiere al deterioro de edificaciones derivado del abandono o de una falta de mantenimiento de fachadas, ventanas, puertas de acceso o cubiertas, así como de los elementos que se encuentran en su entorno, tales como aceras, mobiliario urbano o elementos de alumbrado. En las secciones censales de esta zona se manifiesta tanto en viviendas habitadas como en aquellas que están abandonadas.

Tabla 36. Manifestaciones de degradación física en LE6-ZAS Suroeste.

Área	Vía y número	Uso	Año	Nº de plantas	Sup. (m²)	Nº de viv.
1	C. Orozco, 14	R	1950	2	130	1
	C. Orozco, 14 A	R	1950	2	172	1
	C. Orozco, 16	R	1957	3	240	1
	C. Orozco, 12	R	1947	1	340	2
	C. Orozco, 10	R	1950	1	144	1
	C. La Concordia, 16	R	1920	3	321	2
	C. Isaac Peral, 9	R – I	1960	3	449	1
	C. Fraga Iribarne, 50	R	1950	1	192	2
	Av. Doctor Fleming, 70	G	1960	1	43	0
	Av. Doctor Fleming, 72	R	1948	2	216	1
	Av. Doctor Fleming, 74	R - I	1948	3	204	1
2	C. Papa León XIII, 13	R	1956	4	590	8
	C. Fernando III, 13	R - I	1948	2	S.D.	4
	C. Papa Juan XIII, 3	R	1950	3	346	2
	C. Francisco Fernández Díez, 18d	I	1965	1	128	0
3	C. Francisco Fernández Díez, 9	R	1958	3	242	6
	C. Francisco Fernández Díez, 29	R	1945	2	316	4
	Av. de los Antibióticos, 12	C	1960	3	962	0
4	Av. de los Antibióticos, 35	R	1928	2	S.D.	2
	Av. de los Antibióticos, 37	R	1926	2	459	2
	C. La Vega, 1	R	1933	1	172	2
	C. General Sanjurjo, 4	R	1954	2	53	1
	C. General Sanjurjo, 6	R	1940	2	S.D.	2
	C. General Sanjurjo, 7	R	S.D.	2	S.D.	S.D.
	C. General Sanjurjo, 8	I	1966	1	168	0
	C. General Sanjurjo, 12	R	S.D.	4	S.D.	S.D.

Fuente: elaboración propia a partir del Catastro Virtual.

El Área 1 se ubica en el entorno del actual Palacio de Congresos y Exposiciones. La degradación física se manifiesta en tramos concretos de la avenida Doctor Fleming y las calles Orozco, La Concordia, Isaac Peral y Fraga Iribarne. En la citada avenida destaca un grupo de dos viviendas anexas, abandonadas y deterioradas (números 74, 72) construidas a finales de la década de 1940; junto a un garaje de 43 m² de superficie y construido en 1960, que se encuentra en mal estado de conservación.

Figura 45. Degradación física por áreas en LE6-ZAS Suroeste.

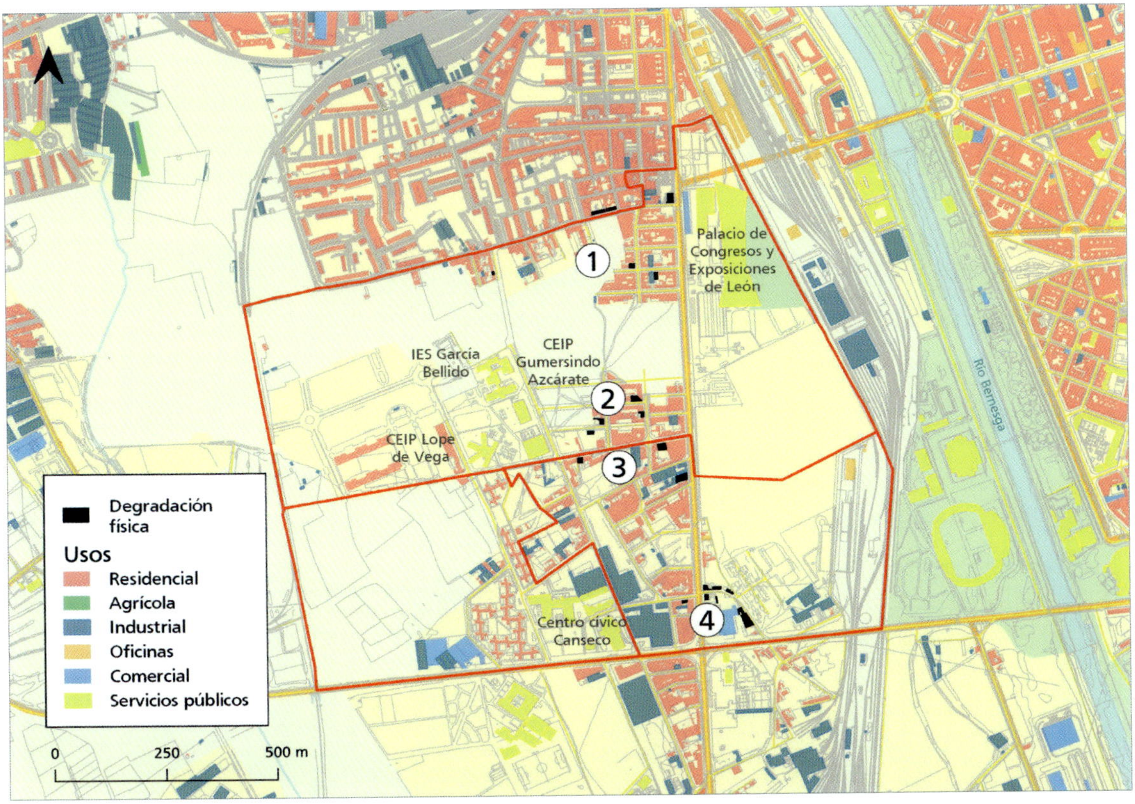

Fuente: elaboración propia a partir del INE y del Catastro Inmobiliario.

En la calle Orozco, se presentan cinco inmuebles pareados (números 14, 14-A, 16, 12 y 10) en diferentes estados de degradación (habitados, abandonados y en ruina) dispuestos en la acera de numeración par. Los dos primeros fueron construidos en el año 1950 y tienen dos plantas de altura. Están abandonados y con las ventanas de las plantas bajas tapiadas con ladrillos. El número 16 es un edificio de tres alturas construido en el año 1957. Por último, los números 12 y 10 son dos inmuebles que se encuentran en un estado de deterioro grave, pues les falta parte de la cubierta y de las fachadas. Fueron construidos en 1947 y 1950. La Figura 46 muestra el estado actual de algunas de estas viviendas.

Las otras edificaciones que se han incluido en este punto están en las calles La Concordia, Isaac Peral y Fraga Iribarne y se caracterizan por presentar diversas evidencias de deterioro físico y abandono. La primera fue construida en 1920 y actualmente está habitada a excepción de la planta baja, cuyos accesos han sido tapiados. Además, aunque se han llevado a cabo ciertas mejoras, como la sustitución de ventanas y persianas en las viviendas habitadas, el estado de la fachada evidencia falta de mantenimiento general en el inmueble. La segunda fue construida en 1960 y combina el uso industrial en la planta baja y el residencial en las superiores. Actualmente se encuentra abandonada. Finalmente, la tercera es una vivienda de la década de 1950, que presenta el aspecto de una vivienda deteriorada y sin mantenimiento.

Figura 46. Degradación física en la calle Orozco.

Fuente: imagen tomada por el autor en 2022.

El Área 2, al sur de la sección estudiada, se caracteriza por la presencia de cuatro construcciones en mal estado de conservación. La primera es un edificio residencial de cuatro plantas construido en el año 1956 (número 13 de la calle Papa León XIII). Cada una alberga dos viviendas de diferente tamaño. Las de la planta baja y del primer piso tienen una superficie de 56 m², mientras que las superiores ocupan alrededor de 68 m². Constituye un ejemplo de inmueble deteriorado de la zona sur de la sección censal 3, en el que se conjuga la baja calidad del edificio con la falta de mantenimiento evidente del mismo. El segundo, está en la calle Fernando III número 13 (Figura 47) y es una vivienda edificada en 1948 con un taller de uso industrial en la planta baja. Actualmente el estado de deterioro está muy avanzado, está abandonado y con la puerta de acceso tapiada.

El Área 3 integra dos edificios residenciales cercanos que destacan por un avanzado estado de deterioro, junto a un edificio comercial abandonado. Los dos primeros fueron construidos entre 1945 y 1958 (Figura 48).

Figura 48. Degradación física en la calle Francisco Fernández Díez.

Fuente: imagen tomada por el autor en 2022.

El conjunto se completa con un edificio comercial abandonado y sin ningún tipo de mantenimiento que se encuentra en el número 12 de la avenida de Antibióticos. Tiene una superficie de 962 m², fue construido en 1960 originalmente para albergar un cine (Lapar). En la década de 1980, experimentó distintos cambios, convirtiéndose en una discoteca y sala de conciertos. La falta de mantenimiento y su estado de abandono actual (Figura 49) reflejan la situación de declive que experimenta toda esta zona e ilustra su falta de dinamismo económico. Se ha consultado el Archivo Municipal para analizar el expediente de obras de este edificio, pero no ha sido localizado.

Figura 49. Degradación física y económica en la avenida de Antibióticos.

Fuente: imagen tomada por el autor en 2022.

Por último, el Área 4 alude a un conjunto de ocho edificaciones muy deterioradas ubicadas en el límite de las secciones (al sur de la zona B), que comprenden la avenida de los Antibióticos y las calles La Vega y General Sanjurjo. Esta última calle es una vía en curva de alrededor de 100 metros de longitud que une la avenida de los Antibióticos con la calle División Azul, en la que no existe acera. Todas las viviendas (a excepción de los números 9 y 16), muestran claros signos de deterioro físico. En total se trata de cinco construcciones diferentes. El número 4 es una vivienda edificada en 1954, cuya superficie es de 53 m² (véase Anexo 3). El número 6 fue construido en 1940 y tiene dos plantas, con una vivienda de 66 m² en cada una. El número 8 corresponde a un edificio de uso industrial adosado a las viviendas anteriores. Fue construido en 1966 y tiene una superficie de 168 m². El número 7 es un edificio similar a los números 35 y 37 de la avenida de los Antibióticos, aunque de menor tamaño y, junto al número 12, se encuentran actualmente en estado de ruina. Se trata de una zona que, en el pasado, estaba ocupada por diversas industrias (Talleres y fundición La Veguilla SA y Radiadores Palacios) y es considerada una bolsa de pobreza importante en la ciudad desde hace décadas (González González, 2000). Tal y como se ha comentado, los expedientes de obra de estos edificios son difíciles de identificar en el Archivo municipal puesto que algunos de ellos (concesiones de licencia de obras, el proyecto de la red de saneamiento, los relativos a la delegación de vivienda o la urbanización del casco de Armunia) no existen en el inventario. Los que han podido ser identificados se caracterizan porque sugieren que no hay participación de arquitectos e incluyen como plano de la vivienda croquis de los edificios presentados por los propios promotores, como ocurre con los expedientes números 1/110, 1/117, 1/261 y 1/265 de las viviendas de la calle General Sanjurjo.

La degradación económica describe el declive y deterioro de las condiciones económicas de un sector urbano determinado. Se manifiesta principalmente a través del cierre de empresas, la carencia de oportunidades comerciales o con la disminución del valor comercial de las propiedades que lo integran (Subirats, 2005). En las secciones delimitadas, particularmente en las zonas más antiguas (A y B), las construcciones suelen carecer de planta baja comercial, por lo que, en muchas ocasiones, no se dan las condiciones necesarias para que se pueda generar un entramado comercial propicio. La dinámica es diferente en los edificios cercanos a la avenida Doctor Fleming, lo que sugiere que el factor accesibilidad agrava los procesos de degradación. Sin embargo, muchas de las construcciones que en el pasado albergaron actividades económicas están actualmente abandonadas, como el citado cine Lapar o las amplias instalaciones de la empresa Ballestas Leonesas; o han sido desmanteladas, como ocurre en la zona de La Veguilla. Los casos de locales en activo están dedicados generalmente a la hostelería, a excepción de algunos ejemplos aislados de negocios de tipo étnico y una de las tres mezquitas que la comunidad islámica tiene en León actualmente.

La degradación sociocultural se refiere a un conjunto de procesos y fenómenos que se manifiestan en ciertos barrios y sectores, impactando negativamente en la calidad de vida de las personas que residen en ellos. Según algunos autores (Breger, 1967; Subirats, 2005) este tipo de degradación suele manifestarse mediante el rechazo social debido a una percepción negativa del resto de la comunidad, de inseguridad o a través de la ausencia de recursos y equipamientos de tipo social o cultural. Durante la fase de documentación necesaria para llevar a cabo el trabajo de campo, se registraron referencias de dicha situación en investigaciones previas (Tomé, 2007; FSG, 2018) y en prensa local (Anuncibay, 2021a; Caballero, 2022b; Gaitero, 2014; NCYL, 2019) referentes a los grupos de viviendas asentadas en los terrenos denominados El Cespedal, Vegas de Arriba y Vegas de Abajo que L. López Trigal ha definido como «*guetos marginales*» (Caballero, 2021, párr. 5).

Se trata de un conjunto de 21 bloques residenciales encargados por el Instituto Nacional de la Vivienda en 1976 a los arquitectos Jesús Martínez del Cerro y Felipe Moreno Marillo. Se asientan sobre una parcela irregular con una extensión de 45.712 m². Cada bloque tiene tres plantas y se configura a partir de un núcleo central de comunicación vertical desde el cual se despliegan cuatro brazos en los que se sitúan las viviendas, cuya superficie es 89 m². Están asentados sobre pilares, a excepción de los que tienen locales comerciales en la parte inferior, de modo que el entorno más inmediato a las viviendas está mayoritariamente compuesto por espacios abiertos ajardinados, a fin de obtener «*un aspecto urbano tradicional de nuestras ciudades, evitando la frialdad que en ciertas ocasiones crean los bloques abiertos independientes*» (Instituto Nacional de la Vivienda, 1976, p. 6). Las viviendas están compuestas por un vestíbulo, varios dormitorios (de dos a cuatro, dependiendo de la vivienda), cocina, baño, comedor-salón y roperos. El presupuesto total (El Cespedal, Vega de Arriba y Vega de Abajo) ascendió a 558.225.245,14 pesetas, financiado en su totalidad por el Instituto Nacional de la Vivienda.

De acuerdo con el criterio expresado por la FSG (2018), este complejo tiene las características propias de un barrio con población gitana: sector residencial periférico compuesto por edificios plurifamiliares que albergan viviendas subvencionadas de promoción social con equipamientos a su alrededor. En sus inmediaciones se encuentra el Centro de Salud y Seguridad Laboral de Castilla y León, la residencia de mayores Nuestra Señora del Camino, el centro cívico Canseco y, como se ha mencionado, los centros docentes citados anteriormente se encuentran muy cerca. Durante el trabajo de campo no se detectaron manifestaciones destacables de degradación del espacio público ni de las viviendas (salvo ciertos desperfectos en el mobiliario urbano y falta de dinamismo económico), tal y como se aprecia en la Figura 50.

En resumen, la degradación urbana de tipo físico en las secciones estudiadas a partir de trabajo de campo se manifiesta en un entorno caracterizado por la presencia de manzanas irregulares, calles en fondo de saco, usos industriales intercalados (muchos de ellos abandonados) y amplios espacios vacíos. Se presenta de forma aislada o en grupos de edificios contiguos, en construcciones que tienen más de 70 años. Este deterioro suele ir acompañado del tapiado de accesos, rasgo que puede interpretarse como una estrategia de prevención destinada a evitar problemas derivados de ocupaciones ilegales en áreas poco seguras. Estas viviendas suelen carecer de planta baja de uso comercial, aspecto que incide negativamente en el proceso de degradación económica que experimenta toda la zona. En cuanto al espacio público, el estado de las aceras, iluminación y mobiliario urbano es aceptable en términos generales, resultado de las iniciativas de regeneración urbana que se han llevado a cabo, tal y como se comentó anteriormente.

Figura 50. Grupo de viviendas en El Cespedal.

Fuente: imagen tomada por el autor en 2023.

En conjunto, se trata de un ámbito cuyo desarrollo ha estado condicionado por el cierre de las industrias y la desaparición de puestos de trabajo relacionados con la actividad ferroviaria. Como consecuencia, se ha producido una sustitución de los residentes originales por otros provenientes del norte de África y América del Sur, siendo Marruecos, Colombia y República Dominicana los países de procedencia más comunes. Además, la presencia de familias gitanas en esta zona es muy importante, lo que sumado a lo anterior confiere al entorno de Armunia de unas características sociodemográficas y económicas que difieren del resto de la ciudad. El proceso al que se ha aludido se ha producido en paralelo al del deterioro y abandono de parte importante del parque residencial y, aunque se han producido mejoras en su entorno, sigue adoleciendo de falta de actividad económica y de degradación. Conjuntamente, la unión de un alto número relativo de personas vulnerables, los procesos de segregación urbana y la degradación que experimenta esta zona, le otorgan unos rasgos propios de un barrio vulnerable.

B) Parte 2: el caso de LE7-ZAS Oeste El Crucero

La zona LE7-ZAS Oeste El Crucero, se localiza al oeste de León y ocupa una superficie de 1,24 km². Tal y como aparece en las Figuras 51 y 52, que muestran los usos de la edificación y su edad respectivamente, la zona se estructura de la siguiente forma: en el norte se ubica el fragmento sur del barrio de Pinilla, que pertenece y gestiona el municipio de León. Pinilla es un barrio construido a mediados de la década de 1940, cuya tipología dominante es la vivienda unifamiliar con jardín. Su urbanización se realizó bajo el amparo de la Obra Sindical del Hogar, organismo extinto nacido en la dictadura franquista que, a partir del año 1941, se encargó de las tareas constructivas (López Díaz, 2003). Al este se ubica el fragmento meridional del Polígono 58, entre el barrio de Pinilla y el Paseo de Salamanca, y los polígonos residenciales 61 y 18, configurando una zona que se ha ido desarrollando desde finales del siglo XX (López Trigal, 2002). El núcleo central de la ZAS está conformado por el barrio de El Crucero, cuyo origen y desarrollo están ligados a la implantación del ferrocarril. La infraestructura ferroviaria tuvo un impacto trascendental en la configuración de los barrios que emergieron a su alrededor, condicionando su devenir y la calidad de vida de sus residentes. Por un lado, la presencia de dicha barrera física desestructuró y obstaculizó el crecimiento de la ciudad. Este hecho ha supuesto tradicionalmente un fuerte condicionante en términos de funcionalidades y desarrollo urbano y social para toda la zona, ya que ha ejercido como una línea de segregación con el resto de la ciudad. Por otro, la extensa superficie que precisaban las actividades ferroviarias e industriales derivó en una representatividad importante de vacíos urbanos no integrados en la estructura urbana. Además, la calidad ambiental se vio fuertemente disminuida como consecuencia de los ruidos, olores y contaminación propios de la actividad ferroviaria e industrial cotidiana.

En cuanto a su morfología, se trata de una estructura heredera del sistema de parcelaciones empleado para dotar de viviendas a esta zona de la ciudad. En la actualidad, la tipología edificatoria es mixta, mostrando un progresivo incremento de alturas en los edificios. El sur está compuesto por fragmentos de los barrios de La Sal y La Vega. El primero es de origen obrero, también está ligado también al ferrocarril y se desarrolló en dos sectores: el más antiguo, entre León y San Andrés del Rabanedo; y el más reciente hacia el sur de la ciudad. El barrio de La Vega, como se ha mencionado en el apartado anterior, responde al mismo sistema de urbanización que El Crucero.

Figura 51. Situación y usos de los edificios de LE7-ZAS Oeste El Crucero.

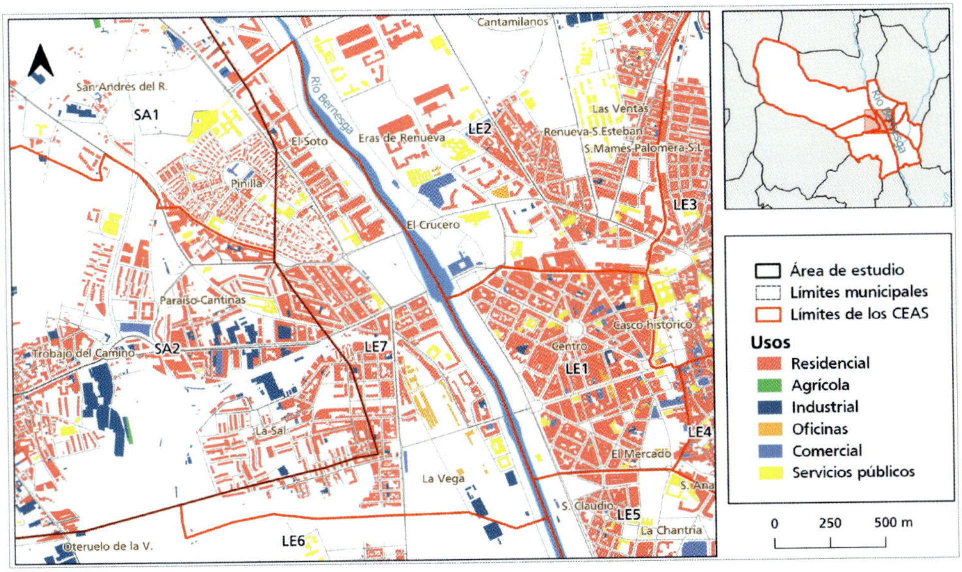

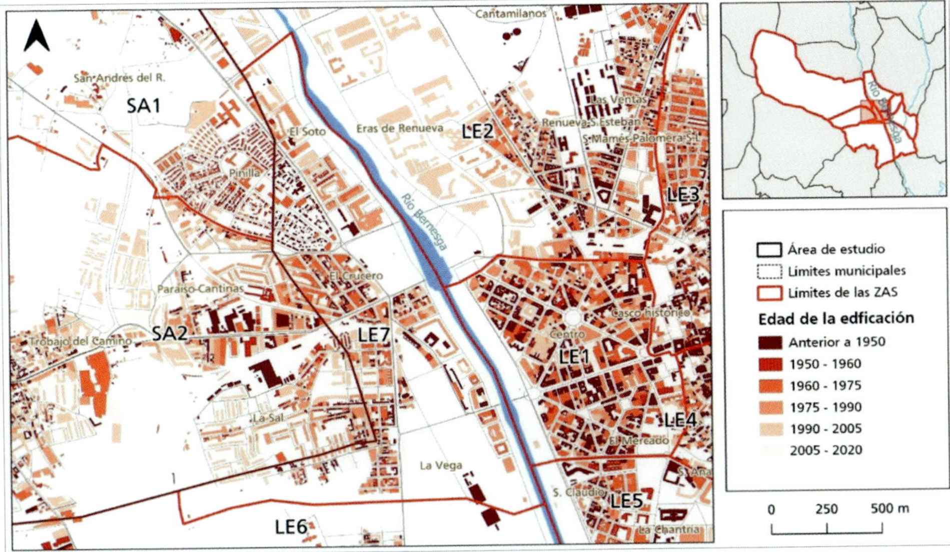

Fuente: elaboración propia a partir del Catastro Inmobiliario, Ayuntamiento de León (2021) e IDECYL, ©Junta de Castilla y León.

Figura 52. Edad de la edificación en LE7-ZAS Oeste El Crucero.

Fuente: elaboración propia a partir del Catastro Inmobiliario, Ayuntamiento de León (2021) e IDECYL, ©Junta de Castilla y León.

En conjunto, esta zona se presenta como un espacio fuertemente influenciado por el trazado ferroviario, sus instalaciones y la actividad industrial del pasado que, de acuerdo con el PGOU de León, le confiere cierta marginalidad desde su misma creación. Por las razones apuntadas, a partir de la década de 1980 empezaron a desarrollarse en él diferentes iniciativas dirigidas a mejorar sus condiciones urbanas y sociales. En esa década se llevaron a cabo Planes Parciales con el objetivo de ordenar y adecentar los fragmentos de la margen derecha del Bernesga, anteriormente ocupada por fábricas, que se materializaron en los Polígonos residenciales números 61, frente al centro de la ciudad, y 18, frente al barrio de Eras de Renueva (López Trigal, 2002).

Más recientemente, se han ejecutado tres importantes actuaciones en el territorio que abarca esta ZAS. La primera es el programa URBAN, llevado a cabo en el periodo 1997-2001. Este programa se centró en el área delimitada al norte por la línea de separación entre León y San Andrés del Rabanedo, el río Bernesga al este, Oteruelo de la Valdoncina al sur y la línea de ferrocarril al oeste. Dentro de las actuaciones más sobresalientes fueron la mejora del entorno urbano, la optimización de la accesibilidad con respecto al resto de la ciudad y la provisión de infraestructuras y equipamientos a fin de fortalecer la cohesión social a la zona. Parte de estas actuaciones se materializaron en la creación del Centro Cívico y el Vivero de Empresas León Oeste, situados en los edificios en la avenida de La Magdalena que ocupaban las antiguas cocheras del Ministerio de Obras Públicas y las viviendas de los peones camineros, al oeste del parque de Quevedo (que en origen fue un vivero del citado Ministerio). Su rehabilitación y equipamiento fue financiado a través del citado programa y su estado actual puede apreciarse en la Figura 53.

La segunda iniciativa dirigida a mejorar las características urbanas y sociales de este sector está constituida por los programas ARI y ARU León Oeste, gestionados y supervisados por el Instituto Leonés de Renovación Urbana y Vivienda (ILRUV). Como se mencionó anteriormente en el apartado dedicado a LE6-ZAS Suroeste, estos programas se desarrollaron en dos fases. La primera comenzó con la declaración del Acuerdo de la Junta de Castilla y León 140/2008 de 18 de diciembre, conforme al Real Decreto 801/2005, por el que se declaraba a los barrios del oeste de León como ARI. En esta zona, dicha iniciativa se centró en Pinilla, Quevedo y La Sal. Los objetivos principales en esta primera fase fueron mejorar las condiciones urbanas y de modo de vida de los residentes de estas áreas, así como preservar el patrimonio arquitectónico que contiene. Las actuaciones se encaminaron a la rehabilitación exterior de edificios y viviendas a partir de la mejora en su envolvente térmica, su seguridad estructural, la accesibilidad o la adecuación de los frentes de locales de planta baja. La segunda fase comenzó con la declaración del ARU de la zona con el Real Decreto 233/2013 de 5 de abril, por el que se reguló el Plan Estatal de Fomento del alquiler de viviendas, rehabilitación edificatoria, regeneración y renovación urbanas, y se ejecutó en el periodo 2015-2017. En esta ocasión, los

Figura 53. Vivero de empresas y Centro Cívico León Oeste.

Vivero de empresas León-Oeste

Centro Cívico León Oeste

Fuente: fotografías tomadas por el autor, 2022.

objetivos perseguidos se centraron en la mejora de las condiciones ambientales, su accesibilidad, las características de consumo energético de las viviendas, la erradicación de las infraviviendas existentes, así como otras actuaciones dirigidas a mejorar la imagen urbana. Las obras ejecutadas se centraron en dos grandes aspectos. Por una parte, en los edificios y las viviendas, a partir de la implementación de mejoras de la envolvente térmica de los mismos, su eficiencia energética y su accesibilidad. Por otra, en el espacio público a partir de actuaciones de reurbanización de calles, plazas, espacios libres y jardines en las zonas más deterioradas.

Por último, la tercera iniciativa destacada es el Plan Regional de Ámbito Territorial (PRAT) para la planificación de la ordenación de las actuaciones urbanísticas derivadas de la implantación de las nuevas infraestructuras y equipamientos ferroviarios en León, San Andrés del Rabanedo, Santovenia de la Valdoncina y Vega de Infanzones (Rodríguez Montejano y Argüeso, 2010). Sus orígenes se remontan a la firma de un convenio entre el Ministerio de Fomento, RENFE, la Junta de Castilla y León y los Ayuntamientos de León y San Andrés del Rabanedo a comienzos de la década de los 2000. El objetivo del mismo es soterrar y modificar la línea férrea a su paso por esta zona, renovar las instalaciones ferroviarias y trazar un nuevo enlace o by-pass, al sur de León, a fin de evitar el paso de tráfico y mercancías por la estación de viajeros. Este PRAT sufrió modificaciones en relación con el soterramiento proyectado, la necesidad de integración de nuevas infraestructuras, así como la adaptación de este al PGOU de León (García Argüello, 2015).

Tal y como se ha descrito, algunas de las dificultades que presenta este área son resultado de su ubicación en el límite entre las demarcaciones de los dos municipios estudiados y los problemas de gestión que ello conlleva; las deficiencias que impuso el sistema de parcelaciones a partir del cual se desarrolló urbanísticamente este espacio; así como las heredadas de los efectos negativos ejercidos por las instalaciones ferroviarias e industriales, configurando de forma conjunta un espacio marginal de la ciudad. En este sentido, la Asociación de Vecinos Quevedo ha reclamado al Ayuntamiento una mayor atención hacia sus calles. Estas reivindicaciones se han dirigido a señalar los desajustes producidos por el trazado ferroviario, que continúan afectando a la accesibilidad, así como a la visibilidad comercial de la zona, especialmente en las inmediaciones de la calle Velasquita (Diario de León, 2021b). También se han registrado quejas relacionadas con el mal estado del espacio público, la falta de alumbrado, así como con el abandono y la falta de mantenimiento de inmuebles, problemas derivados de la ocupación ilegal de inmuebles, delincuencia y vandalismo, venta de droga, así como de suciedad e insalubridad en sectores concretos (Anuncibay, 2021b, 2021c; Diario de León, 2020, 2021b, 2021b; La Nueva Crónica, 2021).

En resumen, el territorio que abarca se caracteriza por su vínculo con las instalaciones ferroviarias y la poderosa influencia que estas han ejercido en su morfología, desarrollo y estado actual. A pesar de las mejoras implementadas a nivel urbano, siguen manifestándose problemas de accesibilidad que influyen en el pobre estado de su tejido comercial, así como en la aparición de numerosos problemas vinculados directamente con la vulnerabilidad urbana que generan malestar vecinal, como el vandalismo y la delincuencia.

B.1. Características demográficas y socioeconómicas de LE7-ZAS Oeste El Crucero

El ámbito que corresponde a LE7-ZAS Oeste El Crucero tiene una población aproximada de 14.500 habitantes, lo que supone alrededor del 10% de la población del área de estudio. Al igual que ocurría en el caso anterior, en la línea del conjunto de la ciudad, esta se ha visto mermada de forma constante durante los cuatro años estudiados.

De acuerdo con la Tabla 37, la población se reparte en las secciones censales que integran el distrito 7, a excepción de la sección 5, que comprende la mitad norte del barrio de El Soto; y las 7 y 11 que, como se ha visto en el apartado anterior, forman parte de LE6-ZAS Suroeste. A este respecto, comparte con esta zona las secciones 3 y 9 aunque, como se ha mencionado, las zonas de uso residencial están integradas completamente dentro de LE7.

Tabla 37. Población de LE7-ZAS Oeste El Crucero por secciones censales.

DC	SC	POBLACIÓN TOTAL			
		2017	2018	2019	2020
7	1	1.189	1.209	1.210	1.215
	2	980	997	988	980
	3	1.866	1.905	1.917	1.933
	4	1.120	1.131	1.112	1.104
	6	1.722	1.706	1.656	1.659
	8	1.163	1.169	1.179	1.198
	9	937	899	884	883
	10	1.279	1.254	1.213	1.214
	12	1.205	1.179	1.169	1.158
	13	895	889	901	882
	14	748	724	712	683
	15	1.709	1.705	1.666	1.647
TOTAL		**14.813**	**14.767**	**14.607**	**14.556**

Fuente: elaboración propia a partir del INE.

En cuanto a la población residente de 65 años o más, según se muestra en la Tabla 38, los valores más destacables apuntan a dos fragmentos claramente diferenciados. El primero está formado por las calles Gómez Salazar, Astorga y Sancho El Gordo, aledañas a la iglesia San Francisco de la Vega (secciones 1 y 9) con porcentajes superiores al 35% de la población censada. El segundo sector corresponde a las calles articuladas por las avenidas San Andrés, Carlos Pinilla y

San Ignacio de Loyola (dentro del municipio de León), que pertenecen al barrio de Pinilla (sección censal 13), con un porcentaje de población anciana superior al 30% durante todo el periodo estudiado.

Tabla 38. Población de 65 años o más en LE7-ZAS Oeste El Crucero, 2017-2020.

DC	SC	POBLACIÓN DE 65 AÑOS O MÁS, %			
		2017	2018	2019	2020
7	1	29,27	29,53	28,60	29,38
	2	28,06	28,18	29,15	28,88
	3	17,68	17,59	17,74	17,54
	4	26,88	26,17	26,08	26,72
	6	22,07	23,92	25,24	26,46
	8	25,62	25,92	26,38	27,21
	9	36,07	37,26	38,24	38,28
	10	27,13	28,07	27,62	27,35
	12	27,05	27,06	28,40	29,27
	13	31,28	30,71	30,97	31,41
	14	26,34	28,18	30,48	33,67
	15	15,21	16,42	17,59	19,06

Fuente: elaboración propia a partir del INE.

De acuerdo con lo expuesto al comienzo de este capítulo, desde el punto de vista de las personas usuarias de prestaciones sociales de zona, el colectivo más importante entre las personas usuarias es el de personas extranjeras. A este respecto, los datos desagregados por secciones censales y el coeficiente de localización calculado en ellas, permiten identificar aproximadamente los patrones de localización de este grupo de población. Las secciones censales con un porcentaje destacable de personas extranjeras se encuentran en el barrio de El Crucero. En ellas los valores se sitúan por encima del 12% respecto al total de esa unidad espacial, y superior al 13% en el último año de referencia. Dentro de este grupo destacan especialmente los casos de las secciones 4 y 10 en las que, de acuerdo con la Tabla 39, el coeficiente de localización de población extranjera es prácticamente cuatro veces mayor que en el conjunto del área de estudio en la primera y más de 3 veces en la segunda. Las nacionalidades más destacadas en ellas son, como sucedía en el caso de la ZAS anterior, Marruecos, República Dominicana y Colombia.

Tabla 39. Población extranjera en LE7-ZAS Oeste El Crucero, 2017-2020.

DC	SC	POBLACIÓN EXTRANJERA, %				COEFICIENTE DE LOCALIZACIÓN DE LA POBLACIÓN EXTRANJERA			
		2017	2018	2019	2020	2017	2018	2019	2020
7	1	9,67	10,59	12,07	12,84	2,00	2,12	2,26	2,14
	2	9,29	9,33	8,60	9,29	1,92	1,86	1,61	1,55
	3	12,43	11,92	11,84	13,14	2,57	2,38	2,22	2,19
	4	18,93	20,25	21,76	22,37	3,92	4,05	4,07	3,72
	6	2,03	1,76	2,05	1,99	0,42	0,35	0,38	0,33
	8	7,31	9,07	10,18	10,93	1,51	1,81	1,90	1,82
	9	2,03	1,89	2,60	2,83	0,42	0,38	0,49	0,47
	10	17,36	17,78	18,30	19,93	3,59	3,55	3,42	3,32
	12	7,80	8,14	8,21	9,59	1,61	1,63	1,54	1,60
	13	2,91	3,15	4,11	4,65	0,60	0,63	0,77	0,77
	14	5,48	5,11	4,78	3,95	1,13	1,02	0,89	0,66
	15	1,81	2,46	2,46	2,37	0,38	0,49	0,46	0,39

Fuente: elaboración propia a partir del INE.

Conforme a la información que presenta la Tabla 40, las unidades espaciales que destacan en negativo por tener las rentas, tanto netas como brutas por persona y hogar, más bajas de todo el conjunto son la 4 y la 10. La primera apenas superó los 9.500€ anuales de renta neta media en 2017 y logró rebasar los 10.500€ en 2020. En este mismo indicador, la segunda muestra una situación aún peor. En 2017 alcanzó los 8.890€ anuales pero su evolución ha sido desfavorable, y solo consiguió superar los 9.600€ en el año 2020. Las únicas que se sitúan en posiciones cercanas a la media del área de estudio (en torno a los 13.300€ y los 14.200€ en dichos años, respectivamente) son las secciones 7 y 9, que pertenecen a un ámbito más alejado del núcleo del barrio, en el Paseo de Salamanca.

Como conclusión al análisis llevado a cabo en el territorio que abarca LE7-ZAS Oeste El Crucero, se puede afirmar que el espacio comprendido por las secciones censales 4 y 10 del distrito 7 destacan en negativo frente al resto. En concreto, teniendo en cuenta que esta ZAS se caracterizaba por un mayor volumen de prestaciones asociadas a los sectores de referencia Inmigrantes e Inclusión social, dichas secciones presentan los valores más altos en cuanto al porcentaje de extranjeros, el coeficiente de localización de población extranjera, así como los valores más bajos en los indicadores de renta anteriormente descritos. Por este motivo, fueron seleccionadas para llevar a cabo trabajo de campo en ellas, cuyos resultados se presentan en el siguiente apartado.

Tabla 40. Renta media por persona y hogar en LE7-ZAS Oeste El Crucero, 2017-2020.

DC	SC	RENTA NETA MEDIA POR PERSONA (€)				RENTA NETA MEDIA POR HOGAR (€)			
		2017	2018	2019	2020	2017	2018	2019	2020
7	1	12.296	12.578	13.181	13.090	25.956	26.118	27.920	27.203
	2	10.585	10.896	11.308	11.318	23.781	24.213	25.366	24.815
	3	9.507	9.765	10.136	10.514	21.965	22.255	22.966	23.163
	4	8.890	9.116	9.422	9.677	20.843	21.532	22.033	22.587
	6	12.766	13.374	14.129	14.164	31.535	32.175	33.585	32.535
	8	10.255	10.521	11.090	11.448	24.655	25.541	26.633	26.921
	9	16.544	17.066	17.289	17.388	34.078	34.687	34.934	35.063
	10	8.973	9.381	10.052	9.894	20.324	21.284	23.004	22.584
	12	11.027	11.508	12.132	12.056	24.558	25.330	26.621	26.313
	13	12.552	12.485	13.125	13.234	29.156	28.809	29.666	29.820
	14	18.435	19.215	20.839	20.455	40.840	42.238	44.844	43.917
	15	12.983	13.494	14.442	S.D.	32.562	33.316	35.512	S.D.

DC	SC	RENTA BRUTA MEDIA POR PERSONA (€)				RENTA BRUTA MEDIA POR HOGAR (€)			
		2017	2018	2019	2020	2017	2018	2019	2020
7	1	14.432	14.825	15.834	15.971	30.465	30.783	33.541	33.188
	2	12.071	12.412	12.950	12.987	27.118	27.582	29.047	28.474
	3	10.814	11.146	11.567	12.027	24.984	25.405	26.210	26.496
	4	9.953	10.280	10.564	10.926	23.336	24.282	24.702	25.502
	6	15.259	15.925	16.745	16.818	37.693	38.314	39.804	38.632
	8	11.650	11.954	12.646	13.172	28.008	29.020	30.371	30.976
	9	20.223	20.768	21.038	21.171	41.657	42.213	42.510	42.691
	10	10.081	10.491	11.269	11.108	22.834	23.803	25.789	25.355
	12	12.713	13.203	14.029	13.962	28.314	29.061	30.785	30.472
	13	14.660	14.550	15.336	15.472	34.054	33.574	34.664	34.863
	14	22.693	23.744	25.863	25.761	50.274	52.193	55.654	55.307
	15	15.601	16.171	17.345	S.D.	39.129	39.924	42.649	S.D.

Fuente: elaboración propia a partir del INE.

B.2. Manifestaciones de degradación urbana en LE7-ZAS Oeste El Crucero

El espacio seleccionado para llevar a cabo el trabajo de campo está formado por el conjunto de calles limitado por el barrio de Pinilla al norte; la avenida de la Magdalena y el parque de Quevedo al este; la avenida Doctor Fleming al sur; y la calle Relojero Losada al oeste. De acuerdo con la delimitación oficial de barrios del Ayuntamiento de León, forman parte de los barrios de Pinilla y El Crucero.

Como se ha comentado, Pinilla es un proyecto de «ciudad jardín» construido en la posguerra. Se extiende a lo largo de los dos municipios estudiados, aunque la mayor parte pertenece al de San Andrés del Rabanedo. Está compuesto por viviendas unifamiliares con jardín de calidad variable y ha experimentado muchos cambios a lo largo de su historia. Las manifestaciones más evidentes de esta evolución son la presencia de bloques de varias alturas construidos en la década de 1970. Entre ellos destaca especialmente el conocido como La Casona, que alberga un total de 288 viviendas.

Las secciones censales que pertenecen a El Crucero se configuran como un entramado de calles de forma trapezoidal que, de acuerdo con el PGOU de León (Ayuntamiento de León, 2004), se denomina Solares de la Vega. Se trata de un espacio urbanizado a comienzos de la década de 1940 mediante el sistema de parcelaciones. Su origen estuvo condicionado por dos factores fundamentales. Primero, gran parte de las edificaciones originales se levantaron sin tener en consideración las condiciones estructurales mínimas de relación con el entorno. Segundo, aunque inicialmente se planificó la construcción de viviendas pequeñas en toda el área, el proyecto fue modificado durante su ejecución con el fin de multiplicar la división de parcelas y configurar manzanas en las que asentar edificios plurifamiliares con el fin de maximizar los beneficios. El resultado fue una estructura formada por calles perpendiculares y paralelas a las principales vías que estructuran el barrio, es decir, las avenidas Doctor Fleming y Párroco Pablo Díez, con el parque de Quevedo marcando la frontera oriental, que presenta una mezcla de tipologías edificatorias y un cambio del paisaje proyectado inicialmente.

El trabajo de campo ha permitido identificar sobre el terreno quince manifestaciones de degradación urbana, tal y como muestra la Figura 54. La Tabla 40 permite profundizar en dichas evidencias de degradación a partir de información acerca de su ubicación y características, tales como su uso principal, superficie, número de plantas y viviendas. Todas ellas se ubican en El Crucero, ya que el fragmento de Pinilla actualmente no muestra ninguna manifestación notable de degradación. La situación de degradación física se complementa con ciertos síntomas de degradación económica, debido a que muchas de estas construcciones carecen de planta baja destinada a uso comercial, y sociocultural. Las actividades comerciales más habituales están relacionadas con la hostelería, pero afortunadamente también existen diversos negocios de carácter étnico, acorde al alto volumen de población residente de origen extranjero.

Figura 54. Degradación física por áreas en LE7-ZAS Oeste El Crucero.

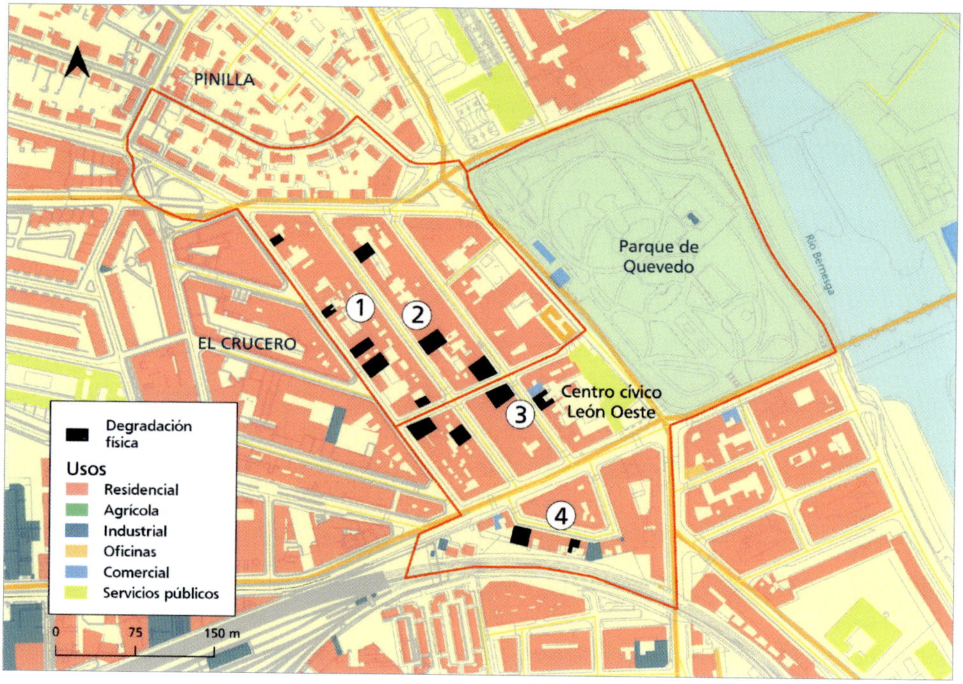

Fuente: elaboración propia a partir del INE y del Catastro Inmobiliario.

Tabla 40. Manifestaciones de degradación física en LE7-ZAS Oeste El Crucero.

Área	Vía y número/s	Uso	Año	Nº de plantas	Sup. const. (m²)	Nº de viv.
1	C. Relojero Losada, 50	R	1948	2	234	3
	C. Relojero Losada, 32	R	1955	2	261	4
	C. Relojero Losada, 22	R	1955	2 (+S)	609	6
	C. Relojero Losada, 18	R	1949	2	386	3
	C. Hermanos Machado, 15	S.D.	S.D.	S.D.	S.D.	S.D.
	C. Hermanos Machado, 18	R	1962	2	224	1
2	C. Pérez Galdós, 7	R	1945	3	592	6
	C. Pérez Galdós, 42	R - C	1949	4	788	8
	C. Pérez Galdós, 20	R	1946	3	334	1
	C. Pérez Galdós, 24	R	1950	3	711	6
3	C. Laureano Díez Canseco, 11	R	1952	3	1210	16
	C. Hermanos Machado, 7	R	1964	4	893	10
	C. Laureano Díez Canseco, 8	R - C	1959	4	422	6
4	C. Pardo Bazán, 15	R	1959	3	279	3
	C. Pardo Bazán, 23	R - C	1960	4	883	8

Fuente: elaboración propia a partir del Catastro Virtual y Archivo Municipal de León.

Al igual que sucedía en el caso anterior, las manifestaciones de degradación física dentro de las secciones estudiadas se caracterizan por la alternancia de deterioro de edificaciones, derivado de un nivel de mantenimiento escaso o nulo, con el tapiado de ventanas y puertas para evitar la ocupación ilegal del inmueble. Estas manifestaciones pueden agruparse en cinco áreas diferentes, consideradas entornos espaciales en los que se observa una concentración notable de ejemplos de degradación física.

El Área 1 incluye los ejemplos encontrados en la calle Relojero Losada. La degradación física se presenta de forma puntual en la acera de numeración par y en la confluencia con la calle Hermanos Machado. El primer subconjunto está compuesto por viviendas de dos alturas, construidas a finales de la década de 1940 y que se encuentran muy deterioradas, en algunos casos con las puertas y ventanas selladas. El primero de los edificios de este grupo, cuyo estado actual puede verse en la Figura 55, es del arquitecto Ramón Cañas del Río.

Figura 55. Degradación física en la calle Relojero Losada.

Fuente: imagen tomada por el autor en 2022.

Según consta en la solicitud de obras de 3 de abril de 1948, el promotor de la edificación fue D. José Suárez Riesca, y se trata de una casa de viviendas económicas compuesta de tres plantas: semisótano, baja y principal. Cada una alberga una vivienda que se distribuye en un vestíbulo, dos dormitorios, una sala, una galería, una cocina, un aseo (compuesto únicamente por un retrete) y ropero. La vivienda del sótano tenía menor tamaño, pues la planta comparte el espacio destinado a las carboneras. El sistema constructivo empleado es la cimentación de hormigón y muros de fábrica de ladrillo; y las conexiones de alumbrado eléctrico, aguas limpias y residuales se toman de las redes instaladas en la parcelación. Según la memoria del proyecto el presupuesto de la obra ascendía a 45.000 pesetas y la renta media mensual por vivienda a 200 pesetas.

Los edificios de la calle Hermanos Machado muestran dos situaciones diferentes. Por un lado, el número 15 está en estado de ruina, mantiene únicamente parte de las paredes de la fachada mientras que la cubierta ha desaparecido por completo. Por otro, el número 18 es un edificio residencial de dos pisos con garaje en la planta baja construido en 1962. Contenía dos viviendas de 53 y 86 m^2 y en la actualidad, está abandonado y tiene los accesos sellados. Por último, cabe destacar que los edificios 44 y 14 han sido recientemente derribados debido a su mal estado y actualmente se presentan como solares vacíos, por lo que no han sido incluidos dentro de este registro.

El Área 2 alude a las manifestaciones de degradación de la calle Pérez Galdós. Las más evidentes han sido detectadas en viviendas construidas a finales de la década de 1940 de distinto tipo (Figura 56).

De acuerdo con los expedientes conservados en el Archivo Municipal, su promotor fue D. Maximiliano Muñiz y el arquitecto encargado de la obra fue D. Luis Aparicio Guisasola. La vivienda fue proyectada inicialmente en el año 1947 como una casa de renta. Tiene cuatro plantas con dos viviendas en cada una compuestas por cuatro habitaciones, galería, cocina, despensa y cuarto de baño. El sistema constructivo empleado es fábrica de ladrillo, sobre cimientos y muros de hormigón en masa. Un año más tarde, en 1948, el promotor solicitó permiso al Ayuntamiento para elevar una planta adicional e incorporar de esta forma dos nuevas viviendas de características similares a las anteriores. Además, dicha modificación sustituyó las viviendas de los semisótanos por locales comerciales.

Ambos expedientes enfatizan las características de las viviendas en términos de higiene y habitabilidad, señalando que todas las dependencias de las viviendas reciben luz y ventilación directa suficiente. El presupuesto del primer proyecto ascendía a 249.100 pesetas y el de la elevación de la tercera planta fue fijado en

45.000 pesetas. La renta mensual por vivienda era de 175 pesetas, aunque se incrementó a 200 en el segundo proyecto.

Figura 56. Degradación física en la calle Pérez Galdós.

Fuente: imagen tomada por el autor en 2023.

El Área 3 muestra la ubicación de dos edificios muy degradados en la confluencia entre las calles Laureano Díez Canseco y Hermanos Machado y un bloque de viviendas próximo a los mismos que se caracteriza por su falta de mantenimiento. Los dos primeros constituyen, de forma conjunta, una zona percibida como negativa por parte de la comunidad que reside en el barrio debido al mal estado en el que se encuentra, la falta de salubridad y las molestias generadas por distintos episodios de ocupación ilegal (Anuncibay, 2021; Caballero, 2022).

El primero es un bloque de viviendas de alquiler (Figura 57) proyectado en 1950 que actualmente está muy deteriorado y abandonado. Se accede al mismo por los portales con números 11 de la calle Laureano Díez Canseco y 8 de la calle Hermanos Machado.

Figura 57. Degradación física en la calle Laureano Díez Canseco.

Fuente: imagen tomada por el autor en 2023.

Consta de tres alturas y un semisótano y, según lo expuesto en el expediente de obras, su promotor fue D. Modesto Aller. El encargado de la redacción y proyección del inmueble fue el arquitecto D. Ramón Cañas del Río. El solar tiene una superficie total de 376,58 m² ocupada íntegramente por la construcción, con 310,20 m² destinados a cada planta y 66,30 m² al patio de luces. Cada piso alberga cuatro viviendas de distinto tamaño, compuestas por tres o cuatro habitaciones, cocina, vestíbulo, cuarto de aseo, ropero y despensa. El sistema de construcción es la cimentación de hormigón ciclópeo y muros de fábrica de ladrillo. La cubierta es de teja y los forjados de piso de sistema ferro-ladrillo. Todas las viviendas contaban con suministro de agua potable y evacuación de las residuales a la red de la parcelación. El presupuesto de las obras se cifró en 230.000 pesetas y la cantidad media mensual por vivienda en 200 pesetas.

En junio de 2021, debido a su mal estado de conservación, fue declarado en estado de ruina por la Comisión de Desarrollo Urbano del Ayuntamiento de León. De acuerdo con el informe resultante, «*el inmueble se encuentra en una situación de abandono y falta de mantenimiento absoluto que ha degenerado en una grave situación de salubridad y molestias de distinta naturaleza como consecuencia de la progresiva ocupación ilegal*» (Fariñas, 2021). Un año después, en julio de 2022, la Junta de Gobierno Local del Ayuntamiento de León acordó otorgar a la empresa de promoción inmobiliaria Cartera Omaña S.L. una licencia urbanística para llevar a cabo obra de rehabilitación y mejora con el fin de crear 23 nuevas viviendas (Ayuntamiento de León, 2022), que, a fecha de redacción de este trabajo, aún no han empezado a desarrollarse.

El segundo edificio de esta área corresponde con el número 7 de la calle Hermanos Machado y está situado en la acera de enfrente del anterior edificio en la esquina con la calle Laureano Díez Canseco. Se trata de un bloque de cuatro plantas, con tres viviendas en cada una, que se encuentra en un estado avanzado de degradación y abandono (Figura 58). El programa de las mismas está compuesto por un vestíbulo, cocina, despensa, baño (con plato de ducha), comedor y tres dormitorios.

Figura 58. Degradación física en la calle Hermanos Machado.

Fuente: imagen tomada por el autor en 2023.

Según consta en el expediente de obras del edificio fue proyectado en 1962, su promotor fue D. José Rodriguez Llido y el arquitecto encargado fue D. Luis Aparicio Guisasola. Estaba compuesto de un total de 12 viviendas de Renta Limitada Subvencionada, de superficie variable que oscila entre los 60,5 m² (en las más pequeñas, ubicadas en la planta baja) y 68,62 m² (las centrales). El sistema constructivo empleado es el de muros de carga de fábrica de ladrillo sobre cimientos de hormigón ciclópeo. El presupuesto final de las obras ascendió a 1.000.000 de pesetas y se especifica que la renta mensual de cada vivienda debería de ser fijada de acuerdo al cociente de su superficie útil por el índice que estableciese el Ministerio de la Vivienda.

Por último, el número 8 de la calle Laureano Díez Canseco es un edificio residencial con planta baja de uso comercial, cuya fachada y las ventanas de los tres pisos de altura de los que consta, muestran signos claros de deterioro y falta de mantenimiento. De acuerdo con el expediente municipal de la obra, su promotor fue Olegario Huerga Pérez y fue proyectado en 1956 como bloque de viviendas de Renta Limitada subvencionadas. El proyecto vuelve a llevar la firma del arquitecto D. Ramón Cañas del Río y cuenta con la intervención del aparejador D. Mariano González Flórez. Consta de planta de semisótano, planta baja y dos pisos, albergando un total de seis viviendas, espacio para las carboneras en el sótano y una cochera, que posteriormente se convirtió en el local comercial. Todas las viviendas se componen de vestíbulo, pasillo, tres o cuatro dormitorios, comedor, cocina equipada, despensa y cuarto de aseo, con suministro de agua y alcantarillado. En cuanto al sistema de construcción empleado es la cimentación de hormigón y muros de fábrica de ladrillo. El presupuesto total fue de 463.300 pesetas, sin indicar el precio de renta mensual de cada vivienda.

Finalmente, el Área 4 corresponde con dos casos de degradación física en inmuebles de la calle Pardo Bazán, ubicada al sur de la avenida Quevedo. Esta prolongación de los Solares de La Vega se denomina, en los expedientes municipales, parcelación de D. Hermógenes Fernández. Se trata de los edificios 15 y 23, construidos en 1959 y 1960 respectivamente. El primero es un edificio de tres plantas, con una vivienda en cada una, que se encuentra deteriorado y abandonado, mientras que el segundo, en mejor estado de conservación, muestra signos de falta de mantenimiento en fachada, ventanas, además de una planta comercial en la planta baja sin actividad. Este último fue propiedad de D. Emilio Freile Nuevo y el proyecto fue redactado por el arquitecto D. Efrén García Fernández con la intervención del aparejador D. Luis Sanz Fernández. Consta de siete viviendas de renta limitada de tercera categoría que constan de comedor tres dormitorios, cocina, cuartos de aseo y roperos.

La situación del ejemplo anterior se repite en más ocasiones en todo este entramado de calles. Esto sugiere que su tejido económico adolece de cierto estancamiento debido, en parte, a la ausencia de planta baja destinada a usos comerciales en los edificios más antiguos. El mayor dinamismo económico se presenta en la unión con las avenidas citadas, en contraste con la situación al interior de las secciones, caracterizada por la inactividad comercial en ciertos tramos como, por ejemplo, el fragmento central de la acera de numeración impar de la calle Relojero Losada. Las muestras de actividad mercantil están asociadas a la hostelería (bares y restaurantes), guarderías y algunos negocios de población extranjera, como dos carnicerías halal y un locutorio.

Asimismo, las señales de degradación sociocultural registradas a partir de la revisión de prensa local están relacionadas con procesos de disminución del apego hacia los espacios de vida diaria, el deterioro de las interacciones de reciprocidad entre vecinos y la falta de cohesión comunitaria (Fariñas, 2021; Diario de León, 2021a; Anuncibay, 2021b). Se trata de un fenómeno que se ve agravado por cierta estigmatización del barrio, derivado de los citados problemas de ocupación ilegal, venta de drogas y percepción de inseguridad.

En definitiva, las secciones analizadas a través del trabajo de campo evidencian una concentración de ejemplos de degradación física, particularmente al interior de las calles, que privan a esta zona de atractivos para cualquier tipo de uso urbano. Dichas manifestaciones se caracterizan por presentarse mayoritariamente en inmuebles de, al menos, 70 años de antigüedad. A todo ello hay que añadir la existencia de solares vacíos resultado del derribo, más o menos reciente, de inmuebles muy deteriorados (en la avenida de La Magdalena y la calle Entalladores, por ejemplo) y otras manifestaciones que, debido a su carácter parcial, no han sido incluidas en el registro.

Además, las calles al oeste de las secciones estudiadas, muestran características similares, como ocurre con el edificio número 1 de la calle Cardenal Cisneros. Esta concentración de degradación urbana incide en el coste de las viviendas que alberga, por lo que se ha producido una sustitución paulatina de residentes procedentes de países africanos y sudamericanos (con mayor representatividad de Marruecos, Colombia y República Dominicana), que están más expuestos a la exclusión social debido de las dificultades que experimentan para acceder a una vivienda (Alemán Bracho y Soriano Miras, 2013). En cambio, el espacio público se encuentra en buen estado de conservación, si bien existen contrastes de equipamiento entre la zona cercana al parque de Quevedo y las calles que se han descrito.

De forma conjunta, este espacio de la ciudad se presenta como uno de los desarrollos originales del barrio de El Crucero, asociado a la actividad ferroviaria e industrial, que no ha experimentado una mejora del parque residencial homogénea. Este hecho ha provocado la aparición de múltiples problemas, asociados con la degradación urbana en sus tres dimensiones: física, sociocultural y económica. La combinación de un alto porcentaje de personas que se encuentran en situaciones vinculadas son la exclusión social, las bajas rentas, los procesos de segregación urbana descritos y las manifestaciones de degradación descritas, configuran un entorno con rasgos propios de un sector afectado por vulnerabilidad urbana.

6.6. Síntesis y discusión de resultados empíricos

Los principales resultados obtenidos del análisis realizado son los siguientes:

En primer lugar, se confirma que la ciudad de León, como otras de similar tamaño y perfil socioeconómico, manifiesta signos de vulnerabilidad urbana que se expresan en fenómenos de exclusión social, segregación y degradación físico-ambiental que afectan a colectivos de inmigrantes, minorías étnicas, población con muy bajo nivel de renta y ancianos con escasos recursos.

En segundo lugar, se ha logrado identificar, caracterizar y tipificar aquellos espacios de la ciudad donde se concentra la mayor vulnerabilidad urbana de León. Tales espacios corresponden a las ZAS en los que el número de personas beneficiarias de prestaciones sociales se sitúa por encima del nivel marcado por el tercer cuartil en, al menos, dos de los tres grupos de prestación valorados (GP2, GP4 y GP5): se trata de LE6-ZAS Suroeste y LE7-ZAS Oeste El Crucero. Ambos espacios están ubicados en la margen oeste del río Bernesga y dentro de sus límites se incluyen barrios que, según la literatura revisada, han estado tradicionalmente afectados por problemas de marginación, escasez de recursos, degradación física y ambiental, etcétera. En suma, se puede afirmar que la vulnerabilidad urbana en León se manifiesta en barrios marginales, de perfil industrial-obrero y rentas bajas, siendo que la evolución reciente de la ciudad apenas ha permitido a estos barrios superar las carencias y lastres de la pobreza y la escasez tradicionales porque en las últimas décadas han actuado como receptáculo de población inmigrante sin recursos y participan de un envejecimiento demográfico que ahonda la desigualdad.

En concreto, LE6-ZAS Suroeste (Armunia – Oteruelo – Trobajo del Cerecedo) constituye un espacio caracterizado por su pasado rural e industrial y su asimilación al resto del tejido urbano a partir de 1970, cuando se hizo efectiva su anexión al municipio de León. En él, las zonas residenciales se mezclan con suelo industrial abandonado, amplios espacios vacíos y desarrollos urbanos incompletos; y algunas de ellas están anticuadas, obsoletas y degradadas, conviviendo con otras promociones, entre las que destacan tres sectores de viviendas sociales en los que se registran, además, algunas de las rentas más bajas de la ciudad. Esta ZAS supera el umbral fijado en los grupos de prestación 4 y 5, lo que sugiere que en los barrios y núcleos que contiene existe una concentración importante de personas, con respecto al resto de la ciudad, que pertenecen a grupos de población vulnerables, que están en riesgo de exclusión social y que experimentan carencia de recursos. Además, las personas que han recibido prestaciones han sido catalogadas, en su mayoría, en los sectores de referencia denominados minorías étnicas, inclusión social y familia.

Por su parte, LE7-ZAS Oeste El Crucero (El Crucero - La Vega) fue impulsado en origen por la actividad ferroviaria e industrial y, posteriormente, por los intereses del sector inmobiliario que operaba en la ciudad que, legitimado por parcelaciones y promociones de viviendas económicas para la población obrera (Reguera Rodríguez, 2004), fue pautando su destino. De este modo, se gestó una cierta tendencia a la segregación socioespacial en León (González González, 1987; González González y Pérez Llamazares, 2000), que dio lugar a desequilibrios entre dichos sectores, los barrios centrales y los adyacentes a estos. En cuanto a la entrega de prestaciones, supera el umbral fijado en los tres grupos de prestación estudiados, lo que sugiere que, además de las situaciones mencionadas en LE6-ZAS Suroeste, aquí se añade la existencia de una concentración relativa de personas que experimentan carencias y dificultades para acceder a una integración social adecuada debido a causas de tipo psicosocial, inadecuación de sus recursos y/o falta de apoyos familiares o comunitarios. Los colectivos de población beneficiarios de dichas prestaciones se adscriben mayoritariamente a los sectores de referencia inmigrantes y familia.

De forma conjunta, estas zonas abarcan un espacio complejo, desconectado del resto de la ciudad (ILRUV, 2015; 2018), con una calidad urbana deficiente detectada desde hace décadas (López Trigal, 1987) y ciertos síntomas de degradación física, económica y sociocultural, pese a ser escenario de recientes intervenciones de recualificación urbana aún sin rematar (Benito del Pozo y Diez Vizcaino, 2017).

En tercer lugar, el uso de indicadores complementarios ha permitido identificar y analizar dos cuestiones fundamentales. Por un lado, la existencia de una distribución desigual en la ciudad de personas de 65 años o más, de población inmigrante y de colectivos con niveles de renta contrastados. Por otro, que la presencia de las personas inmigrantes, en particular las procedentes de Marruecos, tiende a estar asociada con niveles más bajos de renta. Los resultados obtenidos a escala de sección censal han permitido identificar con más detalle ciertos sectores dentro de dichas ZAS que destacan por ser enclaves segregados del resto en dichos términos.

En cuarto lugar, el trabajo de campo realizado en ellas ha permitido identificar áreas concretas caracterizadas por la existencia de una concentración notable de situaciones y casos de degradación urbana de tipo físico. En el espacio ubicado al Suroeste, dicha degradación está relacionada con su pasado rural e industrial y el abandono de esta parte de la ciudad que, tras su anexión al municipio de León en 1970, sigue adoleciendo de múltiples problemas que impiden su adecuada integración: accesibilidad deficiente, solares y edificios abandonados, falta de equipamientos sociales y dotaciones de todo tipo. En la zona Oeste, este hecho está vinculado con su función ferroviaria y los efectos barrera de estos usos e infraestructuras en términos de segregación, así como con las deficiencias implementadas por el sistema de parcelaciones empleado para dotar de viviendas a esta parte de la ciudad, siendo en ambos casos, la antigüedad de los inmuebles sin mantenimiento un aspecto crucial. Se trata de una zona que acumula espacios sin resolver urbanísticamente, con deficientes dotaciones y con proliferación de viviendas muy degradadas y sin uso. En suma, hemos obtenido una imagen que expresa lo que podría formar parte de una geografía de la vulnerabilidad urbana leonesa.

Por último, es necesario señalar que el análisis ha estado sujeto a ciertas limitaciones que han condicionado los resultados obtenidos. Entre ellas hay que mencionar que las ZAS son muy diferentes entre sí en cuanto a superficie, barrios que engloban o volumen de población; y que su delimitación no concuerda con los distritos ni las secciones censales, por lo que se ha recurrido a cifras aproximadas de población. También ha condicionado el hecho de que la metodología diseñada, aunque ha permitido detectar las zonas más vulnerables desde el punto de vista de la entrega de ciertas prestaciones sociales vinculadas al fenómeno, no posibilita identificar otras zonas de la ciudad que la literatura consultada señalaba como vulnerables (Ayuntamiento de León, 2021; Hernández Aja et al., 2021).

Entre ellas destacan los barrios más desfavorecidos del norte del municipio de León, como el entorno de las Casas de Don Pablo en el barrio de La Asunción, las viviendas autoconstruidas durante la década de 1920 del barrio de Cantamilanos (Ayuntamiento de León, 2021); el conocido popularmente como barrio de Corea en La Inmaculada; las zonas más antiguas de los barrios de San Lorenzo y San Pedro; los del casco histórico; los sectores degradados del núcleo de Puente Castro, al sureste de la ciudad; los asentamientos de viviendas no normalizadas de La Lastra-Graveras y Altos de Duero; o los fragmentos menos favorecidos del barrio de La Sal, en el municipio de San Andrés del Rabanedo. La razón fundamental que explica su ausencia en los resultados deriva de la necesidad metodológica de fijar unos umbrales de referencia con respecto a la vulnerabilidad analizada, que han dejado fuera a las ZAS que contienen dichos sectores y barrios. Por ejemplo, los casos de LE2-ZAS Norte, donde se ubican los barrios de La Inmaculada, La Asunción o Las Ventas (en los que el Observatorio de la Vulnerabilidad Urbana de España ha detectado previamente un área estadística vulnerable) o LE5-ZAS Sur (que incluye a Puente Castro) se caracterizan por su amplia superficie (más de 7 km² en ambos casos) y su complejidad socioeconómica, atributos que pueden enmascarar situaciones de vulnerabilidad urbana.

Todas las zonas señaladas como fuera de nuestra investigación se perfilan como un reto para futuros estudios y trabajos de Geografía social en León y, por tanto, como un necesario y estimulante campo de reflexión y análisis en la etapa posterior a esta investigación.

Conclusiones

7

Conclusiones

La vulnerabilidad urbana, asunto central de esta investigación, es un concepto denso, complejo y repleto de matices que ha estado en el centro de un profuso debate en el que han participado distintas disciplinas a lo largo de las últimas décadas. Su desarrollo no solo se ha producido en el ámbito científico, sino que además ha sido tratado desde otras esferas, como la institucional o la legal. En consecuencia, han surgido distintos modos de abordar su definición, de especificar los factores que condicionan el fenómeno o de establecer criterios para su identificación y medición.

En el ámbito geográfico, el concepto ha sido empleado para referirse al estado de fragilidad de áreas urbanas específicas frente a riesgos de tipo biofísico (vulnerabilidad externa) o social (vulnerabilidad interna). La segunda vertiente del término, en la que se enmarca esta investigación, ha sido estudiada principalmente desde dos enfoques que se caracterizan por centrar el interés en los espacios afectados, o bien por centrarse en los colectivos de población que residen en ellos. De forma conjunta, se asume que es un problema que reviste distintas dimensiones, relativo y dinámico, puesto que se moldea y modifica con el paso del tiempo.

Los primeros antecedentes de investigación, según se ha mostrado en este trabajo, se remontan a los trabajos pioneros de algunos investigadores anglosajones que pusieron el foco en los problemas sociales de las primeras ciudades industriales, sentando las bases para futuros análisis. Durante las primeras décadas del siglo XX, en el marco de la Escuela Sociológica de Chicago, el interés pasó a centrarse en la segregación urbana y sus consecuencias, inaugurando un campo de estudio orientado hacia el crecimiento urbano y la distribución de la población en su interior. La Geografía comenzó a interesarse por algunas cuestiones de este debate a mediados del siglo XX. Entre ellas, destaca el análisis de la interacción social de la población con su entorno y los vínculos existentes entre los problemas urbanos, las condiciones económicas y sociales, así como las dinámicas culturales y étnicas que se producen en las ciudades.

A partir de las décadas de 1960 y 1970 el interés de los expertos se focalizó en los nuevos problemas urbanos que afectaban a las ciudades, especialmente a las de mayor tamaño. De esta forma, se abordaron cuestiones como las implicaciones de los procesos ligados a la lógica capitalista y la desigualdad o la formación de enclaves desfavorecidos. Otra línea de investigación relevante dentro de este enfoque se centró en conocer los efectos del diseño y la planificación urbana defectuosa en el comportamiento humano, ligado a problemas como el incremento de la delincuencia, el vandalismo y el crimen.

En el ámbito institucional, el concepto de vulnerabilidad empezó a ganar notoriedad a nivel internacional a partir de la década de 1970. En ese momento se empleó para definir la situación desfavorable en la que se encontraban zonas específicas de las ciudades debido al impacto de la urbanización acelerada, la segregación espacial o de la pobreza, que condicionan el acceso a oportunidades y recursos para hacer frente a los riesgos sociales que caracterizan a las sociedades contemporáneas. A partir de los años 1980 el término empezó a asentarse con las bases que proporcionan, de forma conjunta, los trabajos de Ulrich Beck sobre la teoría de riesgo social, la aportación de Robert Castel sobre la desafiliación y la exclusión social y el enfoque de activos de Caroline Moser.

En España, a pesar de las dificultades experimentadas por el solapamiento de temas de investigación entre la Sociología y la Geografía urbana, el estudio de este tema desde una perspectiva geográfica ha sido relevante. Durante las décadas de 1950 y 1960, distintas investigaciones pusieron el foco en aspectos sociodemográficos, migratorios y en las condiciones de vida que ofrecen los barrios marginales en las principales ciudades españolas, en las que el problema era más intenso. A partir de los años 1970, en línea con los postulados de la Geografía radical, se adoptaron enfoques marxistas para abordar su comprensión (la desigualdad, la pobreza, el subdesarrollo están entre las preocupaciones de esta perspectiva geográfica), explorando las formas de producción social del espacio desde una posición crítica con el sistema capitalista.

Sin embargo, el antecedente más claro del estudio de la vulnerabilidad urbana en España reside en los trabajos dirigidos por Félix Arias Goytre en la década de 1990, elaborados con motivo de la participación de nuestro país en un Grupo de

Trabajo específico sobre el tema promovido por la OCDE. En aquel momento, esta compleja cuestión era estudiada a partir del término desfavorecimiento urbano y, a medida que se ganaba comprensión y profundidad, la perspectiva viró hacia el término vulnerabilidad urbana para hacer referencia a su carácter complejo, dinámico y multifacético. A este respecto, la influencia de las estrategias internacionales y europeas en la lucha contra la exclusión social y los problemas graves de diferenciación socioeconómica interna de las ciudades, fueron decisivas para adoptar esta visión integral, lo que creemos haber demostrado en nuestro análisis del marco teórico.

Todos estos esfuerzos culminaron en la creación en 2009 de un observatorio nacional dirigido a analizar el fenómeno, un hito de gran importancia porque dio paso a la elaboración de diversos informes (redactados por un equipo liderado por el arquitecto Agustín Hernández Aja, que es considerado el principal impulsor del concepto en nuestro país), que han aportado detalles de la situación a medida que se ha dispuesto de información actualizada. Asimismo, se han desarrollado otras investigaciones paralelas que han mostrado interés en abordar el análisis del fenómeno desde distintos puntos de vista y a diferentes escalas, dando paso a un numeroso catálogo de aportaciones dirigidas a dilucidar el problema y crear conciencia sobre el mismo, facilitando las tareas de investigación para estudios como este trabajo.

En resumen, tras prolongados esfuerzos de reflexión y debate de ideas sobre los problemas urbanos, toma cuerpo una visión contemporánea e interdisciplinar que aporta una definición de la vulnerabilidad urbana que sirve de herramienta para un análisis certero de la problemática. Tal definición quedaría como que la vulnerabilidad urbana es *"una situación negativa que caracteriza a ciertos barrios y sectores de entornos urbanos muy diferentes entre sí, que puede generar malestar e insatisfacción en sus residentes al ver condicionadas negativamente sus vidas, y revertir en el conjunto de la ciudad"*. Esta interpretación ha permitido enfocar el estudio de caso de León como un problema espacial, a la vez que social y humano.

Asimismo, el estudio de caso realizado en León sirve para identificar y precisar conceptualmente los factores determinantes de la vulnerabilidad. En particular, acota los tres factores que mayor peso tienen en León al abordar el estudio empírico por ZAS (Zonas de Acción Social) y dentro de ellas por los diferentes barrios que contienen. Este avance en el plano teórico-conceptual se relaciona con la hipótesis principal y con los objetivos de la investigación.

En este trabajo se ha demostrado que la exclusión social, la segregación urbana y la degradación física son factores clave para explicar la vulnerabilidad urbana leonesa. Desde este punto de vista, la dinámica autónoma de cada uno de esos factores, o bien la unión de los tres, dará como resultado sectores urbanos que se presentan como vulnerables desde el punto de vista sociodemográfico, económico y/o ambiental.

Además, la investigación empírica ofrece resultados que también confirman la hipótesis de partida y nos muestran los rasgos geográficos más singulares de la vulnerabilidad urbana en León. Para su dilucidación se ha trabajado con la información que proporciona el SAUSS (Sistema de Acceso Unificado a los Servicios Sociales), junto a otros indicadores sociodemográficos y económicos de tipo complementario (porcentaje de población anciana, porcentaje de población extranjera y nivel de renta), a fin de conocer la concentración de personas usuarias de prestaciones sociales vinculadas con las distintas dimensiones de la vulnerabilidad urbana y los factores que la desencadenan. Esto ha permitido establecer distintas clasificaciones de las ZAS y barrios que integran la ciudad. Como resultado, se obtiene que los sectores ubicados al oeste del río Bernesga, como son los barrios de El Crucero, La Vega y Armunia, concentran el mayor número relativo de personas receptoras de ayudas sociales y esto los convierte en exponente de la vulnerabilidad más intensa que puede darse en el área de estudio.

Además, en ellos existen enclaves diferenciados por una serie de características negativas que influyen en su desarrollo y en las capacidades de sus residentes para tener un modo de vida equiparable al resto de la población leonesa. Las áreas concretas que evidencian más problemas son dos: la primera está ubicada entre el barrio de La Vega y Armunia y se caracteriza por un estado notable de declive y degradación, así como por constituir un enclave étnico segregado con ciertos rasgos de estigmatización social; la segunda se localiza en el barrio de El Crucero y se caracteriza por su situación de degradación urbana y la sustitución de los residentes tradicionales por otros de origen extranjero. En ambas se solapan dos hechos socialmente relevantes: por un lado, las limitaciones de los habitantes para hacer frente al mantenimiento adecuado de las viviendas que normalmente ocupan en régimen de alquiler; y por otro, las estrategias del sector inmobiliario y, en concreto, de los propietarios de esas viviendas que en vez de invertir en su mejora optan por desatenderlas; o cuando no están en alquiler, proceder a su tapiado. En consecuencia, el entorno se degrada y tensiona sin remedio y solo excepcionalmente intervienen para parchear el problema.

En los dos casos estudiados se han llevado a cabo obras de rehabilitación y regeneración urbana importantes desde mediados de la década de 1990, que constituyen inyecciones financieras públicas dirigidas a mejorar su estado físico y a dotarlos de una mayor cohesión social para dar fin, o paliar, su carácter marginal y vulnerable. Sin embargo, el estado actual de los mismos sugiere que dichos esfuerzos llevados a cabo todavía no han tenido los efectos deseados o son insuficientes.

En definitiva, el trabajo empírico aquí desarrollado ha permitido conocer con rigor y de manera precisa la realidad a la que se enfrentan barrios concretos de León que se caracterizan por sus altos niveles de riesgo ante los factores desencadenantes de la vulnerabilidad urbana, lo que supone una aportación a los estudios urbanos sobre la ciudad y un punto de partida para seguir examinando otros barrios y llegar a obtener patrones de vulnerabilidad aplicables a todo el espacio urbano leonés.

Un trabajo de esta naturaleza tiene sin remedio limitaciones que es preciso señalar. Es evidente que existen otras áreas de la ciudad que también requieren atención y que, sin embargo, han quedado fuera del foco de análisis por distintas razones de índole metodológica: al optar por un indicador, la entrega de prestaciones en los ámbitos territoriales que constituyen las ZAS, la situación específica de algunos barrios o parte de ellos queda oculta o enmascarada; junto a esto, la técnica de análisis basada en fijar un umbral de referencia para determinar las ZAS en las que se concentra un mayor volumen de población receptora de prestaciones, ha supuesto obviar las situaciones de vulnerabilidad que se producen en otros barrios de la ciudad, entre los que destacan los ubicados al norte, como La Asunción o La Inmaculada, que forman parte del área estadística vulnerable detectada por el Observatorio de la Vulnerabilidad Urbana y por el documento del Ayuntamiento de León *EDUSI León-Norte. Los barrios de entrevías*, de 2017.

También es importante señalar que este estudio se centra en el periodo comprendido entre 2017 y 2020, debido fundamentalmente a imperativos de la principal fuente de información. Hubiera sido deseable extender el estudio hasta 2022, pero los CEAS no estaban en situación de facilitar información más allá de 2020 y, por otra parte, esa información hubiera llegado con un retraso incompatible con esta investigación. Por añadidura, la pandemia de COVID-19 supuso un parón a todos los efectos (problemas para obtener los datos de diversas fuentes y ejecutar algunas técnicas de análisis como el trabajo de campo y las entrevistas).

En el lado positivo, esta investigación abre posibles vías de exploración que pueden ser de interés y utilidad para avanzar en el conocimiento de la vulnerabilidad urbana, su manifestación en ciudades medias, y profundizar en el caso León. Una de esas vías puede ser la toma en consideración del indicador "prestaciones sociales entregadas" para identificar situaciones de vulnerabilidad entre diferentes colectivos o segmentos de la población, tanto en León como en otras ciudades. Además, la metodología aquí aplicada podría servir para desarrollar estudios en ámbitos periurbanos y rurales, como el alfoz de León. Otra vía de investigación sería avanzar en el seguimiento de la vulnerabilidad urbana en las mismas zonas contempladas en nuestro trabajo; es decir, no agotar el análisis con esta investigación sino proyectarlo a futuro, en particular haciendo el seguimiento y evaluación de los planes de intervención pública en estos barrios. Complementariamente se podría considerar el análisis de cómo la participación ciudadana en estos barrios se expresa y evoluciona en un sentido más reivindicativo y asociativo.

También es importante señalar que el reconocimiento de la connotación de vulnerabilidad de las áreas identificadas en esta investigación, crucial para desempeñar el trabajo, no debe ser interpretado de forma despectiva. Se reconoce que la vulnerabilidad constituye una parte inherente de la compleja realidad social de los espacios urbanos contemporáneos y que, para avanzar en su comprensión y adecuada gestión, es necesario conocer sus causas y manifestaciones. En este sentido, es importante resaltar que las áreas identificadas como más vulnerables en León tienen un potencial positivo relacionado con su localización, pues se encuentran en una zona de la ciudad que ha ganado centralidad en las últimas décadas a causa de ciertas acciones de recualificación urbanística como son la creación, a partir de la fábrica de azúcar abandonada en los barrios de La Vega y La Sal, del actual Palacio de Congresos y Exposiciones en la zona oeste; o bien el soterramiento de las vías de tren y la construcción de una nueva estación de ferrocarriles para acoger el AVE en el mismo sector, lo que ha dado pie a una mejor conexión con la zona centro de León. Estos y otros elementos (futuros desarrollos residenciales de calidad y zonas verdes), podrían tener implicaciones favorables en la dinámica social y económica de estas áreas, por lo que debería tenerse en cuenta la importancia de mantener un equilibrio inclusivo en el proceso de su desarrollo urbano futuro.

A medida que se avance en la aplicación de acciones eficaces contra la exclusión social, la segregación urbana y la regeneración física, económica y social de los entornos urbanos degradados, que se adopten criterios institucionales inclusivos y que se permita que las comunidades que residen en ellos adopten un papel más relevante en las decisiones que les afectan, será posible que estos barrios encuentren oportunidades para transformarse en lugares más integrados, dinámicos y menos vulnerables.

Bibliografía

Bibliografía

A

Adger, W. N. (2006). Vulnerability. *Global Environmental Change: Human and Policy Dimensions,* 16(3), 268–281. https://doi.org/10.1016/j.gloenvcha.2006.02.006

Aguilar Hendrickson, M., Llobet Estany, M., y Pérez Eransus, B. (2012). Los servicios sociales frente a la exclusión. *Zerbitzuan,* 51, 9–26. https://doi.org/10.5569/1134-7147/51.01

Aguilar Herrera, F. M. (2014). Métodos y Técnicas de investigación Cualitativa y Cuantitativa en Geografía. *Paradigma Revista de investigación educativa,* 20(33), 79–89. https://doi.org/10.5377/paradigma.v20i33.1425

Albet i Mas, A. (1994). Geografía, posmodernisme, geografía postmoderna: aportacions al debate. *Documents d'Anàlisi Geogràfica,* 24, 7-11. https://doi.org/10.5565/rev/dag.1078

Alemán Bracho, C. (2010). El hecho social de la pobreza en el siglo XVI. En Alemán Bracho (Coord.), *Fundamentos de servicios sociales* (37-74). Tirant lo Blanch.

Alemán Bracho, C. y Soriano Miras, R. M., (2013). Servicios sociales e inmigración en tiempos de crisis. En Aja, E., Arango, J. y Oliver, J. (Dir.) *Inmigración y crisis: entre la continuidad y el cambio. Anuario de inmigración en España 2012. Edición 2013* (90-113). CIBOD.

Alguacil Gómez, J., Camacho Gutiérrez, J., y Hernández Aja, A. (2013). La vulnerabilidad urbana en España. Identificación y evolución de los barrios vulnerables. *Empiria Revista de metodología de ciencias sociales,* 27, 73-94. https://doi.org/10.5944/empiria.27.2014.10863

Alonso, L. E. (2016): Nueva pobreza y vulnerabilidad: la sociología crítica de Robert Castel. *Minerva*, 26, 68-70.

Angulo Marcial, N. (2009). ¿Qué son los observatorios y cuáles son sus funciones? *Innovación educativa*, 9(47), 5–17.

Antolín Iria, J. E. y Fernández Sobrado, J. M. (2019). Análisis demográficos para urbanistas. En Urrutia Abaigar, V., Antolín Iria, J.E., Izaola Argüeso, A. (Eds.) *Métodos y técnicas de investigación para estudios de urbanismo y territorio* (19-55). Tirant Humanidades.

Antonio García, G. (2011). Pobres, humildes y miserables en la Edad Media. *EN-CLAVES del pensamiento*, VI(12), 199-204.

Apparicio, P., Martori, J. C. y Fournier, E. (2014). Geo-Segregation Analyzer: una herramienta para el análisis de la segregación residencial [inédito]. En *International Conference on Regional Science*, Zaragoza, España. https://doi.org/10.13140/RG.2.1.2089.1043

Arias Goytre, F. (2000). *La desigualdad urbana en España*. Centro de publicaciones del Ministerio de Fomento.

Arriba, A. (2009). Rentas Mínimas de Inserción de las Comunidades Autónomas: una visión conjunta de su evolución y alcance. *Gestión y análisis de políticas públicas*, 2, 81–100. https://doi.org/10.24965/gav0i2.422

Arriola, J. (2014): La estrategia de la Unión Europea de lucha contra la pobreza. *VII Informe sobre exclusión social y desarrollo en España*. Fundación Foessa.

Arroyo Bovea, M., (2016). Exclusión social y pobreza en la Unión Europea. *GeoGraphos*, 7, 85, 104-131. https://doi.org/10.14198/GEOGRA2016.7.85

Arroyo Menéndez, M. y Finkel, L. (2019). Encuestas por Internet y nuevos procedimientos muestrales. *Panorama Social*, 30, 41-53.

Arteaga Botello, N. (2008). Vulnerabilidad y desafiliación social en la obra de Robert Castel. *Sociológica*, 23(68), 151-175.

Athens, J., Mehta, S., Wheelock, S., Chaudhury, N. y Zezza, M. (2020). Using 311 data to develop an algorithm to identify urban blight for public health improvement. *PloSOne*, 15(7), 1-11. https://doi.org/10.1371/journal.pone.0235227

B

Ballesteros, C. (2010). Economía a escala humana. Una aproximación a los valores de la economía solidaria desde las ideas de Max-Neef. *Nuevas Tendencias en Antropología*, 1, 89-107.

Banco Mundial (2020). ¿Por qué la planificación y diseño urbanos con perspectiva de género? En Banco Mundial (Ed.) *Manual para la planificación y el diseño urbano con perspectiva de género* (25-48). Banco Mundial.

Bárcena Martín, E., García Peña, M.C., Marín Cots, P., Molina Luque, J., Palomares Pastor M. y Ruiz Sinoga, J. D. (Coord.) (2020) *Vulnerabilidad en los barrios de Málaga*. Fundación Cidedes.

Bauman, Z. (1999). *Trabajo, consumismo y nuevos pobres*. Editorial Gedisa.

Bayona i Carrasco, J. (2007). La segregación residencial de la población extranjera en Barcelona. *Scripta Nova*, XI, 235.

Beck, U. (1986). *La sociedad del riesgo*. Paidós.

Benach, N. (Ed.) (2017). *William Bunge. Las expediciones geográficas urbanas*. Icaria Editorial, Barcelona.

Benassi, F., Crisci, M. y Rimoldi, S. (2022). Location Quotient as a local index of residential segregation. Theoretical and applied aspects. *Rivista italiana di Economia Demografica e Statistica*, 76(1), 4-12.

Benito del Pozo, P. (2002). Approci critici in Geografia umana. Un punto di vista spagnolo. *Bolletino della Societá Geografia italiana*, VII, 3, 495-508.

Benito del Pozo, P. (2003). Ciudad y memoria industrial. La Azucarera Santa Elvira de León. En Nieto Ibáñez J.M., (Coord.) *Lógos hellenikós. Homenaje al profesor Gaspar Morocho Gayo. Vol. II*, 979-986. Universidad de León. Secretariado de Publicaciones y Medios Audiovisuales.

Benito del Pozo, P. (2004). Planteamientos críticos y alternativos en Geografía. Finisterra. *Revista Portuguesa de Geografía*, 78, 47-62.

Benito del Pozo, P. (2005-2006). Espacio, territorio y aplicación en Geografía. *Cadernos de Geografia*, 24/25, 105-113.

Benito del Pozo, P. (2022). Conceptos, escalas y procesos en Geografía Económica. En Alonso Logroño, P., Benito del Pozo, P., Pallares-Barbera, M. y Sánchez Hernández, J.L. (Coords.) *Geografía Económica. Fundamentos, agentes y procesos*, 93-102. https://doi.org/10.108 0/00167428.2019.1684195

Benito del Pozo, P. y Diez Vizcaíno, F. (2017). Estrategias de renovación en barrios industriales en ciudades medias españolas. La experiencia de León. *Scripta Nova*, XXI, 560.

Benito del Pozo, P. y López González, A. (2020), Urban Resilience and The Alternative Economy: A Methodological Approach Applied to Northern Spain, *Geographical Review*, 110(3), 322-340. https://doi.org/10.1080/00167428.2019.1684195

Binetti, M. J. (2016). Jane Addams y el feminismo como pacificador social. *Trabajo Social*, 18, 13-24.

Birkenholtz, T. (2012). Network political ecology: Method and theory in climate change vulnerability and adaptation research. *Progress in Human Geography*, 36(3), 295-315. https://doi.org/10.1177/0309132511421532

Blumenfeld, H. (1967). La metrópoli moderna. En Piel, G. (Dir.) *La Ciudad* (55-76). Alianza Editorial.

Bolt, G., Burgers, J. y Van Kempen, R. (1998). On the social significance of spatial location; spatial segregation and social inclusión. *Netherlands Journal of Housing and the Built Environment*, 13(1), 83-95.

Booth, A. (1984). El ambiente construido disuasivo del delito: un replanteamiento del espacio defendible. Estudios de Psicología, 17, 69-77.

Botana, C. (2020). La promoción pública de la segregación urbana. *Crítica Urbana*, 3(12), 17-20.

Breger, G. E. (1967). The Concept and Causes of Urban Blight. *Land Economics*, 43(4), 369-376. https://doi.org/10.2307/3145542

Brown, L. A. y Chung, S. Y. (2006). Spatial Segregation, Segregation Indices and the Geographical Perspective. *Population, Place and Space*, 12, 125-143. https://doi.org/10.1002/psp.403

Brueckner, J.K. y Helsley, R. (2010). Sprawl and blight. *Journal of Urban Economics*, 69, 205-213. https://doi.org/10.1016/j.jue.2010.09.003

Bunge, W. (1979). Fred K. Schaefer and the science of Geography. *Annals of the Association of American Geographers*, 69(1), 128-132. https://doi.org/10.1111/j.1467-8306.1979.tb01241.x

Buzai, G. D. (2003). *Mapas sociales urbanos*. Lugar Editorial.

C

Caballero, D. P. (2010). Vulnerabilitat urbana davant la hipòtesi de la crisi energètica a l'Àrea Metropolitana de Barcelona: Estudi preliminar. *Biblio 3w: revista bibliográfica de geografía y ciencias sociales*, XV, 887 (4).

Calderón, B. (2012). Áreas urbanas y estructura de las ciudades de Castilla y León. *Población y poblamiento en Castilla y León*, 740–809.

Calvo García-Tornel, F. (1997). Algunas cuestiones sobre geografía de los riesgos. *Scripta Nova*, 10(10).

Calvo Melero, M. (2019). Fuentes básicas de información estadística y cartográfica (programas SIG). En Urrutia Abaigar, V., Antolín Iria, J.E., Izaola Argüeso, A. (Eds.) *Métodos y técnicas de investigación para estudios de urbanismo y territorio* (149-160). Tirant Humanidades.

Capel, H. (1973). Percepción del medio y comportamiento geográfico, *Revista de geografía*, 7(1), 58-150.

Capel, H. (1983). *Capitalismo y morfología urbana en España*. (4ª edición). Los Libros de la Frontera.

Capel, H. (1984). *Geografía humana y ciencias sociales. Una perspectiva histórica*. Montesinos editor.

Capel, H. (2002). *La morfología de las ciudades I. Sociedad, cultura y paisaje urbano*. Ediciones del Serbal.

Capel, H. (2010). Francisco Calvo García-Tornel: Los riesgos de la geografía y la geografía de los riesgos. *Papeles de Geografía*, 51-52, 11–22.

Capel, H. (2016a). Las ciencias sociales y el estudio del territorio, *Geocrítica Revista Bibliográfica de Geografía y Ciencias Sociales* XXI(1.149).

Capel, H. (2016b). La forma urbana en la ciudad capitalista. *Biblio3W Revista Bibliográfica de Geografía y Ciencias Sociales*, 21(1177), 1-36.

Caravantes López de Lerma, G. M. y Romero González, J. (2021). Vivienda pública y estado de bienestar en España. Balance y estado de la cuestión en la época del COVID-19. *Boletín de la Asociación de Geógrafos Españoles*, 91, 1-41. https://doi.org/10.21138/bage.3152

Cardoso, M. (2018). Desequilibrios territoriales en el área de expansión urbana. Vulnerabilidad y configuración morfológica en el sector norte de Santa Fé. *Geograficando*, 14(2), 2, 1-14.

Castel, R. (2002). La *metamorfosis de la cuestión social*. Paidós.

Castells, M. (2014). *La cuestión urbana*. Siglo XXI Editores.

Castells, M. (2001). *La era de la información: Economía, sociedad y cultura. Vol. III. Fin de milenio*. Alianza editorial.

Castrillo Bermejo, M. Á. (2013). Primeras luces de codificación: El Código como concepto y temprana memoria de su advenimiento en España. *Anuario de historia del derecho español*, 83, 9-63.

Cejudo Córdoba, R. (2006). Desarrollo humano y capacidades. Aplicaciones de la teoría de las capacidades de Amartya Sen a la educación. *Revista española de Pedagogía*, 234, 365-380.

Cortizo Álvarez, T. (1999). El Ensanche de León. Proyecto y primera ocupación. En López Trigal, L. (Ed.) *Los Ensanches en el urbanismo español. El caso de León*, (83-114). Biblioteca Nueva.

Costa Losa, M. (2013). El estudio de las personas sin hogar en geografía. *Documents d'Anàlisi Geogràfica*, 56, 583-605. https://doi.org/10.5565/rev/dag.821

Costa, J. B., Ferreira, F. A., Spar, R., Sunderman, M. A. y Pereira, L. F. (2021). Intervention strategies for urban blight: A participatory approach. *Sustainable Cities and Society*, 70, 1-14. https://doi.org/10.1016/j.scs.2021.102901

Cruz Roja Española (2018). *Informe sobre la vulnerabilidad social 2018*. Cruz Roja Española.

Cutillas Orgilés, E., López Jiménez, J., Sempere-Souvannavong, J. D. y Cortés Samper, C. (2017). Las áreas sociales en la ciudad de Alicante: indicadores y procesos de vulnerabilidad urbana en los "barrios de la zona norte". *XXV Congreso de la AGE. Naturaleza, territorio y ciudad en un mundo global*, 996-1004. https://doi.org/10.15366/ntc.2017

D

Dammert Guardia, M. y Delgadillo V. (2019). América Latina, nuevas y viejas desigualdades urbanas. Entrevista a Raquel Rolnik. *Andamios*, 16(39), 237-251. https://doi.org/10.29092/uacm.v16i39.681

Davila Legerén, A. (2019). Utilización de técnicas de investigación social cualitativa para el análisis urbano. En Urrutia Abaigar, V., Antolín Iria, J.E., Izaola Argüeso, A. (Eds.) *Métodos y técnicas de investigación para estudios de urbanismo y territorio* (161-191). Tirant Humanidades.

Davis, M. (2001). *Más allá de Blade Runner. Control urbano: la ecología del miedo*. Virus Editorial.

De Almeida Vasconcelos, P. (2012). *Dois seculos de pensamento sobre a cidade*. Ilhéus Editus.

De Cos Guerra, O. (2017). Contribución de los SIG a la reducción de la vulnerabilidad securitaria en áreas urbanas. *Naturaleza, territorio y ciudad en un mundo global*, 1005-1014.

De Cos Guerra, O. y Usobiaga Ferrer, E. (2019). Retos metodológicos para estudiar la vulnerabilidad demográfica y residencial a nivel intraurbano ante los cambios en las fuentes estadísticas habituales. *Scripta Nova. Revista electrónica de Geografía y Ciencias Sociales*, XXIII, 606. https://doi.org/10.1344/sn2019.23.21614

De Gregorio Hurtado, S. (2010). El desarrollo de las iniciativas comunitarias URBAN y URBAN II en las periferias degradadas de las ciudades españolas. Una contribución a la práctica de la regeneración urbana en España. *Ciudades*, 13, 39-59. https://doi.org/10.24197/ciudades.13.2010.39-59

De Gregorio Hurtado, S. y Kozewicz, R. (2007). Iniciativa Comunitaria Urban 1994-99. Análisis comparativo de tres casos españoles de programas europeos de rehabilitación urbana. *Cuaderno de investigación urbanística*, 55, 1-100.

De la Iglesia García, J., (2006). El debate sobre el tratamiento de los pobres durante el siglo XVI. En Campos y Fernández de Sevilla, F. J. (Coord.), *La iglesia española y las instituciones de caridad* (5-30).

De las Cuevas Suarez, A. y Escobar Martínez, F. J. (2009). Caracterización espacial de la vulnerabilidad sociodemográfica en dos distritos madrileños ante riesgos tecnológicos. *Cuadernos Geográficos*, 45, 137-152.

De León Herrera, R. (2007). Los estudios de pobreza urbana. *Revista Palobra*, 8, 78-98. https://doi.org/10.32997/2346-2884-vol.8-num.8-2007-227

De Santiago Rodríguez, E. y González García, I., (2021). Planeamiento urbanístico durante la burbuja y la posterior resaca inmobiliaria: de los excesos del neodesarrollismo a las dificultades de un urbanismo corrector. El caso del área urbana de León. *Ci[ur] Cuadernos de Investigación Urbanística*, XII(118), 3-97. https://doi.org/110.20868/ciur.2021.138.4730

Di Nucci, S. (2017). Geografía y metodologías cualitativas: una revisión teórica. En Heffes, A. (Dir.) *La actualidad en la constitución del campo disciplinar de las ciencias sociohumanísticas: aportes desde la epistemología y metodología de la investigación*, (102-118). Universidad Nacional del Centro de la Provincia de Buenos Aires UNCPBA.

Díaz Hernández, R., Domínguez Mujica, J. y Parreño Castellano, J. M. (2016). Vulnerabilidad social de los extranjeros no comunitarios residentes. XXII *Coloquio de Historia Canario-Americana* XXII (157), 1-17. http://doi.org/10.25145/c.27.Asociacion.Geografia.2021.16

Díaz Hernández, R., Domínguez Mújica, J. y Parreño Castellano, J.M. (2011). La combinación de técnicas cualitativas de análisis y su idoneidad para el estudio del retorno de los inmigrantes senegaleses residentes en Canarias. En Pujadas Rubíes, I. (Ed.) Población y espacios urbanos (577-593). Departamento de Geografía Humana de la UB y AGE.

Domínguez Domínguez, J. y Martín Caraballo, A. M. (2006). Medición de la pobreza: una revisión de los principales indicadores. *Revista de métodos cuantitativos para la economía y la empresa* (2), 27–66.

Duhau, E. (2013). La división social del espacio metropolitano. Una propuesta de análisis. *Revista Nueva Sociedad*, 243, 79-91.

Durany Castillo, M. P. (2004). *La ciudad de León. Ordenación de su Ecosistema Urbano.* Universidad de León.

E

EAPN-ES, (2021). *Análisis de los Servicios Sociales. Las personas atendidas y la perspectiva autonómica.* EAPN España.

Echaves García, C., Barañano Cid, M. y Echaves García, A. (2025). Distribución urbana y percepciones de la vulnerabilidad en Madrid (2001-2016): Contrastando el proceso de desestabilización de los estables ante la gran recesión de 2008. *Papers*, 110(2). https://doi.org/10.5565/rev/papers.3241

Egea Jiménez, C. y Nieto Calmaestra, J. A. (2022). Análisis de los elementos de identidad de un espacio público. El caso del parque Juárez (Xalapa, México). *EURE*, 48(144), 1-23. http://dx.doi.org/10.7764/Eure.48.144.03

Egea Jiménez, C., Calmaestra, J., Clemente, J., y Rego, R. (2009). Viejas y nuevas realidades urbanas. Identificación de zonas de habitabilidad desfavorecida en la ciudad de Granada. *Cuadernos Geográficos*, 45, 83-105. https://doi.org/10.30827/cuadgeo.v45i0.758

Egea Jiménez, C., Sánchez González, D. y Soledad Suescún, J. I. (Coord.). (2012). *Vulnerabilidad social. Posicionamientos y ángulos desde geografías diferentes* (247-250) Universidad de Granada.

Escobar Martínez, F. J. y Cuevas Suárez, A. (2009). Caracterización espacial de la vulnerabilidad sociodemográfica en dos distritos madrileños ante riesgos tecnológicos. *Cuadernos Geográficos*, 45, 137-152. https://doi.org/10.30827/cuadgeo.v45i0.761

Eseverri Mayer, C. (2013). Robert Castel, el sociólogo de los vulnerables. *Sociología Histórica*, 2, 381-385.

Espinosa Seguí, A. (2012). Comercio étnico e integración social: el análisis del comercio polaco en la cuenca del Rhur. *Investigaciones geográficas*, 58, 89-114. https://doi.org/10.14198/INGEO2012.58.04

Estepa Díez, C. (1988). La ciudad de León en la Edad Media. En Cabero Diéguez, V. (Dir.) *La ciudad de León*, (61-74). Ediciones Leonesas.

Eyles, J. (1998). Los métodos cualitativos en la geografía humana. En García Ballesteros, A. (Coord.) *Métodos y técnicas cualitativas de investigación en geografía social,* (33-44). Oikos-Tau.

F

Fariña Tojo, J. (1985). Principales aportaciones de las grandes teorías sociales al estudio de la ciudad. *Revista de derecho urbanístico,* 94, 91-99.

FEANTSA, (2016). *Guía Housing First Europa.* FEANTSA.

Fernández Arregui, S. (2013). Los efectos de la exclusión social en los procesos básicos relacionados con el yo. En López Sáez, M., Gaviria Stewart, E., Bustillos López, A., Fernández Arregui, S., (Coord.) *Cuaderno de Investigación en Psicología Social 2ª edición* (v131-150). Editorial Sanz y Torres, S.L.

Fernández Cuesta, G. (2005). Crecimiento urbano y modernización en España entre 1857 y 1900. *Ería,* 84-85, 5-46.

Fernández-Maroto, M. y Rodrigo González, E. (2018). La estrategia de regeneración urbana en Castilla y León (ERURCYL). *Ciudad y Territorio,* Vol. L(196), 375-383.

Ferreira, C., Torres, L. y Rodrigues, R. (2012). Urban Observatories, Tools for Monitoring Cities. En Rodrigues, R. A., Straupe, I., Panagopoulos T. (Eds.) *Recent Researches in Environment, Energy Systems and Sustainability* (259-264).

Flyn, C. (2022). Blight o el deterioro urbano: Detroit (Míchigan, Estados unidos). En Flyn, C. *Islas del abandono. La vida en los paisajes posthumanos* (111-130). Capitán Swing.

FOESSA, (2022). *Informe sobre exclusión y desarrollo social en Castilla y León.* Fundación Foessa.

Folke, C. (2006). Resilience: The emerge of a perspective for social-ecological system analyses. *Global Environmental Change,* 16, 253-267. https://doi.org/10.1016/j.gloenvcha.2006.04.002

Font-Casaseca, N. (2016). Mapas contra la injusticia urbana: la utopía pragmática de la Hull House en Chicago a finales del siglo XIX. XIV *Coloquio Internacional de Geocrítica. Las utopías y la construcción de la sociedad del futuro,* 1-19.

Frausto, O. e Ilh, T., (2008). Observatorios urbanos e indicadores de género y violencia social. *Revista Digital Universitaria, UNAM.* 9(7), 3-18.

FSG, (2018). *Estudio-Mapa sobre Vivienda y Población Gitana 2015. Informe Septiembre 2016.* Centro de Publicaciones del Ministerio de Sanidad, Servicios Sociales e Igualdad.

Fuego, M. G. y Arroyo, G. J. (2017). Políticas inclusivas en barrios urbanos vulnerables. *Áreas. Revista Internacional de Ciencias Sociales,* 36, 141-151.

Fustier García, N. (2018). ¿Pueden los indicadores existentes medir el impacto de la crisis económica en los servicios sociales básicos? Un análisis de los indicadores en la provincia de Barcelona (2007-2013). *Zerbitzuan,* 65, 83-97. https://doi.org/10.5569/1134-7147.65.07

G

Galeano, J., Domingo, A. y Sabater, A. (2017). Crisis económica y pauperización en la región metropolitana de Barcelona: una aproximación demo-espacial utilizando datos de Cáritas (2005-2013). *Encrucijadas*, 14, a1401, 1-21.

Gallego Valadés, A., Ródenas Rigla, F. y Garcés Ferrer, J. (2021). The spatial distribution of households receiving individualized economic benefits: a case comparison. *Boletín de la Asociación de Geógrafos Españoles*, 89. https://doi.org/10.21138/bage.3007

Ganau Casas, J. y Vilagrasa Ibarz, J. (2003). Ciudades medias en España: posición en la red urbana y procesos urbanos recientes. En Capel, H. (Coord.) *Ciudades, Arquitectura y Espacio Urbano* (37-33). Caja Rural Intermediterránea.

García Almirall, P. (2012) (Ed.) *Vivienda social en España*. Universitat Politècnica de Catalunya. Centre de Política de Sòl i Valoracions.

García Araque, J. (2022). Capacidad inclusiva del espacio público de áreas urbanas desfavorecidas: el caso de la ciudad de Valladolid. *OBETS, Revista de Ciencias Sociales*, 17(1), 101-120. https://doi.org/10.14198/OBETS2022.17.1.06

García Araque, J. y García Cuesta, J. L. (2020). Propuesta y ensayo de una metodología de identificación de la vulnerabilidad urbana. Ciudad y Territorio *Estudios Territoriales*, 52(205), 455-476. https://doi.org/10.37230/CyTET.2020.205.02

García Argüello, J. (2015). *Evolución de la planificación urbanística en los municipios del área urbana de León* [Tesis doctoral]. Universidad de León. https://buleria.unileon.es/handle/10612/5974

García Ballesteros, A. (1998). Métodos y técnicas cualitativas de investigación en geografía social. En García Ballesteros (Coord.) *Métodos y técnicas cualitativas de investigación en geografía social* (13-26). Oikos-Tau.

García González, M. C. y Guerrero López, S. (2019). Jane Addams y el llanto de la ciudad amarga. *URBS. Revista de Estudios Urbanos y Ciencias Sociales*, 9(1), 115-132.

García Hernández, J. S. (2017). El espacio público en periferias desfavorecidas: Añaza y Santa Clara paradigmas de vulnerabilidad socioespacial en Santa Cruz de Tenerife. *Scripta Nova*, XXI(571). https://doi.org/10.1344/sn2017.21.19719

García Hernández, J. S. (2020). Territorial stigmatization in the neoliberal city: citizen perceptions and reactions in the social peripheries of Santa Cruz de Tenerife (Canary Islands, Spain). *Boletín de la Asociación de Geógrafos Españoles*, 86. https://doi.org/10.21138/bage.2997

García Vázquez, C. (2015). La obsolescencia de las tipologías de vivienda de los polígonos residenciales construidos entre 1950 y 1976. Desajustes con la realidad sociocultural contemporánea. *Informes de la Construcción*, 67. https://doi.org/10.3989/ic.14.045

Garrido, M. P., Carrasco, J. S., y Magraner, F. F. (2018). Detección de barrios vulnerables a partir de la accesibilidad a los servicios públicos de proximidad. El caso de la ciudad de Valencia. *Anales de geografía de la Universidad Complutense*, 38(1), 61-85. http://dx.doi.org/10.5209/AGUC.60469

Garza Merodio, G. G. (2013). En torno al trabajo de campo bajo techo: la consulta de archivos y la geografía histórica. *Investigaciones geográficas*, 82, 131-139.

Gayoso Heredia, M., Sanz Fernández, A. y Sánchez-Guevara, C. (2020). Pobreza energética y género. En Sánchez-Guevara Sánchez, C., Sanz Fernández, A., y Núñez Peiró M. (Coord.) *Feminización de la pobreza energética en Madrid. Exposición a extremos térmicos*, (55-70), Universidad Politécnica de Madrid.

Gencer, E. A. (2013). Natural disasters, urban vulnerability, and risk management: A theoretical overview. En Gencer, E. A. (Ed.) *The Interplay between Urban Development, Vulnerability, and Risk Management* (7–43). Springer Berlin Heidelberg. https://doi.org/10.1007/978-3-642-29470-9_2

Gil Villa, F. (2002*). La exclusión social*. Ariel Social, Barcelona.

Gillie, A. (1996). The Origin of the Poverty Line. *The Economic History Review*, 49(4), 715-730. https://doi.org/10.2307/2597970

Giménez Bertomeu, V. M. (Dir.) (2019). *Informe Vulnerabilidad Territorial: indicadores para su medición desde los Servicios Sociales*. Limencop, SL.

Glaw, X., Inder, K., Kable, A. y Hazelton, M. (2017). Visual methodologies in qualitative research: Autophotography and Photo Elicitation applied to mental health research. *International Journal of Qualitative Methods*, 16, 1-8. http://dx.doi.org/10.1177/1609406917748215

Godenau, D. y León Santana, J. S. (2011). El uso de técnicas cualitativas en la investigación de las actividades transnacionales de los migrantes. El caso de la inmigración marroquí en Canarias. En Pujadas Rubíes, I. (Ed.) *Población y espacios urbanos*, (665-683). Departamento de Geografía Humana de la Universidad de Barcelona y Grupo de población de la AGE.

Gómez García, M. (2016). El acompañamiento social en el marco de nuestras políticas sociales. En Gómez García, M. (Coord.) El *acompañamiento social como método de intervención en los procesos de inclusión: nuevas reflexiones*, (11-19). Red de Lucha contra la Pobreza y la Exclusión Social.

Gómez Mendoza, J. (2022). ¿Una oportunidad perdida de geografía social? Geografía y sociología en España 1960-1980. En Trillo Santamaría, J.M., López, L. y Lois González, L.C. (Eds.) *Geografía social: permanencias, cambios y escenarios futuros* (41-66). Asociación Española de Geografía.

Gómez Varo, I., Miralles-Guasch, C. y Delclòs-Alió, X. (2021). Revisitando a Jane Jacobs en Nou Barris. Desarrollo de un índice sintético para analizar la vitalidad urbana. *Libro de resúmenes de los trabajos del XXVII Congreso de la Asociación Española de Geografía*, 343-344.

Gómez, A. L. (1978). La crisis de la Geografía regional y del paisaje en Alemania. *Geocrítica*, III(14).

González García, I. (2021). ¿Vulnerabilidad urbana versus resiliencia urbana y territorial? La necesidad de redefinir el concepto de resiliencia urbana en el marco de la planificación y la intervención urbana. En González García, I., Mazza, A., (Dir.), *Territorios segregados y (des)Gobernanza Urbana: Nápoles/Madrid/Barcelona*, (12-19). Universidad Politécnica de Madrid.

González González M. J. y Ramírez Rosete N. L. (2015) La rehabilitación urbana sostenible en centros históricos: los casos de León (España) y Puebla (México). *Estudios geográficos*, 76(279), 531-555. https://doi.org/10.3989/estgeogr.201519

González González, M. J. (1987). *Diferenciación socioeconómica en la ciudad de León*. Universidad de León.

González González, M. J. y Pérez Llamazares, M. E. (2000). *Atlas social de la ciudad de León*. Universidad de León.

González González, M. J., De Lázaro y Torres, M. L. (2012). La distribución espacial de la población inmigrante en dos ciudades medias: Alcalá de Henares y León y su relación con los precios de la vivienda. *Anales de Geografía de la Universidad Complutense*, 32(2), 275-295. https://doi.org/10.5209/rev_AGUC.2012.v32.n2.39721

González González, M. J., González Polledo, L. A. y López Trigal, L. (1989). *Guía urbana de León*. Universidad de León.

González Leonardo, M. (2019). Segregación espacial y condiciones habitacionales de la población extranjera en Valladolid. Los patrones residenciales de la inmigración en una ciudad media del Sur de Europa. *Ciudades*, 22, 71–98. https://doi.org/10.24197/ciudades.22.2019.71-98

González Ordovás, M. J. (1998). La cuestión urbana: algunas perspectivas críticas. *Revista de Estudios Políticos*, 101, 303-333.

González Romero, G. y Sánchez Hernández, J.L. (2022). Principales fuentes de información, recursos y técnicas de trabajo en geografía económica. En Alonso Logroño, P., Benito del Pozo, P., Pallares-Barbera, M. y Sánchez Hernández, J.L. (Coords.) *Geografía económica. Fundamentos, agentes y procesos*, (75-92), Tirant Editorial.

Guajardo-Fajardo Cruz, A. y Alanís Arroyo, A. (2017). Manual de buenas prácticas para la intervención en barriadas residenciales obsoletas. En Pérez Cano, M.T. y Navas Carrillo, D. (Coords.) *Periferias Urbanas. La regeneración integral de barriadas residenciales obsoletas*, (255-268), Departamento de Urbanística y Ordenación del Territorio de la Universidad de Sevilla.

H

Hammond, R. y McCullagh, P. S. (1980). *Técnicas cuantitativas en Geografía*. Editorial Saltés.

Harris, C. D. y Ullman, E. L. (1945). The nature of cities. *The annals of the American Academy of Political and Social Science*, 242, 7–17.

Harvey, D. (1979). *Urbanismo y desigualdad social*. Siglo Veintiuno de España Editores S.A.

Hay, J. R. (1978). Seebohm Rowtree: The cycle of poverty, 1901. En *The Development of the British Welfare State* 1880-1975, (57-58). Edward Arnold Publishers.

Herbert, D. T. y Smith, D. M., (1983). *Social problems and the City. Geographical perspectives*. Oxford University Press.

Herbert, D. T., (1981). *Social problems and the City: a Geographic View*. University College of Swansea.

Herin, R. (2006). Por una geografía social, crítica y comprometida. *Scripta Nova*, vol. X, 218.

Hernández Aja, A. (Dir.) (1996). *Análisis urbanístico de Barrios Vulnerables en España Informe General 1991*. Ministerio de Fomento, Madrid.

Hernández Aja, A. (Dir.) (1997). Análisis urbanístico de barrios desfavorecidos. Catálogo de áreas vulnerables españolas, *Cuadernos de Investigación Urbanística*, 19, Universidad Politécnica de Madrid.

Hernández Aja, A. (Dir.) (2008). *Análisis urbanístico de Barrios Vulnerables en España Informe General Adenda 2006*. Ministerio de Fomento.

Hernández Aja, A. (Dir.) (2010). *Análisis urbanístico de Barrios Vulnerables en España. Introducción al Informe General 2001: Metodología, Estructura del Catálogo y Créditos*. Ministerio de Fomento.

Hernández Aja, A. (Dir.) (2012). *Observatorio Vulnerabilidad Urbana. Análisis urba¬nístico de Barrios Vulnerables. Resumen ejecutivo*. Universidad Politécnica de Madrid.

Hernández Aja, A. (Dir.) (2015). *Atlas de la Vulnerabilidad Urbana en España 2001 y 2011. Metodología, contenidos y créditos*. Ministerio de Fomento.

Hernández Aja, A. (Dir.) (2016). *Informe sobre la evolución de la Vulnerabilidad Urbana en España 2001-2011*. Ministerio de Fomento.

Hernández Aja, A. (Dir.) (2017). *Análisis urbanístico de Barrios Vulnerables en España Sobre la Vulnerabilidad Urbana*. Ministerio de Fomento.

Hernández Aja, A. (Dir.) (2021). *Catálogo de barrios vulnerables de España 2011. Fichero de Comunidades Autónomas 07 Castilla y León*. Ministerio de Transportes, Movilidad y Agenda Urbana.

Hernández Aja, A., Diez Bermejo, A., Matesanz Parellada, Á., Córdoba Hernández, R., Rodríguez Suárez, I., Sánchez-Toscano, G., y Álvarez del Valle, L. (2020a). *Informe sobre otros Observatorios de la Vulnerabilidad Urbana y su vinculación con las políticas urbanas de regeneración de barrios en Europa y España*. Escuela Técnica Superior de Arquitectura, Universidad Politécnica de Madrid.

Hernández Aja, A., Sánchez Toscano, G. y Sanz Fernández, A. (Dir.), (2020b). *Resiliencia funcional de las áreas urbanas. El caso del Área Urbana de Madrid*, Escuela Técnica Superior de Arquitectura, Universidad Politécnica de Madrid.

Hernández Aja, A., Matesanz Parellada, A. y García Madruga C. (Dir.) (2015a). *Atlas de barrios vulnerables en España. 12 ciudades 1991, 2001, 2006*. Ministerio de Fomento.

Hernández Aja, A., Rodríguez Alonso R., Rodríguez Suárez I. (Dir.) (2018). *Barrios vulnerables de las grandes ciudades españolas. 1991/2001/2011*, Escuela Técnica Superior de Arquitectura, Universidad Politécnica de Madrid.

Hernández Pedreño, E. (2013). Analizar la exclusión social para acompañar en los procesos de inclusión social. En Cairo Carou, H., Finkel Morgenstern, L. (Coord.) *Crisis y cambio.*

Propuestas desde la Sociología: actas del XI Congreso Español de Sociología (143-156). Universidad Complutense de Madrid. Facultad de Ciencias Políticas y Sociología.

Hernández Sampieri, R. Fernández Collado, C. y Baptista Lucio, P. (2010). Los métodos mixtos. En Hernández Sampieri, R. Fernández Collado, C., Baptista Lucio, P. (Ed.) *Metodología de la investigación*, (544-601). McGraw Hill.

Hernando Sanz, F. (1999). La escuela cartográfica de criminología británica: antecedente de la Geografía del crimen. A*nales de Geografía de la Universidad Complutense*, 19, 11-20.

Hernando Sanz, F. (2008). La seguridad en las ciudades. El nuevo enfoque de la geoprevención. Scripta Nova. *Revista electrónica de Geografía y Ciencias Sociales*, XII, 270.

Higueras Arnal, A. M. (2003). *Teoría y método de la geografía. Introducción al análisis geográfico regional*. Zaragoza, Prensas Universitarias de Zaragoza.

I

Iglesias de Ussel, J. (Ed.) (2010) *Las políticas de integración social de los inmigrantes en las comunidades autónomas españolas*. Fundación BBVA.

ILDEFE, (2018). *Estudio del mercado laboral. León y alfoz*. Ayuntamiento de León.

ILRUV, (2014a). *León ante el reto del futuro. Estrategias municipales.* Ayuntamiento de León.

ILRUV, (2014b). *León ante el reto del futuro*. Ayuntamiento de León.

ILRUV, (2015a). *Área de regeneración urbana León-Oeste*. Ayuntamiento de León.

ILRUV, (2015b). *ARU León Oeste. Análisis geográfico y urbanístico*. Ayuntamiento de León.

ILRUV, (2018). *ARU León Oeste 2015-2017*. Ayuntamiento de León.

INAP, (2021). *Los servicios sociales ante la pandemia: Los aprendizajes de la pandemia. Monitor de Impacto de la Covid-19 sobre los Servicios Sociales. Informe Final*. INAP.

J

Jacobs, J. (2011). Los generadores de diversidad. En Jacobs, J. (Ed.) *Muerte y vida de las grandes ciudades* (143-150). Capitán Swing.

Jadach Sepiolo, A. (2021). Revitalisation as a Tool for Limiting Flight from Blight. *World of Real Estate Journal*, 116(2), 18-29. https://doi.org/10.14659/WOREJ.2021.106.02

Jehoel Gijsbers, G. y Vrooman, C. (2013). *Explaining Social Exclusion. A theoretical modeltested in the Netherlands*. The Netherlands Institute for Social Research.

Jiménez Blasco, B.C., Resino García, R., Mayoral Peñas, M. y Sassano Luiz, S. (2020). Inmigración y segregación residencial en Madrid. *Anales de Geografía de la Universidad Complutense*, 40(2), 393-418. http://dx.doi.org/10.5209/AGUC.72980

Jiménez Blasco, C. (1984). Aproximación metodológica al estudio de la diferenciación residencial urbana en Madrid. *Anales de Geografía de la Universidad Complutense*, 4, 167-187.

Jiménez Ramírez, M. (2008). Aproximación teórica de la exclusión social: complejidad e imprecisión del término. Consecuencias para el ámbito educativo. *Estudios Pedagógicos*, 34(1), 173-186.

Johnston, R. J. (2013). Book Reviews. Social Problems and the City. New Perspectives. En Bourne, L.S. y Sinclair, R. (Eds.) *Urban Geography*, 11(5), 523-524. http://dx.doi.org/10.2747/0272-3638.11.5.523

Junta de Castilla y León (s.f.) *Acceso unificado a los servicios sociales de Castilla y León. SAUSS.* Gerencia de Servicios Sociales de la Junta de Castilla y León.

Junta de Castilla y León, (2011). *Anexo I. Catálogo de potenciales áreas de rehabilitación integral y de renovación urbana en Castilla y León.* Plan de Rehabilitación Integral de Castilla y León.

Junta de Castilla y León, (2016). *Estrategia de Regeneración Urbana en Castilla y León. Dirección General de Vivienda, Arquitectura y Urbanismo.* Consejería de Fomento y Medio Ambiente de la Junta de Castilla y León.

Junta de Castilla y León, (2019). *Catálogo de Servicios Sociales.* Servicios Sociales de Castilla y León.

K

Kápstein López, P. (2010). Vulnerabilidad y periferia interior. *Cuadernos de Investigación Urbanística*, 71.

Knox, P. y Pinch, S. (2010). *Urban Social Geography. An introduction.* Pearson Education Limited.

Krellenberg, K., Welz, J., Link, F. y Barth, K. (2017). Urban vulnerability and the contribution of socio-environmental fragmentation: Theoretical and methodological pathways. *Progress in Human Geography*, 41(4), 408–431. https://doi.org/10.1177/0309132516645959

L

Lahosa, J. M. (2002). Delincuencia y ciudad. Hacia una reflexión geográfica comprometida. *Biblio3W Revista bibliográfica de Geografía y Ciencias Sociales*, 7(349).

Laino, G. (2021). La segregación de los alumnos inmigrados en Milán y Nápoles. En González García, I. y Mazza, A., (Dir.) *Territorios segregados y (des)Gobernanza Urbana: Nápoles/Madrid/Barcelona*, (111-115).

Latham, A., McCormack D., McNamara, K. y McNeill, D. (2010). *Key concepts in Urban Geography*. Sage Publications.

Lefebvre, H. (1969). ¿Perspectiva o prospectiva? En Lefebvre, H. (Ed.) *El derecho a la ciudad*, (141-160), Lito Fisan.

Lentini, M. (2008). Transformaciones de la cuestión social habitacional: principales enfoques y perspectivas. El caso de Argentina en el contexto latinoamericano. *Economía, sociedad y territorio*, 8(27), 661-692.

León Casero, J. (2018). *Mapa de Riesgo Social de Zaragoza: herramientas complementarias para medir el potencial regenerativo de zonas vulnerables*. Ciudad Y Territorio Estudios Territoriales, 50(197), 503–516.

Linares, S. (2013). Las consecuencias de la segregación socioespacial: un análisis empírico sobre tres ciudades medias bonaerenses (Olavarría, Pergamino y Tandil). *Cuaderno Urbano. Espacio, cultura, sociedad*, 14(14), 5-30.

Llano Ortiz, J. C. (2019). *El estado de la pobreza. Seguimiento del indicador de pobreza y exclusión social en España 2008-2018*. EAPN-ES.

Lois González, R.C. (Coord.) (2012). *Los espacios urbanos: el estudio geográfico de la ciudad y la urbanización*. Biblioteca Nueva.

López Díaz, J. (2003). Vivienda social y Falange: ideario y construcciones en la década de los 40. *Scripta Nova*, vol. VII, 146(024).

López González, A. y Benito del Pozo, P. (2023). Desigualdad y demografía en áreas metropolitanas de España. *Cuadernos de Geografía*, 110, 187-208. https://doi.org/10.7203/CGUV.110.25622

López González, A., Ordás del Corral J. y Benito del Pozo, P. (2019). Manifestaciones de la vulnerabilidad urbana en León. En Farinós i Dasí, J. (Dir.), *Desafíos y oportunidades de un mundo en transición; una interpretación desde la Geografía*, (749-762). Tirant lo Blanch.

López Trigal, L. (1987). *La ciudad de León y su alfoz*. Universidad de León.

López Trigal, L. (1992). Bibliografía geográfica y documentación urbanística actual de las ciudades leonesas. *Polígonos. Revista de Geografía*, 2, 151-156. https://buleria.unileon.es/handle/10612/8154

López Trigal, L. (2010) (Dir.) *Diccionario de términos sobre la ciudad y lo urbano*. Editorial Biblioteca Nueva S.L.

López Trigal, L. (2015) (Dir.) *Diccionario de Geografía aplicada y profesional. Terminología de análisis, planificación y gestión del territorio*. Universidad de León.

López Trigal, L. (Coord.) (2002). *Las ciudades leonesas: guía crítica desde la Geografía*. Universidad de León.

López Trigal, L. y Relea Fernández, C. E. (2002). Ciudades y periferias sostenibles. Una revisión de conceptos y enfoques aplicados a España y Castilla y León. *Polígonos. Revista de Geografía*, 11-12, 113-136. https://doi.org/10.18002/pol.v0i11-12.523

López Trigal, L., Cortizo Álvarez, J. y López González, A. (2007). *Población y Vivienda en la provincia de León*. Universidad de León.

Lorente Bilbao, J. I. (2019). Metodologías participativas para el desarrollo urbano. En Urrutia Abaigar, V., Antolín Iria, J.E. e Izaola Argüeso, A. (Eds.) *Métodos y técnicas de investigación para estudios de urbanismo y territorio* (193-236). Tirant Humanidades.

Lynch, K. (2008). *La imagen de la ciudad*. Gustavo Gili S.L.

M

Manero, F. (2011). Reestructuración urbana y funcional de las ciudades medias. Los ejemplos de Burgos, León y Segovia. En Humbert, A., Molinero Hernando, F. y Valenzuela Rubio, M. (Eds.) *España en la Unión Europea. Un cuarto de siglo de mutaciones territoriales* (147-168). Casa de Velázquez.

Mari-Klose, P. y Mari-Klose, M. (2012). Edad, vulnerabilidad económica y Estado de bienestar. La protección social contra la pobreza de niños y personas mayores. *Panorama social*, 15, 107-125.

Martin, G. J. (1988). Preston E. James, 1899–1986. Annals of the Association of American Geographers. *Association of American Geographers*, 78(1), 164–175. https://doi.org/10.1111/j.1467-8306.1988.tb00201.x

Martori, J.C., Hoberg, K. y Surinach, J., (2006). Población inmigrante y espacio urbano. Indicadores de segregación y pautas de localización. *EURE*, 32(97), 49-62. http://dx.doi.org/10.4067/S0250-71612006000300004

Massey, D. S., White, M. J., y Phua, V. C. (1996). The dimensions of segregation revisited. *Sociological Methods y Research*, 25(2), 172–206. https://doi.org/10.1177/0049124196025002002

Matossian, B. (2018). Debates sobre la segregación urbana. Una revisión -teórico-metodológica. *Revista Estudios Sociales contemporáneos*, 19, 117-138. http://dx.doi.org/10.15446/cep

Max-Neef, M., Elizalde, A., y Hopenhayn, M. (2010). *Desarrollo a escala humana. Opciones para el futuro*. Biblioteca CF+S.

McEntire, D. (2011). Understanding and reducing vulnerability: From the approach of the abilities and capabilities. *Disaster Prevention and Management: An International Journal*, 20, 294-313. https://doi.org/10.1108/09653561111141736

McKenzie, R. D. (1921). The Neighbourhood: A study of Local Life in the City of Columbus. *American Journal of Sociology*, 27(2), 145-168.

Méndez, R. (1997). *Geografía económica. La lógica espacial del capitalismo global*. Editorial Ariel.

Meneses Falcón, C. (2011). Pobreza y Exclusión social: Buenas prácticas para la inclusión. En Hernández Aja, A. y Vázquez Espí, M. (Dir.) *Boletín CF+S 49. Octavo Catálogo Español de Buenas Prácticas* (53-56).

Merrifield, A. (2019). *La nueva cuestión urbana*. Katakrak Liburuak.

Milbourne, P. (2010). The Geographies of Poverty and Welfare. *Geography Compass*, 4(2), 158-171. https://doi.org/10.1111/j.1749-8198.2009.00296.x

Ministerio de Derechos Sociales y Agenda 2030, (2018). *Memoria del Sistema de Información de Usuarios/as de Servicios Sociales (S.I.U.S.S.). Año 2019.* Ministerio de Derechos Sociales y Agenda 2030.

Ministerio de Derechos Sociales y Agenda 2030, (2019). *Estrategia Nacional de Prevención y Lucha contra la Pobreza y la Exclusión Social 2019-2023.* Ministerio de Derechos Sociales y Agenda 2030.

Ministerio de Derechos Sociales y Agenda 2030, (2020a). *Manual de S.I.U.S.S., nivel UTS.* Ministerio de Derechos Sociales y Agenda 2030.

Ministerio de Derechos Sociales y Agenda 2030, (2020b). *Memoria del sistema de Información de usuarios/as de Servicios sociales (S.I.U.S.S.).* Ministerio de Derechos Sociales y Agenda 2030.

Ministerio de Derechos Sociales y Agenda 2030, (2021a). *Inclusión Social en España. Derechos Sociales.* Ministerio de Derechos Sociales y Agenda.

Ministerio de Derechos Sociales y Agenda 2030, (2021b). *Marco de la Unión Europea. La inclusión social en la UE.* Ministerio de Derechos Sociales y Agenda 2030.

Ministerio de Derechos Sociales y Agenda 2030, (2021c). *Sistema de Información de Usuarios/as de Servicios Sociales (S.I.U.S.S.).* Ministerio de Derechos Sociales y Agenda 2030.

Ministerio de Derechos Sociales y Agenda 2030, (2022a). *Catálogo de Referencia de Servicios Sociales.* Ministerio de Derechos Sociales y Agenda 2030.

Ministerio de Derechos Sociales y Agenda 2030, (2022b). *Leyes Autonómicas de Servicios Sociales.* Ministerio de Derechos Sociales y Agenda 2030.

Ministerio de Sanidad, Servicios Sociales e Igualdad, (2014). *Plan Nacional de Acción para la Inclusión Social en el Reino de España.* Centro de publicaciones del Ministerio de Sanidad, Servicios Sociales e Igualdad.

Ministerio de Sanidad, Servicios Sociales e Igualdad, (2015). *Manual de S.I.U.S.S., nivel UTS.* Ministerio de Sanidad, Servicios Sociales e Igualdad

Ministerio de Transportes, Movilidad y Agenda Urbana, (2021). *Estudios generales y publicaciones. Análisis urbanístico de barrios vulnerables.* Observatorios.

Monzón, M. y López-Mesa, B. (2017). Uso de indicadores grafiables en planos para la priorización de la rehabilitación de vivienda social. Caso de estudio de dos conjuntos urbanos de Zaragoza. *Actas Del 3er congreso internacional Y 5º Nacional de construcción sostenible y soluciones Eco-eficientes,* (1456-1467). Escuela Técnica Superior de Arquitectura de la Universidad de Sevilla.

Morais Vallejo, E. (2011). La muralla de León en el siglo XIX: última misión militar y su repercusión en el patrimonio arquitectónico. *BSAA arte,* 77, 227-252.

Morais Vallejo, E. (2012). La demolición de las puertas del recinto amurallado de León en los siglos XIX y XX. Una pérdida patrimonial irreparable. *Anales de la Historia del Arte,* 22, 9-39. http://dx.doi.org/10.5209/rev_ANHA.2012.v22.41322

Morales Yago, F. (2012). La geografía de la percepción: una metodología válida aplicada al caso de una ciudad de tipo medio-pequeño. Un ejemplo de Yecla (Murcia). *Papeles de Geografía*, 55-56, 137-152.

Moreno Crossley, J. C. (2008). El *concepto de vulnerabilidad social en el debate en torno a la desigualdad: problemas, alcances y perspectivas*. Center for Latin American Studies, University of Miami.

Moreno Pérez, J. L. (2021). Una aproximación metodológica a la persistencia de la vulnerabilidad social: el barrio de Tiro de Línea (Sevilla). *Boletín de la Asociación de Geógrafos Españoles*, 90, 1-53. https://doi.org/10.21138/bage.3127

Moreno, L. (2010). Reformas de las Políticas de Bienestar: Contexto y nuevos riesgos sociales. Instituto de Políticas y Bienes Públicos, CCHS-CSIC, *Documento de Trabajo*, 19.

Morris, D. y Voyce, S. (2015). William Bunge, the DGEI, y Radical Cartography. *Jacket 2*. https://jacket2.org/commentary/william-bunge-dgei-radical-cartography

Moser, C. (1996). Le comportement des ménages face à la crise: synthèse des réactions contre la pauvreté et la vulnérabilité dans quatre communauté surbaines pauvres. *Série Études et monographies, Environnement et développement durable*. World Bank.

Moser, C. (1998). The asset vulnerability framework: Reassessing urban poverty reduction strategies. *World Development*, 26(1), 1-19. https://doi.org/10.1016/S0305-750X(97)10015-8

Mulero Mendigorri, A. (1998). Reflexiones en torno a las causas de la degradación ambiental en los espacios urbanos españoles. *Estudios regionales*, 58, 171-186.

Musterd, S., Marcińczak, S., Van Ham, M. y Tammaru, T. (2017). Socioeconomic segregation in European capital cities. Increasing separation between poor and rich. *Urban Geography*, 38(7), 1062-1083. https://doi.org/10.1080/02723638.2016.1228371

N

Navarro Rodríguez, S. y Larrubia Vargas, R. (2006). Indicadores para medir situaciones de vulnerabilidad social. Propuesta realizada en el marco de un proyecto europeo. Baetica *Estudios de Arte, Geografía e Historia*, 28, 485-506.

O

Obeso Muñiz, I. (2019). Definir la urbanización periférica: conceptos y terminología. *Ería*, 2019(2), 183-206. https://doi.org/10.17811/er.2.2019.183-206

OCDE (2022). *Modernización de los Servicios Sociales en España. Diseño de un nuevo marco estatal*. OCED Publishing.

OECD, (1998). *Integrating Distressed Urban Areas*, OECD Publishing. https://doi.org/10.1787/9789264162884-en

ONU (1976). *Informe de Hábitat: Conferencia De Las Naciones Unidas Sobre Los Asentamientos Humanos*. A/CONF.70/15. Naciones Unidas.

ONU (1986). *Global Report on Human Settlements*. HS(058)/S495. Naciones Unidas.

ONU (1995). *Declaración de Copenhague sobre Desarrollo Social y en el Programa de Acción de la Cumbre Mundial sobre Desarrollo Social*. Naciones Unidas.

ONU (1996a). *Informe de la Conferencia de las Naciones Unidas sobre los Asentamientos Humanos Habitat II*. Naciones Unidas.

ONU (1996b). *An Urbanizing World: Global Report on Human Settlements, HS/382/95E*. Naciones Unidas.

ONU (2001a). *Cities In A Globalizing World. Global Report on Human Settlements*. Naciones Unidas.

ONU (2001b). *Declaración sobre las ciudades y otros asentamientos humanos en el nuevo milenio*. Naciones Unidas.

ONU (2001c). *Resumen del Informe sobre la situación social en el mundo, 2001*. Naciones Unidas.

ONU (2002). *Órganos subsidiarios de la Asamblea General. Asamblea General de Naciones Unidas*. Naciones Unidas.

ONU (2003a). *Informe sobre la situación social en el mundo, 2003: vulnerabilidad social: fuentes y desafíos*. Departamento de Asuntos Económicos y Sociales, División de Política Social y Desarrollo. Naciones Unidas.

ONU (2003b). *The Challenge of Slums Global Report on Human Settlements 2003*. Naciones Unidas.

ONU (2005a). *Aplicación del objetivo de la Declaración del Milenio de las Naciones Unidas de mejorar las condiciones de vida de los habitantes de los barrios de tugurios*. Naciones Unidas.

ONU (2005b). *Financing Urban Shelter Global Report on Human Settlements 2005. HS/770/05E*. Naciones Unidas.

ONU (2007). *Enhacing Urban Safety and Security Global Report on Human Settlements 2007*. Naciones Unidas.

ONU (2009). *Planning Sustainable Cities Global Report on Human Settlements 2009*. Naciones Unidas.

ONU (2010). El derecho a una vivienda adecuada. *Folleto Informativo*, 21(1). Naciones Unidas.

ONU (2011). *Las Ciudades y el Cambio Climático: Orientaciones para Políticas. Informe Mundial sobre Asentamientos Humanos* 2011. Naciones Unidas.

ONU (2012). *Guía metodológica. Constitución y operación de las Agencias de Desarrollo Urbano y los Observatorios Urbanos Locales*. ONU Hábitat. Naciones Unidas.

ONU (2013). *Planning and Design for Sustainable Urban Mobility. Naciones* Unidas.

ONU (2020). *Climate Change, Vulnerability and Risk: A Guide for Community Assessments, Action Planning and Implementation*. Naciones Unidas.

Ordás del Corral, J. y Benito del Pozo, P. (2016). Los observatorios urbanos en la detección de la vulnerabilidad y su alcance en España. En *XV Coloquio Ibérico de Geografía 2016. Retos y tendencias de la Geografía Ibérica: actas*, (296-306), AGE.

Ordás del Corral, J. y Benito del Pozo, P., (2021). El urbanismo especulativo en ciudades medias. El caso del sector "La Serna-La Granja" en León. En García Rodríguez, J.L., (Ed.) *Geografía, cambio global y sostenibilidad. Comunicaciones del XXVII Congreso de la Asociación Española de Geografía. Tomo III Desarrollo territorial, sostenibilidad y calidad de vida* (811-822), AGE.

Ordás del Corral, J. (2025). Indicadores alternativos para detectar la vulnerabilidad urbana: propuesta aplicada a León. *Documents d'Anàlisi Geogràfica*, 71(2), 323–352. https://doi.org/10.5565/rev/dag.1246

Ordás del Corral J. (2025). El compromiso institucional con los barrios vulnerables. *Anales de Geografía de la Universidad Complutense*, 45(1), 93-106. https://doi.org/10.5209/aguc.100340

Ortega Valcárcel, J. (2000). *Los Horizontes de la Geografía*. Editorial Ariel.

P

Palacios, A. J. y Vidal, M. J. (2014). La distribución intraurbana de los inmigrantes. *Cuadernos Geográficos*, 53(1), 98-121.

Park, R. E. (1999). La *ciudad y otros ensayos de ecología urbana*. Ediciones del Serbal.

Pascual De Sans, Á. y Solana Solana, M. (2011). Técnicas cualitativas en los estudios de la población. En Pujadas, I., Bayona, J., García, Á., Gil, F., López, C., Sánchez D. y Vidal T. (Eds.) *Población y estudios urbanos. XII Congreso de la Población Española* (577-594).

Peiró, M. (2020). Feminización de la pobreza energética en Madrid. *Energy and Buildings*, 223, 110-157. https://doi.org/10.1016/j.enbuild.2020.110157

Pellicer, V. (2017). La pobreza energética: reflexiones sobre el caso español. *Dosieres de Economistas Sin Fronteras*, 24, 25-29.

Peña Caballero, D. (2010). Vulnerabilitat urbana davant la hipòtesi de la crisi energética a l'Àrea Metropolitana de Barcelona: estudi premilinar. *Biblio 3w: revista bibliográfica de geografía y ciencias sociales*, XV, 887(4).

Pérez Sanz, P. y Gregorio Gil, C. (2020). El derecho a la ciudad desde la etnografía feminista: politizar emociones y resistencias en el espacio urbano. *Revista INVI*, 35(99), 1–33. https://doi.org/10.4067/s0718-83582020000200001

Picó, J. y Serra, I. (2010). La Ecología Humana: R. E. Park y E. Burgess. En Picó, J. y Serra, I. (Ed.) La *Escuela de Chicago de Sociología* (75-108), Siglo XXI de España Editores.

Piñeira Mantiñán, M. y González Pérez, J. M., (2017). Vulnerabilidad urbana y exclusión. La fragmentación social de la ciudad postcrisis. En Castanyer, Vicente, J., Feliu J. y Martín L. (Eds.) *Nuevos escenarios urbanos: nuevos conflictos y nuevas políticas. XIII Coloquio de Geografía Urbana*, (75-90). https://dialnet.unirioja.es/servlet/libro?codigo=732208

Pitarch Garrido, M. D., Salom Carrasco, J. y Fajardo Magraner, F. (2018). Detección de barrios vulnerables a partir de la accesibilidad a los servicios públicos de proximidad. El caso de la ciudad de Valencia. *Anales de geografía de la Universidad Complutense*, 38(1), 61-85. https://doi.org/10.5209/AGUC.60469

Q

Queiroz de Almeida, L. (2011). Por uma ciência dos riscos e vulnerabilidades na geografia. Mercator, *Revista de Geografia da UFC*, 10(23), 83-99.

Quintero García, J. A., (2019). El entorno urbano degradado como proyección de un proceso socio ambiental desde un sistema fractal: caso periferia sur de la ciudad de San Luis Potosí de 2010 A 2018. En Contreras Manrique, J. C. y Sonnleitner, W. (Coord.) *Las ciencias sociales y la agenda nacional*, (259-286), COMECSO.

R

Reguera Rodríguez, A. T. (1987). *La ciudad de León en el siglo XX*. Colegio Oficial de Arquitectos de León.

Reguera Rodríguez, A. T. (1996). *La ciudad de León: espacios y tiempos*. Universidad de León.

Reguera Rodríguez, A. T. (2004). *La tesis de las tres ciudades*. Universidad de León.

Renes, V., Lorenzo, F. y Chahin, A. (2007). *Poniendo en práctica la Estrategia Europea para la Inclusión Social. Del plano europeo al plano local*. Fundación Luis Vives.

Requena Hidalgo, J. (2003). La peor casa en el peor barrio. Barrios de inmigración y marginalidad en la periferia urbana de Barcelona. El caso de Badalona. *Scripta Nova*, VII, 146(058).

Riis, J. A. (2001). *Cómo vive la otra mitad*. Universidad de León.

Rodrigo, P. y Rodrigo, A. (2000). *El espacio urbano*. Síntesis Educación.

Rodríguez Cabrero, G. (2011). Estrategias de inclusión activa en la Unión Europea. La articulación de la garantía de rentas, la inserción laboral y el acceso a servicios de empleo y bienestar. *Revista del Ministerio de Trabajo e Inmigración*, XII, 95-131.

Rodríguez Ferri, E. F. (2014). Desarrollo de la biotecnología en España. *Ambiociencias. Revista de divulgación científica*, 12, 126-151.

Rodríguez Suárez, I., Hernández Aja, A., Gómez Giménez, J. M., Matesanz Parellada, A. y Díez Bermejo, A. (2021). Los Catálogos de Barrios Vulnerables de España. Análisis de la vulnerabilidad en las ciudades españolas entre 1991 y 2011. *Ciudad y Territorio*, LIII, 179-200. https://doi.org/10.37230/CyTET.2021.M21.10

Rodríguez Vignoli, J. (2000). *Vulnerabilidad demográfica: Una faceta de las desventajas sociales.* CEPAL, Centro Latinoamericano y Caribeño de Demografía, División de Población.

Roitman, S. (2003). Barrios cerrados y segregación social urbana. *Scripta Nova*. VII(146).

Romero Escribá, R. (2013). *Las dos mitades de Jacob Riis. Un estudio comparativo de su obra literaria y fotográfica. Volumen I.* Sociedad Latina de Comunicación Social.

Romero González, J., Pérez Esparcia, J. y García Roca, J. (1992). *Desigualdades y nueva pobreza en el mundo desarrollado.* Editorial Síntesis.

Rowntree, B.S. (1901). *Poverty. A study of townlife.* MacMilland and Co.

Ruiz Tagle, J. (2016). La segregación y la integración en la sociología urbana: Revisión de enfoques y aproximaciones críticas para las políticas públicas. *Revista INVI*, 31(87), 9-57.

Ruiz, A. (2018). El potencial de la percepción social aplicada al análisis de la vulnerabilidad en la percepción urbana. *EURE*, 45(136), 31-50.

Ruppert, K. y Schaffer, F. (1979). La polémica de la geografía social en Alemania I: sobre la concepción de la geografía social. *Geo Crítica*, IV(21).

S

Sabater, J. (2017). Del socorro de los pobres. *Revista d'Intervenció Socioeducativa*, 67, 139-140.

Sáenz de Miera, G. (2007). Pobreza, brecha energética y energías renovables. *Cuadernos de Energía*, 16, 78-82.

Sánchez Alías, A. y Jiménez Sánchez, M. (2013). Exclusión social: fundamentos teóricos y de la intervención. *Trabajo Social Global*, 3(4), 133-156. https://doi.org/10.30827/tsg-gsw.v3i4.952

Sánchez González, D., Egea Jiménez, C. y Soledad Suescún, J. I. (2012). Apuntes sobre los riesgos sociales, componente principal de la vulnerabilidad social. En Egea Jiménez, C. Sánchez González, D. y Soledad Suescún, J. I. (Coord.) *Vulnerabilidad Social. Posicionamientos desde geografías diferentes* (57-68). Universidad de Granada.

Secchi, B. (2015). *La ciudad de los ricos y la ciudad de los pobres.* Los Libros de la Catarata.

Schaefer, F. K. (1988). *El excepcionalismo en Geografía.* Universitat de Barcelona.

Sen, A. (2000). El desarrollo como libertad. *Gaceta Ecológica*, 55, 14-20.

Serrano, I., Benito, J. y Hernández, M. (2011). El papel de los observatorios en el conocimiento de los procesos de exclusión social. *Revista de Servicios Sociales Abendua*, 50, 57-69.

Smith, N. (2015). Nuevo globalismo y nuevo urbanismo. La gentrificación como estrategia urbana global. En Observatorio Metropolitano de Madrid (Ed.) *El mercado contra la ciudad. Sobre globalización, gentrificación y políticas urbanas* (245-273), Traficantes de Sueños.

Soja, E. W. (2008). *Postmetropolis. Estudios críticos sobre las ciudades y las regiones.* Traficantes de sueños.

Sorribes, J. y Perelló, S. (2006). Hacia un sistema de indicadores de vulnerabilidad urbana. *Barataria Revista Castellano-Manchega de Ciencias Sociales*, 6, 87–103. https://doi.org/10.20932/barataria.v0i6.251

Spicker, P. (2007). Charles Booth: The examination of poverty. *Social Policy y Administration*, 24, 21-38. https://doi.org/10.1111/j.1467-9515.1990.tb00322.x

Subirats, J. (2004) Pobreza y exclusión social. *Colección Estudios Sociales*, 16, Fundación La Caixa.

Subirats, J. (2005). *Análisis de los factores de exclusión social.* Fundación BBVA.

Susín Betrán, R. (2000). Los discursos sobre la pobreza. Siglos XVI-XVIII. *BROCAR Cuadernos de Investigación Histórica*, 24, 105-135. https://doi.org/10.18172/brocar.1704

T

Tébar Arjona, J. (2012). Patrones espaciales de la diáspora china en el mundo, España y Madrid. *Historia Actual Online*, 30, 89-113.

Temes Córdovez, R. R. (2007). *El tapiz de Penélope. Transformaciones residenciales sobre tejidos sin valor patrimonial.* [Tesis doctoral]. Universidad Politécnica de Valencia. https://riunet.upv.es/handle/10251/2906

Temes Córdovez, R. y García Araque, J. (2024). Método de Identificación Mixta de Vulnerabilidad Urbana (IMVU). Fusión de enfoques a escala local y regional. *Eure*, 50(151), 1-25. http://dx.doi.org/10.7764/Eure.50.151.12

Temes, R. (2014). Valoración de la vulnerabilidad integral en las áreas residenciales de Madrid. *Eure*, 40(119), 119-149. https://doi.org/10.4067/S0250-71612014000100006

Tomé Álvarez, S. (2019). Shrinking cities de tamaño medio: la ciudad de León, ¿Detroit española? *Crisis y espacios de oportunidad. Retos para la Geografía Libro de Actas del XXIV Congreso de la Asociación Española de Geografía*, 829-843.

Tomé, S. (2007). Los barrios y viviendas de los gitanos en la región noroeste de España. *Revista INVI*, 36(01), 227-255. https://doi.org/10.4067/S0718-83582021000100227

Tornos Mas, J. y Galán Galán, A. (2005). *La configuración de los servicios sociales como servicio público. Derecho subjetivo de los ciudadanos a la prestación del servicio.* Ministerio de Trabajo y Asuntos Sociales.

Torrente Hernández, G. y Rodríguez González, A. (2004). Características sociales y familiares vinculadas al desarrollo de la conducta delictiva en pre-adolescentes y adolescentes. *Cuadernos de Trabajo Social*, 17, 99-115.

Trillo Santamaría, J. M., López, L. y Lois González, L. C. (Eds.) (2022). *Geografía social: permanencias, cambios y escenarios futuros*. AGE.

Tulla Pujol, A. F. y Vera Martín, A. (2022). La agricultura social, una actividad del ámbito de la Geografía Social. Cataluña como referencia. En Trillo Santamaría, J. M., López, L. y Lois González, L. C. (Eds.) *Geografía social: permanencias, cambios y escenarios futuros* (219-234). AGE

Tunstall, R., Bevan, R., Bradshaw, J., Croucher, K., Duffy, S., Hunter, C., Jones, A., Rugg, J. Wallace, A., Wilcox, S., (2013). *The links between house and poverty*. Joseph Rowntree Foundation.

U

UE (2003). *Cooperación con las ciudades La Iniciativa Comunitaria URBAN*. Oficina de Publicaciones Oficiales de las Comunidades Europeas.

UE (2007). *Carta de Leipzig sobre Ciudades Europeas Sostenibles*. Oficina de Publicaciones Oficiales de las Comunidades Europeas.

UE (2016a). *Combating poverty and social exclusion: An integrated approach. Council Conclusions. 10434/16*. Oficina de Publicaciones Oficiales de las Comunidades Europeas.

UE (2016b). *Pilar Europeo de los Derechos Sociales*. Oficina de publicaciones de la Unión Europea. https://doi.org/10.2792/506887

UE (2020). *Nueva Carta de Leipzig. El poder transformador de las ciudades por el bien común. Reunión ministerial informal sobre desarrollo urbano. Noviembre de 2020*. Oficina de Publicaciones Oficiales de las Comunidades Europeas.

V

Van Ham, M. y Tammaru T. (2016). New perspectives on ethnic segregation over time and space. A domains approach. *Urban Geography*, 37(7), 953-962. https://doi.org/1080/02723638.2016.1142152

Vara Muñoz, J. L. (2008). Cinco décadas de Geografía de la percepción. *Ería* 77, 371-384.

Vasilachis de Gialdino, I. (2006). Identity, Poverty Situations and the Epistemology of the Known Subject. *Sociology* 40, 473-491. https://doi.org/10.1177/0038038506063670

Vaughan, L. (2018). Poverty mapping after Charles Booth. *Mapping Society: The Spatial Dimensions of Social Cartography* (93-128). UCL Press. https://doi.org/10.2307/j.ctv550dcj.9

Vaughan, L. y Arbaci, S. (2011). The Challenges of Understanding Urban Segregation. *Built Environment*, 37(2), 128–138. https://doi.org/10.2148/benv.37.2.128

Villar Lama, A. y García Martín, M. (2016). Ciudad segregada en España: urbanizaciones cerradas en Valencia y Sevilla. *Revista INVI*, 31(86).

Viruela Martínez, R. (2008). Población rumana y búlgara en España: evolución, distribución geográfica y flujos migratorios. *Cuadernos de Geografía de la Universitat de València,* 84, 169-194.

W

Wilson, B. (2022). *Metrópolis. Una historia de la ciudad, el mayor invento de la humanidad.* Debate.

Wilson, J. (2008). From The Truly Disadvantaged: The Inner City the Underclass, and Public Policy. En Bridge, G. y Watson, S. (Eds.) *The Blackwell City Reader* (261-269). Blackwell Publishing, LTD.

Wirth, L. (1927). The ghetto. *American Journal of Sociology,* 33, 1, 57-71.

Z

Zárate Martín, M. A. (2003). Morfología urbana. En Zárate Martín (Ed.) *El espacio interior de la ciudad,* (73-96). Editorial Síntesis.

Zárate Martín, M. A. y Rubio Benito, M. T. (2018). Fundamentos de Geografía Humana. Editorial Universitaria Ramón Areces.

Ziyauddin, K. M. (2009). Dimensions of Social Exclusion: An Introduction. En Ziyauddin, K.M. y Kasi, E. (Dir.) *Dimensions of Social Exclusion: Ethnographic Explorations,* (1-6). Cambridge Scholars Publishing.

Zugasti Multiva, B. (2015). El acompañamiento social en el marco de nuestras políticas sociales. En Gómez García, M. (Coord.) *El acompañamiento social como método de intervención en los procesos de inclusión: nuevas reflexiones* (11-19), Red Navarra de lucha contra la pobreza y la exclusión social.

Zusman, P. (2011). La tradición del trabajo de campo en Geografía. *Geograficando,* 7(7), 15-32.

Fuentes

Fuentes

A

Amnistía Internacional, (2015). Derechos desalojados. El derecho a la vivienda y los desalojos hipotecarios en España. *Centro de Documentación*. https://www.es.amnesty.org/en-que-estamos/espana/derecho-vivienda/

Anuncibay, S. C. (21 de marzo de 2021a). El «abandono» convierte Armunia en el lejano oeste. *Diario de León*. https://www.diariodeleon.es/articulo/leon/declive-urbano-arruina-decenas-edificios-leon/202202210334142193844.html

Anuncibay, S. C. (3 de mayo de 2021b). El Crucero da pena por el abandono que sufre. *Diario de León*. https://www.diariodeleon.es/articulo/leon/crucero-da-pena-abandono-sufre/2021050303333152109825.html

Anuncibay, S. C. (21 de febrero de 2021c). El declive urbano arruina decenas de edificios en León. *Diario de León*. https://www.diariodeleon.es/articulo/leon/declive-urbano-arruina-decenas-edificios-leon/202202210334142193844.html

Aparicio Guisasola, L. (4 de febrero de 1947). [Memoria]. Expediente de obras (49, signatura 1496-11), Archivo Municipal de León.

Aparicio Guisasola, L. (26 de abril de 1948). [Memoria]. Expediente de obras (156, signatura 1505-114), Archivo Municipal de León.

Aparicio Guisasola, L. (2 de marzo de 1962). [Memoria]. Expediente de obras (2916, signatura 1690-7), Archivo Municipal de León.

Archives. The Bancroft Library, University of California at Berkeley.

Ayuntamiento de León, (1910). Plano de León y su Ensanche [plano]. Escala 1:5.000. León. https://www.ign.es/web/catalogo-cartoteca/resources/html/031663.html

Ayuntamiento de León (1996). *Revisión del Plan General de Ordenación Urbana de León. Un proyecto de ciudad arbolada.* Ayuntamiento de León.

Ayuntamiento de León, (2004). *Plan General de Ordenación Urbana.* Ayuntamiento de León. https://www.aytoleon.es/es/tu-Ayuntamiento/normativas/Paginas/urbanismo.aspx

Ayuntamiento de León, (2017). *Criterios y procedimientos de selección y priorización de las operaciones (CPSO).* https://aytoleon.es/es/inicio/fondos-europeos/edusi/Documents/Operaciones%20del%20Plan%20de%20Implementacion/Criterios_seleccion_EDUSI.pdf

Ayuntamiento de León, (2021). *Delimitación oficial de barrios y zonas administrativas del municipio de León.* https://aytoleon.es/es/inicio/fondos-europeos/edusi/Documents/Operaciones%20del%20Plan%20de%20Implementacion/Criterios_seleccion_EDUSI.pdf

Ayuntamiento de León (2022). *Extracto de sesión ordinaria de la Junta de Gobierno Local del día 1 de julio de 2022.* https://www.aytoleon.es/es/tu-ayuntamiento/corporaci%C3%B3n/secretaria/Junta%20de%20Gobierno/JGL%20de%201%20de%20JULIO%20de%20 2022.pdf

Ayuntamiento de San Andrés del Rabanedo (s.f.) Pueblos y barrios. *El municipio.* https://www.aytosanandres.es/index.php/el-municipio/pueblos-y-barrios

Ayuntamiento de San Andrés del Rabanedo, (2010). Libro I. Memoria informativa y planos de información. Parte I. Memoria informativa. *Plan General de Ordenación Urbana. Ayuntamiento de San Andrés del Rabanedo.* https://www.aytosanandres.es/index.php/servicios-municipales/urbanismo

Ayuntamiento de Villaquilambre, (2011). Libro I. Memoria informativa y planos de información. Parte I. Memoria informativa. Tomo 2 de 2. *Plan General de Ordenación Urbana de Villaquilambre. Ayuntamiento de Villaquilambre.* https://villaquilambre.transparencialocal.gob.es/eu_ES/categoria/normativa/urbanismo

B

Bienen, L. (2012). Hull House maps and papers. *The life and times of Florence Kelley.* https://bit.ly/3leca3U

C

Caballero, Á. (12 de mayo de 2021). La desigualdad social triplica las rentas de La Chantría frente a las de Armunia. *Diario de León.*

Caballero, Á. (4 de julio de 2022a). De condenado a la piqueta a promoción de 23 viviendas. *Diario de León.*

Caballero, Á. (10 de abril de 2022b). Los vecinos de Armunia se quejan de su abandono. *Diario de León*.

Cañas del Río, R. (3 de abril de 1948). [Memoria descriptiva]. Expediente de obras (178, signatura 1502-63), Archivo Municipal de León.

Cañas del Río, R. (20 de diciembre de 1950). [Memoria descriptiva]. Expediente de obras (11, signatura 1515-67), Archivo Municipal de León.

Cañas del Río, R. (22 de diciembre de 1956). [Memoria descriptiva]. Expediente de obras (8, signatura 1550-8), Archivo Municipal de León.

CGTS, (2021). Servicios Sociales. *Ejes estratégicos.* https://www.cgtrabajosocial.es/ejes_sss_inicio

D

Decreto 940/1970 de 21 de marzo por el que se aprueba la incorporación del Municipio de Armunia al de León. Boletín Oficial del Estado, 84, de 8 de abril de 1970, p. 5540.

Decreto de 22 de noviembre de 1957 por el que se regula la nueva categoría de «Viviendas Subvencionadas». Boletín Oficial del Estado, 301, de 2 de diciembre de 1957.

Decreto Legislativo 1/2019, de 10 de enero, por el que se aprueba el texto refundido de las normas legales vigentes en materia de condiciones de acceso y disfrute de la prestación de renta garantizada de ciudadanía. Boletín Oficial del Estado, 9, de 15 de enero de 2019.

Diario de León (13 de enero de 2020). Los vecinos del Crucero se quejan de la falta de iluminación y seguridad del barrio. *Diario de León*.

Diario de León, (7 de julio de 2021a). El Ayuntamiento declara en ruina un inmueble de la calle Laureano Díez Canseco. *Diario de León*.

Diario de León, (9 de diciembre de 2021b). El PP apoya las denuncias de los vecinos de El Crucero por la integración ferroviaria. *Diario de León*.

F

Fariñas, R. (15 de julio de 2021). La segunda oportunidad para la 'ruina' del Crucero. *Leonoticias*.

Fernández Suárez, E. (15 de noviembre de 1999). [Expediente de relación-inventario. Índice topográfico de Armunia]. Archivo municipal de León.

G

Gaitero, A. (13 de abril de 2014). Armunia, la cola de León. *Diario de León*.

García Castro, C. (21 de septiembre de 1945). [Elevación de un piso en una vivienda de planta baja]. Expediente municipal (signatura 1/110). Archivo Municipal de León.

García Fernández, E. (26 de junio de 1956). [Memoria]. Expediente de obras (4787, signatura 1547-115), Archivo Municipal de León.

González García, I., Hernández Aja, A. y Nel·lo, O. (2021). *Presentación del libro Territorios segregados y (des)gobernanza urbana*. [Sesión de conferencia] En línea. https://www.youtube.com/watch?v=vxZWfSxbGis

H

Hernández Aja, A. (Dir.) (30 abril de 2014). *Regeneración urbana y geografía de la vulnerabilidad social* [Sesión de conferencia]. Rehabilitar, regenerar o renovar la ciudad. Hacia un nuevo modelo inmobiliario. Desafíos y contradicciones en nuevo marco de actuación, Valladolid.

I

INE (2016). *Notas de prensa. Indicadores urbanos (Urban Audit)*. INE. https://www.ine.es/prensa/np960.pdf

INE (2017). *Notas de prensa. Indicadores urbanos. Edición 2017*. INE. https://www.ine.es/prensa/ua_2017.pdf

INE (2018). *Notas de prensa. Indicadores urbanos. Edición 2018*. INE. https://www.ine.es/prensa/ua_2018.pdf

INE (2019a). Área Urbana Funcional de León. INE. https://www.ine.es/uaudit_imagenes/10/Leon_AUF.pdf

INE (2019b). *Notas de prensa. Indicadores urbanos. Edición 2019*. INE. https://www.ine.es/prensa/ua_2019.pdf

INE (2020a). *Notas de prensa. Avance de la Estadística del Padrón Continuo*. INE. https://www.ine.es/prensa/pad_2020_p.pdf

INE (2020b). *Notas de prensa. Indicadores urbanos. Edición 2020*. INE. https://www.ine.es/prensa/ua_2020.pdf

INE (2021a). *Encuesta de Condiciones de Vida ECV. Año 2020*. INE. https://www.ine.es/prensa/ecv_2020.pdf

INE (2021b). *Indicadores urbanos. Edición 2021. Madrid y Barcelona concentran los 10 barrios con mayor INE*. https://www.ine.es/prensa/ua_2021.pdf

INE (2022). *Atlas de Distribución de Renta de los Hogares*. INE. https://www.ine.es/prensa/adrh_2020.pdf

Instituto Nacional de la Vivienda, (25 de noviembre de 1976). [Memoria]. Expediente de obras (7256, signatura 91-76), Archivo Municipal de León.

L

La Nueva Crónica, (29 de abril de 2021). Sentencia del crimen del barrio de La Sal: 26 años y medio de prisión para el asesino. *La Nueva Crónica*.

Leonoticias, (1 de diciembre de 2021). Las asociaciones vecinales de Armunia piden la dimisión del alcalde pedáneo: «Es un descontrol». *Leonoticias*.

Ley 1/2003, de 24 de febrero, de Servicios Sociales. *Boletín Oficial del Estado*, *86*, de 24 de febrero de 2003.

Ley 11/2003, de 27 de marzo, de Servicios Sociales de la Comunidad de Madrid. *Boletín Oficial del Estado*, *88*, de 14 de abril de 2003.

Ley 12/2007, de 11 de octubre, de Servicios Sociales. *Boletín Oficial del Estado*, *266*, de 11 de octubre de 2007.

Ley 12/2008, de 5 de diciembre, de Servicios Sociales. *Boletín Oficial del Estado*, *242*, de 7 de octubre de 2011.

Ley 13/2008, de 3 de diciembre, de servicios sociales de Galicia. *Boletín Oficial del Estado*, *15*, de 17 de enero de 2008.

Ley 14/2010, de 16 de diciembre, de servicios sociales de Castilla-La Mancha. *Boletín Oficial del Estado*, *38*, de 14 de febrero de 2010.

Ley 14/2015, de 9 de abril, de Servicios Sociales de Extremadura. *Boletín Oficial del Estado*, *108*, de 6 de mayo de 2015.

Ley 16/2010 de 2010, de Servicios Sociales de Castilla y León. *Boletín Oficial del Estado*, *7*, de 8 de enero de 2011.

Ley 16/2019, de 2 de mayo, de Servicios Sociales de Canarias. *Boletín Oficial del Estado*, *141*, de 13 de junio de 2019.

Ley 19/2013, de 9 de diciembre, de transparencia, acceso a la información pública y buen gobierno. *Boletín Oficial del Estado*, *295*, de 10 de diciembre de 2013.

Ley 19/2021, de 20 de diciembre, por la que se establece el ingreso mínimo vital. *Boletín Oficial del Estado*, *304*, de 21 de diciembre de 2021.

Ley 2/2007, de 27 de marzo, de derechos y servicios sociales. *Boletín Oficial del Estado*, *94*, de 19 de abril de 2007.

Ley 2/2020 de 24 de noviembre, de modificación del texto refundido de las normas legales vigentes en materia de condiciones de acceso y disfrute de la prestación esencial de renta garantizada de ciudadanía de Castilla y León, aprobado por el Decreto Legislativo 1/2019, de 10 de enero. 20 de diciembre. *Boletín Oficial del Estado*, *329*, de 28 de diciembre de 2020.

Ley 3/2003, de 10 de abril, del Sistema de Servicios Sociales de la Región de Murcia. *Boletín Oficial del Estado*, *35*, de 10 de febrero de 2004.

Ley 3/2019, de 18 de febrero, de servicios sociales inclusivos de la Comunitat Valenciana. *Boletín Oficial del Estado*, *61*, de 12 de marzo de 2019

Ley 4/2009, de 11 de junio, de servicios sociales de las Illes Balears. *Boletín Oficial del Estado*, *163*, de 7 de julio de 2009.

Ley 5/2009, de 30 de junio, de Servicios Sociales de Aragón. *Boletín Oficial del Estado*, *201*, de 20 de agosto de 2009.

Ley 7/2009, de 22 de diciembre, de Servicios Sociales de La Rioja. *Boletín Oficial del Estado*, *14*, de 16 de enero de 2010.

Ley 7/2014, de 12 de septiembre, de Medidas sobre Rehabilitación, Regeneración y Renovación Urbana, y sobre Sostenibilidad, Coordinación y Simplificación en Materia de Urbanismo. *Boletín Oficial del Estado*, *239*, de 2 de octubre de 2014. https://www.boe.es/buscar/pdf/2014/BOE-A-2014-9961-consolidado.pdf

Ley 9/2016, de 27 de diciembre, de Servicios Sociales de Andalucía. *Boletín Oficial del Estado*, *18*, de 29 de diciembre de 2016.

Ley de 15 de julio de 1957 sobre Viviendas de Renta Limitada. *Boletín Oficial del Estado*, *197*, de 16 de julio de 1954.

Ley foral 15/2006, de 14 de diciembre, de servicios sociales. *Boletín Oficial del Estado*, *27*, de 31 de enero de 2007.

Ley Orgánica 14/2007, de 30 de noviembre, de reforma del Estatuto de Autonomía de Castilla y León. *Boletín Oficial del Estado*, *288*, de 1 de diciembre de 2007.

London School of Economics y Political Science, (2016). *Charles Booth Poverty Maps.* https://booth.lse.ac.uk/map/14/-0.1174/51.5064/100/0

M

Martínez López, M. (27 de marzo de 1950). [Construir casa de planta y piso] Expediente municipal (1/265). Archivo Municipal de León.

Ministerio de Hacienda y Función Pública, (2023). *Sede Electrónica del Catastro.* https://www.sedecatastro.gob.es/

Ministerio de Inclusión, Seguridad Social y Migraciones, (2021). Modalidades/clases. *Pensiones.* https://bit.ly/42SdDX0

Ministerio de Transportes, Movilidad y Agenda Urbana, (2021b). Políticas urbanas a nivel europeo. *Portal del Suelo y Políticas Urbanas.*

Ministerio de Vivienda y Agenda Urbana, (2024). *Observatorio de la Vulnerabilidad Urbana.* https://www.mivau.gob.es/urbanismo-y-suelo/urbanismo/observatorio-de-la-vulnerabilidad-urbana

N

NCYL, (22 de abril de 2019). Desde que Armunia pertenece a León comenzó la ruina. *El Español*.

Nel-lo, O. (12-11-2019). *Los retos de la ciudad contemporánea* [Conferencia]. Universidad Nacional de Luján, Buenos Aires.

Nieto de la Fuente, P. (14 de marzo de 1950). [Construcción de vivienda de planta y piso]. Expediente de obras (1/261). Archivo Municipal de León.

O

ONU (2015). *Resolución aprobada por la Asamblea General el 25 de septiembre de 2015. Transformar nuestro mundo: la Agenda 2030 para el desarrollo sostenible. A/RES/70/1.*

ONU, (2016). Órganos principales. *La Organización*.

ONU, (2017). Nueva Agenda Urbana. *Secretaría de Habitat III*.

ONU, (s.f.). Historia, mandato y misión en el sistema de la ONU. *ONU-Habitat*.

P

Plan Estatal de Vivienda y Rehabilitación 2009-2012. Boletín Oficial del Estado, número 309.

R

Resolución de 18 de mayo de 2017, de la Secretaría de Estado de Presupuestos y Gastos, por el que se conceden ayudas de la segunda convocatoria para la selección de estrategias de desarrollo urbano sostenible e integrado que serán cofinanciadas mediante el Programa operativo FEDER de crecimiento sostenible 2014-2020, convocadas por Orden HAP/1610/2016, de 6 de octubre. *Boletín Oficial del Estado 121*, de 22 de mayo de 2017. https://www.boe.es/diario_boe/txt.php?id=BOE-A-2017-5678

Rodríguez Carrocera, T. (22 de abril de 1946). [Carretera de Zamora Letra E. Solicitud de alumbrado público]. Expediente municipal (1/129). Archivo Municipal de León.

Rodríguez Montejano, A., Argüeso, R. (2010). (Coord.) *Memoria del Plan Regional de Ámbito Territorial (PRAT) para la planificación de la ordenación de las actuaciones urbanísticas derivadas de la implantación de las nuevas infraestructuras y equipamientos ferroviarios en León. San Andrés del Rabanedo, Santovenia de la Valdoncina y Vega de Infanzones.* MECSA Consultoría Proyectos.

Rolnik, R. (15-12-2021). *Las nuevas geografías de producción y gestión del espacio urbano* [Conferencia]. XXVII Congreso de la Asociación Española de Geografía. Universidad de La Laguna, Tenerife.

S

Subirats, J. (4 de enero de 2015). Ulrich Beck teórico de la sociedad del riesgo. *El País.*

T

Tapia, C. (25 de mayo de 2023). 28 millones de Edusi para la sostenibilidad de León. *Diario de León.*

U

UE (2000a). *Comunicación de la Comisión A los Estados Miembros de 28.4.00. C (2000) /1100.* Comisión de las Comunidades Europeas.

UE (2000b). *Conclusiones de la Presidencia.*

UE (2008). Recomendación de la Comisión de 3 de octubre de 2008 sobre la inclusión activa de las personas excluidas del mercado laboral. *Diario Oficial de la Unión Europea, 307/12.*

UE (2009). Dimensión urbana de la política de cohesión en el nuevo periodo de programación. *Diario Oficial de la Unión Europea,* 24 de marzo de 2009.

UE (2010a). *Comunicación de la Comisión Europa 2020. Una estrategia para un crecimiento inteligente, sostenible e integrador, 3 Marzo 2010.* COM (2010) 2020 final.

UE (2010b). Reunión Informal de Ministros de Desarrollo Urbano. *Declaración Toledo, 22 de Junio de 2010.*

UE (2011). *Comunicación de la Comisión al Parlamento Europeo, al Consejo, al Comité Económico y Social Europeo y al Comité de las Regiones. Un marco de calidad para los servicios de interés general en Europa.* COM (2011) 900 final.

UE (2014). Desarrollo sostenible Urbano Integrado. Política de Cohesión 2014-2020. *Unión Europea.*

UE (2015a): The URBACT Programme. Working together to promote best practice. *Info Regio-Newsroom.*

UE (2015b): URBAN II: Cities and programmes. *Info Regio-Newsroom.*

UE (2019). The Future of Cities. *European Comission.*

UE (2021a). Instituciones y organismos de la UE. *Instituciones, agencias y organismos.*

UE (2021b). Desarrollo urbano. *Comisión Europea.* https://bit.ly/49tH0Bs

UE (2021c). Nueva política de cohesión. *Comisión Europea.*

UE (2022a). Los Tratados de Maastricht y Ámsterdam. *Fichas temáticas sobre la Unión Europea.* https://bit.ly/3wwj9Th

UE (2022b). La lucha contra la pobreza, la exclusión social y la discriminación. *Fichas temáticas sobre la Unión Europea.* https://bit.ly/4bI5Yi2

UE (2022c). El Tratado de Lisboa. *Fichas temáticas sobre la Unión Europea.* https://www.europarl.europa.eu/ftu/pdf/es/FTU_1.1.5.pdf

V

Vecinos de Armunia, (22 de abril de 1946). [Carretera de Zamora número 5. Arreglo del patio y pozos negros]. Expediente municipal (1-130). Archivo Municipal de León.

Vecinos de Armunia, (23 de noviembre de 1951). [Calle General Sanjurjo. Construcción de cañería]. Expediente municipal (3/324). Archivo Municipal de León.

Anexos

10

Anexo 1.
Atlas de los ZAS analizados en la ciudad de León

El presente Anexo está compuesto por una colección de mapas temáticos de las nueve Zonas de Acción Social (ZAS) analizadas en la investigación. El objetivo que persigue es proporcionar una visión detallada y comparable de algunas de sus características urbanas de la zona en la que operan y servir de complemento al resto de la investigación.

El atlas se ordena de forma secuencial y sistemática para permitir una comparación entre distintos aspectos estudiados en cada una de las ZAS. En primer lugar, se presenta cartografía de los usos de edificios incluidos. En segundo, de la edad de la edificación, aludiendo además a los barrios que componen cada una de estas unidades.

Figura A1.1. Usos de los edificios en la zona urbana LE1-ZAS Centro.

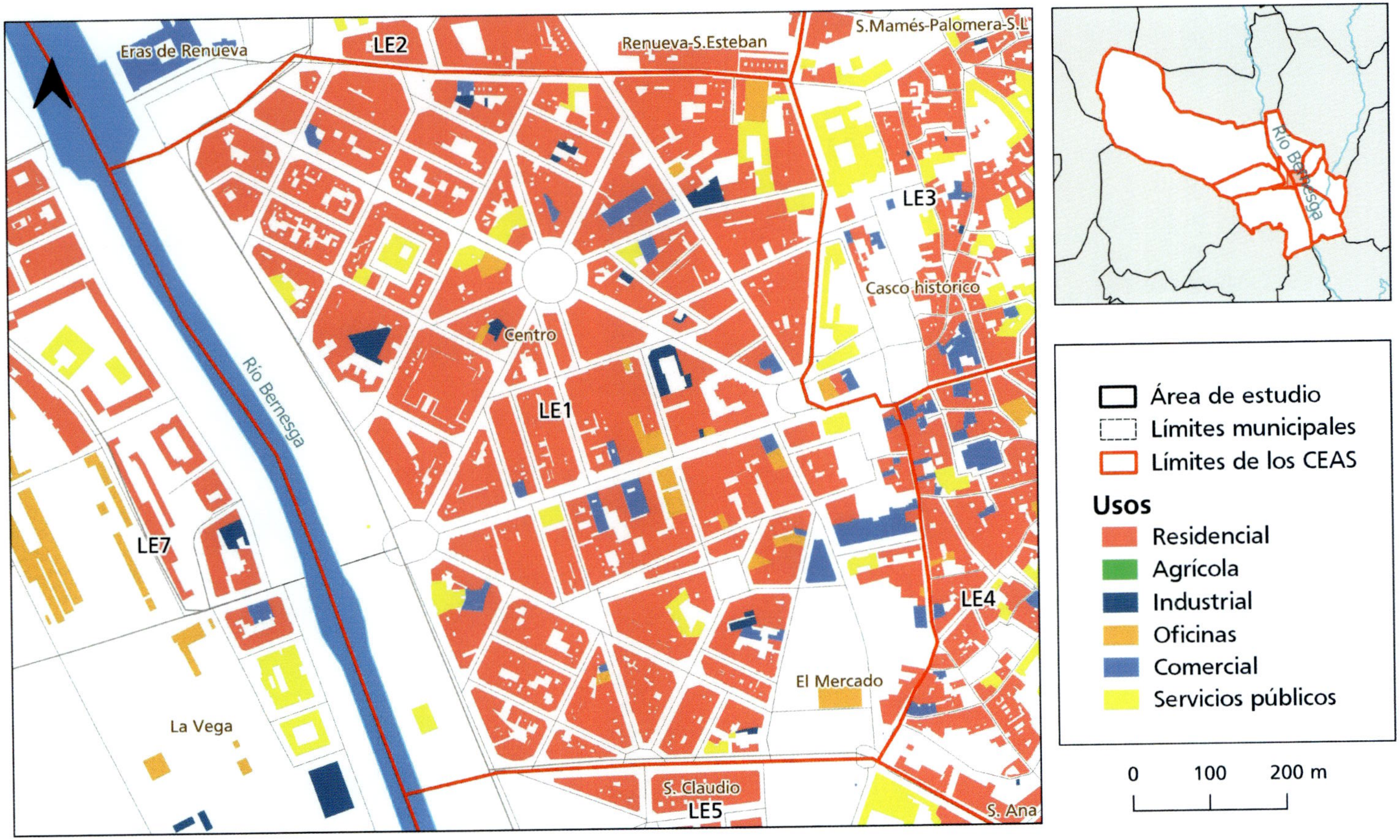

Fuente: elaboración propia a partir del Catastro Inmobiliario, Ayuntamiento de León (2021) e IDECYL, ©Junta de Castilla y León.

Figura A1.2. Usos de los edificios en la zona urbana LE2-ZAS Norte (Mariano Andrés).

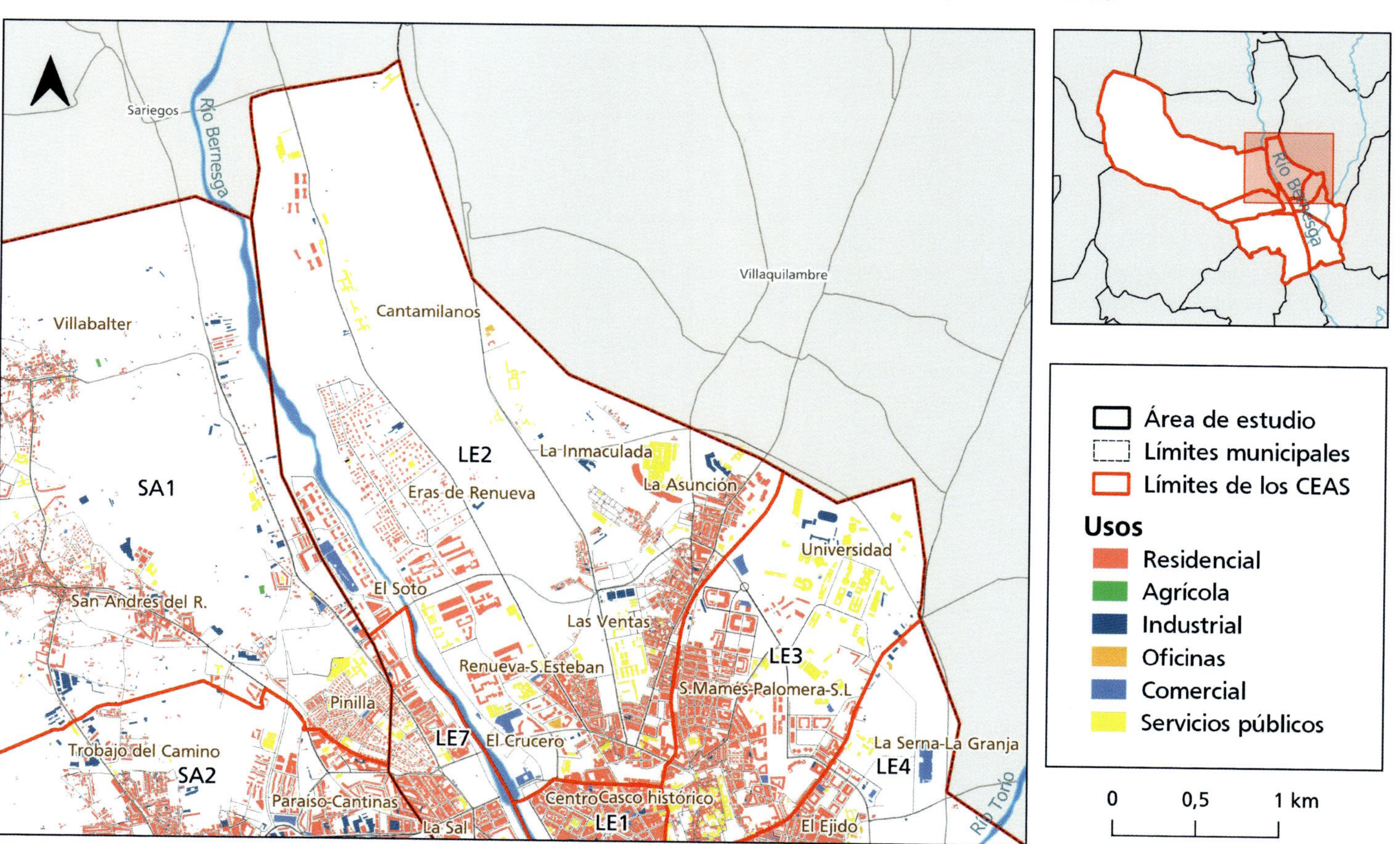

Fuente: elaboración propia a partir del Catastro Inmobiliario, Ayuntamiento de León (2021) e IDECYL, ©Junta de Castilla y León.

Figura A1.3. Usos de los edificios en la zona urbana LE3-ZAS Noreste (San Mamés - La Palomera).

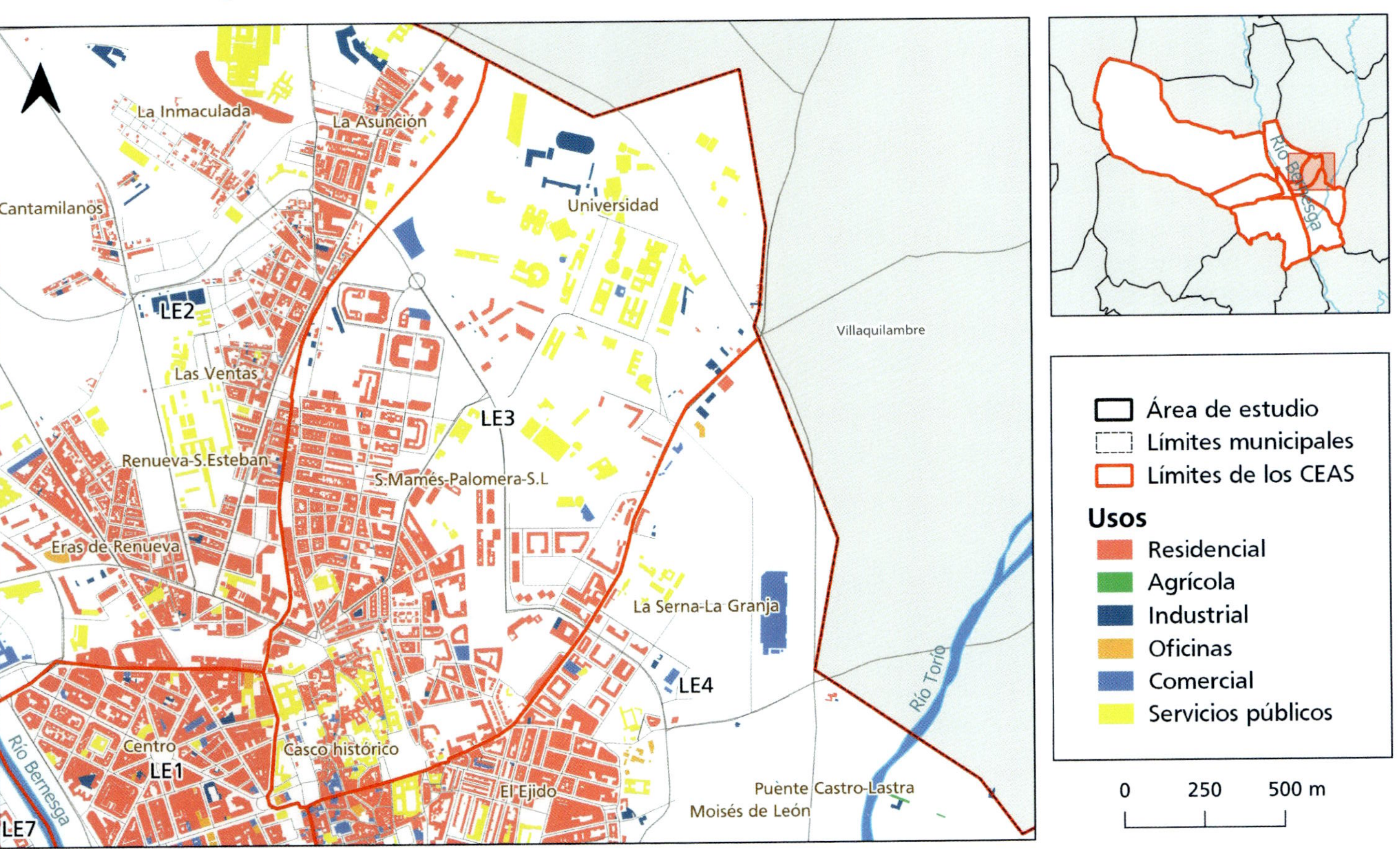

Fuente: elaboración propia a partir del Catastro Inmobiliario, Ayuntamiento de León (2021) e IDECYL, ©Junta de Castilla y León.

Figura A1.4. Usos de los edificios en la zona urbana LE4-ZAS Este (San Mamés - La Palomera).

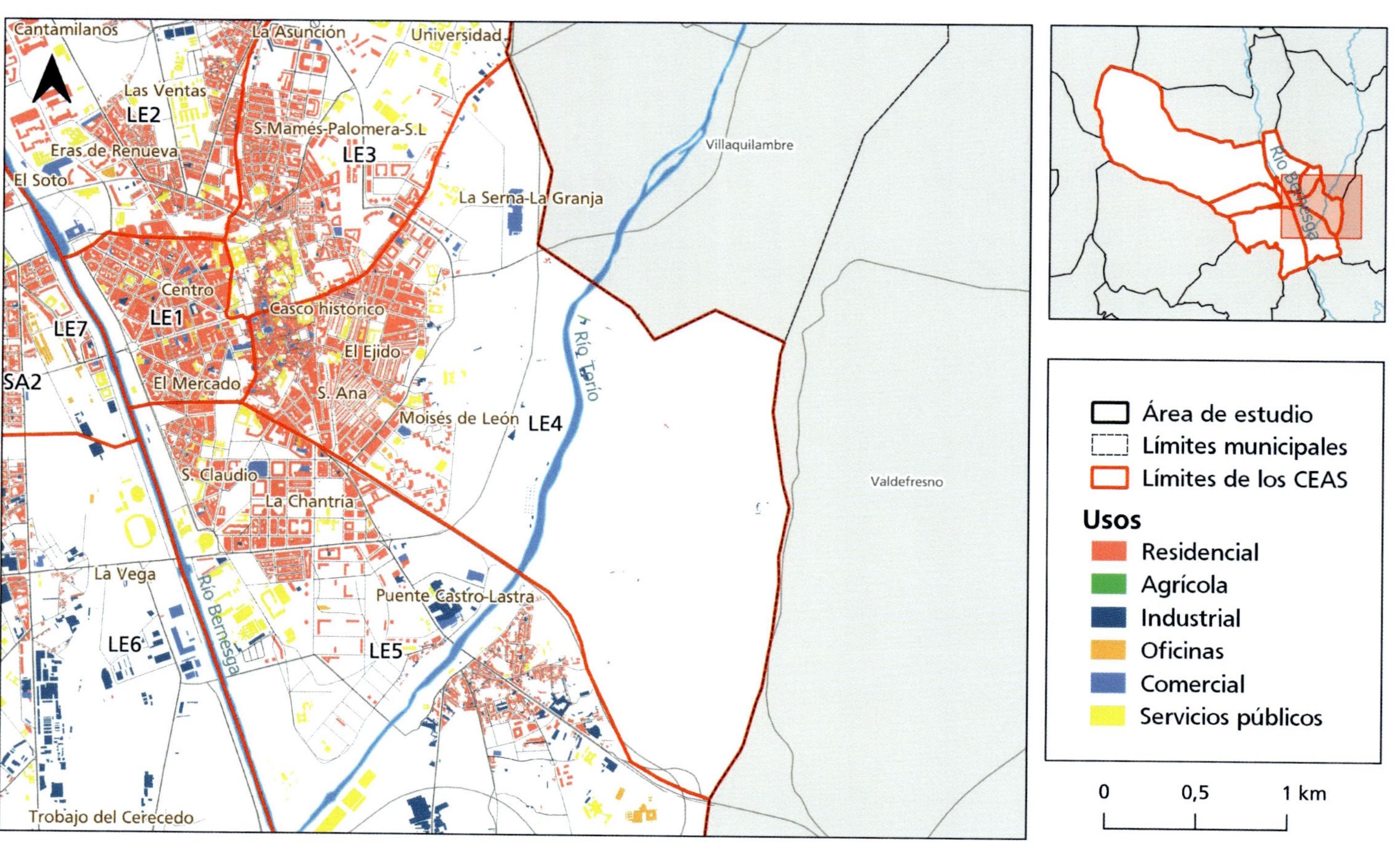

Fuente: elaboración propia a partir del Catastro Inmobiliario, Ayuntamiento de León (2021) e IDECYL, ©Junta de Castilla y León.

Figura A1.5. Usos de los edificios en la zona urbana LE5-ZAS Sur (San Claudio - Puente Castro).

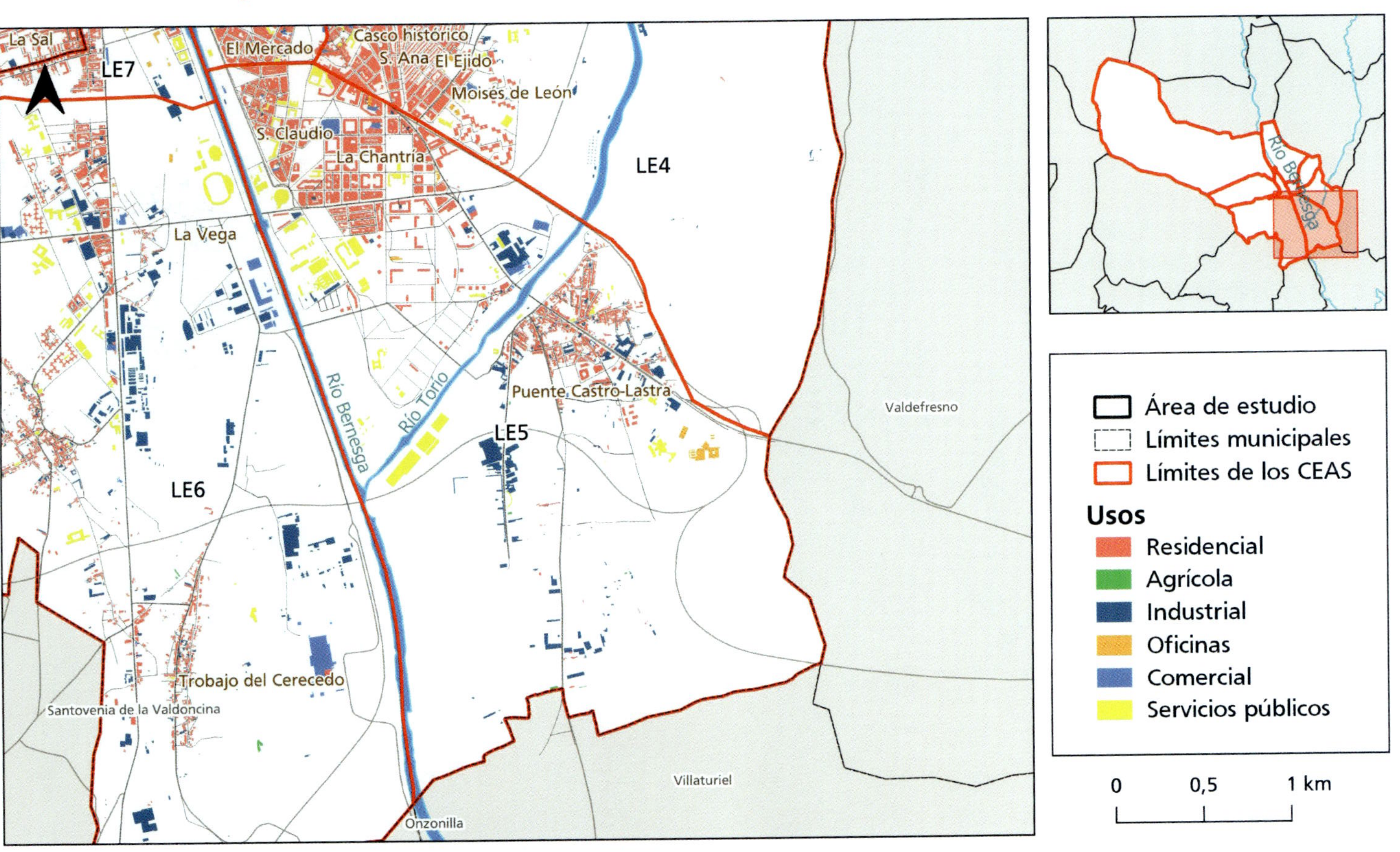

Fuente: elaboración propia a partir del Catastro Inmobiliario, Ayuntamiento de León (2021) e IDECYL, ©Junta de Castilla y León.

Figura A1.6. Usos de los edificios en la zona urbana LE6-ZAS Suroeste (Armunia - Oteruelo - Trobajo del Cerecedo).

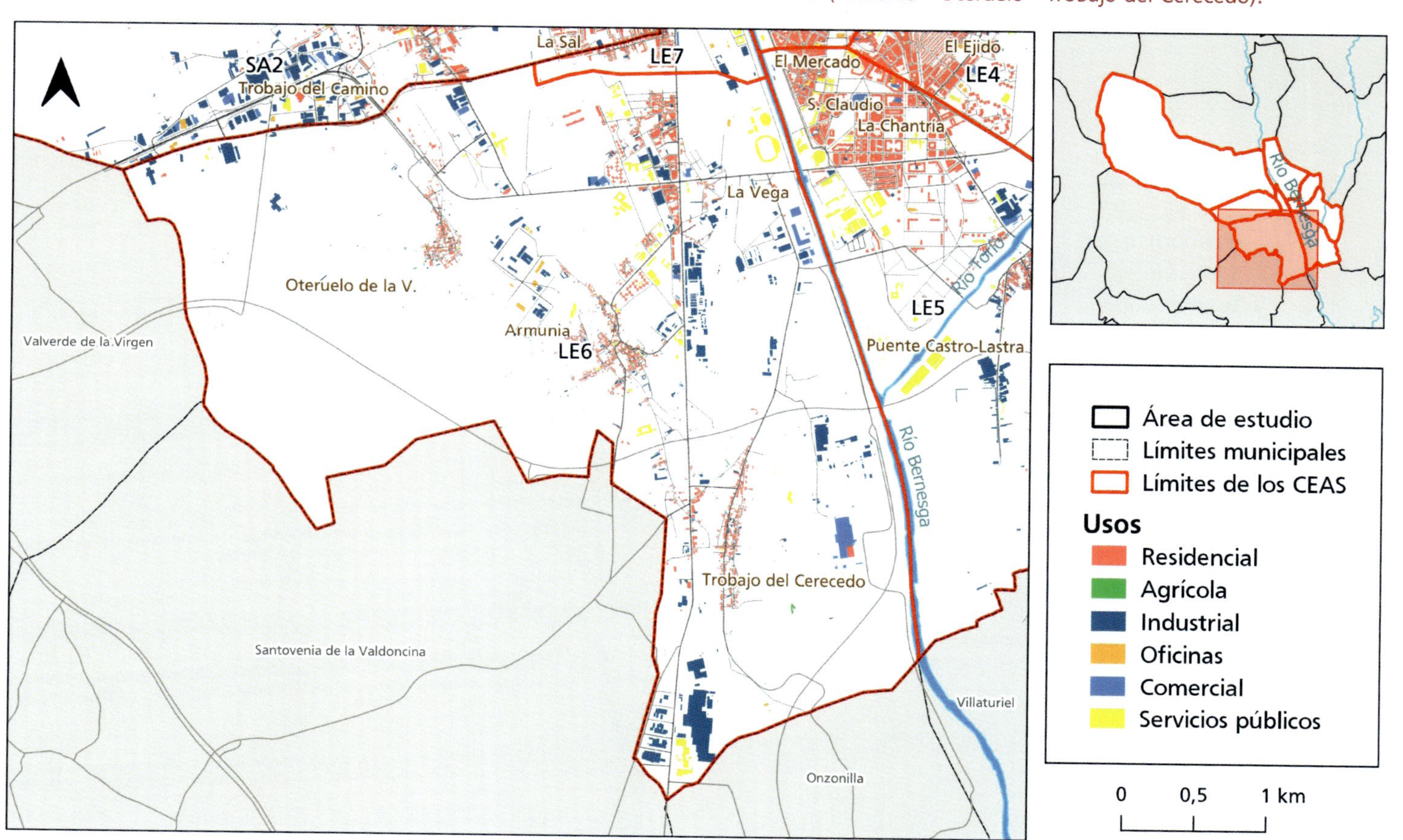

Fuente: elaboración propia a partir del Catastro Inmobiliario, Ayuntamiento de León (2021) e IDECYL, ©Junta de Castilla y León.

Figura A1.7. Usos de los edificios en la zona urbana LE7-ZAS Oeste (El Crucero - La vega).

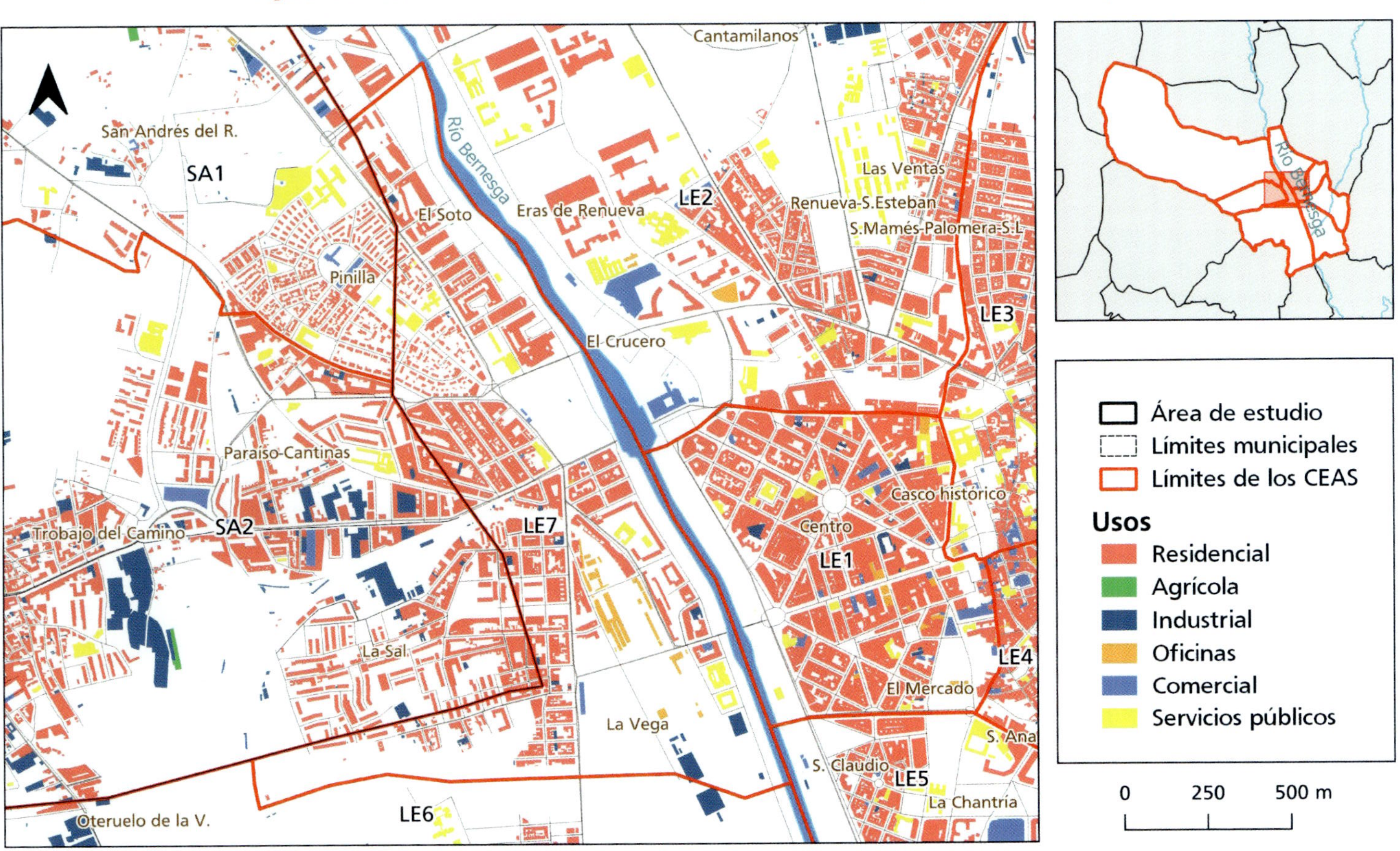

Fuente: elaboración propia a partir del Catastro Inmobiliario, Ayuntamiento de León (2021) e IDECYL, ©Junta de Castilla y León.

Figura A1.8. Usos de los edificios en la zona urbana SA1-ZAS Noroeste (San Andrés del Rabanedo).

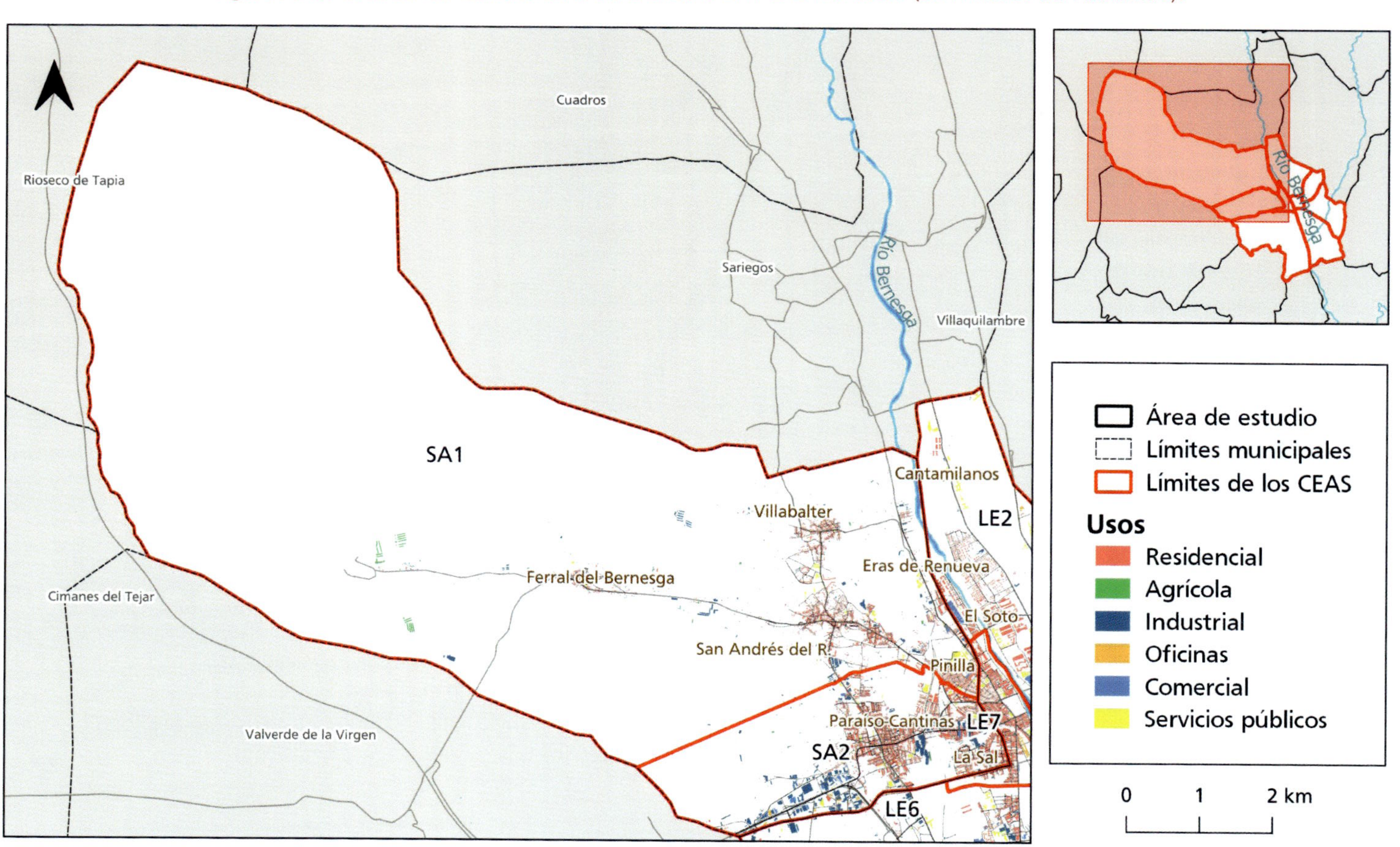

Fuente: elaboración propia a partir del Catastro Inmobiliario, Ayuntamiento de León (2021) e IDECYL, ©Junta de Castilla y León.

Figura A1.9. Usos de los edificios en la zona urbana SA2-ZAS Oeste Trobajo (Trobajo del Camino).

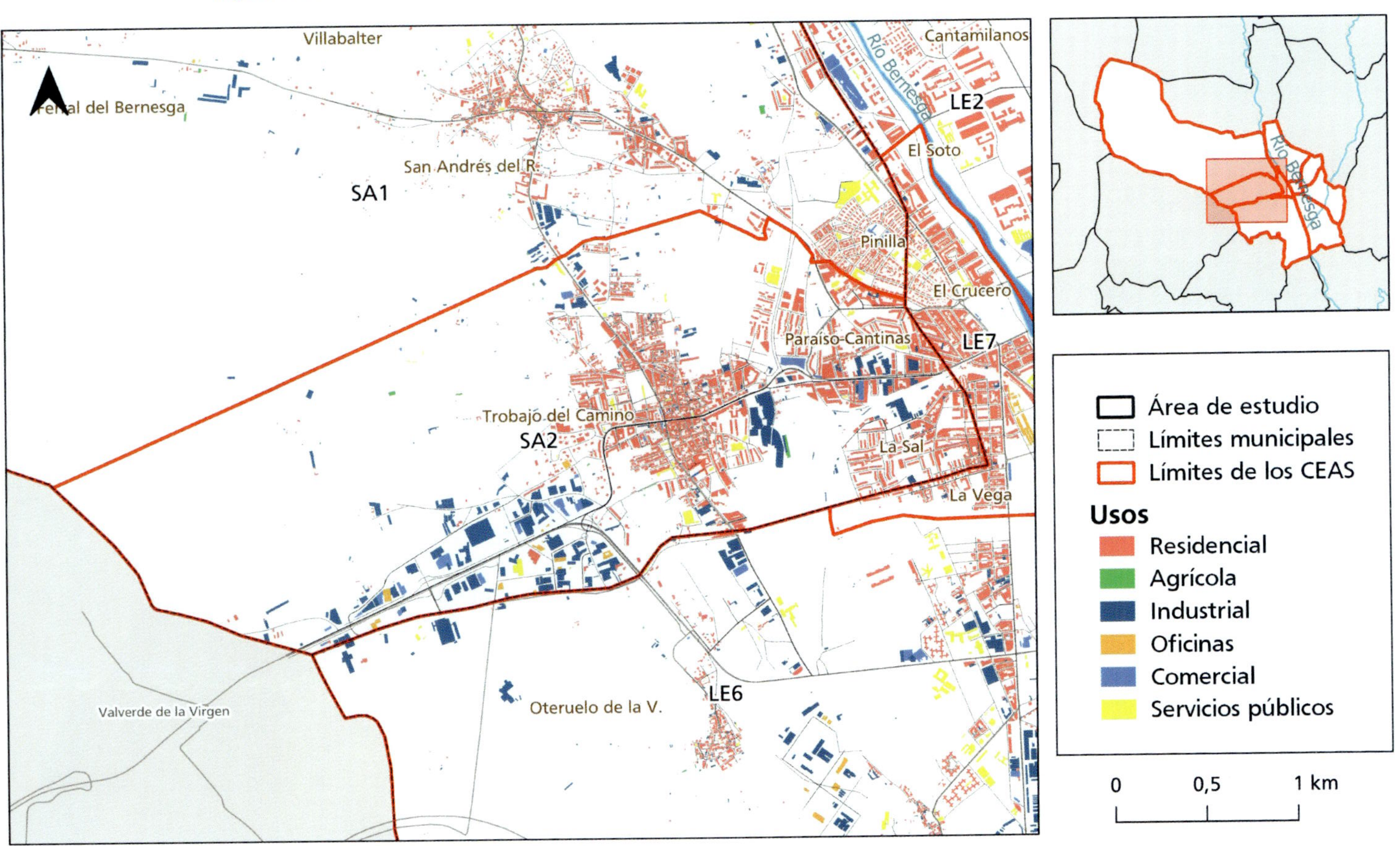

Fuente: elaboración propia a partir del Catastro Inmobiliario, Ayuntamiento de León (2021) e IDECYL, ©Junta de Castilla y León.

Figura A1.10. Edad de la edificación en la zona urbana LE1-ZAS Centro (Centro).

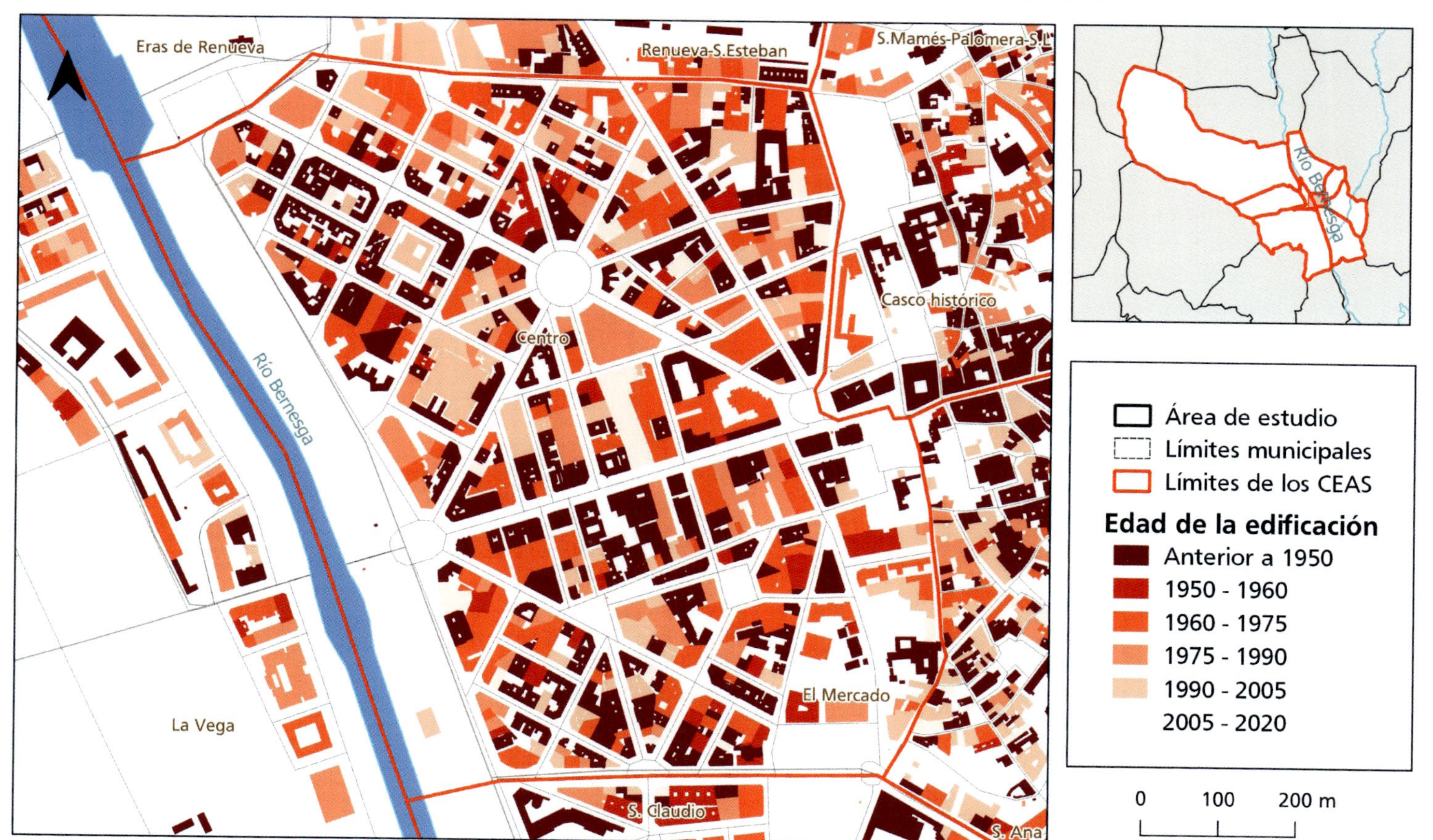

Fuente: elaboración propia a partir del Catastro Inmobiliario, Ayuntamiento de León (2021) e IDECYL, ©Junta de Castilla y León.

Figura A1.11. Edad de la edificación en la zona urbana LE2-ZAS Norte (Mariano Andrés).

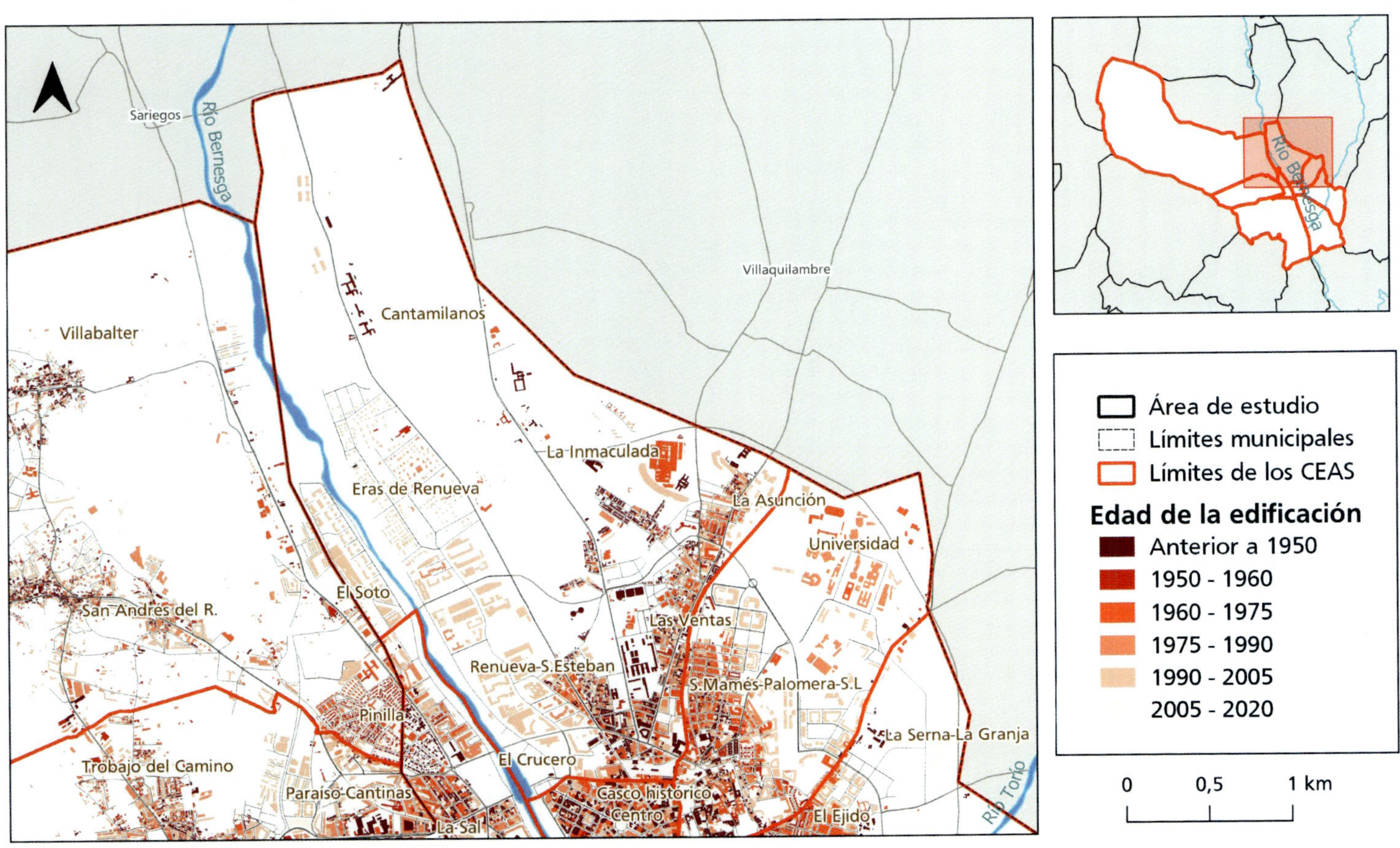

Fuente: elaboración propia a partir del Catastro Inmobiliario, Ayuntamiento de León (2021) e IDECYL, ©Junta de Castilla y León.

Figura A1.12. Edad de la edificación en la zona urbana LE3-ZAS Noreste (San Mamés - La Palomera).

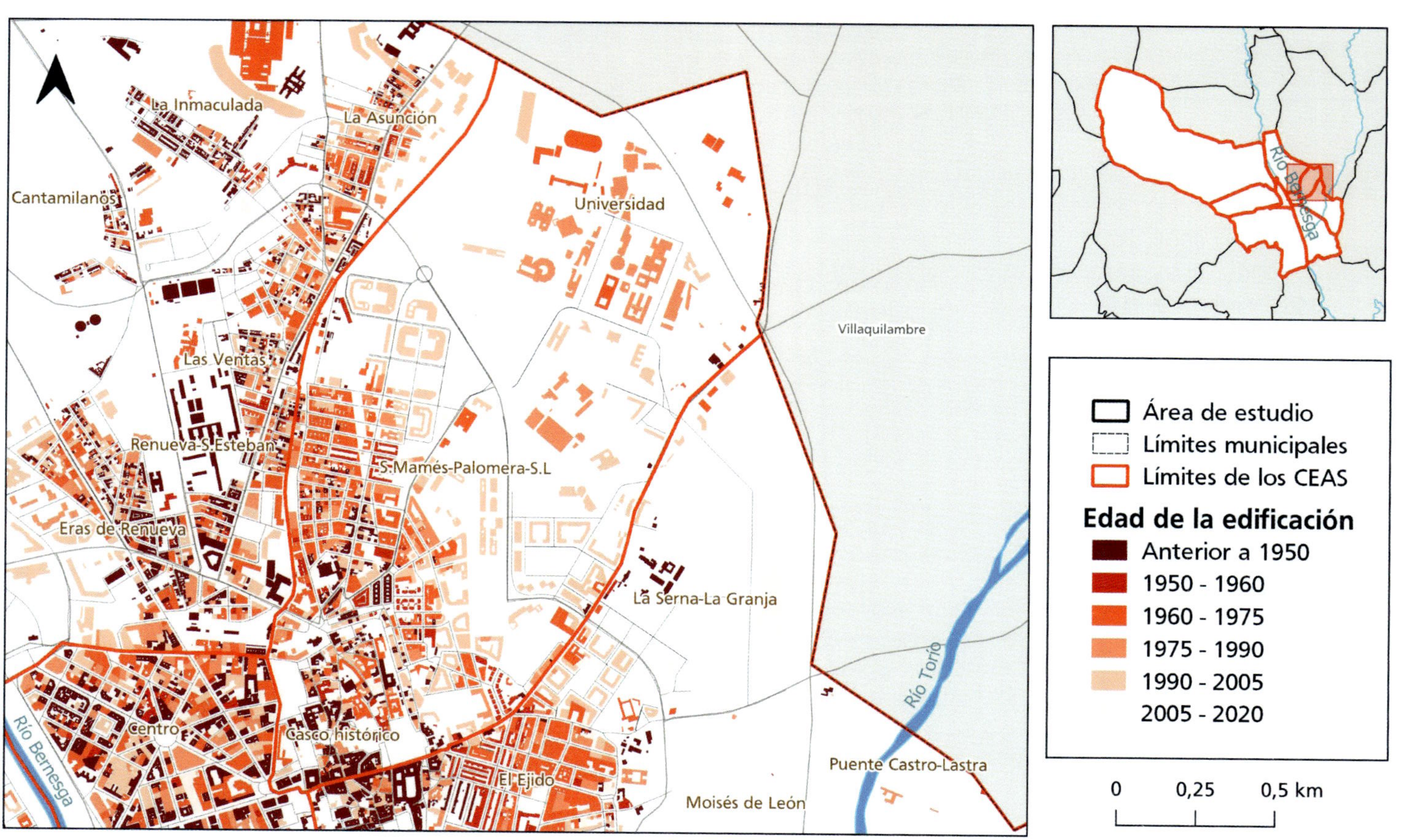

Fuente: elaboración propia a partir del Catastro Inmobiliario, Ayuntamiento de León (2021) e IDECYL, ©Junta de Castilla y León.

Figura A1.13. Edad de la edificación en la zona urbana LE4-ZAS Este (El Ejido - Santa Ana).

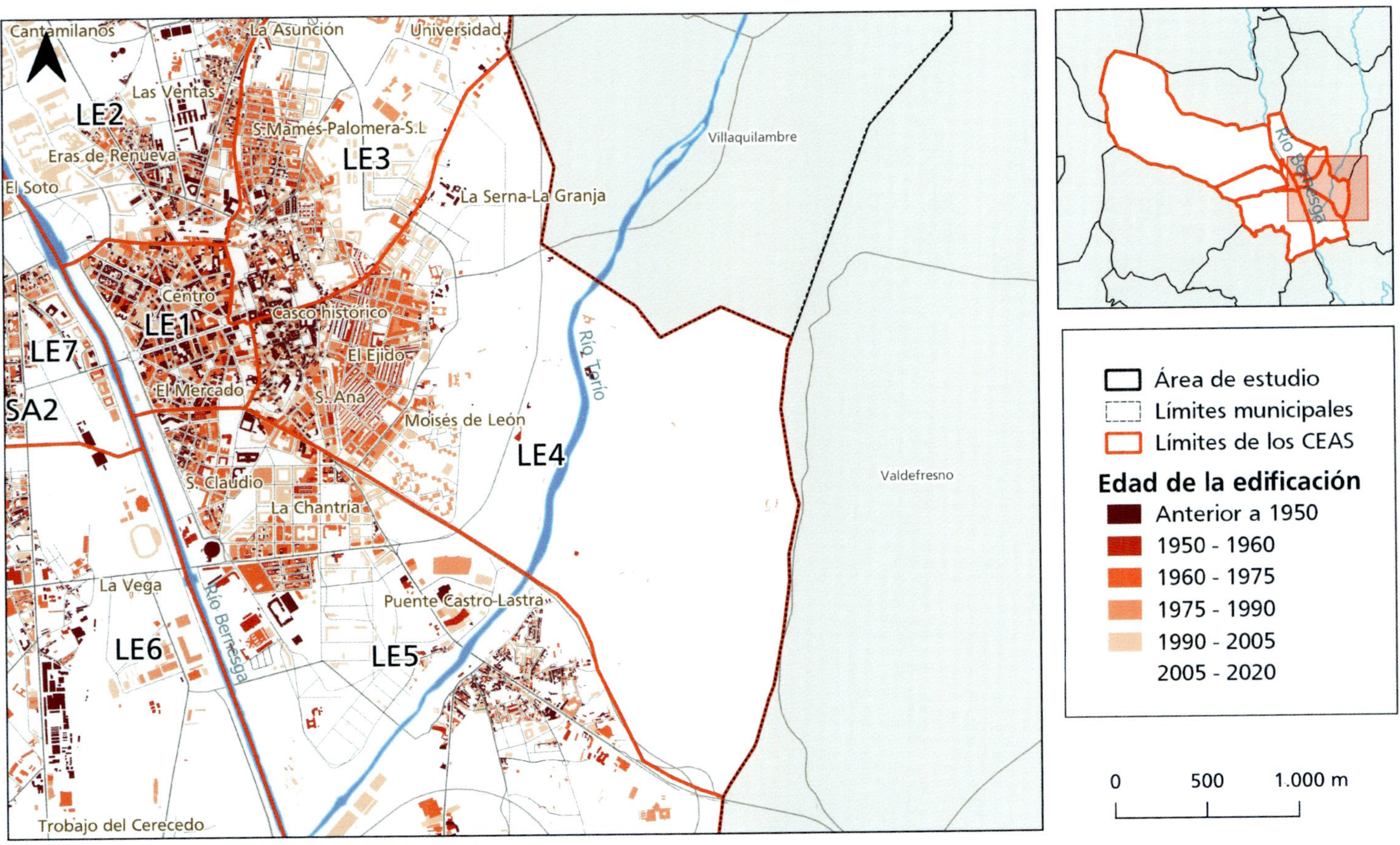

Fuente: elaboración propia a partir del Catastro Inmobiliario, Ayuntamiento de León (2021) e IDECYL, ©Junta de Castilla y León.

Figura A1.14. Edad de la edificación en la zona urbana LE5-ZAS Sur (San Claudio – Puente Castro).

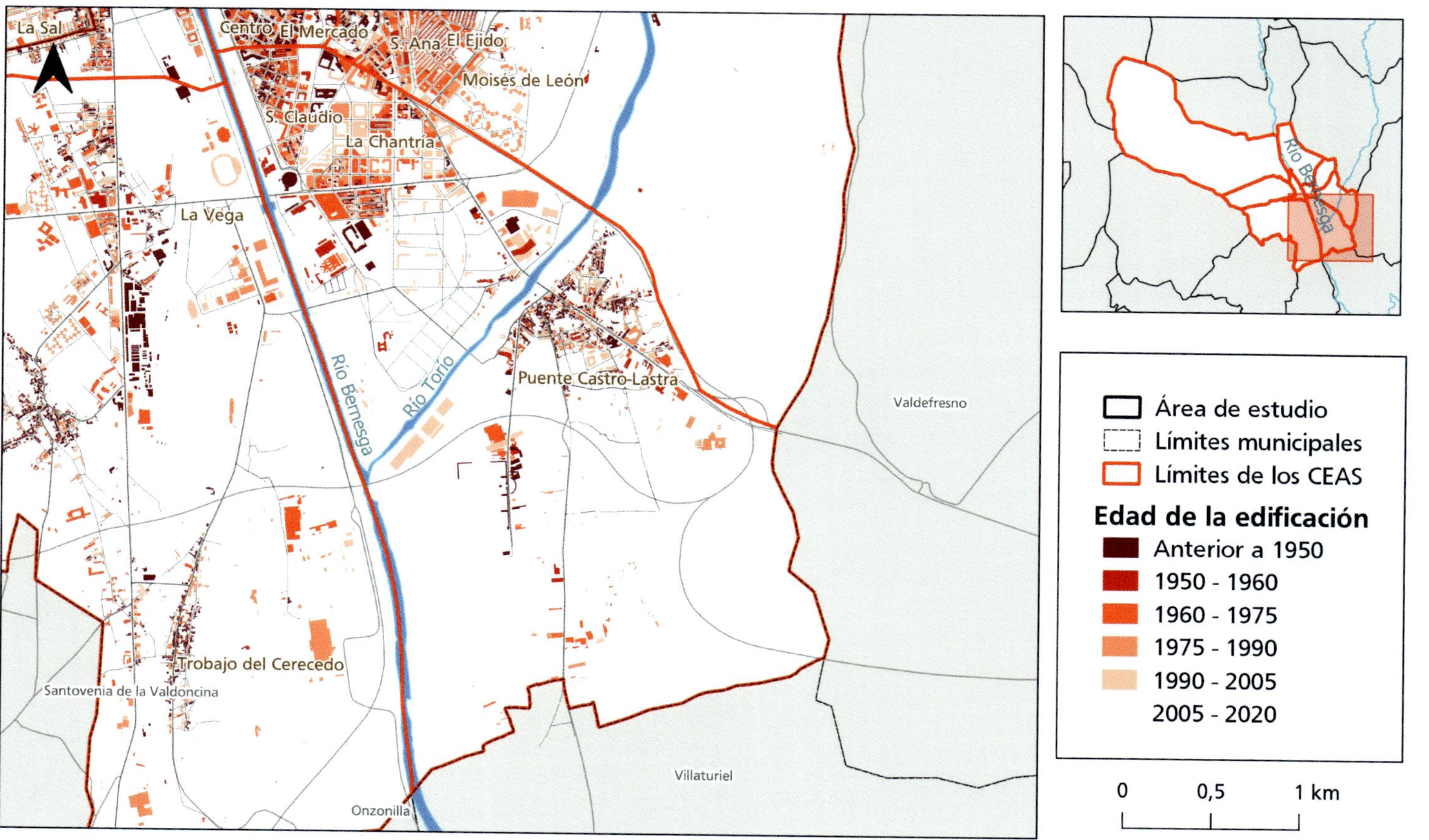

Fuente: elaboración propia a partir del Catastro Inmobiliario, Ayuntamiento de León (2021) e IDECYL, ©Junta de Castilla y León.

Figura A1.15. Edad de la edificación en la zona urbana LE6-ZAS Suroeste (Armunia - Oteruelo - Trobajo del Cerecedo).

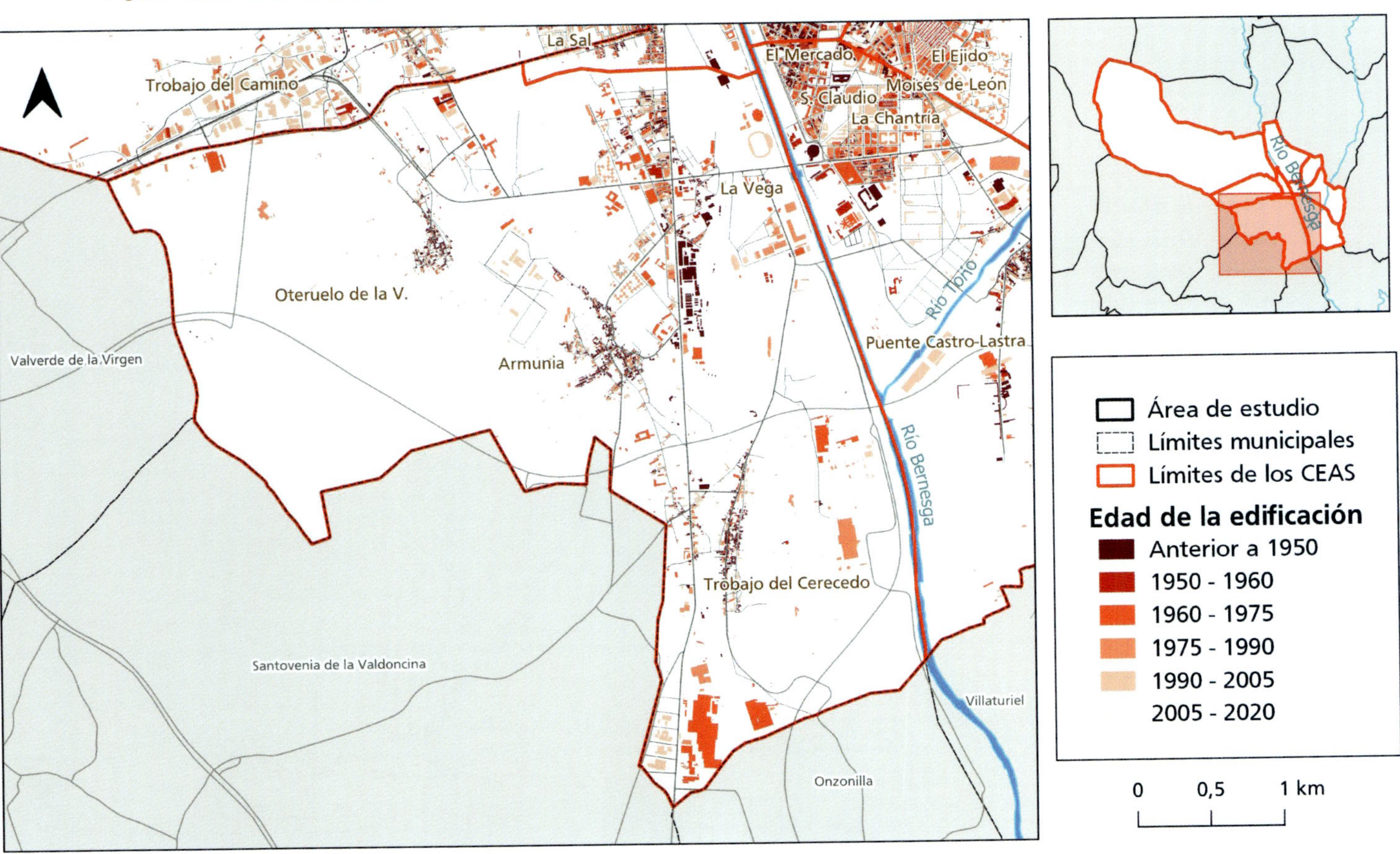

Fuente: elaboración propia a partir del Catastro Inmobiliario, Ayuntamiento de León (2021) e IDECYL, ©Junta de Castilla y León.

Figura A1.16. Edad de le edificación en la zona urbana LE7-ZAS Oeste (El Crucero - La Vega).

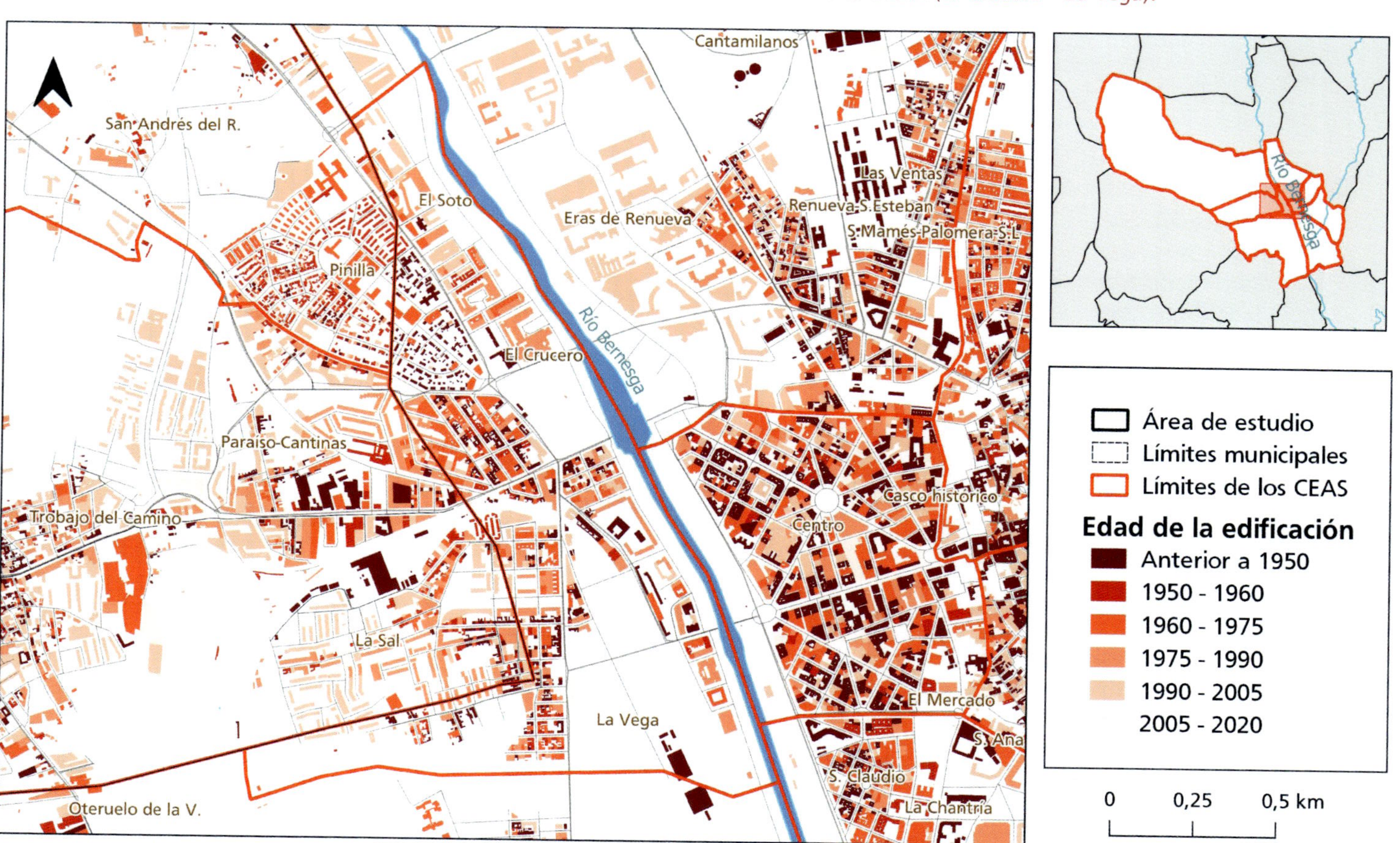

Fuente: elaboración propia a partir del Catastro Inmobiliario, Ayuntamiento de León (2021) e IDECYL, ©Junta de Castilla y León.

Figura A1.17. Edad de le edificación en la zona urbana SA1-ZAS Noroeste (San Andrés del Rabanedo).

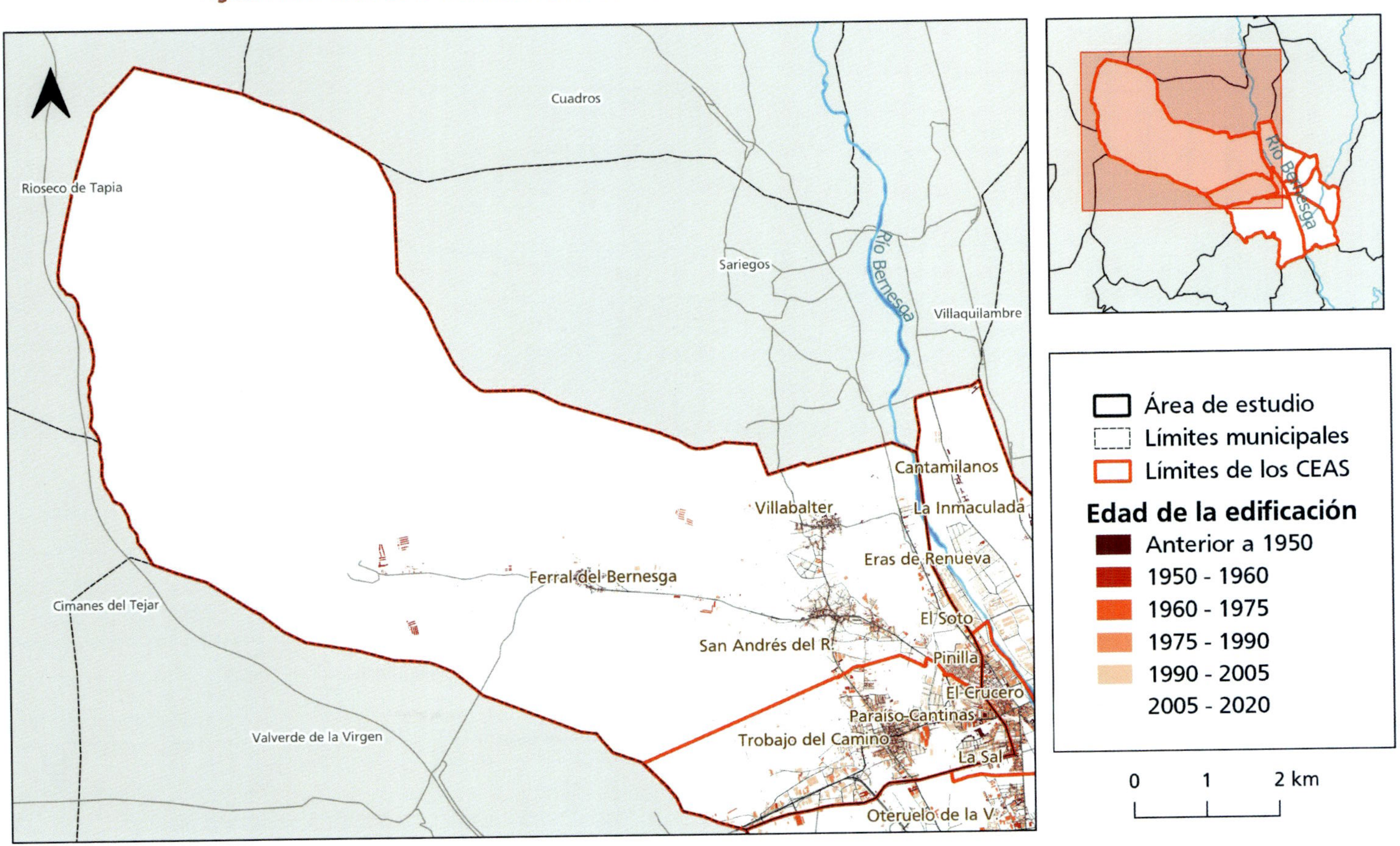

Fuente: elaboración propia a partir del Catastro Inmobiliario, Ayuntamiento de León (2021) e IDECYL, ©Junta de Castilla y León.

Figura A1.18. Edad de la edificación en la zona urbana SA2-ZAS Oeste Trobajo (Trobajo del Camino).

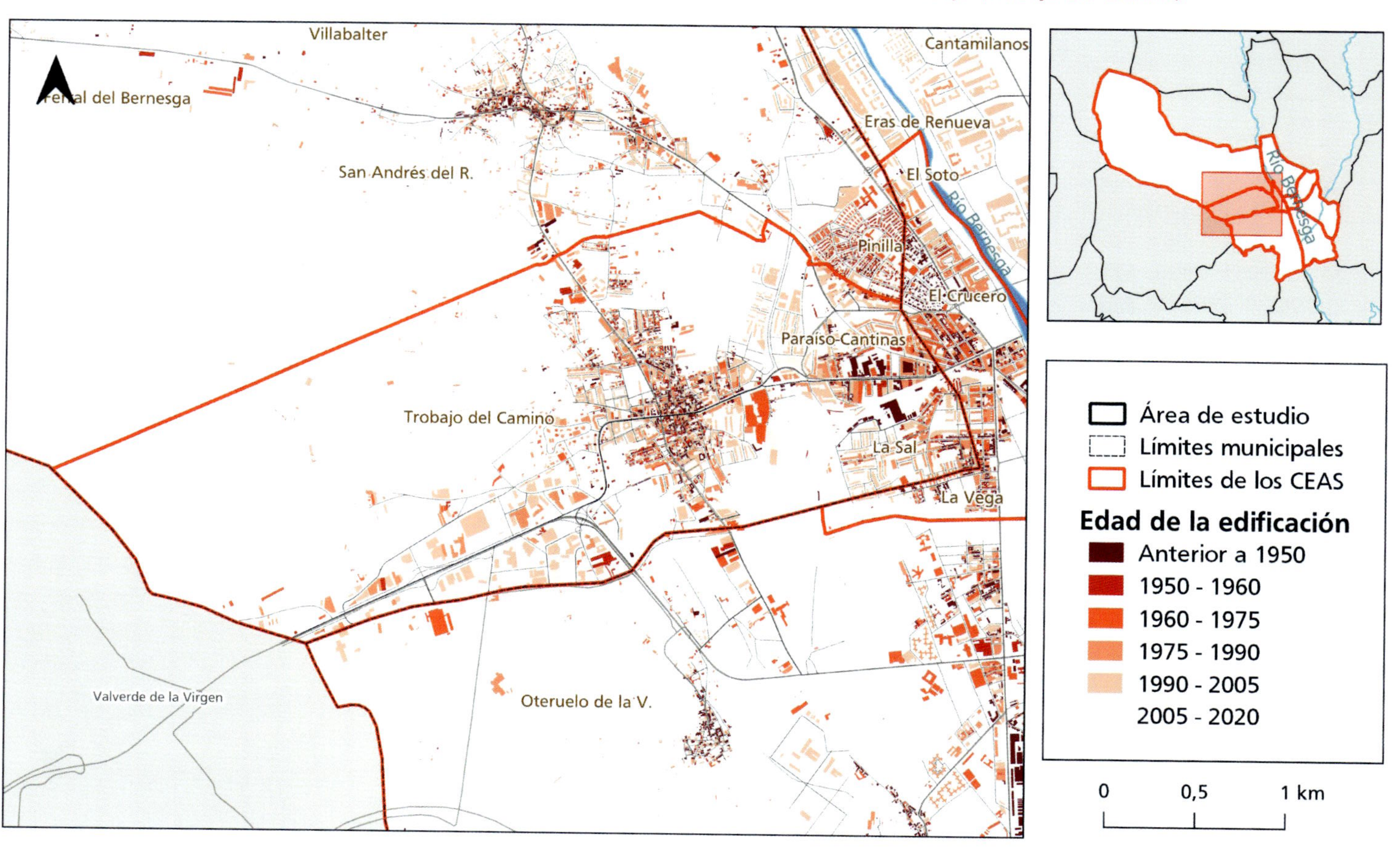

Fuente: elaboración propia a partir del Catastro Inmobiliario, Ayuntamiento de León (2021) e IDECYL, ©Junta de Castilla y León.

Anexo 2.
Álbum fotográfico

El presente anexo incluye las fotografías de los edificios en los que se detectaron manifestaciones de degradación física durante el trabajo de campo realizado, así como otras imágenes a las que se ha aludido en el texto.

El método empleado para denominar las fotos incluye el mismo código alfanumérico para señalar la ZAS que se ha empleado a lo largo de la investigación, a fin de señalar la zona en la que se encuentra el edificio. Además, en la parte inferior de cada imagen se especifica la calle y el número del edificio en cuestión.

Figura A2.1. Degradación física en LE6-ZAS Suroeste.

Fuente: imágenes tomadas por el autor entre 2021 y 2023.

Javier Ordás del Corral

Figura A2.2. Degradación física en LE6-ZAS Suroeste.

Calle Isaac Peral, 9

Avenida Doctor Fleming, 70, 72, 74

Calle León XIII, 13

Calle Papa Juan XIII, 3

Fuente: imágenes tomadas por el autor entre 2021 y 2023.

Figura A2.3. Degradación física en LE6-ZAS Suroeste.

Calle Francisco Fernández Díez, 9

Avenida Antibióticos, 37

Fuente: imágenes tomadas por el autor entre 2021 y 2023.

Figura A2.4. Degradación física en LE6-ZAS Suroeste.

Calle La Vega, 1

Calle General Sanjurjo, 4, 6, 8, 12

Fuente: imágenes tomadas por el autor entre 2021 y 2023.

Figura A2.5. Degradación física en LE6-ZAS Suroeste.

Calle Fraga Iribarne, 50

Calle Fraga Iribarne número 27

Fuente: imágenes tomadas por el autor entre 2021 y 2023.

Javier Ordás del Corral

Figura A2.6. Degradación física en LE7-ZAS Oeste El Crucero.

Fuente: imágenes tomadas por el autor entre 2021 y 2023.

Figura A2.7. Degradación física en LE7-ZAS Oeste El Crucero.

Calle Hermanos Machado, 18

Calle Pérez Galdós, 24

Fuente: imágenes tomadas por el autor entre 2021 y 2023.

Figura A2.8. Degradación física en LE7-ZAS Oeste El Crucero.

Calle Laureano Díez Canseco

Calle Pardo Bazán, 15

Calle Pardo Bazán, 23

Calle Laureano Díez Canseco, 8

Fuente: imágenes tomadas por el autor entre 2021 y 2023.

Anexo 3.
Planos de viviendas

En este anexo se incorporan varios planos de algunos edificios representativos identificados durante el trabajo de campo debido a que, en el momento de realización de este trabajo, fueron considerados evidencias de degradación urbana de tipo físico. Estos se organizan con la misma cadencia con la que aparecen en el texto para poder profundizar en aspectos como sus características arquitectónicas (cimientos, cubierta, secciones), la disposición del programa funcional de las viviendas en sus diferentes plantas, según cada caso, o el estado de degradación física actual.

Figura A3.1. Calle Relojero Losada número 50. Plano de fachada.

Fuente: Cañas de Río, R. (1948). *Fachada* [plano]. Escala 1:100. León. Archivo Municipal de León.

Figura A3.2. Calle Relojero Losada número 50. Plano de cimientos.

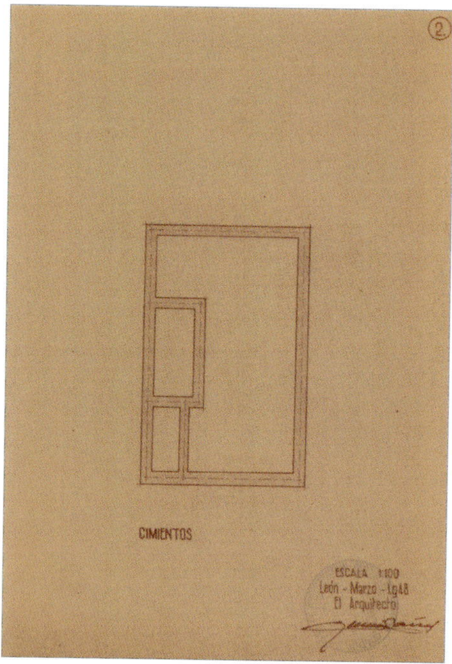

Fuente: Cañas de Río, R. (1948). *Cimientos* [plano]. Escala 1:100. León. Archivo Municipal de León.

Figura A3.3. Calle Relojero Losada número 50. Plano de cubiertas.

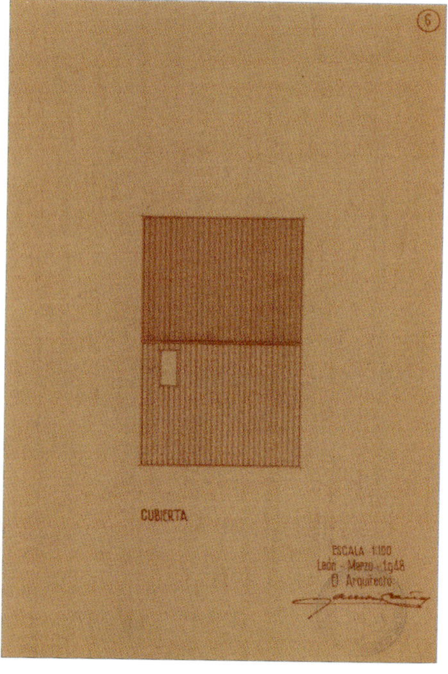

Fuente: Cañas de Río, R. (1948). *Cubierta* [plano]. Escala 1:100. León. Archivo Municipal de León.

Figura A3.4. Calle Relojero Losada número 50. Plano de sección.

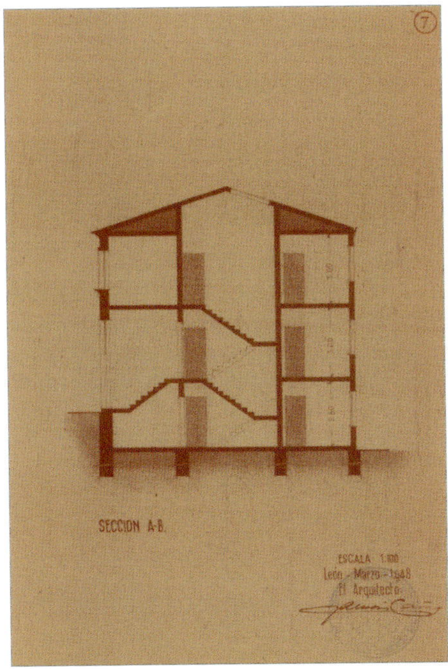

Fuente: Cañas de Río, R. (1948). *Sección A-B* [plano]. Escala 1:100. León. Archivo Municipal de León.

Figura A3.5. Calle Relojero Losada número 50. Plano de planta semi-sótano.

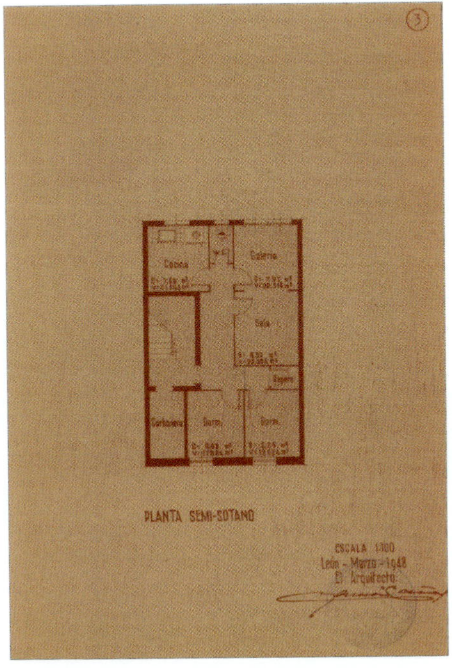

Fuente: Cañas de Río, R. (1948). *Planta semi-sótano* [plano]. Escala 1:100. León. Archivo Municipal de León.

Figura A3.6. Calle Relojero Losada número 50. Plano de planta baja.

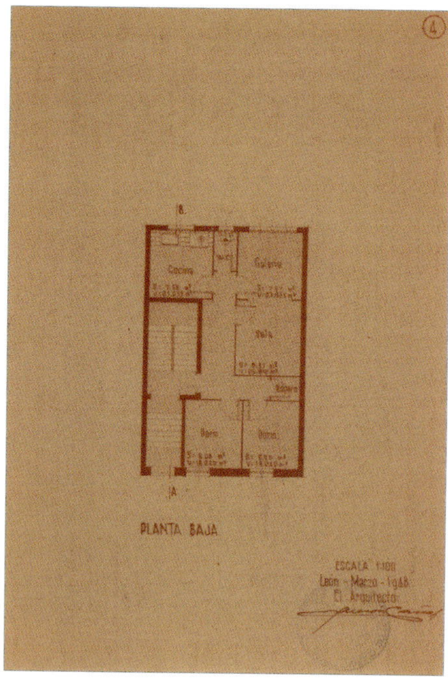

Fuente: Cañas de Río, R. (1948). *Planta baja* [plano]. Escala 1:100. León. Archivo Municipal de León.

Figura A3.7. Calle Relojero Losada número 50. Plano de planta principal.

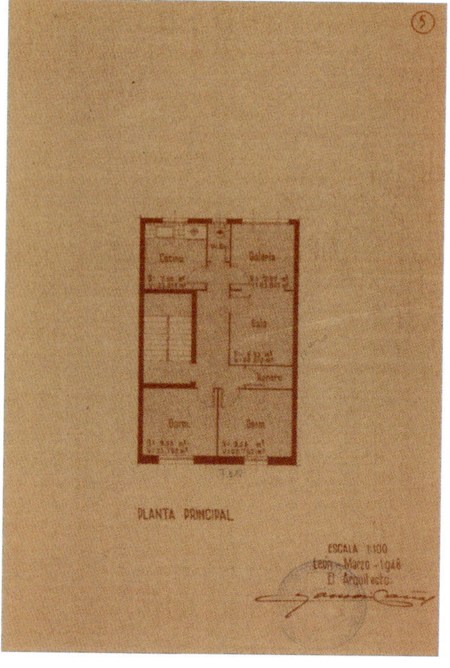

Fuente: Cañas de Río, R. (1948). *PLanta principal* [plano]. Escala 1:100. León. Archivo Municipal de León.

Figura A3.8. Calle Pérez Galdós número 42. Plano de fachada.

Fuente: Aparicio Guisasola, L. (1948). *Fachada* [plano]. Escala 1:100. León. Archivo Municipal de León.

Figura A3.9. Calle Pérez Galdós número 42. Plano de cimientos y desagües.

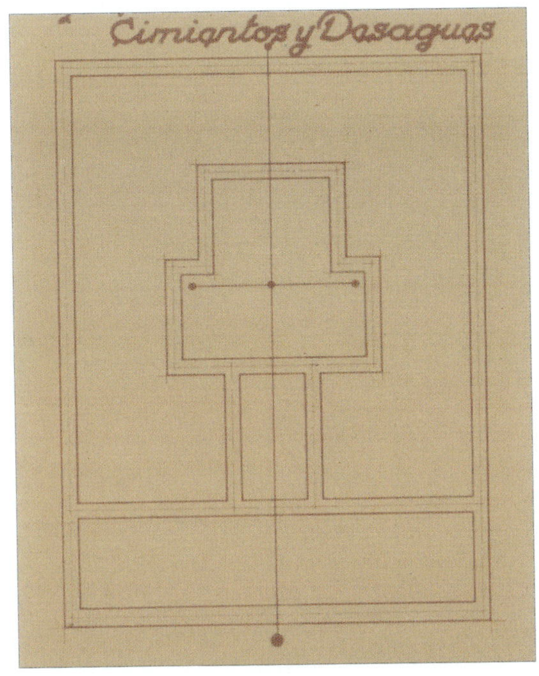

Fuente: Aparicio Guisasola, L. (1948). *Cimientos y Desagües* [plano]. Escala 1:100. León. Archivo Municipal de León.

Figura A3.10. Calle Pérez Galdós número 42. Plano de sección.

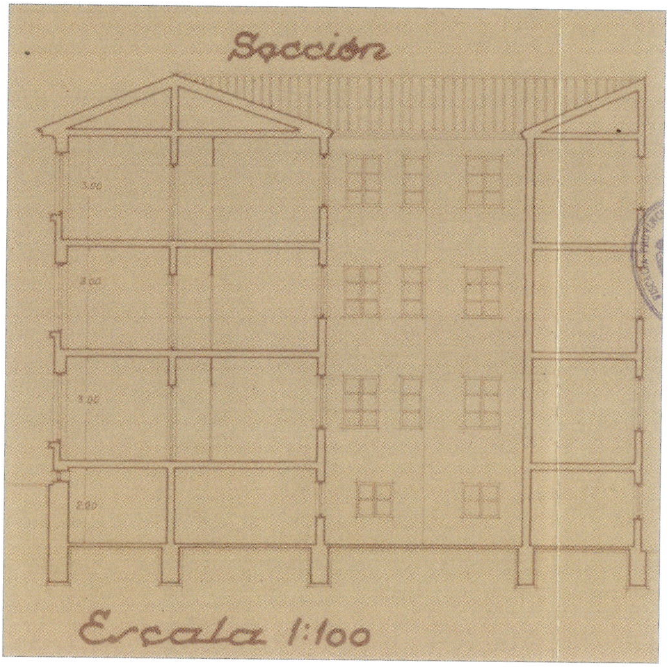

Fuente: Aparicio Guisasola, L. (1948). *Sección* [plano]. Escala 1:100. León. Archivo Municipal de León.

Figura A3.11. Calle Pérez Galdós número 42. Plano de sección reformado.

Fuente: Aparicio Guisasola, L. (1948). *Sección* [plano]. Escala 1:100. León. Archivo Municipal de León.

Figura A3.12. Calle Pérez Galdós número 42. Plano de semi-sótanos.

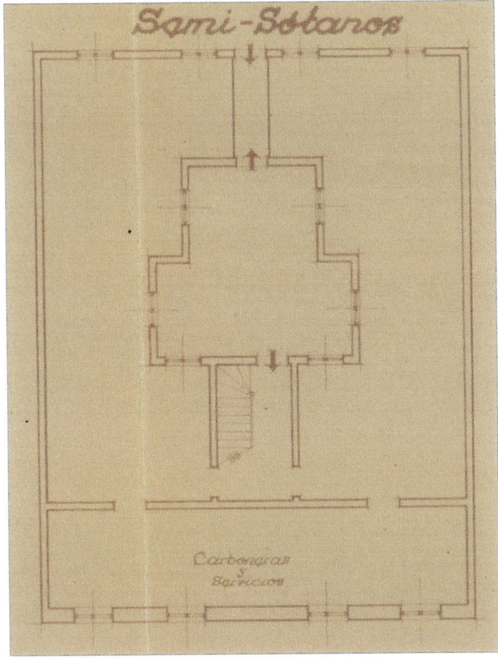

Fuente: Aparicio Guisasola, L. (1948). *Semi-Sótanos* [plano]. Escala 1:100. León. Archivo Municipal de León.

Figura A3.13. Calle Pérez Galdós número 42. Plano de planta baja.

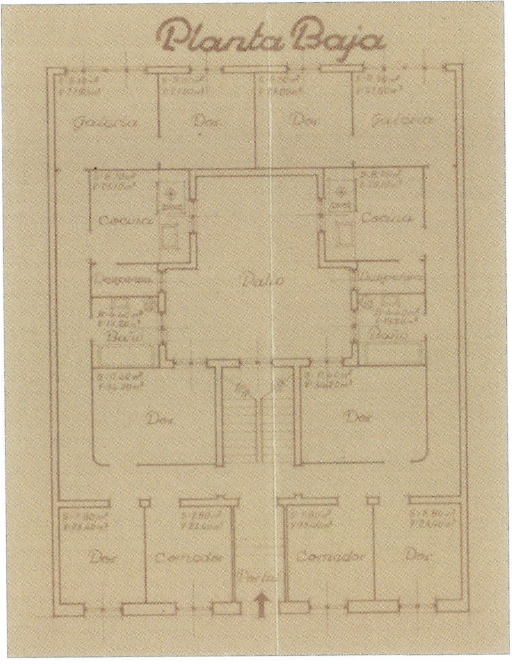

Fuente: Aparicio Guisasola, L. (1948). *Planta Baja* [plano]. Escala 1:100. León. Archivo Municipal de León.

Figura A3.14. Calle Pérez Galdós número 42. Plano de planta de pisos.

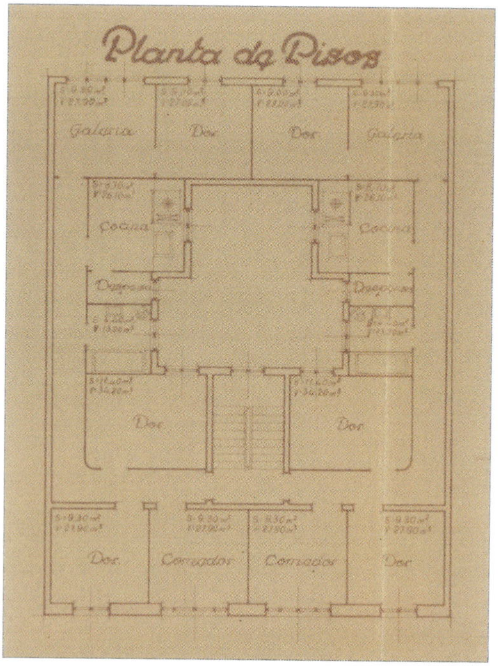

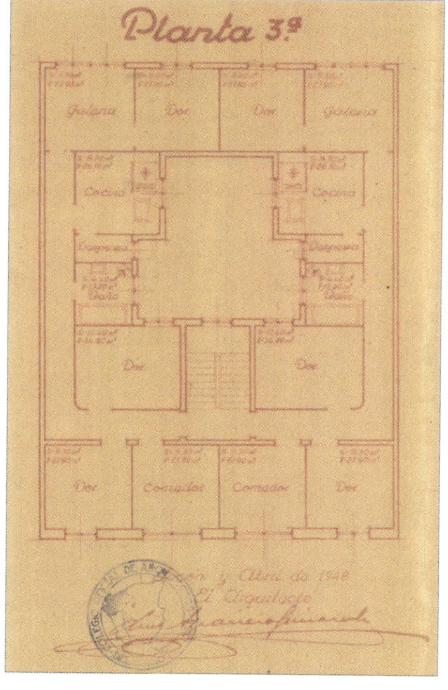

Fuente: Aparicio Guisasola, L. (1948). *Planta de Pisos* [plano]. Escala 1:100. León. Archivo Municipal de León.

Figura A3.15. Calle Pérez Galdós número 42. Plano de planta tercera reformada.

Fuente: Aparicio Guisasola, L. (1948). *Planta 3ª* [plano]. Escala 1:100. León. Archivo Municipal de León.

Figura A3.16. Calle Pérez Galdós número 42. Plano de planta baja reformada.

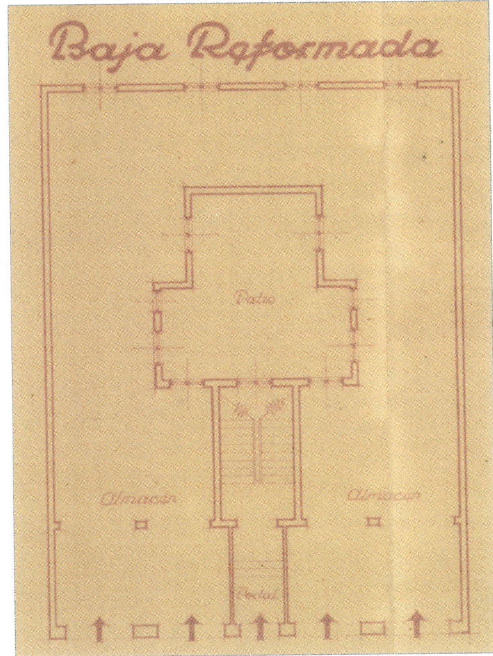

Fuente: Aparicio Guisasola, L. (1948). *Baja Reformada* [plano]. Escala 1:100. León. Archivo Municipal de León.

Figura A3.17. Calle Laureano Díez Canseco número 11. Plano de cimientos.

Fuente: Cañas del Río, R. (1950). *Planta de cimientos* [plano]. Escala 1:100. León. Archivo Municipal de León.

Figura A3.18. Calle Laureano Díez Canseco número 11. Plano de planta baja.

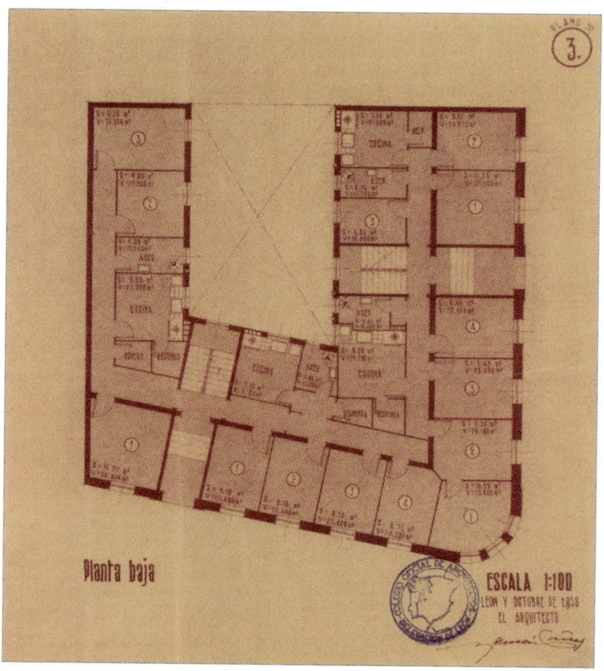

Fuente: Cañas del Río, R. (1950). *Planta baja* [plano]. Escala 1:100. León. Archivo Municipal de León.

Figura A3.19. Calle Laureano Díez Canseco número 11. Plano de planta de pisos.

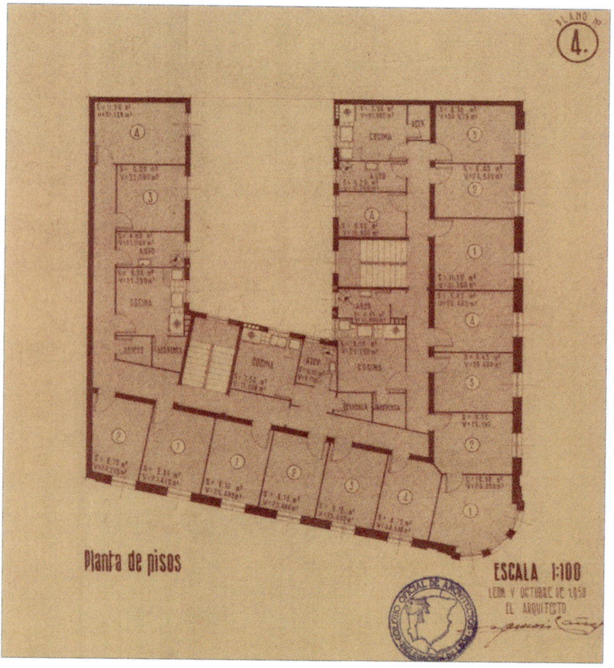

Fuente: Cañas del Río, R. (1950). *Planta de pisos* [plano]. Escala 1:100. León. Archivo Municipal de León.

Figura A3.20. Calle Laureano Díez Canseco número 11. Plano de sección.

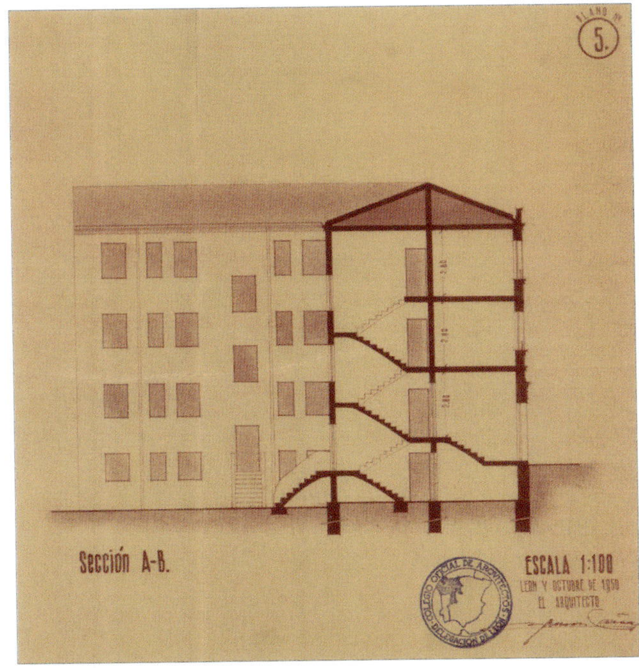

Fuente: Cañas del Río, R. (1950). *Sección A-B* [plano]. Escala 1:100. León. Archivo Municipal de León.

Figura A3.21. Calle Relojero Losada número 50. Plano de fachada.

Fuente: Cañas de Río, R. (1948). *Fachada* [plano]. Escala 1:100. León. Archivo Municipal de León.

Figura A3.22. Calle Hermanos Machado número 7. Plano de cimientos.

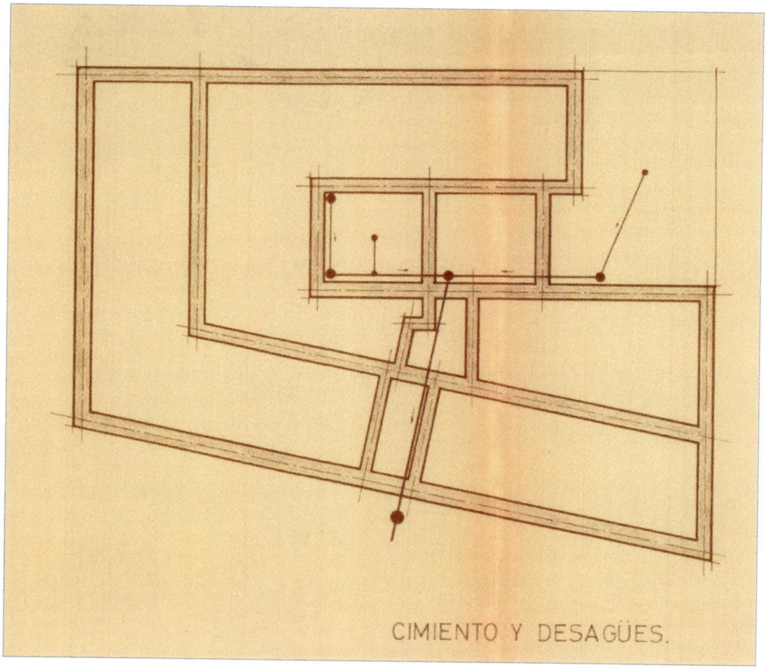

Fuente: Aparicio Guisasola, L. (1962). *Cimiento y desagües* [plano]. Escala 1:100. León. Archivo Municipal de León.

Figura A3.23. Calle Hermanos Machado número 7. Plano de sección.

Fuente: Aparicio Guisasola, L. (1962). *Sección* [plano]. Escala 1:100. León. Archivo Municipal de León.

Figura A3.24. Calle Hermanos Machado número 7. Plano de planta baja.

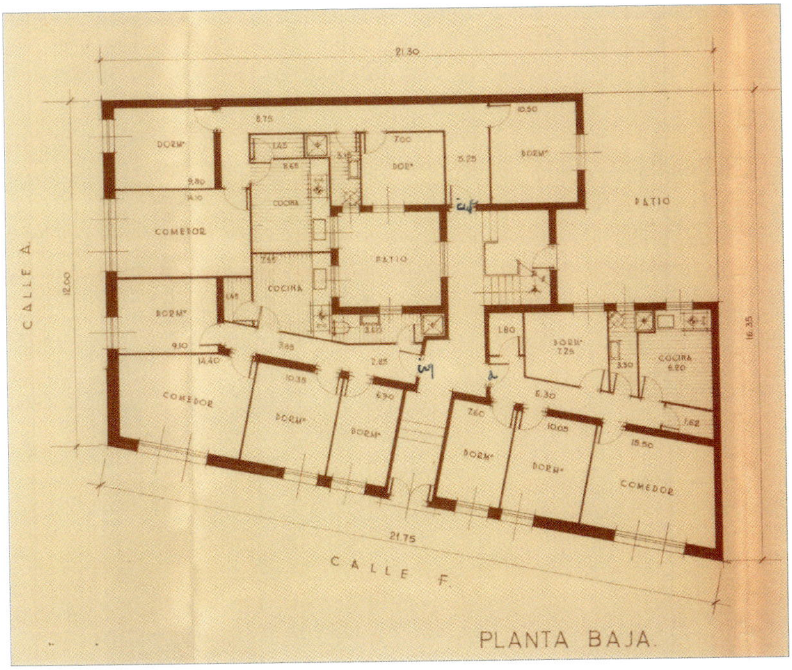

Fuente: Aparicio Guisasola, L. (1962). *Planta baja* [plano]. Escala 1:100. León. Archivo Municipal de León.

Figura A3.25. Calle Hermanos Machado número 7. Plano de planta de pisos.

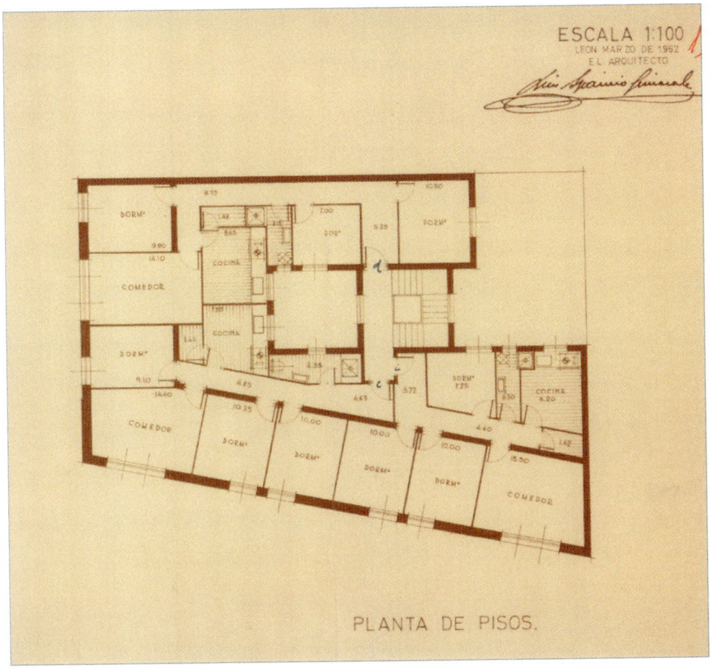

Fuente: Aparicio Guisasola, L. (1962). *Planta de pisos* [plano]. Escala 1:100. León. Archivo Municipal de León.

Figura A3.26. Calle Hermanos Machado número 7. Plano de fachada 1.

Fuente: Aparicio Guisasola, L. (1962). *Fachada calle A* [plano]. Escala 1:100. León. Archivo Municipal de León.

Figura A3.27. Calle Hermanos Machado número 7. Plano de fachada 2.

Fuente: Aparicio Guisasola, L. (1962). *Fachada calle F* [plano]. Escala 1:100. León. Archivo Municipal de León.

Figura A3.28. Calle Laureano Díez Canseco número 8. Plano de cimientos.

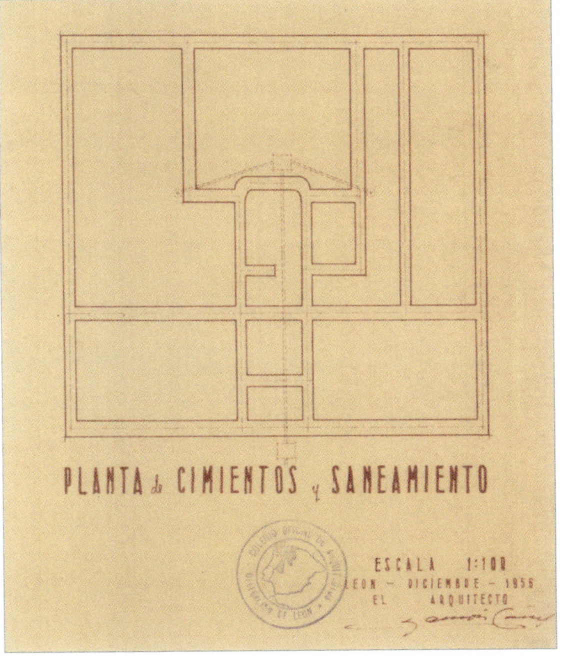

Fuente: Cañas del Río, R. (1956). *Planta de cimientos y saneamiento* [plano]. Escala 1:100. León. Archivo Municipal de León.

Figura A3.29. Calle Laureano Díez Canseco número 8. Plano de planta baja.

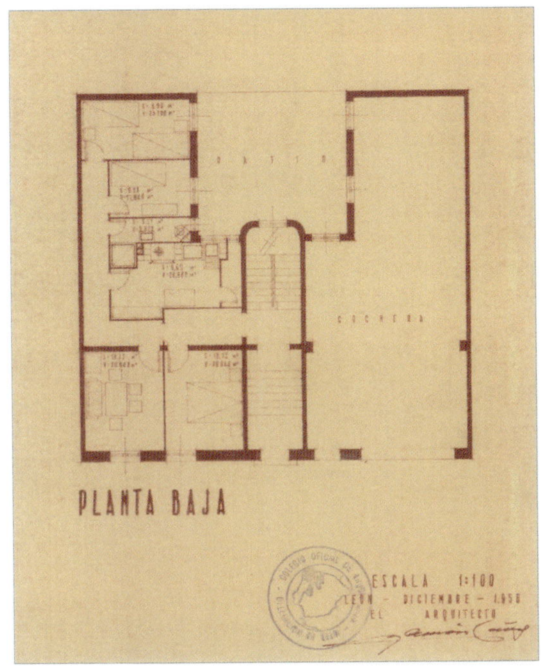

Fuente: Cañas del Río, R. (1956). *Planta baja* [plano]. Escala 1:100. León. Archivo Municipal de León.

Figura A3.30. Calle Laureano Díez Canseco número 8. Plano de planta de pisos.

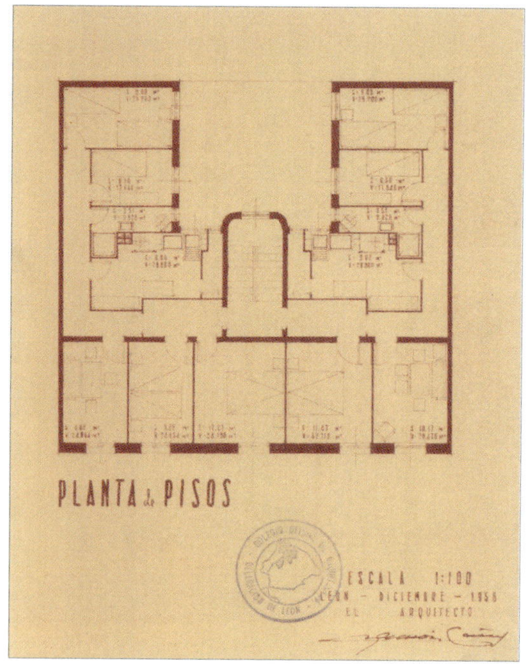

Fuente: Cañas del Río, R. (1956). *Planta de pisos* [plano]. Escala 1:100. León. Archivo Municipal de León.

Figura A3.31. Calle Laureano Díez Canseco número 8. Plano de fachada.

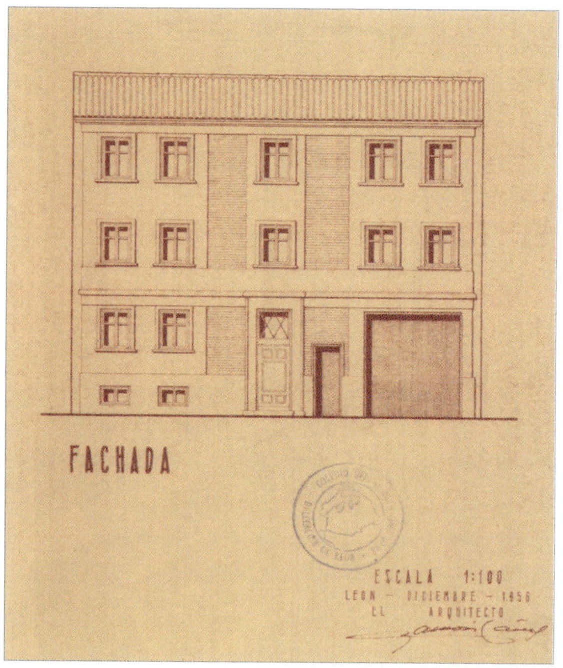

Fuente: Cañas del Río, R. (1956). *Fachada* [plano]. Escala 1:100. León. Archivo Municipal de León.

Figura A3.32. Calle Pardo Bazán número 23. Plano de cimientos, saneamiento y replanteo.

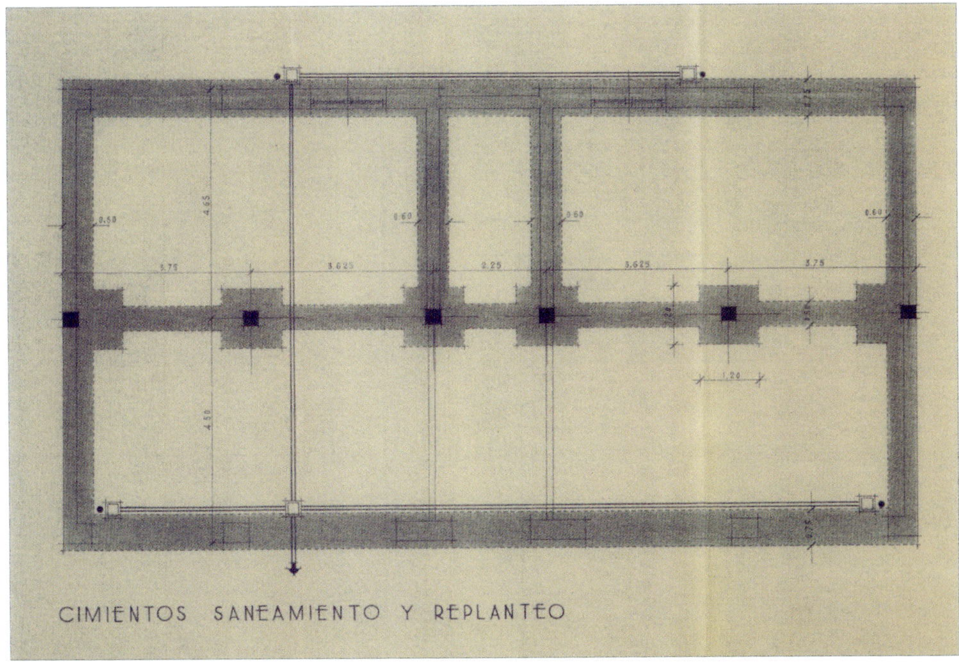

Fuente: García Fernández, E. (1956). *Cimientos, saneamiento y replanteo* [plano]. Escala 1:100. León. Archivo Municipal de León.

Figura A3.33. Calle Pardo Bazán número 23. Plano de estructura y cubiertas.

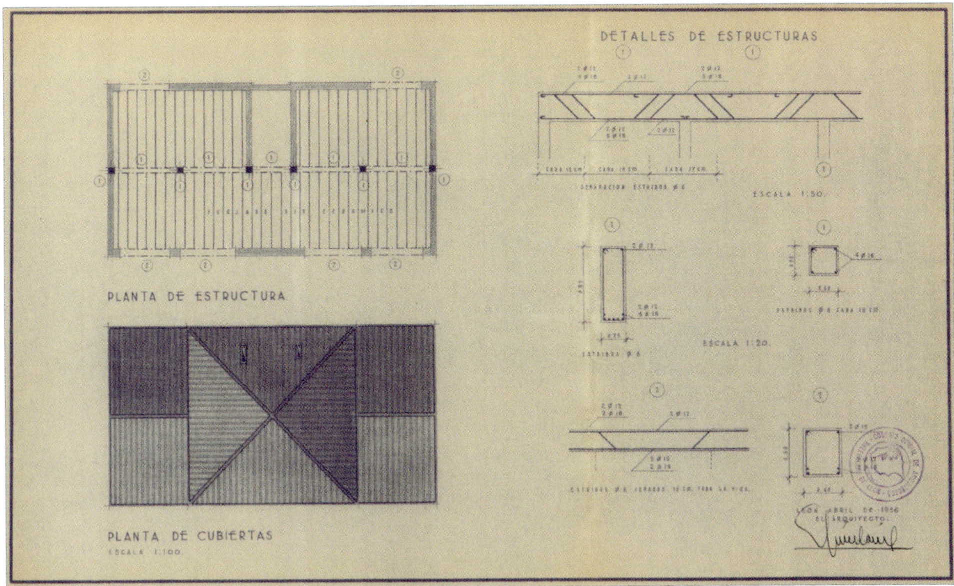

Fuente: García Fernández, E. (1956). *Planta de estructura* [plano]. Escala 1:100. León. Archivo Municipal de León.

Figura A3.34. Calle Pardo Bazán número 23. Plano de sección.

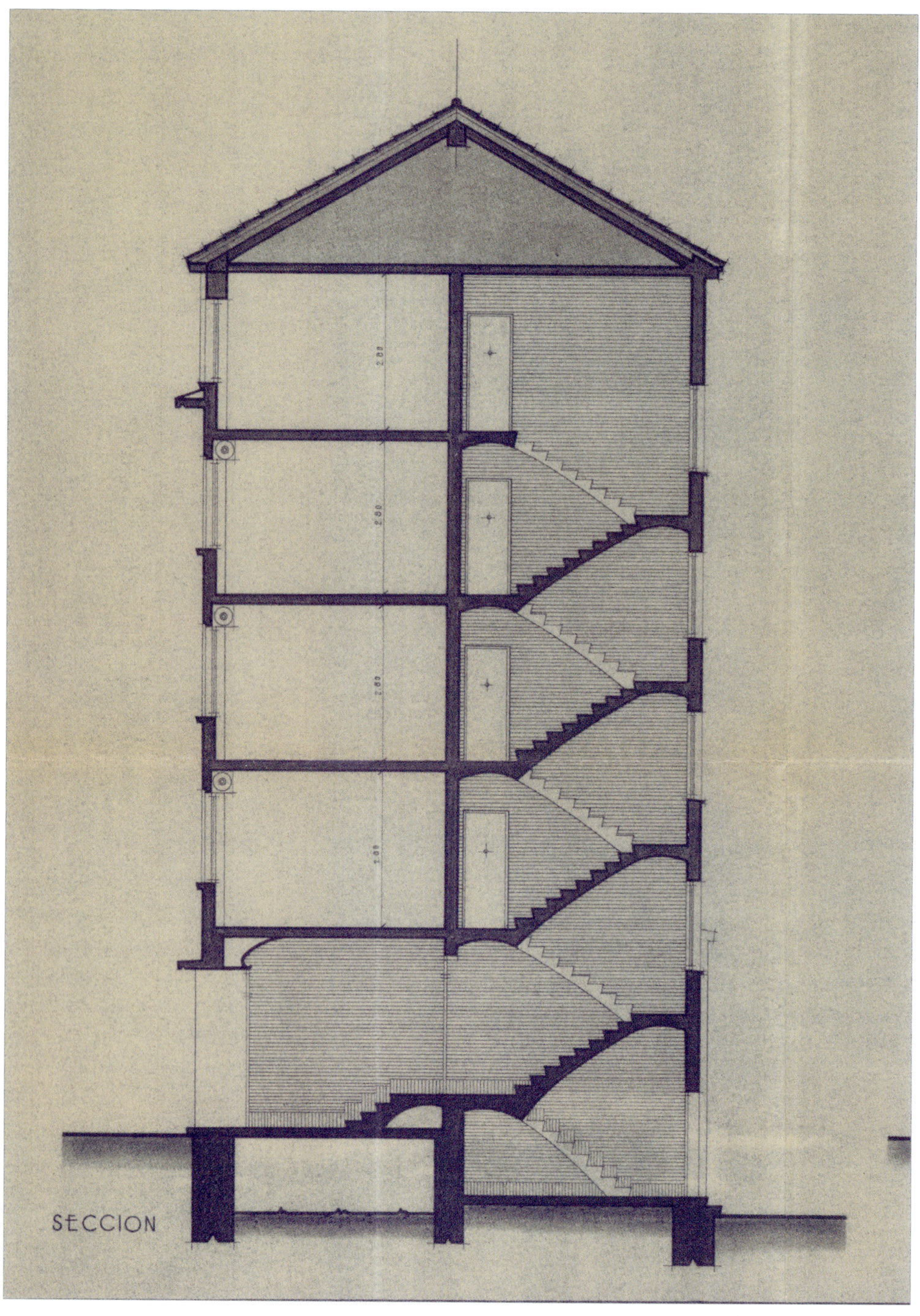

Fuente: García Fernández, E. (1956). *Sección* [plano]. Escala 1:100. León. Archivo Municipal de León.

Figura A3.35. Calle Pardo Bazán número 23. Plano de planta baja.

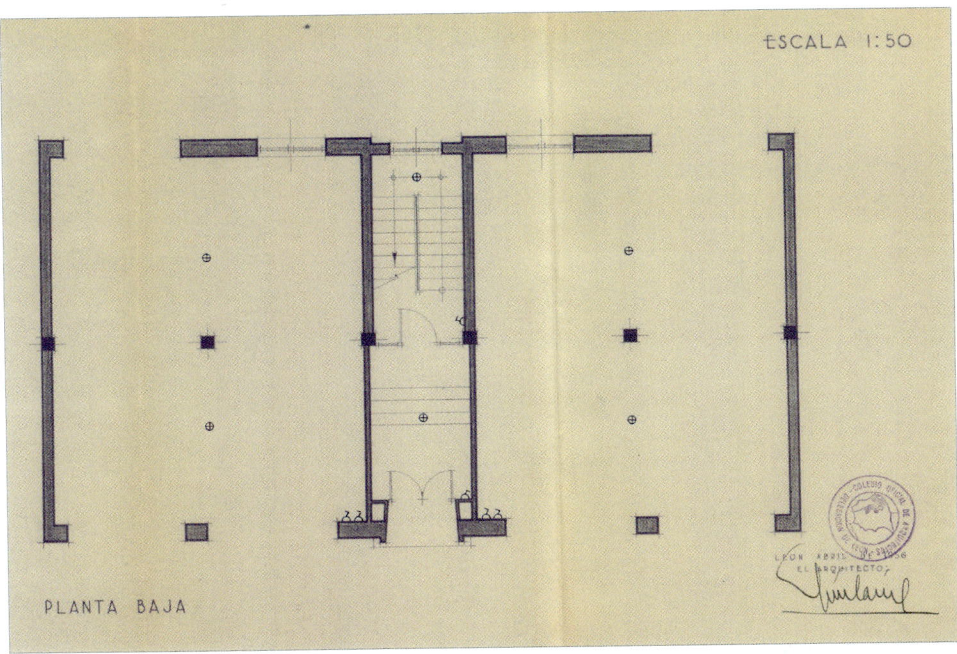

Fuente: García Fernández, E. (1956). *Planta baja* [plano]. Escala 1:50. León. Archivo Municipal de León.

Figura A3.36. Calle Pardo Bazán número 23. Plano de planta tipo.

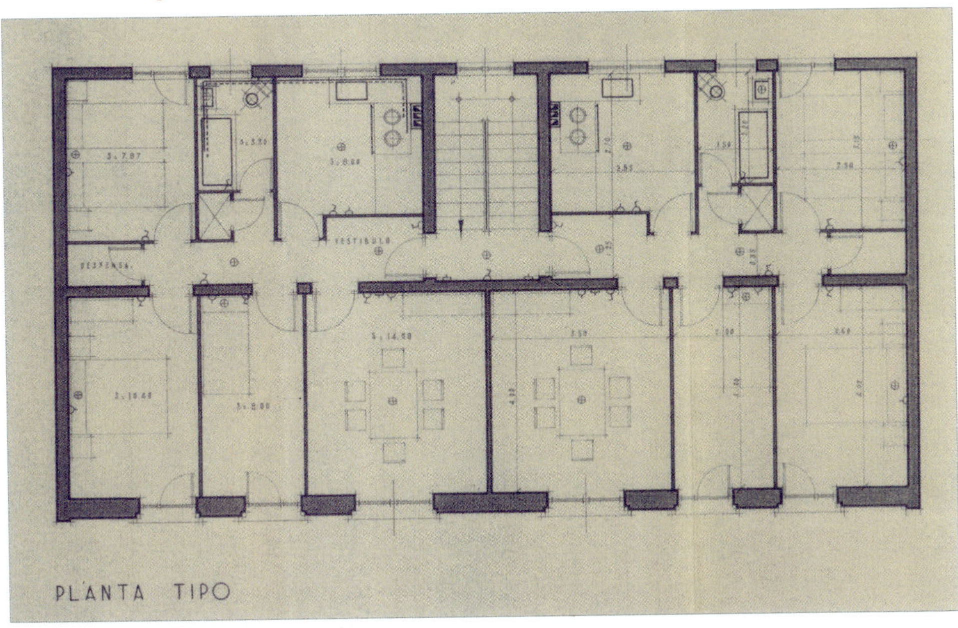

Fuente: García Fernández, E. (1956). *Planta tipo* [plano]. Escala 1:50. León. Archivo Municipal de León.

Figura A3.37. Calle Pardo Bazán número 23. Plano de planta de ático.

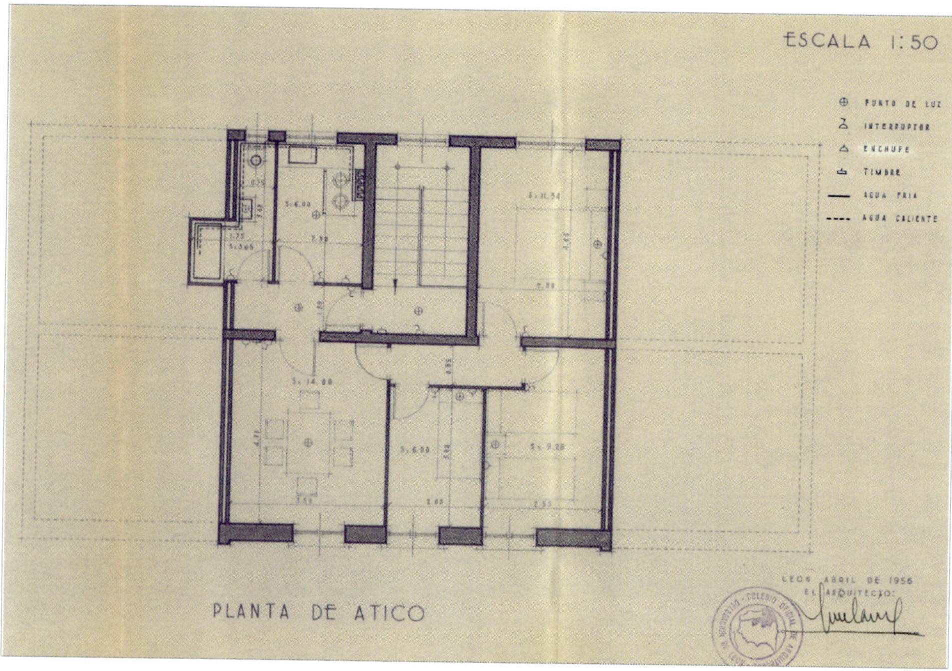

Fuente: García Fernández, E. (1956). *Planta de ático* [plano]. Escala 1:50. León. Archivo Municipal de León.

Figura A3.38. Calle Pardo Bazán número 23. Plano de fachada.

Fuente: García Fernández, E. (1956). *Fachada* [plano]. Escala 1:50. León. Archivo Municipal de León.

Figura A3.39. Plano de vivienda de la calle General Sanjurjo, solar 18.

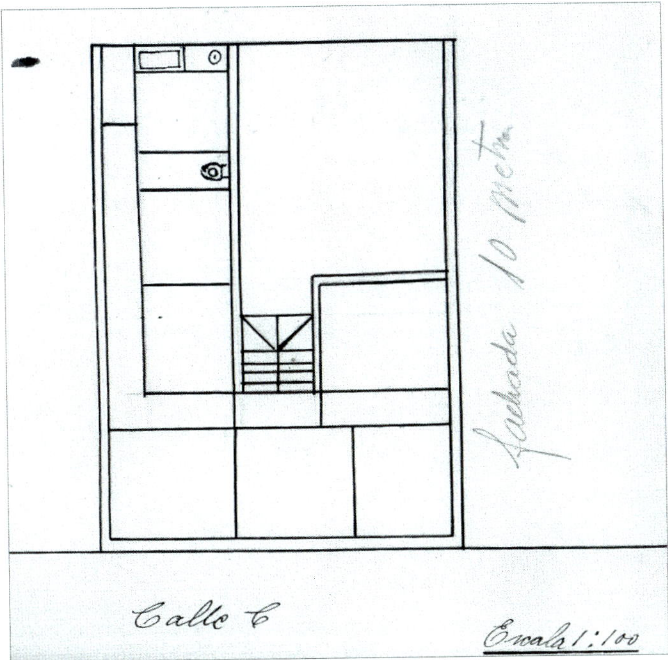

Fuente: Nieto de la Fuente, P. (1950). *Sin título* [plano]. Escala 1:100. León. Archivo Municipal de León.

Figura A3.40. Plano de vivienda de la calle General Sanjurjo, número 4.

Fuente: Martínez López, M. (1950). *Fachada este* [plano]. Escala 1:40. León. Archivo Municipal de León.

Figura A3.41. Plano de vivienda de la calle General Sanjurjo, sin número.

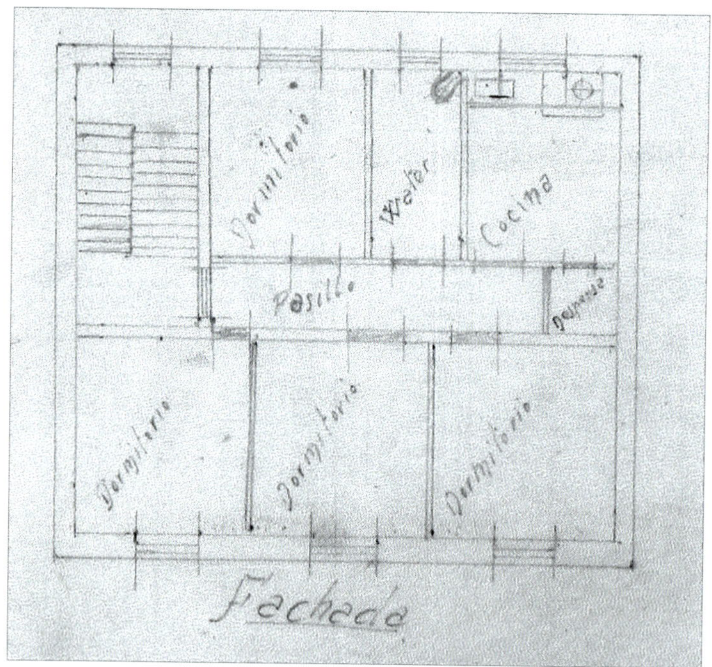

Fuente: Álvarez, D. (1946). *Sin título* [plano]. Escala sin determinar. León. Archivo Municipal de León.

Figura A3.42. Croquis de vivienda de la calle General Sanjurjo, número 6.

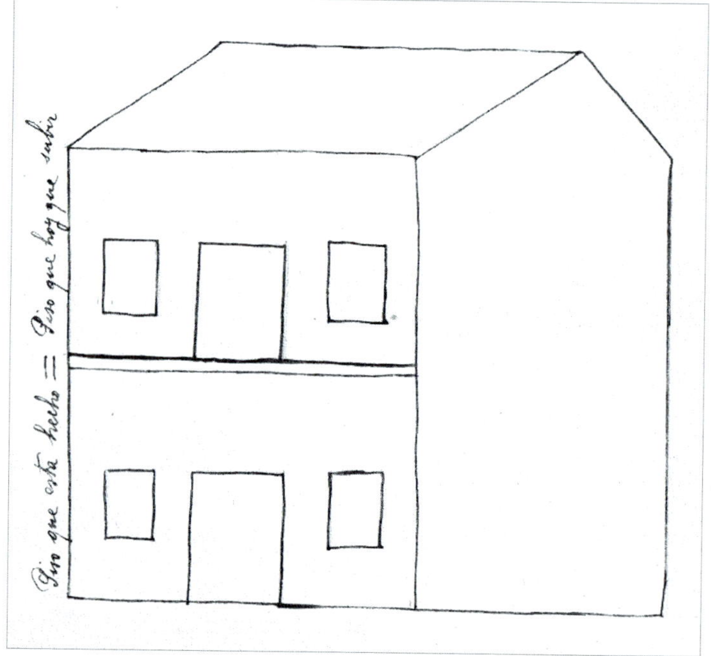

Fuente: García Castro, C. (1945). Archivo Municipal de León.

TC-2-3